中国社会科学院创新工程学术出版资助项目

拉美研究丛书
Latin American Studies Series

中国社会科学院
拉丁美洲研究所
INSTITUTO DE AMERICA LATINA
ACADEMIA DE CHINA DE CIENCIAS SOCIALES

回望拉丁美洲左翼思潮的理论与实践

Retrospection of the Theories and Practices of the Left-Wing Ideological Trend in Latin America

杨志敏 ◎ 主编

中国社会科学出版社

图书在版编目（CIP）数据

回望拉丁美洲左翼思潮的理论与实践/杨志敏主编.—北京：中国社会科学出版社，2018.8
ISBN 978-7-5203-2208-9

Ⅰ.①回… Ⅱ.①杨… Ⅲ.①政治—研究—拉丁美洲 Ⅳ.①D773

中国版本图书馆 CIP 数据核字（2018）第 052703 号

出 版 人	赵剑英
责任编辑	张　林
特约编辑	王家明
责任校对	韩海超
责任印制	戴　宽

出　　版	中国社会科学出版社
社　　址	北京鼓楼西大街甲 158 号
邮　　编	100720
网　　址	http://www.csspw.cn
发 行 部	010-84083685
门 市 部	010-84029450
经　　销	新华书店及其他书店
印　　刷	北京明恒达印务有限公司
装　　订	廊坊市广阳区广增装订厂
版　　次	2018 年 8 月第 1 版
印　　次	2018 年 8 月第 1 次印刷
开　　本	710×1000　1/16
印　　张	21
插　　页	2
字　　数	323 千字
定　　价	89.00 元

凡购买中国社会科学出版社图书，如有质量问题请与本社营销中心联系调换
电话：010-84083683
版权所有　侵权必究

《拉美研究丛书》编委会

名誉主编　李　捷

顾　　问　苏振兴　徐世澄　郑秉文　曹远征

主　　编　吴白乙

编　　委　（按姓氏笔画为序）
　　　　　　王义桅　王晓德　王　萍　刘维广
　　　　　　杨志敏　杨建民　吴白乙　吴洪英
　　　　　　张　凡　岳云霞　房连泉　赵雪梅
　　　　　　胡必亮　姚枝仲　贺双荣　袁东振
　　　　　　柴　瑜　董经胜　韩　琦

学术秘书　刘东山

《拉美研究丛书》总序

　　拉美和加勒比国家是发展中世界的重要组成部分。拉美地区自然资源丰富，市场广阔，发展潜力巨大，是一个充满生机和有广泛发展前景的地区。

　　拉美是发展中世界较早实现经济起飞的地区。1950—1980年，拉美地区经历了持续30年的增长周期，年均增长率高达5.3%，国内生产总值增长了4倍，一些主要国家如墨西哥、巴西等出现经济增长"奇迹"。多数拉美国家在这一时期相继进入中等收入行列，不少国家提出了向发达国家跃进的目标。进入新世纪后，拉美国家克服了20世纪80年代的经济危机和90年代的经济起伏，迎来经济增长的新一轮"黄金时期"。目前拉美地区人均国内生产总值达到1万美元，一些国家已经或有望在近期跨入高收入国家行列。在实现经济增长的同时，拉美国家的发展政策趋于稳定，国际话语权扩大，国际影响力提升。拉美国家注重多元化外交，努力营造于己有利的国际环境和国际秩序，最大限度谋求在世界和全球性事务中的主动权和话语权，已经成为多极世界中的重要一极。无论在未来全球经济增长，还是在世界政治和经济秩序调整，以及全球治理进程中，拉美国家将发挥越来越重要的作用。

　　近年来，中国从战略高度重视拉美，是因为拉美对中国来说越来越不可或缺。

　　首先，拉美国家是延长中国战略机遇期和共筑和谐世界的重要伙伴。中国与拉美国家同属发展中世界，双方有类似的历史遭遇，面临着发展经济、维护政治稳定、促进社会进步的共同历史任务。中拉双方在重大国际问题上相互理解、相互支持、相互配合。中国与该地区主要国家建立了形式多样的战略伙伴关系,中拉间各种对话机制和政治磋商机制日益完善,与主要区域组织的合作取得突破。中拉双方战略共识增多,在全球性问题及与发达国家关系问题上的共同战略利益扩大,在多边机构和国际组织中有了更多合作需求,战略合作的基础更加牢固。无论是延长中国战略机遇期还是共筑和谐世界,拉美都成为我不可或缺的重要伙伴。

其次,中国在拉美地区有着越来越重要的经济利益。随着中国经济快速增长,对外部资源能源的需求越来越大。拉美自然资源丰富,对弥补中国国内资源能源短缺具有无可替代的作用和意义。拉美国家不仅已经成为中国所需能矿资源和农业产品的重要来源地,而且成为中国重要的海外市场和企业"走出去"战略的重要目的地,双方在产能、基础设施、科技、新能源、农业、金融领域等的合作越来越密切,拉美国家与我国重大对外经济利益有了越来越密切的关联性。

第三,拉美地区国家已经成为中国对外经贸合作的重要对象。中拉经济有极大互补性,相互合作需求巨大,双方经贸水平不断提升。继2000年首次超过百亿美元大关后,中拉贸易额连上新台阶,2013年超过2600亿美元。受国际金融危机和全球经济增长放缓影响,中拉贸易在2013年以后增速减缓,但贸易量仍呈现增长势头。与此同时,中国不断加大对拉美地区投资,扩展新的投资领域。目前拉美已成中国对外投资的重要目的地,截至2014年底,中国对拉直接投资存量达到989亿美元。在中拉经贸合作取得新突破的新起点上,习近平主席在2015年1月提出,中拉要共同努力,实现10年内中拉贸易规模达到5000亿美元、中国在拉美直接投资存量达到2500亿美元的目标。

特别值得指出的是,拉美国家现代化进程起步较早、城市化水平较高,提供了许多可供其他国家借鉴的经验教训,特别是在推进经济增长、化解社会矛盾、缓解社会冲突、维护社会稳定方面,对我国的发展具有重要借鉴意义。

拉美的崛起和中拉关系的全面提升,对我们的拉美研究工作提出了新要求和许多新课题,要求我们对拉美地区进行更多和更深入的了解。然而,从略知拉美到深入了解拉美是一项长期的任务和艰苦的工作,既需要国家决策层面的高度重视,也需要相关部门适当的人力、物力和财力投入和支持，更需要决策界、学术界、企业界和社会公众的持续努力并形成合力。在推进此项工作和任务过程中，不仅要培养大批掌握拉美国家语言、通晓相关知识的"拉美通"型人才，也要培养专业研究领域资深的学者，适时推出有深度、有广度和有针对性的研究成果。中国社会科学院拉丁美洲研究所的《拉美研究丛书》即是这一努力的发端。

近年来，中国社会科学拉丁美洲研究所注重对拉美重大理论和现实问题的研究，完成了一批高质量，具有重要影响力的科研成果，为党和国家决策、为政府有关部门、企事业和公众对拉美知识的需求做出了重要贡献。我相信《拉美研究丛书》在增进我国各界对拉美的了解，在促进中拉合作方面会发挥不可替代的作用。希望该丛书能够得到各界有识之士的教正和支持。

李　捷

2015 年 9 月

前　言

徐世澄

由中国社会科学院拉丁美洲研究所综合理论研究室主编的《回望拉丁美洲左翼思潮的理论与实践》一书即将付梓，因我曾拜读过这本书的初稿，并提出过一些修改意见，理论研究室主任杨志敏研究员等希望我能为此书写一个前言，我只好勉为其难。由于这部书的书稿是在将近两年前完成的，本书所述及的拉美四个国家左翼思潮的理论与实践的情况已发生了不同程度的变化，另外，拉美政坛左右翼力量的对比也已发生了较大的变化，因此，我的前言一是想介绍一下本书提及的厄瓜多尔、委内瑞拉、古巴和玻利维亚这四国左翼思潮的理论与实践的最新情况；二是谈谈我对目前拉美政坛"左退右进"的几点看法。

拉美四国左翼思潮的理论与实践的最新情况

古巴将会坚持古巴特色的社会主义

2016年4月召开的古巴共产党七大原则通过了《古巴社会主义经济社会模式的理念》（以下简称《理念》）这一重要文件。这是古共第一次制定的有关"更新"古巴社会主义经济和社会模式（即改革开放）的理论文件。古共七大制定的《理念》提出了哪些主要观点？古共七大召开将近两年来，古巴特色的社会主义实践结果如何？

古共七大之后，经过党团员和民众的广泛讨论以及古共中央全会和全国人大代表的讨论和批准，终于在2017年7月正式颁布了《理念》和七大通过的其他两份文件。与原稿相比，《理念》文件的修改的幅度最大，约达 70% 以上。《理念》修改稿的要点是：（1）强调古巴社会主义的长期性。《理念》认为，古巴社会处在建设社会主义的历史进程中。经验证明，这是一个很长的、不同的、复杂的和矛盾的、政治经济和社会发生深刻变革的进程。（2）强调古巴特色。《理念》认为，由于每个国家有着各自的特点和各自所处的国际环境不同，在政治、经济、社会、文化和历史方面的特点不尽相同，因此，变革进程的巩固和发展取决于政治思想上的团结、人民的积极参与和正确的引导。（3）强调要吸取外国的经验教训。《理念》认为，古巴模式的更新主要是根据古巴本国革命的进程和条件，但应该考虑到不同国家，尤其是那些正在实施社会主义经济和社会计划的国家的经济和社会发展进程的正反两方面的经验，并应考虑它们的特点及条件。（4）强调古巴社会主义取得了巨大的成就。《理念》指出，尽管有错误和不足，古巴在政治、社会、文化、科技和经济方面取得了巨大的成就。（5）强调古巴模式的更新具有 12 个重要的条件和机遇。（6）古巴模式更新的目标是：建立一个独立、主权、民主、繁荣和持续的社会主义国家，确保古巴社会主义的不可逆转和继续，提高人民的生活水平和质量。（7）提出支撑古巴模式更新的古巴社会主义的主要原则和基础是：社会主义的价值观、共产党的领导、社会主义民主和人民通过人民政权代表大会等机构行使权力。（8）生产基本资料的全民所有制是古巴经济社会制度的基本形式，是古巴人民真正权力的基础；社会主义的计划是经济社会发展领导体制的主要组成部分；承认合作所有制、混合所有制、公民社会组织所有制和私有制的存在，私有制可起补充作用，允许建立与外资合资的企业或全外资企业。（9）应考虑现行的市场关系并使市场关系的运作服务于社会主义发展，但市场在经济和社会生活中不起主导作用，其活动空间应受到限制。

古巴社会主义模式更新的实践主要体现在以下方面：在政治上，劳尔·卡斯特罗在 2011 年古共"六大"上就宣布实行党和国家最高领导人的任期制，取消了最高党政领导职务的终身制，古巴党政领导逐步年轻化。在 2013 年 2 月 24 日上午召开的古共中央六届六中全会上，劳尔提名 1960 年出生的米格尔·迪亚斯—卡内尔担任国务委员会第一副主席。在当天下午召开的第八届全国人大成立会议上，迪亚斯—卡内尔正式当选为国务委员会和部长会议第一副主席。2017 年 12 月 21 日，古巴八届全国人大第十次会议批准古巴国务委员会提出的请求，由于2017年9月飓风"厄玛"横扫古巴全境，造成巨大损失并使地方人大代表的选举推迟，决定将原定2018年2月24日举行的新一届国家领导人选举推迟至4月19日举行，这意味着劳尔·卡斯特罗的任期将延至4月19日，这一天，古巴第九届人大将选举产生新的国务委员会主席和部长会议主席，但劳尔·卡斯特罗将继续担任古共中央委员会第一书记至2022年古共八大。

在经济上，古巴根据古共六大通过的《党和革命的经济与社会政策的纲要》（简称《纲要》）及七大修改后的《纲要》，出台并实施了一系列改革经济模式的举措，如分阶段逐步减少在国有部门工作的职工；增加个体劳动者的数量。2017年古巴政府出台了一些整顿个体户的措施，规定个体劳动者只能从事一种经济活动，将以前规定允许的201种经济活动减少到122种；将闲置农地承包给个人的期限从10年扩大到20年，开始在两个省征收土地闲置税。2017年12月，古巴还颁布一系列法规，赋予国有企业更大的自主性。据部长会议副主席穆里约在2017年12月21日古巴人代会上的报告，古共七大通过的100项政策，现正在落实其中80项政策，其中18项已经批准，15项正在批准，47项正在进行中。古巴经济2016年出现-0.9%的增长，2017年增长1.6%，2018年计划增长2%。近年来，古巴经济停滞不前，主要原因是：从外因来说，美国的封锁，特别是特朗普上台后，对古巴加强了经济贸易和金融的封锁，不准美国政府部门、企业和个人与古巴军队管理的企业做交易，限制美国公民到古巴旅行；委内瑞拉发生经济危机，减少了对古巴廉价原油的供应和其他援助；自然灾害（飓风等）的影响。从内因来说，古巴政府一些经济政策偏激、对个体户和私人部门限制过多、经济结构没有很好调整等。

总的来看，古巴是世界上现存5个社会主义国家中，唯一不在亚洲，而在西半球的社会主义国家。有人担心，在古巴革命领袖菲德尔·卡斯特罗去世后及劳尔·卡斯特罗卸任国家领导人职务后，古巴的社会主义会不会改变颜色？我们有理由相信，尽管菲德尔·卡斯特罗已于2016年11月25日去世，劳尔·卡斯特罗于2018年4月卸任国务委员会主席和部长会议主席的职务，但是，古巴新的领导人一定会坚持共产党的领导，坚持马列主义，坚持古巴特色的社会主义。古巴党和政府会根据形势变化，审时度势，进一步采取更新社会主义模式的战略举措。展望未来，古巴的社会主义发展模式"更新"的进程将是渐进、稳步和谨慎的，古巴社会主义的前景是令人乐观的。在古巴党和政府的领导下，古巴人民一定能够战胜前进道路上的各种困难，在探索和建设古巴特色社会主义事业的伟大进程中取得更大的胜利。

委内瑞拉 21 世纪社会主义的理论与实践面临空前危机

2013 年 3 月 5 日，查韦斯总统因病去世。查韦斯去世前，委内瑞拉已完成了权力的交接，由副总统尼古拉斯·马杜罗（1962— ）接替统一社会主义党主席和代行国家总统职权。作为查韦斯身前忠实的战友，马杜罗曾与查韦斯一起创建了"第五共和国运动"。在查韦斯军事政变身陷囹圄时，马杜罗曾鼎力营救，帮助查韦斯赢得大选胜利。查韦斯任总统之后，马杜罗一直是查韦斯得力助手。马杜罗自称是查韦斯倡导的委内瑞拉"21 世纪社会主义"事业的重要继承者。

在 2013 年 4 月 14 日大选中，马杜罗以微弱优势当选总统，4 月 19 日正式就任。马杜罗宣称将继续履行查韦斯的政治遗嘱——2012 年 6 月查韦斯提出的《祖国计划》即《第二个国家经济和社会发展社会主义计划（2013—2019 年）》。根据这一计划，在这 7 年内，国内生产总值年均增长率为 3%—4%，年均通货膨胀率为 20%；原油日产量将从 2014 年的 330 万桶增加到 2019 年的 600 万桶；平均失业率为 5%—7%；贫困家庭占家庭总数从 2011 年的 24.57%，减少到 2019 年的 15%，而赤贫家庭占家庭总数从 2011 年的 6.97%，减少到 0%。

委内瑞拉"21 世纪社会主义"理论由查韦斯在 2005 年首次提出，带有强烈的查韦斯个人色彩。查韦斯去世后，在后查韦斯时代，委内瑞拉的"21 世纪社会主义"的理论与实践遇到空前的危机。从理论上看，查韦斯倡导的"21 世纪社会主义"并不是科学社会主义，而是各种主义的"大杂烩"。2017 年 9 月 17 日，马杜罗在一次群众集会上强调，委内瑞拉的社会主义是玻利瓦尔社会主义，是基督教社会主义，是具有委内瑞拉特色的社会主义。从实践来看，"21 世纪社会主义"之所以能在委内瑞拉推行这么多年，其基础是查韦斯的"强人政治"、富裕石油收入支撑的经济基础和民众的支持。马杜罗执政以来，这些基础已发生了重大的变化。

　　从政治上看，委国内力量对比发生了变化。马杜罗声称继承查韦斯的遗志，继续在委实施玻利瓦尔社会主义革命。2014年7月26日至31日，执政党统一社会主义党召开了"三大"，马杜罗顺利当选为党的主席。但就在"三大"召开前夕，2014年6月17日，马杜罗撤换了长期以来主管国家经济事务的部长会议副主席、计划部长希奥达尼，指责他"背叛了"查韦斯的方针。而希奥达尼则发表公开信，批评马杜罗领导不力，背叛了查韦斯的革命，委统一社会主义党领导成员之一、前部长纳瓦罗公开支持希奥达尼，被开除出党，这说明委执政党和政府内部矛盾开始显现。在2015年12月6日的国会选举中，反对派民主团结联盟以三分之二的绝对优势获胜，掌控了国会领导大权。2016年1月初反对派控制的国会成立后，马杜罗政府与反对派之间的"府院之争"愈演愈烈。2016年反对派联盟发起了罢免马杜罗的公投，但因征集签名过程存在"造假"而被迫中止。马杜罗宣布推迟了原定在2016年举行的地方选举。2016年下半年，政府与部分反对派在国际斡旋下，进行了多轮谈判，曾达成某些协议。但是，2017年年初，反对派以政府未兑现相关承诺为由，宣布退出对话。自同年3月起，反对派在全国各地组织了大规模抗议，抗议愈演愈烈，暴力冲突一度加剧，致使130多人死亡，数百人受伤。由于国会掌控在反对派手中，马杜罗政府想要通过的预算，各项经济社会的政策、法规和改革，以及与外国签署经济合作协议，都无法在国会进行讨论并获得通过。因此，2017年5月1日，马杜罗总统宣布将举行制宪大会选举和召开制宪大会，重新制定委内瑞拉宪法，以克服当前政治经济危机。同年7月30日，委内瑞拉举行了备受争议的制宪大会选举，选举总体平稳举行。8月4日，由545位代表组成的委制宪大会正式成立，前外长、44岁的黛尔西·罗德里格斯当选为制宪大会主席。制宪大会的主要任务是制定新宪法，但它也有权制定其他法律。事实上，制宪大会已经取代了反对派掌控的国会的立法职能，尽管国会并没有被废除。8月8日，制宪大会决定，其任期为两年。但反对派控制的国会及反对派联盟拒不承认制宪大会，也不服从制宪大会的决定。自制宪大会成立后，反对派企图组织罢工和抗议，但参加人数越来越少，委内政局趋于平静。10月15日，委内瑞拉举行州长选举，一些反对党参加了选举，另一些反对党抵制，执政党统一社会主义党赢得了23个州中18个州州长的职位。12月10日，又举行全国335个市的市长选举，由于主要反对党拒绝参选，执政党赢得305个市长职位。通过2017年的三场选举，委统一社会主义党的执政地位得到了巩固。12月，委政府与反对派民主团结联盟在多米尼加共和国进行了两次对话，2018年1月11—12日又举行了对话，尽管取得了一些进展，但双方分歧严重。马杜罗总统宣布，2018年将举行总统选举，他将参加竞选。

2017年11月，马杜罗政府以涉嫌贪腐等罪名解除了石油部长德尔皮诺、委国有石油公司总裁马丁内斯等65名石油业高管的职务，并以涉嫌洗钱罪名解除了驻联合国大使、前委国有石油公司总裁、前外长拉米雷斯的职务。从目前委内瑞拉政局来看，马杜罗政府得到了军队、警察、司法和立法（制宪大会）的支持，其执政地位相对比较稳定。

在经济上，"21世纪社会主义"赖以推行的经济基础没能持续。查韦斯时代的"21世纪社会主义"都是建立在丰厚的石油收入基础之上，这也造成了委内瑞拉经济过度依赖石油产业，结构单一，经济发展面临着极大的风险。马杜罗执政以来，由于国际市场上石油价格的大幅度下降，再加上政府经济管理不善，一些经济政策的失误和偏激，反对派发动的"经济战"，不法商人囤积居奇，投机倒把，使食品和基本生活用品供应紧张，委内瑞拉经济发生危机，2014—2017年，委内瑞拉经济连续四年出现负增长，2016年和2017年国内生产总值分别出现-9.7%和-9.5%的增长，2017年通货膨胀率高达2000%以上，为世界之最。由于经济危机，前述的《祖国计划》的指标无法兑现，查韦斯执政时期所推行的社会计划也受到严重影响，人民生活水平明显下降，贫困率上升，国内暴力活动猖獗，居民不安全感严重，反对派抗议不断，马杜罗继续推行"21世纪社会主义"的阻力加大。

在外交方面，美国不断加强对委内瑞拉政府的制裁和压力。2014年12月18日，奥巴马签署由美国会众参两院通过的"保护委内瑞拉人权与公民社会法案"，并决定以侵犯人权为由对50多名委政府官员进行制裁。2015年3月9日，奥巴马签署一项行政法令，认为委内瑞拉的局势对美国外交和国家安全构成"极大和非同寻常的威胁"，宣布美委关系"处于紧急状态"，该法令还确定对7名委内瑞拉高官实施制裁。2017年1月20

日，特朗普就任美国总统后，不断加强对委内瑞拉的制裁。2月14日，美国财政部宣布对委副总统艾萨米实行制裁。7月26日，美国财政部宣布对委内瑞拉13名高官予以制裁。在委制宪大会选举后第二天，7月31日，美国财政部又发表声明，宣布对马杜罗总统进行制裁。8月8日，美国又对委内瑞拉包括查韦斯的哥哥阿丹在内的8名高官进行制裁，主要"理由"是他们是新成立的制宪大会代表和负责人。8月11日，特朗普本人扬言说，美国在应对委内瑞拉局势方面有众多选择，不排除采取军事行动的可能性。8月25日，特朗普总统签署行政命令，决定禁止美国实体或个人与委政府及国有石油公司进行债权和资产交易，禁止美方机构参与委公共部门现已发行的部分债券交易。这是特朗普执政以来，首次对委进行经济方面的制裁。9月24日，特朗普签署新旅行禁令，要求从10月18日开始禁止委部分官员进入美国。11月9日，美国宣布对委内瑞拉10名现任或前任官员实施经济制裁。2018年1月5日，美国宣布对委4名官员实施制裁，其中包括两名委军队高官、一名现任州长和一名前任州长。

此外，美国还在外交上对委施压，美国利用美洲国家组织拉拢一些拉美国家打压委内瑞拉。2017年8月8日，美洲国家组织12国外长在利马开会，讨论委内瑞拉危机，发表"利马声明"，声明不承认委制宪大会，谴责委破坏民主秩序。美国对欧盟、加拿大、西班牙和拉美一些国家施压，要求它们与美国一样制裁委内瑞拉。9月22日，加拿大政府以"破坏国家民主"为由决定对包括委总统马杜罗、副总统艾萨米、制宪大会主席罗德里格斯等40名高层官员进行制裁。制裁措施包括冻结他们在加拿大的资产以及禁止加拿大人与其进行贸易往来。对此，委方予以强烈谴责。美国对委的经济和金融制裁在一定程度上影响委国内局势的走向，制裁已影响委经济的发展，造成外汇短缺，从而使委国内食品和生活必需品进口量进一步下降，导致民众生活质量下降；制裁也影响委重新安排债务、举借新的债务，使委发生违约的可能性增大。美国试图通过制裁，减少民众对马杜罗政府的支持率。由于经济危机、社会治安状况恶化、供应短缺、生活水平降低，民众对马杜罗政府的支持率正在削减，"21世纪社会主义"事业也将会面临夭折的危险。

厄瓜多尔现总统与前总统矛盾加深，祖国主权联盟党陷于分裂

拉斐尔·科雷亚于2005年11月组建厄瓜多尔左翼政党主权祖国联盟，2006年他作为主权祖国联盟的候选人在11月2日的第二轮大选中获胜，当选总统，于2007年1月15日宣誓就职。2008年9月28日，厄瓜多尔通过新宪法。2009年4月26日，他再次当选总统。2013年2月17日，他第三次当选总统，执政至2017年5月23日，共10年零4个月。任内，他倡导了"21世纪社会主义"，并推行了"公民革命"，他在制定的"2013—2017年美好生活计划"中，还提出了"美好生活社会主义"。应该说，科雷亚推行的"公民革命"取得了明显的成就。但是，由于国际市场上石油价格的下降、美元的升值（厄瓜多尔实行完全的美元化，没有本国货币），再加上2016年发生强烈地震，致使2016年经济出现-1.5%的增长。

在科雷亚的积极支持下，曾于2007年至2013年出任科雷亚政府副总统的莱宁·莫雷诺作为执政党主权祖国联盟的候选人，在2017年4月2日第二轮总统选举中获胜，当选总统，5月24日就任总统，任期4年。莫雷诺的当选曾使拉美左翼备受鼓舞。但是，莫雷诺执政后，采取了与其前任不同的政策。在政治上，他与反对派领导人和持不同政见的非政府组织和媒体进行对话；大力开展反腐斗争；在经济上，削减公共开支、精简政府机构和重新安排外债。8月3日，莫雷诺总统发布政令，宣布因涉嫌行贿罪，撤销科雷亚的主要支持者、副总统豪尔赫·格拉斯的所有工作职权。8月25日，厄议会授权最高法院对格拉斯提起刑事诉讼。10月2日，厄最高法院下令预防性羁押格拉斯，12月，格拉斯被判处6年徒刑，科雷亚认为这是政治迫害。9月15日，莫雷诺称他在总统办公室发现了一个监控摄像头，其拍摄画面或将直达在比利时的前总统科雷亚的手机，对此他感到"极度愤怒"。科雷亚否认这一指控。莫雷诺与科雷亚两人关系日益疏远。科雷亚指责莫雷诺背叛了他提倡的"公民革命"，是革命的"叛徒"。10月，执政党主权祖国联盟内科雷亚派宣布解除莫雷诺党主席的职务，任命前外交和国防部长帕蒂约为党主席。莫雷诺状告法庭，指责未经召开党代会就解除其党主席职务违反了党章。全国选举委员会表示支持莫雷诺，裁决恢复其党主席职务。现该党已处于分裂状态，支持科雷亚、反对莫雷诺的一派自称是"公民革命派"。莫雷诺还宣布将在2018年2月4日举行公投，公投的主要内容就是同意不同意包括总统职务在内的公职无限期连选连任。科雷亚则认为此次公投的目的就是不让他2021年再次竞选总统，两人矛盾加深。莫雷诺执政后，在外交上，拉开了与委内瑞拉、古巴等左翼执政的国家距离，也不再公开倡导"21世纪社会主义"和"美好生活社会主义"。拉美一些左翼人士批评莫雷诺政府正在"向右转"。

玻利维亚总统莫拉莱斯想第四次竞选总统

玻利维亚现任总统埃沃·莫拉莱斯是印第安艾马拉人，2005年12月18日，他作为争取社会主义运动参加总统选举，以53.74%的高得票率获胜，2006年1月22日宣誓就职，成为该国历史上第一位印第安人总统。2009年12月6日，他再次竞选总统，获64.2%的得票率，再次当选。根据2009年2月生效的新宪法，总统只能连选连任一次。但玻利维亚宪法法院裁定，在新宪法生效前，莫拉莱斯尚未完成第一次担任总统的5年任期，因此这一任期"不算数"，他可以参加2014年大选。2014年10月12日，他第三次竞选总统，又以61.04%的高得票率当选总统，2015年1月22日就任，任期至2020年1月。2015年9月初，由农民和土著人组成的玻利维亚全国改革协调委员会要求修改宪法，允许莫拉莱斯无限期连选连任。9月26日，玻利维亚国会通过一项宪法修正案，规定总统可两次连选连任，但这项宪法修正案需经过公民投票批准才能生效。2016年2月21日，玻利维亚举行公投，以51.3%反对票和48.7%赞成票，否决莫拉莱斯再度连选连任的资格。玻利维亚执政党随后向宪法法院提起上诉，认为宪法限制莫拉莱斯的政治权利。同年12月，执政党争取社会主义运动召开"九大"，莫拉莱斯再次当选为党的领导人，大会支持莫拉莱斯第四次竞选总统。2017年11月28日，玻利维亚宪法法院裁决，莫拉莱斯有资格再度竞选连任，为他参加2019年大选、谋求第四个任期"开绿灯"。反对派和一些人士认为，这一裁决是对民主的打击。11月29日，反对派在首都拉巴斯街头示威，要求莫拉莱斯下台。

以莫拉莱斯为首的争取社会主义运动提出社群社会主义和美好生活社会主义，这是一种建立在反对新旧殖民主义和回归传统的平等、互惠、和谐社会的基础之上，由印第安传统思想、对资本主义的批判和反思以及吸取各种社会主义的思想养分结合在一起的新思潮。争取社会主义运动的价值观基础是：自由、尊严、平等、公平、对等、互补、团结、透明、社会责任、尊重生命、尊重大地母亲、尊重人权、尊重文化多样性。

莫拉莱斯社群社会主义的思想源泉是：（1）印第安人的传统思想；（2）对资本主义的批判和反思；（3）吸取各种社会主义的思想养分。莫拉莱斯广泛地吸取各种社会主义思想的有益成分，如印第安社会主义、马克思列宁主义、托洛茨基主义、拉美各种左翼思潮以及玻利维亚历史上盛行的各种社会主义思潮。莫拉莱斯对各种社会主义思想也保持着谨慎对待的态度，认为要尊重民族和文化多元化的前提，没有放之四海而皆准的社会主义模式。莫拉莱斯认为，玻利维亚的社群社会主义应该是基于本土特色的，而不是照搬委内瑞拉、巴西等国的社会主义经验。"社群社会主义"的主要主张：其价值观基础是：自由、尊严、平等、公平、对等、互补、团结、透明、社会责任、尊重生命、尊重人权、尊重文化多样性。

莫拉莱斯社群社会主义主要实践是：（1）进行了宪法改革。莫拉莱斯执政后不久，便成立了制宪大会，启动了新宪法的制定。2007年12月9日，玻利维亚立宪大会通过了新宪法，2009年1月25日玻利维亚举行新宪法的全民公决，新宪法草案以61.8%的支持率获得通过。同年4月14日，玻利维亚国民议会正式通过新宪法。新宪法强调玻利维亚的多民族国家的特性，宪法第1条规定，"多民族社群、自由、独立、主权、民主、跨文化、分权和自治是法治的玻利维亚共和国的基本原则。共和国建立在多元文化的基础之上，并将政治、经济、法律、文化和语言的多样性纳入国家一体化进程之中。"根据宪法，2009年3月，玻利维亚议会决定将国名由"玻利维亚共和国"改为"多民族玻利维亚国"。（2）进行政治改革，确立印第安人在多民族国家的合法地位，规定印第安人应在议会中占有一定的名额，建立多民族宪法法庭，成立多民族选举机构，印第安人在这一机构中拥有一定的代表。宪法还将36个印第安民族所讲的语言提高到与西班牙语一样重要的地位，都规定为官方语言，中央政府和省政府至少要使用两种官方语言；保护印第安人的合法权益；赋予印第安人地方自治权力。莫拉莱斯执政十年来，玻利维亚政治形势基本稳定，争取社会主义运动在玻利维亚拥有稳定的民众支持率。争取社会主义运动在国会两院中拥有三分之二的大多数席位。莫拉莱斯的民众支持率高达50%左右。但在2015年3月的中期选举中，执政党争取社会主义运动失去了一些重要省如拉巴斯省的省长职位及重要的市如首都拉巴斯和阿尔托市的市长职位。（3）进行了一系列经济和社会改革，推动了经济快速的发展。莫拉莱斯提出要使玻利维亚成为一个"发展生产的、有尊严的、民主的和主权的国家"。为此，他于2006年5月颁布《天然气和石油国有化法》，宣布对本国石油和天然气资源实行国有化；制定并实施了扶贫计划和支持团结互助计划，使玻利维亚的贫困人口占总人口的比例从2005年的59.6%下降到2015年的38.6%，同期，极端贫困人口从36.7%下降到16.8%。莫拉莱斯政府还进行了土地改革。多年来，玻利维亚一直是南美洲国家中经济增长最快的国家，莫拉莱斯执政12年来，经济年均增长5%，在拉美中名列前茅。（4）莫拉莱斯政府奉行独立自主、和平和不结盟的对外政策，维护民族独立和主权，坚持各国一律平等，人民自决，不干涉别国内政，和平解决国际争端等原则，突出多元外交和务实经济外交。

莫拉莱斯的社群社会主义实践在政治、经济和社会领域取得了明显的成就，玻利维亚被认为是拉美左翼执政比较成功的一个国家。莫拉莱斯曾说，执政党以社群社会主义思想为指导的10大政策目标已经实现了80%—90%。莫拉莱斯本人在群众的支持下，连续三次当选和就任总统，这也说明其推行的社群社会主义和美好生活社会主义在玻利维亚国内获得了广泛的支持。但社群社会主义和美好生活社会主义无论是在理论上还是在实践中都面临着巨大的考验：（1）其理论的科学性和成熟性有待检验。从理论源泉上看，社群社会主义和美好生活社会主义植根于印第安传统思想，具有浓重的伦理、神学、宗教、民族主义色彩，与科学共产主义有本质上的区别。莫拉莱斯创建的争取社会主义运动不是按照列宁的建党原则建立起来的共产党组织，他的组成主体也不是工农无产阶级，尽管莫拉莱斯提出要消灭资本主义，但是并没有为争取社会主义建立完整的党纲。因此，社群社会主义和美好生活社会主义理论具有浓郁的莫拉莱斯个人色彩。如果2019年莫拉莱斯竞选失败，社群社会主义和美好生活社会主义就难以为继。（2）玻利维亚半数民众反对莫拉莱斯无限期连任总统。莫拉莱斯已经在玻利维亚执政了将近12年，本届总统他可执政到2020年。最新民调显示，半数以上的民众反对他第四次连选连任总统。(3) 莫拉莱斯的一些政策措施，不断遭到部分民众的反对。如2015年5月，莫拉莱斯颁布法令，规定要在亚马孙地区建设一条穿越TIPNIS国家公园的印第安人聚居区的高速公路计划，引发印第安人、环保主义者的大规模抗议。2016年8月，为反对政府颁布的新矿业法，全国矿业联盟举行了持续两周的大罢工。2017年11月底至2018年初，玻利维亚医生举行了为期47天的大罢工，抗议执政党控制的国会修改刑法，准备对"医疗效果不佳"的医生判刑。

对拉美政坛"左退右进"的看法

拉美政坛的钟摆明显向右摆

自2015年来，拉美政治格局明显地出现了"左退右进"的变化，拉美左翼政权受到前所未有的挑战，接连受挫，右翼势力抬头，拉美政坛的钟摆明显向右摆。拉美政坛"左退右进"的主要标志是：(1) 阿根廷中右翼上台。2015年11月22日，在阿根廷第二轮总统选举中，中右翼"变革联盟"候选人、共和国方案党领袖毛里西奥·马克里以3%的微弱优势，战胜了在第一轮中得票领先的左翼执政联盟胜利阵线候选人丹尼尔·肖利，当选为阿根廷新总统。同年12月10日，马克里正式就任，从而结束了正义党左翼领导人基什内尔和他的夫人费尔南德斯连续12年的执政。马克里上台执政被视为拉美地区政治钟摆向右倾斜的标志性事件。马克里就任总统以来，采取了放开汇率，解雇大量公务员，大幅度提高家用电费、煤气费、公共交通价格，与美国"秃鹫基金"达成和解，实现劳工改革和养老金改革等一系列新自由主义的措施，虽然改善了外国投资环境，但是影响了中下层民众的生活，不断引发罢工和抗议浪潮。(2) 委内瑞拉反对派控制国会。在2015年12月6日国会选举中，委右翼反对派联盟"民主团结联盟"赢得了三分之二的多数席位，控制了国会。(3) 2016年8月31日，巴西左翼劳工党罗塞夫总统被弹劾。中右翼巴西民运党主席米歇尔·特梅尔被国会正式任命为新总统，执政至2018年年底。罗塞夫被弹劾对巴西左翼是一个沉重打击，同时也影响拉美地区的政治版图,使拉美左翼失去了地区政治的主导权。(4)玻利维亚总统、左翼争取社会主义运动党主席莫拉莱斯在2016年2月21日公投中落败。(5)厄瓜多尔左翼执政党发生分裂,新总统莱宁·莫雷诺与前总统科雷亚矛盾加深。(6)智利中左执政联盟提名的候选人吉耶在2017年12月17日第二轮总统选举中失败,中右翼联盟"智利前进"候选人、前总统皮涅拉当选总统,并于2018年3月11日再次上台执政。

拉美左派并没有死亡

近年来,拉美和国际上以及在我国国内学界,对拉美政坛"左退右进"的现象有很多评论和分析。有的评论甚至认为,拉美左派已经"死亡"①。更多的人认为,拉美"左翼(或进步)力量执政的周期"已经结束,拉美开始了一个"右翼(或新右翼)力量执政的周期"。也有人对拉美一些左翼领导人提出的"社会主义"嗤之以鼻,认为这是"新民粹主义"。

应该看到,在拉美,左派并没有"死亡"。除古巴一如既往地坚持社会主义外,左翼政党或力量至今仍在委内瑞拉、玻利维亚、尼加拉瓜、厄瓜多尔、萨尔瓦多和乌拉圭等国执政。在委内瑞拉,马杜罗目前还是国家总统。即使在阿根廷、智利,左翼仍有相当大的实力,在国会中仍占有一定的优势。在墨西哥、巴西、哥伦比亚、秘鲁等一些不是左翼执政的国家,左翼力量也不可小觑。根据民调,墨西哥左翼国家复兴运动党有可能在2018年7月的大选中获胜。由于拉美巨大的贫富差异和尖锐的社会矛盾依然存在,拉美左翼依然拥有较强的实力和坚实的社会基础,左翼力量仍有可能在某些国家东山再起,拉美政治版图不会出现整体右倾的状况。以尼加拉瓜为例,2016年11月6日,尼加拉瓜举行大选,现总统、左翼桑地诺民族解放阵线主席奥尔特加夫妇以72.5%的高得票率当选为总统和副总统,使尼加拉瓜这个左翼政权得以继续维持。这表明,拉美进步政府的周期并没有终结,拉美右翼不可能全面回潮,拉美会出

---

① 2016年3月22日,墨西哥前外长豪尔赫·卡斯塔内达在美国《纽约时报》上发表题为《拉美左翼死亡》的文章,文章认为,拉美左翼已经死亡。参见 www.nytimes.com/es/2016/03/29/la-muerte-de-la-izquierda。

现"东方不亮西方亮"的局面。正如厄瓜多尔前外长纪尧姆·龙所说："拉美的进步政治进程正在经历一个削弱的过程，但这并不意味着拉美左翼政府的终结。"

应该看到，包括巴西劳工党、委内瑞拉统一社会主义党、厄瓜多尔祖国主权联盟、玻利维亚争取社会主义运动等在内的拉美左翼政党和政府，在拉美一些国家执政十多年来，在反对新自由主义、发展民族经济、扶贫、扫盲、开展免费教育和医疗等方面，以及在实施独立自主的外交政策、促进拉美一体化方面取得了显著的、有目共睹的成就，得到了广大民众，特别是中下层民众的拥护和支持。我们不能因拉美一些左翼政府暂时的失利和目前面临困境和问题，而全盘否定它们执政的成绩和经验。尽管拉美左翼政党和政府有着这样或那样的问题，但只要他们认真反思自己的问题，采取积极态度应对所面临的严峻挑战，拉美左翼的前景还是光明的，经过一个时期的政策调整之后，拉美的政治钟摆仍有可能向中左回摆。正如乌拉圭左翼前总统何塞·穆希卡所说，"我从来不认为左派已经失败，也不认为右派已经取得绝对胜利。人类的历史是保守与进步不断斗争的历史，是钟摆式的"，"如果左派失去地盘，那就吸取教训，卷土重来"。玻利维亚现总统阿尔瓦洛·加西亚·里内拉认为，在21世纪头十年，拉美左翼进步政府所做的四大历史成就是：（1）扩大了政治民主；（2）重新分配了公共财富，扩大了社会平等；（3）实施了后新自由主义的经济和财富管理；（4）建立了一个进步和主权的拉美国际。与此同时，他认为，拉美左翼面临五项紧迫的任务：（1）保持经济的增长和稳定，这是公正和政治实力的物质基础；（2）进行不断的文化革命；（3）进行道德改革和反腐斗争；（4）拥有坚强的革命领导人；（5）加强地区一体化。①

拉美左翼政府面临严峻挑战

目前，拉美左翼政府面临众多严峻挑战：一是经济下行压力增大。

---

① Alvaro García Linera, "Fin de ciclo progresista o proceso por oleadas revolucionarias?" en Emir Sader (coord.), *Las vías abiertas de América Latina*, Editorial Ocubre, Caracas, Venezuela, 2017, pp. 14 – 48.

最近几年，受国际金融危机的影响，国际市场上原油和初级产品价格大幅度下跌，再加上长期以来，拉美多数国家以初级产品出口为主的粗放式增长所积累的矛盾和风险集中暴露，经济增长的旧动力日趋减弱，又没有及时调整经济结构和发展战略，新动力激发不足，造成了包括左翼执政的国家在内的拉美国家经济增长速度普遍放慢。二是一些左翼政党和政府内部腐败严重引起民众不满。三是国内保守势力和反对派的进攻。近年来，拉美右翼保守势力在一些国家呈上升趋势，在美国和西方其他国家右翼政党和人士的支持下，对本国左翼政府和政党频频发起攻击。四是左翼政党和执政联盟各政党之间，左翼政党内部以及左翼政党与新社会运动之间存在分歧。五是美国明里暗里干涉拉美左翼国家的内政。

拉美左翼的前景

近年来，拉美左翼政党召开了多次会议，如第二次民主左翼会议（2016年1月，在墨西哥首都墨西哥城）、南锥体国家共产党会议（2016年5月，在阿根廷首都布宜诺斯艾利斯）、圣保罗论坛第22次会议（6月，在萨尔瓦多首都圣萨尔瓦多）、拉美加勒比共产党与革命党会议（8月，在秘鲁首都利马）、第三次拉美进步会议（9月，在厄瓜多尔首都基多）、圣保罗论坛第23次会议（2017年7月，在尼加拉瓜首都马那瓜）等。拉美左翼政党和组织召开的这些会议对拉美地区政治形势做了分析，并为左翼政党和今后的斗争指出了方向。尤其是圣保罗论坛第23次会议通过了主要由古巴共产党起草的拉美左翼政党和组织的纲领性文件《我们的共识》，文件分析了拉美当前的形势，强调面临帝国主义和拉美右翼保守势力进攻，拉美左翼政党和进步势力应该加强团结，制定共同的战略目标、原则、价值和适应形势发展的政治经济和外交的方针政策。2017年12月3—8日，在乌拉圭首都蒙得维的亚召开的第31届拉美社会学大会专门讨论了"动荡中的左翼的前景"，乌拉圭前总统穆希卡、巴西前总统罗塞夫和玻利维亚现副总统加西亚·里内拉出席会议。他们一致认为，拉美左翼并没有死亡，拉美的进步周期并没有结束，但目前拉美左翼确实处境困难，只要拉美左翼高举社会公正和平等旗帜，管理好经济，关注民生，进行反腐斗争，左翼力量一定能复兴。①

《回望拉丁美洲左翼思潮的理论与实践》一书对古巴、委内瑞拉、玻利维亚和厄瓜多尔四国左翼政党提倡的不同的社会主义思潮的理论与实践，做了细致和详尽的分析，有助于读者对拉美左翼思潮的理论和实践的了解和研究。我对本书几位作者的辛勤劳动表示由衷的感谢，对本书的出版表示由衷的祝贺！

---

① https://es-us.noticias.yahoo.com/la-izquierda-en-latinoamrica-no-muri-dicen-021234587.htm［2018-1-14］.

目　录

第一章　厄瓜多尔科雷亚的 21 世纪社会主义 ……………… (1)
　第一节　科雷亚登上国家政治舞台的背景 ……………… (1)
　第二节　科雷亚政治思想的形成和革命实践 …………… (6)
　第三节　21 世纪社会主义的主要内容 ………………… (15)
　　一　以人为中心的价值观和原则 ……………………… (18)
　　二　劳动高于资本的原则 ……………………………… (20)
　　三　社会公正和平等的原则 …………………………… (22)
　　四　参与制和代议制民主原则 ………………………… (25)
　　五　建立社会互助经济的原则 ………………………… (27)
　　六　社会控制市场的原则 ……………………………… (32)
　　七　恢复国家主角作用的原则 ………………………… (35)
　　八　变革权力关系的原则 ……………………………… (38)
　　九　坚持美好生活发展观 ……………………………… (41)
　　十　主权祖国与拉美一体化原则 ……………………… (43)
　　十一　科雷亚关于 21 世纪社会主义与传统社会
　　　　　主义的同异论述 ………………………………… (44)
　第四节　"公民革命"及其成果 ………………………… (49)
　　一　公民革命的含义 …………………………………… (49)
　　二　主权祖国联盟的建立 ……………………………… (51)
　　三　公民革命的纲领性轴心 …………………………… (52)
　　四　政治领域的变革 …………………………………… (54)
　　五　社会领域的变革 …………………………………… (56)
　　六　经济领域的变革 …………………………………… (59)

七　经济和社会发展成果 …………………………………… (62)
　第五节　厄瓜多尔科雷亚21世纪社会主义发展前景 ………… (66)

第二章　查韦斯21世纪社会主义国内政治实践三部曲 ………… (68)
　第一节　查韦斯21世纪社会主义国内政治实践三部曲
　　　　　之前奏曲：玻利瓦尔革命(1999—2002年) ………… (73)
　　一　"全国制宪大会"的召开和新宪法的制定 ……………… (73)
　　二　制定《2001—2007年国家经济与社会发展
　　　　规划总体纲要》 …………………………………………… (75)
　　三　通过提高税收而不是国有化的方式加强对
　　　　经济部门的控制 …………………………………………… (76)
　　四　成立"玻利瓦尔小组" …………………………………… (77)
　　五　地方计划委员会试验及其失败 ………………………… (77)
　　六　"玻利瓦尔2000计划" …………………………………… (78)
　　七　最初阶段的合作社(Cooperatives)试验 ……………… (78)
　　八　"49条特别法" …………………………………………… (80)
　第二节　查韦斯21世纪社会主义国内政治实践三部曲
　　　　　之间奏曲：过渡时期的玻利瓦尔社会模式
　　　　　(2002—2005年) ……………………………………… (81)
　　一　"走进贫困区"(Barrio Adentro)使命 ………………… (83)
　　二　营养和食物使命——"梅尔卡"使命(Mercal) ………… (84)
　　三　教育使命——"鲁宾逊使命"(Misión Robinson)、
　　　　"苏克雷使命"(Misión Sucre)和"里瓦斯使命"
　　　　(Misión Ribas) …………………………………………… (85)
　　四　身份证使命(Misión Identidad) ………………………… (86)
　　五　"瓜伊卡伊普罗使命"(Misión Guaicaipuro) ………… (87)
　第三节　查韦斯21世纪社会主义国内政治实践三部曲
　　　　　之主题曲：21世纪的社会主义改革高潮
　　　　　(2005—2013年) ……………………………………… (87)
　　一　成立新政党，为21世纪社会主义建设提供
　　　　组织和制度保障 …………………………………………… (88)

二　进行宪政改革,加强行政部门和军队的权力 …………… (88)
　　三　进行具有社会主义性质的试验 ……………………………… (89)
　　四　推行土地改革 ………………………………………………… (96)
　　五　推行"回归乡村"的逆城市化进程 ………………………… (100)
　　六　大力推行战略部门的国有化改革——以石油业为例 …… (101)
　　七　执行新的社会使命 …………………………………………… (103)
　第四节　没有尾声的尾声:几点看法和思考 ……………………… (110)

第三章　古巴特色社会主义道路、理论与制度探析 ……………… (114)
　第一节　古巴社会主义道路的历史抉择与坚守 …………………… (114)
　　一　古巴社会主义道路的历史抉择 …………………………… (114)
　　二　古巴特色社会主义道路的时代坚守 ……………………… (121)
　　三　古巴社会主义道路的特殊性及其历史意义 ……………… (130)
　第二节　古巴社会主义理论的继承与发展 ………………………… (132)
　　一　古巴社会主义理论的科学根基——马克思列宁主义 …… (133)
　　二　古巴社会主义理论的民族精髓:
　　　　何塞·马蒂思想 ……………………………………………… (137)
　　三　古巴社会主义理论的时代先锋:菲德尔·
　　　　卡斯特罗思想 ………………………………………………… (140)
　第三节　古巴社会主义制度的探索与完善 ………………………… (143)
　　一　古巴社会主义政治制度 …………………………………… (143)
　　二　古巴社会主义经济制度 …………………………………… (148)
　　三　古巴社会主义文化制度 …………………………………… (154)
　　四　古巴社会主义社会制度 …………………………………… (155)
　　五　古巴社会主义生态制度 …………………………………… (156)

第四章　玻利维亚"社群社会主义"思想与实践 ………………… (165)
　第一节　孕育"社群社会主义"的条件 …………………………… (167)
　　一　发出"我们"的声音——500年来玻利维亚
　　　　印第安人民的抗争 …………………………………………… (167)
　　二　新自由主义政策的推行遭到民众的反对 ………………… (174)

三　对包容性民主制度的迫切需求 ……………………………（181）
　　四　社群社会主义的组织基础——争取社会主义
　　　　运动的建立与发展 ………………………………………（186）
第二节　"社群社会主义"的思想渊源与理论支持 ………………（193）
　　一　印第安宇宙观与印第安主义 …………………………（193）
　　二　玻利瓦尔民族主义 ……………………………………（197）
　　三　马克思主义 ……………………………………………（198）
　　四　解放神学 ………………………………………………（200）
第三节　"社群社会主义"的政策主张与实践 ……………………（200）
　　一　政治领域 ………………………………………………（201）
　　二　经济领域 ………………………………………………（205）
　　三　社会领域 ………………………………………………（207）
　　四　外交领域 ………………………………………………（210）
第四节　"社群社会主义"的进步性、局限性及其未来挑战 ……（212）
　　一　"社群社会主义"的进步性 ……………………………（212）
　　二　"社群社会主义"的局限性及其未来挑战 ……………（219）

第五章　印第安传统文化中"Buen Vivir"（美好生活）政治理念及其在拉美地区的实践 ………………（226）

第一节　缘何在当代重新提出印第安传统文化中"美好生活"
　　　　理念 ………………………………………………………（227）
　　一　拉美地区现代化发展之路的困境与思考 ……………（227）
　　二　在历史进程中，（安第斯）印第安文化缘何
　　　　逐渐被置于"外围" ………………………………………（229）
　　三　印第安人政治文化运动的兴起，是"美好生活"
　　　　理念得到重视与弘扬的重要因素 ………………………（232）
　　四　当代社会面临困境的新选择——"美好生活"的
　　　　重新提出 …………………………………………………（234）
第二节　印第安文化中"美好生活"传统理念的思想内涵 ………（235）
　　一　"美好生活"在不同安第斯民族语言中的语言学含义 …（236）
　　二　"美好生活"理念在政治、社会、经济层面的含义 ………（240）

三 "美好生活"蕴含的多重哲学内涵 ……………………（244）
　　四 "美好生活"所赖以存在的印第安哲学与西方
　　　　基督教哲学中"发展"内涵的区别 ………………（247）
第三节 "美好生活"作为政治理论在安第斯国家的实践 ………（251）
　　一 厄瓜多尔关于"美好生活"的政治实践 ……………（253）
　　二 玻利维亚当前的政治实践 ……………………………（257）
　　三 拉美其他地区、其他时期对美好生活的政治
　　　　制度实践 …………………………………………（264）
第四节 "美好生活"传统印第安理论的发展及其在
　　　　国际社会的影响 …………………………………（266）
　　一 "美好生活"逐渐成为拉美学者关注的问题 ………（267）
　　二 "美好生活"获得其他地区学者认同 ………………（272）
　　三 印第安思想获得国际社会的尊重与认可 …………（274）
第五节 对"美好生活"传统印第安理论现实影响的
　　　　分析与评价 ………………………………………（277）
　　一 印第安"美好生活"包括政治生活，原住民参与促进
　　　　民主化进程 ………………………………………（278）
　　二 "美好生活"理念对转变政府经济发展政策的
　　　　积极作用 …………………………………………（281）
　　三 社会观念的发展与社会进步离不开"美好生活" ……（283）
　　四 "美好生活"为环境问题带来转机 …………………（285）
　　五 "美好生活"是一种新发展观 ………………………（288）

主要参考文献 ……………………………………………………（292）

后　记 ……………………………………………………………（302）

第 一 章

厄瓜多尔科雷亚的 21 世纪社会主义

2007年1月,拉斐尔·科雷亚·德尔加多(Rafael Correa Delgado)作为厄瓜多尔政界的"后起之秀",入主卡隆德雷特宫,开启了国家政治、经济和社会发展的新阶段。他本着"美好生活"的理念,遵循21世纪社会主义的原则,坚持"公民革命"的政治行动纲领,推进"根本性的、深刻和迅速的"政治、经济和社会变革。

第一节 科雷亚登上国家政治舞台的背景

20世纪60年代初,厄瓜多尔开始进口替代工业发展,比拉美主要国家晚20多年。大量资本转向制造业,技术从比较先进的工业开始兴起。银行、金融信贷业也获得了发展。外国资本大量流入,收购或兼并本国工业企业。1961年军人发动政变,废除宪法保障,解散议会,制订和实施国家经济发展计划,加快进口替代工业化进程。国家进入军人、文人交替执政时期。20世纪70年代,石油开采业兴起,加快了制造业的发展,也带动了农业部门的现代化进程。社会结构日益多样化,新的社会阶层产生,社会运动涌现,政治民主化诉求高涨。到70年代下半期,由于负债发展政策的实施,公共债务由1970年的2.29亿美元上升到1981年的44.16亿美元,石油贸易收入难以弥补巨额财政赤字,国家债台高筑,私人外债额也由1976年的5700万美元上升到1981年的14.52亿美元。1979年,在经济危机加深、政局动荡不定的情况下,军人政府被迫还政于民,国家进入政治民主化阶段。

1982年,拉美债务危机爆发,信贷风险骤增,债务利息暴涨。厄瓜多尔作为石油出口国，受到国际信贷和石油价格暴跌的双重冲击。1980—1986年，石油平均价格由40美元/桶跌至15美元/桶。由于石油和国际信贷收入锐减，加之70年代造成的巨大财政失衡，厄瓜多尔陷入深刻而持久的经济衰退。1981—1990年，GDP仅增长了18%，这意味着人均GDP下降了5.67%，缩减到70年代中期的水平。工业产值下降了3.78%，1990年工业出口额甚至低于1978年的水平。80年代末期，投资系数下降到国内生产总值的14%，而其中公共投资部分仅占3%。

社会贫穷状况恶化，两极分化加剧。1990年实际最低工资水平只相当于1981年的42%。城市就业危机恶化，而且性质发生变化，最初仅由于城市劳动力的迅速增长，而后来也因为劳动力需求失去活力。失业结构发生了变化，不仅青年人和受排斥阶层加入失业大军，而且家庭户主也加入进来。半失业者大量增加。1990年只有44%的劳动力拥有合适工作，经济自立人口的6%处于失业状态，50%处于半失业状态。

公共外债问题随着私人外债的"苏克雷化"而激化了。由于货币贬值和国际利率高企，私人部门无法承担其美元债务，奥斯瓦尔多·乌尔塔多·博什领导的基督教民主党政府遂于1983年决定，由国家向外国银行担保私人外债，私人部门则以十分优惠的条件，用苏克雷向国家支付这些外债，名曰"苏克雷化"。国家所担保的私人美元外债额达14.766亿美元。这一措施确保外部债权人的债务得到偿付，同时使私人外债遭受的损失实现"社会化"，进一步加深了国家的公共外债危机和社会经济危机。

迫于严重的财政和对外部门危机，厄瓜多尔登门求助国际货币基金组织。1982—1989年，与国际货币基金组织先后签署了5个"意向书"，寻求从该机构那里获得贷款。这些条件苛刻的协定逼迫厄瓜多尔放弃工业化政策，开放经济，实行自由化改革。

20世纪90年代初，面向市场自由化的改革进一步深化。颁布关税改革法，显著降低关税，加大劳工法规的灵活化，采纳客户工业制和非全天劳动合同制；颁布免税区法等。1994年实行完全的金融非调控化，取消国家干预，完全实行市场自我调节。出口和金融投机部门大为受益，面向国内市场的生产活动，特别是中小生产企业状况恶化，生产能力受到削弱。1999年，国家再次采取行动拯救私人银行，损害了广大民众的利益,加剧了政治和社会冲突。拯救私人银行的行动明显反映出维护既得利益集团的性质,"国家成为经济损失实行社会化的工具"。此间,70万—80万厄瓜多尔人移居海外谋生。经济自立人口的50%处于就业不稳定和失业状态。半失业影响到经济自立人口的35.9%。

自20世纪中叶,厄瓜多尔的政治形势一直动荡不定,军事政权更迭,军人、文人政府交替。1979年恢复民主制度后,周期性的政治动荡并未消除。少有民选政府能够顺利结束任期。周期性的政治混乱局面与政党体制危机密不可分。政党体制处于脆弱和不稳定状态,呈现出3个重要特征:碎片化、代表性不足和庇护操作。

国家政党体制结构受困于碎片化,呈地区割裂格局,甚至地区内部也处于分裂状态。由于地区利益、意识形态主张和种族诉求的多样化,政治整合难以实现,有代表性的大的政党和运动难以形成,以致在恢复民主制度后,在国会至少存在10个政党和独立运动,甚至有时达到18个议会代表组织。2006年,厄瓜多尔属于政治割裂状态最甚的拉美国家。这妨碍着执政党在议会中获得巩固的多数支持。政党体制的高度碎片化伴随着高度的极化,使政治体制缺乏可治理性。执法机构和立法机构间、各政党组织间常常发生相互封锁,难以形成执政联盟;极易产生民主破裂或体制危机。由此,国家政党体制形成了"极化的多元化"(Pluralismo Polarizado)结构在如何理解和操作政治方面,4—6个有能力参与竞选的政党之间的意识形态、道德和个人分歧难以弥合。

政党代表性不足指的是政党在政治活力与社会活力衔接方面存在困难,在社会利益诉求传导至政治机构方面缺乏能力和效率。尽管政党拥有战略资源赢得选举,但是在全国水平上缺乏整合利益诉求的能力。政党的代表性仅限于某些特定地区、社会阶层,甚至是经济权力集团的利益,无法转变为整个国家的代表性。

几个主要的传统政党陷入衰落。这在立法选举中十分明显。基督教社会党(Partido Social Cristiano)在全国都在萎缩,2006年仅获得13个众议院席位。第二大政党民主左派党(Partido Izquierda Democrática),1979年有15个众议院席位,1988年达到30个,1994年为24个,1998年为17个,而2006年仅为7个。厄瓜多尔罗尔多斯党(Partido Roldosista Ecuatoriano)在大选中获得的选票由1996年的25%下降到2006年的2.8%。

政党由于缺少代表能力，在实际操作中，严重依赖个人魅力或庇护主义。围绕政权和领袖汇聚了拥有自己利益的政治精英。他们缺乏与社会进行结合、联系和对话的空间，被称为"政党寡头"，以雇佣主义和腐败著称。社会对此厌烦至极，对代议制民主的支持严重流失。

政党体制受困于碎片化、代表能力不足和庇护操作，政治腐败猖獗，政党走向衰落，政治活动者信誉扫地，合法性流失，政治制度深陷危机，解体进程日趋深化。由于整个社会—政治传导机制出现梗阻，政治运作日益脱离社会，社会活动者脱离政治体制轨道。社会运动和公民抗议活动频繁爆发，推翻了几任民选总统。印第安人运动也参与其中，提出种族和土地要求。1996年，印第安人运动与左翼力量结盟，建立帕恰库提克新国家多民族团结运动，提出"结束500年的统治和非正义"的斗争口号。

政治动荡和可治理性危机成为国家政治的基本特征。总统更迭成家常便饭，导致体制和政策变幻无常，政治规则和程序多变，甚至宪法也成了各种政治势力进行讨价还价、任意加以解释的谈判筹码。博弈规则和价值基础缺失造成"活动者的规则与行为的断裂"，阻碍了政治体制的运转，摧毁了社会各种代表性和辩论付诸实施的合法场合，国家不再是代表社会和地区多样性的政治结构，无法为社会多样性提供聆听其呼声的渠道。国家陷入代表性危机，不仅造成了可治理危机，而且产生"治理者的危机"。

1997—1998年厄尔尼诺现象造成灾难性的后果，国际市场石油价格下跌，通货膨胀急剧上升，国家经济濒临破产。政治形势不断恶化，民众抗议活动和罢工运动此起彼伏，先后造成1997年的阿瓦达拉·布卡兰、2000年的哈米尔·马瓦德和2005年的卢西奥·古铁雷斯总统下台。1999年，银行系统破产激发大规模民众抗议活动。2000年马瓦德总统实行美元化法律，他的后任诺沃亚政府继续实行这一政策，执行国际货币基金组织要求的紧缩计划。大批民众走上街头，掀起抗议活动，反对私有化、非调控化、汇兑政策，抗议银行危机和通货膨胀对居民生活的冲击。2005年4月，以基多城市中等阶层为主体的"褴褛者运动"爆发，推翻了古铁雷斯总统。

在这种背景下，科雷亚宣布参加2006年总统大选，创建主权祖国联盟，制定公民革命纲领，主张进行政治、经济和社会变革。同年11月，赢得总统大选。科雷亚能够异军突起，作为新左派上台执政，而且一反此前10年间，先后有7位总统无法完成任期、被逐出卡隆德雷特宫的先例，2006—2013年连续10次赢得重大选举①，这与国内特定形势紧密相关，同时也与国际和拉美地区的政治形势走向有密切关系。

20世纪80年代，东欧剧变极大地改变了国际形势和力量对比，新自由主义呈强力扩张之势，在拉美地区占据统治地位。拉美左翼力量一度陷入低潮。但是，它们顽强生存下来，进行深刻反思，调整理论和政策主张。在新旧世纪之交，利用新自由主义政策造成的后果，迅速崛起。1998年12月，查韦斯联合委内瑞拉其他左派力量，赢得大选，于1999年2月2日上台执政。2002年10月，巴西左翼党劳工党领袖卢拉当选总统。2003年5月阿根廷正义党领袖基什内尔上台执政。2005年12月，玻利维亚左派组织社会主义运动和印第安人古柯种植者领导人埃沃·莫拉莱斯赢得大选，于次年1月上台执政。此外，尼加拉瓜、萨尔瓦多、乌拉圭、巴拉圭、危地马拉等国的左翼力量在选举中也多有斩获。

左翼力量的崛起打破了新自由主义在拉美地区一统天下的局面，改变了拉美地区的政治力量格局。同时形成了以21世纪社会主义为主要内容的发展道路的新探索，其中包括委内瑞拉查韦斯的"21世纪社会主义"、玻利维亚莫拉莱斯的"社群社会主义"。它们针对新自由主义的霸权统治，努力寻找可行的替代，基于本国的特点，探索符合本国国情的社会主义道路。这些国家在积极调整本国发展政策的同时，相互支持，积极发展拉美地区一体化，形成联合自强、团结合作的合力，主导着拉美地区的政治走向。正是在这种国际和地区背景下，科雷亚上台执政，提出厄瓜多尔的"21世纪社会主义"和公民革命，与拉美其他左翼政府相互支持，借助地区有利的政治环境，借鉴其他国家左翼政府的执政经验，推动本国的政治、经济和社会变革走向深入。

---

① 科雷亚总统在耶鲁大学的演讲，http://www.presidencia.gob.ec/discursos/，2014年4月10日。

第二节　科雷亚政治思想的形成和革命实践

在 2006 年的总统大选中，科雷亚自称为"人道主义者、基督徒和左派"。"是人道主义者，因为我认为政治和经济是为人服务的；基督徒，因为我是由教会社会学说滋养的；是左派，因为我主张公正、正义和劳动高于资本。"他自认为是"基督教社会主义者，而非马克思主义的社会主义者，"是"左翼基督教人道主义者，"信仰一种"博爱而非仇恨"的意识形态，憧憬一个"没有贫困，没有儿童流浪街头的厄瓜多尔，所有厄瓜多尔人没有巨额财富，但有尊严和基本的福利水平，生活在幸福之中。"[①] 科雷亚的这种三重身份为他的 21 世纪社会主义主张、美好生活理念和公民革命纲领留下深刻印记。

科雷亚的社会出身和早期社会实践对他的思想形成有很大的影响。1963 年 4 月 6 日，科雷亚出生于厄瓜多尔瓜亚基尔一个中下等阶层家庭，父母是虔诚的天主教徒。科雷亚兄弟三人早年丧父，母亲诺尔马·德尔加多靠自己的微薄工资，供他们读书。科雷亚从小就学于天主教学校，在瓜亚基尔拉萨利耶圣何塞学校完成了初等和中等学业。曾在安第斯山脉印第安村落做志愿者一年。在佩德罗卡尔沃教区，与拉萨利耶的神父们一道参与文化和宗教活动。早年的经历和教育形成了他的左翼基督教政治倾向。[②] 他从小富有正义感，对欺小凌弱，抱打不平。科雷亚承认，这种性格一直带到总统府。在校期间，他一直学习优秀，屡获奖学金。

1987 年科雷亚毕业于瓜亚基尔圣地亚哥天主教大学，撰写毕业论文《瓜亚基尔非正规部门支持计划评估》，初显关注社会下层问题的政治倾向。1989 年获得比利时研究生奖学金，并于 1991 年获得比利时新罗瓦伊纳天主教大学经济学硕士学位。在该大学文艺复兴时期浓厚的人道主义传统氛围下。他深受熏陶，加强了从小培养的基督教人道主义价值观。

---

① http：//www.cidob.org/documentacion/biografias_lideres_politicos/america_del_sur/ecuador/rafael_correa_delgado.

② http：//www.laverdad.es/murcia/rc/20130218/mundo/analisis-victoria-correa－2013021809 21.html.

1992—1993年，任美洲开发银行在基多资助的教育项目的行政和财务主任。任厄瓜多尔改善教育体制计划的行政和财务经理。1993—1997年，在瓜亚基尔圣地亚哥天主教大学经济系任教。1997—2001年，就学于美国伊利诺伊大学经济系，先后获得该校经济学硕士和博士学位。他在上学期间，采取勤工俭学方式。1983年开始做助教。1993年在基多圣弗朗西斯科大学经济系任教师。1997—2001年，在伊利诺伊大学经济系任教。2001—2005年，先后任基多圣弗朗西斯科大学经济系主任、拉美社会科学院基多分院客座教授、瓜亚基尔国立大学客座教授等。2005年8月为独立咨询人。

边学习边工作，为科雷亚提供了广泛接触社会的条件。他既从事教学活动，也从事学生、大学社会活动和教会志愿者工作。1986年任瓜亚基尔圣地亚哥天主教大学大学生联合会主席。1987—1988年的教会志愿者经历给他的思想留下了永久印记。在科托帕希省印第安人聚居的孙巴瓦农村教区，他与方济各教会神父们一道，为印第安人提供服务。负责该教区印第安人社团的农村总体发展项目的设计、实施和控制工作。方济各教会神父们基于解放神学和保罗·弗莱雷关于受压迫者的教育学说，寻求把对印第安人的教化与人文发展观结合起来。科雷亚参与其中，与解放神学有更紧密的接触。① 解放神学的熏陶和对社会下层穷人贫困生活的感受练就了他强烈的社会敏感性和责任性。"一个真正的基督徒不能允许这种程度的不平等。"在孙巴瓦，他任数学老师，教授印第安人。他还帮助当地农民们建立农村微、小型企业。

20世纪80年代，新自由主义在拉美地区占据统治地位，科雷亚亲历了这一学说和政策带来的社会、政治和经济后果，坚定了自己的社会道德价值观，对"新自由主义资本主义"有了更深刻的理性认识，不仅透析了其"赤裸裸的剥削本性"，也了解了其"隐蔽巧妙的劳动剥削形式"。在这一时期撰写的文章中，认为新自由主义全球化与工业革命时期资本主义的野蛮性没有区别；缺失管理机制的全球市场为人类社会带来空前灾难；劳动剥削与竞争谬论破坏了社会道德秩序。他把这一切称为"市场的新圣经与新自由主义在拉美的悲惨长夜"。

---

① http://www.diariolaprimeraperu.com/online/informe-especial/correa-el-catolico_12514.html.

科雷亚的政治民主和社会经济原则具有三个基础：天主教会的社会学说、解放神学和拉美 21 世纪社会主义。天主教会的社会学说以几届教皇关于劳动的通谕为代表。解放神学提出了优先选择穷人的社会道德观和社会变革主张。拉美的 21 世纪社会主义提出了以人本政治经济学说为核心的变革主张。三者的交会之点，即通过民主和和平途径实现社会正义，形成了科雷亚 21 世纪社会主义思想的核心内容。科雷亚在谈到他的社会经济主张时说："就个人来讲，我的社会经济原则是以天主教会的社会学说、解放神学和我们正在拉美建设的 21 世纪社会主义为基础的，是以这些为营养源泉的。""我们找到了教会的社会学说、解放神学与 21 世纪社会主义的交会之点，毫无疑问，就是社会正义。这就是我们追求的目的：可以通过民主途径，改造统治我们纯朴人民的恶劣结构"。①

科雷亚的社会经济原则体现了他的人本思想。其人本思想来源于天主教会的社会学说。他最欣赏的是教皇约翰·保罗二世关于人的劳动的通谕。教皇约翰·保罗二世指出，人的劳动并不是另一项生产要素，而是生产的目的本身，居首位的是人，而非资本。但是他对当前天主教会社会学说的保守主义复潮提出批评，"在拉丁美洲，对于一个基督教徒来说，基本的道德问题就是社会问题。现在拉美的教会与 60 年代和 70 年代不同，当时，麦德林和普埃布拉拉美主教会议把社会问题作为主教行动的中心，而当前的拉美教会当局更多强调的是个人的道德问题和仪礼问题。确实，不仅在拉美地区和天主教会，而且在全世界和其他基督教会中，出现了保守主义的复潮，就像我们所说的那样，集中于精神和个人道德问题"。②

科雷亚的政治民主主张与社会经济权利密不可分。他把民主分为形式上的民主与真正的民主，并把真正的民主与社会经济诉求紧密结合起来，去探索社会贫困的根源。"确实，如果出生在印第安或非洲裔家庭，那么 90% 的可能性是生于贫困，死于贫困。换句话说，为了可治理性，不仅需要政治权利的形式民主——基本上是选举民主——而且还需要真正的实际民主，即教育、卫生和住宅权利。目前，很多分析家感到满意，

---

① http://www.presidencia.gob.ec/discursos/.
② Ibid.

因为从理论上说，拉丁美洲实现了民主。但是我认为，我们只有选举的民主，仍然十分缺乏真正的民主"。①

在科雷亚的思想体系中，基督教的伦理道德、社会经济诉求、社会权力关系的变革和政治进程融为一体，形成了他的社会实践的理论基础。他指出，他作为身体力行的天主教徒，从来都相信慈善和互助共济的重要性。这些永远都是必要的，例如那些因自然原因沦为最不幸的人，严重残疾的人或有重大疾病的人，国家永远也不会给予他们足够的关照。为此，需要有十分慷慨的心，真正的慈善信仰。但是社会经济方面的穷人不可能仅凭慈善事业，更不用说凭礼仪来摆脱贫困，而是应该靠正义。实现正义意味着社会权力关系的变革，也就是说，意味着一种政治进程，这就是其公民革命的理性。为了广大的群众，改变这种权力关系，发号施令的不再是一小撮精英和外国权力，而是厄瓜多尔人民。不存在没有正义的自由；只有争取正义，才能实现真正的自由。

解放神学集中代表了拉美地区探寻社会非正义这一贫困根源的努力，是科雷亚社会经济主张的形成基础。科雷亚指出，麦德林主教会议主张，"面对拉美存在的巨大的社会非正义，拉美主教会议不能无动于衷，这种非正义使我们人民的大多数处于一种痛苦的贫穷之中，很多情况下是非人的贫困处境。千百万人发出呼声，要求他们的神父解放他们，而这却无法实现"。普埃布拉会议则指出，"在对这种状况进行深入分析后，我们发现这种贫困不是一个偶然的阶段，而是经济、社会和政治状况和结构的产物，尽管贫困还有其他的原因"。②"在拉丁美洲，很多地方处于非正义状况，可以称作体制化的暴力状况。这种状况要求进行总体的、果敢的、紧迫和深刻创新的改造"。为此，解放神学在拉丁美洲发起了20世纪天主教会最大规模的改造。60年代末期，一些神父如卡米洛·托雷斯、多明戈·莱因、莱昂内尔·鲁加玛甚至选择了武装斗争。

解放神学的说教中最具普遍意义的概念是"对穷人的优先选择"。优先选择穷人不是一种救济或慈善，更不是与日常痛苦的现实无关的精神升华，而是展开正面斗争，根除不公正、非正义的根源，坚持进行真正

---

① http：//www.presidencia.gob.ec/discursos/.
② Ibid.

的、民主的和和平的革命。科雷亚指出,"作为天主教徒,我迫切希望有一个通谕,揭露在这一世界上,如同在工业革命时期,资本如何比人拥有更大的权力。我很希望有一个通谕,有力和正面揭露伪装成科学的意识形态,如何企图作为历史的终结强加给我们"。

基于上述政治和社会经济主张,科雷亚成为新自由主义的激烈批判者。他作为无党派经济学家,发表了大量关于厄瓜多尔和拉美国家经济和社会政策的成果,抨击新自由主义经济模式和历届政府的经济政策,如论著《厄瓜多尔经济的脆弱性:争取创造就业、减少贫困和不平等的更好的经济政策》《厄瓜多尔:从香蕉共和国到非共和国》,另有文章《封闭经济之后》《自由贸易的谎言》《债务转换:一切为了债权人》《厄瓜多尔:从荒谬的美元化到货币联盟》《同样恶劣:古铁雷斯政府的经济政策》等。

科雷亚的从政经历大致可分为三个阶段。

第一阶段为2005—2006年,为早期从政和竞选运动阶段。2005年4月的一次机遇极大地改变了他个人后来的经历。当时,他在基多圣弗朗西斯科大学任教,时任总统阿尔弗雷多·帕拉西奥·冈萨雷斯聘请他任经济和财政部长。这成为他实现总统雄心的跳板。在此之前,当帕拉西奥于2003年1月任古铁雷斯内阁副总统时,曾多次征求科雷亚的经济咨询,对其表现出重视和信任。

这是科雷亚第一次在政府中任要职。他作为经济学家,谙熟经济政策的理论基础,很快表现出专业才干。任职期间,他表现出显著的务实风格和左翼政治倾向,猛烈抨击政府实行的美元化政策,但是认为,尽管从长期来讲,美元化政策可以扭转,但摆脱这一政策是"极其困难的",政府没有愿望"自杀"。科雷亚部长宣布取消社会和生产性投资及降低公共债务稳定基金。该基金把厄瓜多尔石油公司剩余收入的70%用于支付公共内外债务。他认为,前几任总统的石油政策是灾难性的,是对祖国利益的背叛。该基金是一种有利于公共债券购买者利益的机制,它以法律形式确定了石油收入的一定份额用于债务支付。这样,科雷亚便可使用从该基金中被解脱的资金,用于财政和社会项目需要。2005年7月,国会批准建立振兴生产和社会、科技发展和财政稳定特别账户,用于替代社会和生产性投资及降低公共债务稳定基金。特别账户规定了新的筹资分配方式，把用于偿付公共债务的比例由70%降到35%。科雷亚声言，特别账户的启动意味着厄瓜多尔在进行财政支付时，将不会优先于偿还债务，置其"国内承诺"于不顾。厄瓜多尔将举行全民公决，决定是否与美国进行自由贸易谈判。这些言论引起国际多边信贷机构和美国的担心。

科雷亚部长声言，保障履行国家对所有债务的承诺，但是拒绝接受国际货币基金组织对厄瓜多尔政府"发号施令"，主张结束某些自由主义的博弈规则。提出实行"经济主权计划"，该计划将阻止厄瓜多尔变成国际货币基金组织的"殖民地"。他很快赢得民意，留下直言快语的形象。2005年6月，科雷亚部长在孙巴瓦参加当地活动时，身着披肩和草帽，隐讳地表明参加2006年总统选举的意向，引起非议。此后，他与委内瑞拉商讨后者购买10亿美元债券，探讨签署能源方面的一些协定，被怀疑与查韦斯"结盟"，持有"玻利瓦尔主义意识形态"，引起厄瓜多尔政界的非议，逐渐失去帕拉西奥总统的信任。同年7月底，科雷亚向世界银行提出10亿美元贷款的申请遭到拒绝，于8月4日任职4个月后愤而辞去经济部长职务。他在辞职声明中说，在失去帕拉西奥总统的信任后，继续在内阁中工作是无法忍受的。

2005年12月4日，科雷亚正式宣布参加总统大选。他作为独立候选人，没有任何党派背景，持有左翼形象。成立了厄瓜多尔公民联盟（Alianza Ciudadana del Ecuador），后改名为主权祖国联盟（Alianza PAIS），PAIS来源于缩写Patria Altiva i Soberana。支持科雷亚参加大选的还有属温和左派的社会主义党—广泛阵线（Partido Socialista-Frente Amplio, PS-FA），它在十多年前由厄瓜多尔社会主义党与左翼广泛阵线合并而成。主权祖国联盟的纲领包含了5个纲领轴心或5项"革命"，进行"厄瓜多尔根本性的改造"，建设"互助的、在对内对外方面对本国公民的痛苦有承诺的国家"。首先是进行立宪和民主革命，通过立即举行全民公决，召集全国立宪大会，制定新宪法，推动国家分权化改革，改善民主体制的机构。科雷亚发动的宪制革命所反对的敌人是"政党寡头把持的黑手党政权"。国会选举与大选同时进行。主权祖国联盟拒绝提出参加国会竞选的议员候选人。

在2006年大选期间，科雷亚深入印第安人地区开展竞选活动，参加在加拉加斯召开的世界社会论坛,在哈瓦那举行的第八届国际经济学家大会,参加智利总统巴切莱特的就职典礼。科雷亚承认是查韦斯的朋友,崇拜者,查韦斯的玻利瓦尔思想鼓舞着厄瓜多尔左派的民族主义。科雷亚反对与美国进行贸易一体化,但并不反对美国的《安第斯贸易促进与毒品根除法》,根据这一法律,美国向承诺进行反毒斗争的安第斯国家的对美出口提供关税优惠。科雷亚声明,当选总统后,将与委内瑞拉、玻利维亚和古巴加强关系;不再续签与美国的曼塔军事基地的协定。

第二阶段为2007—2009年,为总统第一任期阶段。在2006年10月15日的大选中,科雷亚获得选票第二位。在11月26日的第二轮选举中,他以56.67%的选票胜出,当选总统。2007年1月15日宣誓正式就职。

与传统政党相比,科雷亚及其主权祖国联盟代表着一场清新的变革。他是远离政治纷争第一线的人物,相对年轻,出身中产劳动阶层,在国外大学接受过良好教育。尽管出身瓜亚基尔,却十分熟悉印第安人社会,他们的贫困状况,甚至他们的克丘亚语言。在政治上,声言属于温和左派,自称为基督教社会主义左派:"我不是共产党人,我成长的根源是基督教,基于真正的解放神学,相悖于辩证唯物主义。"①

在总统就职仪式上,科雷亚宣布厄瓜多尔将实行21世纪社会主义,进行"公民革命"。执政伊始,决定就召集全国立宪大会、制定新宪法,举行全民公决。科雷亚采取的是查韦斯1999年在委内瑞拉成功使用的新立宪方式和夺取政治权力的做法:动用全民公决机制,成立全国立宪大会,事实上废除现存国会,改变政治力量格局和权力归属;制定新的国家大法,形成全新的政治和经济博弈规则。召集立宪大会,制定新宪法是推进公民革命的决定性战役。科雷亚总统要求厄瓜多尔人在全民公决中投赞成票,选举一个"具有充分权力的立宪大会,改革体制框架,制定新宪法"。并发出誓言:如果在全民公决中遭否决,他将辞职。全民公决于2007年4月15日举行,参与率达71.3%,结果获得81.7%的赞成票。科雷亚称赢得全民公决是"历史性的胜利",立宪大会将着手"建立更具参与度的代议制民主,法院和控制机构将实现去政治化、权力分散化,消灭罪恶的新自由主义模式"。2007年9月30日,在立宪大会选举

---

① 《科雷亚的演讲语境》,*La Hora*,2009年12月2日。

中，主权祖国联盟赢得了22个省中的21个，获得全国70%的选票。在立宪大会130个席位中，主权祖国联盟获得了80个席位。① 立法大会的绝对优势地位保障了宪法的起草、国家构架的重建。2007年11月29日，立宪大会开始利用8个月时间起草宪法草案。大会做出的首批决定是赋予总统全权，宣布国会无限期休会，实际上是寿终正寝。

2008年7月24日，立宪大会通过了新宪法。参加立宪大会成员126人，94人投了赞成票。同年9月28日，在全民公决中，新宪法以63.9%的赞成票，约28.1%的反对票，2.7%的废票获得通过。新宪法是社会共处的新契约，是政治、经济、社会变革的根本法律依据。它包括前言部分，9章，444条款，30条过渡条款及1条最终决定。宣布厄瓜多尔为多民族国家，承认印第安村落的权利，国家对战略部门，如能源、水源、生物多样性、矿山、通信等具有专属控制权力。建设"公民权力"，作为新的国家权力。公民权力"通过直接和社群式代议制民主机制"加以实施。全国大会为国家最高立法机构。显著地加强了执法机构职能，给予总统颁布经济紧急法令的权力，有条件地解散立法机构的权力，制定货币、信贷、汇率和金融政策的专属权力。另外，总统可以连选连任4年。

与此同时，科雷亚总统开始加强国家主权的行动。2007年4月底，中止了与国际货币基金组织和世界银行的"不受欢迎的官僚的关系"，支付了9000万美元债务，偿清了与国际货币基金组织的所有债务，宣布世界银行驻厄瓜多尔代表为不受欢迎的人，理由是在2005年对帕拉西奥政府，特别是对科雷亚经济部长本人实行"讹诈"态度。当时这位代表冻结了世界银行的一笔贷款，作为取消社会和生产性投资及降低公共债务稳定基金的报复。2007年10月4日，政府做出"特殊利润"的决定，即在跨国公司与厄瓜多尔政府签订的合同中，现行市场价格与合同价格之差的收益为"特殊利润"，属厄瓜多尔国库的部分由此前的50%提高到99%，跨国公司的收益压缩到1%。

2008年12月宣布推迟偿还部分债务，因为这些债务是由不负责任的政府以"不道德"和"非法的"方式欠下的。整顿厄瓜多尔石油公司，

---

① 科雷亚总统在墨西哥首都联邦区的演讲，http：//estepais.com/site/? p=44828，2008年4月11日。

加强控制石油业，增加国家的石油收入。厄瓜多尔在退出石油输出国组织15年后，于2007年重新加入。2009年6月加入玻利瓦尔美洲国家联盟。同时疏远了美国，拒绝延长曼塔军事基地的协定，拒绝谈判自由贸易协定。因哥伦比亚革命武装力量问题，与哥伦比亚总统乌利韦交恶，暂时断绝与哥的外交关系。科雷亚向其他拉美国家提出建议，建立共同货币，南方储备基金和南方银行，以此作为国际货币基金组织和世界银行的替代选择。在社会方面，对社会救济、教育、卫生部门进行紧急公共投资，实施公共服务工程，加大社会救济力度。

第三阶段为2009年至今，为立宪后的总统任期阶段，包括2013年的再次当选总统。根据宪法有关规定，厄瓜多尔在2009年4月举行总统大选。在第一轮大选中，科雷亚就以52%的选票胜出。再次赢得总统大选后，他指出："厄瓜多尔人民给了他唯一的一次历史机会来改变国家。"总统新任期所面临的挑战是"使权力关系的变革成为不可逆转的"，让"人民"而非资本掌握权力。[1] 科雷亚拥有了宪法所赋予的广泛权力，进行了再体制化进程，实施经济管理，把自由主义的管理技术与国家设施的大量公共投资结合起来。进行民众阶层福利建设，如增薪、增建医疗卫生中心、扩大初等教育投资。科雷亚对现行的美元化政策采取了务实态度，由最初抨击转为接受，因为这项政策有利于抑制财政赤字和通货膨胀。[2] 加强了与委内瑞拉、玻利维亚和阿根廷的关系。2009—2010年任南美洲国家联盟的轮值主席。2011年5月，科雷亚政府对始终持敌对立场的媒体发起攻势，就与新闻媒体有关的10个问题举行全民公决，获得胜利。对此，很多人批评他对媒体设置限制，加强了权力集中，掌控了司法权。而科雷亚认为，这些变革旨在削弱掌握主要媒体的金融集团所攫取的权力，是深化公民革命所必需的。

一些最初支持政府的政治阶层和集团与政府决裂。一些印第安运动、农民组织和工会组织及国内左翼知识阶层因政见相左，放弃了对政府的支持。政府与印第安政治力量的关系也发生重大变化。印第安人组织帕

---

[1] http://www.laverdad.es/murcia/rc/20130218/mundo/correa-dice-revolucion-ciudadana-201302180051.html.

[2] Ibid.

恰库提克—厄瓜多尔印第安民族联合会因政见分歧，与政府分道扬镳。二者产生决裂的导火索是帕恰库提克—厄瓜多尔印第安民族联合会反对政府开采矿山的政策。科雷亚积极引进中国和加拿大的投资，坚持推动国家东南部雨林地带几项大的采矿工程，作为获取经济资源必不可少的重大战略。①

政府实施一项雄心勃勃的财政补贴规划，用于16万家庭购买住宅。进行土地改革，实行"能源主权政策"，加强厄瓜多尔石油公司，把国家的控制扩大到石油工业的所有环节。重新审议与外国石油公司的合同。实行"外债主权政策"，调整债务偿还条件，宣布延期偿还部分债务，把资金用于解决国内需求。宣布进行经济变革，"从一种租金、金融和失控的经济过渡到支持生产部门和创造就业的经济，特别是通过人民经济的方式"。尊重美元化政策，保持货币稳定。宣布进行一场"教育和医疗卫生革命和尊严、主权和拉美一体化革命。"

2013年2月，科雷亚再次赢得总统大选，获得的选票高达57%，甚至高于第一次总统竞选。② 在全国代表大会的选举中，主权祖国联盟获得了93个席位。反对派收效甚微：创造机会党（Creando Oportunidades）获得12个席位；基督教社会党（Partido Socialcristiano）7个席位；帕恰库提克人民民主运动（Movimiento Popular Democrático y Pachakutik）6个席位；爱国社会党（Partido Sociedad Patriótica）6个席位；在国外的厄瓜多尔人代表6个席位；前进运动4个席位。

第三节　21世纪社会主义的主要内容

科雷亚总统认为，随着时代的变迁，国际社会主义运动发生了重大变化。在拉丁美洲产生了21世纪社会主义的理论和实践。厄瓜多尔正在践行21世纪社会主义。

---

① http://www.cidob.org/documentacion/biografias_lideres_politicos/america_del_sur/ecuador/rafael_correa_delgado.

② http://www.laverdad.es/murcia/rc/20130218/mundo/analisis-victoria-correa-2013021809 21.html.

21世纪社会主义来源于多种理论和实践。在21世纪社会主义中，汇集了科学社会主义和历史上出现的其他很多社会主义：墨西哥的土改社会主义，马利亚特吉的安第斯社会主义，科雷亚甚至认为，"还包括费尔南多·卢戈的解放神学（即穷人的，天主教会基层社群的），卢戈真正给我们带来了解放，就我个人来讲，在很大程度上滋养了我的经济和社会信条"。①

21世纪社会主义基于原则而非模式。在以往的政治实践中，教条深刻影响了人民。"我们不相信所谓的不可变更的社会模式，而这样的模式，传统社会主义和新自由主义使我们习以为常了。"在没有提出问题之前我们不知道答案，而不像传统社会主义和新自由主义所吹嘘的那样。②

21世纪社会主义是多种多样的，不是唯一的，不存在唯一的模式。"并不只存在一种，而是多种社会主义。这是因为21世纪社会主义来源于每个国家的实际情况，它不断适应每个国家，每个地区的现实。一切从各国人民的具体特点和需要出发，并不存在一成不变的方案。这种特点是一大美德。如果我们承认和尊重每个社会，每种文化的特性，普世的方案，标准化的企图是不可能的，也是无法希望的。普遍的霸权政党的思想失去了意义"。③

21世纪社会主义处于不断调整和建设中。21世纪社会主义"处于建设中"，"没有教条真理……我们的变革纲领面临的重大危险只是原教旨主义和幼稚病"。④ 21世纪社会主义"脱离于教条主义的教科书之外，是一种不断演变的思想，似乎是一种无定形的东西。这是基于力图成为无可置疑的视角进行的批判，但是这种东西就是新的社会主义，21世纪社会主义的财富，它的不断变化，不断演进"。⑤

21世纪社会主义寻求替代新自由主义。21世纪社会主义是"新自由

---

① 科雷亚总统在墨西哥首都联邦区的演讲，http：//www.andes.info.ec/es/pol%C3%ADtica/8733.html，2008年4月11日。
② 科雷亚总统在巴拉圭亚松森国立大学的演讲，http：//www.presidencia.gob.ec/discursos/，2009年3月23日。
③ 同上。
④ http：//pcumadrid.blogspot.com/2010/03/rafael-correa-y-el-socialismo-del-siglo.html。
⑤ 科雷亚总统在巴拉圭亚松森国立大学的演讲，http：//www.presidencia.gob.ec/discursos/，2009年3月23日。

主义资本主义"陷入危机的结果，是新自由主义的"结构性替代选择"。

科雷亚对当前"新自由主义资本主义"危机的性质进行了深入分析，他指出，这并不是一场临时性危机，而是资本主义积累体系的系统危机。危机表现在"财富的集中、生产和消费的增长与收入分配的活力之间的不兼容"。因此，世界危机是资本主义体系内部力量的产物，是"赌博经济"的产物，是生产过剩或商品过剩的产物。"基本的问题是在这场危机过后，我们是走到地道尽头看到一丝光线，还是意味着大资本重新进行调整，走向新的积累和剥削进程。有鉴于资本主义在应对本身结构性矛盾方面所具有的巨大的适应能力，最有可能的是危机更加巩固大资本，进一步深化财富集中"。21世纪社会主义寻求解决这场危机的答案和替代性选择。

在拉美地区，新自由主义的泛滥严重损害了国家经济和政治机体。国际多边机构极力推崇新自由主义圣经的至理名言："谋取利润吧，其他都是次要的。"科雷亚认为，唯利是图是新自由主义的致命要害，不仅毁坏了经济，而且毁灭了政治和国家机体。"新自由主义膨胀了自私自利的冲动，扼杀了社会冲动。新自由主义的霸权，在力图把私人领域建议和社会及经济的总体引导权赋予市场时，毁灭了公共、国家和政治。厄瓜多尔政党的代表性的瓦解，国家政治体制机构的解体，与一个接一个垮下去的体制组织的腐败一道，从社会的角度毁灭了政治生命的含义"。

在经过新自由主义的统治之后，拉美地区兴起了进行探索的新浪潮。人们开始敢于重新思考和决定国家的未来。科雷亚指出，在现存的"体系中，无法找到解决问题的方案。我们的回答是建设一种新的更好的东西。""这就是重建拉美社会的关键所在：打破新自由主义的独霸，结束这种恶化贫困和社会排斥的霸权，用一种基于合作和社会互助共济的共处方案加以替代。由此，产生了21世纪社会主义"。[①] 科雷亚满怀信心地指出，"这就是在厄瓜多尔和拉美其他很多地方正在发生的事情。拉美地区发生了变革，不是变革的时代，我们在拉美所经历的是时代的变革。新自由主义政府、卖国政府、听命的政府垮台了，你们回忆一下90年代……今天我们有人民的政府，进步的政府，有人民的广泛支持，正在

---

① http://www.presidencia.gob.ec/discursos/.

实现拉丁美洲的梦想，更加公正、更加互助、更加平等、更有尊严、更有主权的拉丁美洲"。①

基于对拉美21世纪社会主义的理解，科雷亚阐述了厄瓜多尔21世纪社会主义的理论和实践原则。

一 以人为中心的价值观和原则

以人为中心的价值观和原则始终贯穿于科雷亚的理论主张和政策实践中，是其21世纪社会主义的核心理念。2009年3月23日，他在访问巴拉圭亚松森国立大学发表演讲时，谈到21世纪社会主义的中心思想和原则。他说："我们持有的中心思想是，我们行动的原则和目的是人，人的福祉，公正的发展；就是共和国新宪法中所说的美好生活（el buen vivir），克丘亚语是 Sumak Kausay。我们在厄瓜多尔正在进行的公民革命肯定了美好生活的诸项原则……"②

"美好生活"是构建社会生活的核心理念。而它的核心便是以人为中心的价值观，追求个人和集体的利益、幸福及和谐生活。"美好生活"来源于古老印第安人克丘亚族文化，集中反映了印第安人所尊崇的文化传统价值观，所追求的理想和乌托邦，在现代社会中则意味着古老文化价值观和哲学理念与现代社会发展要求的有机结合。"美好生活"作为实行社会和国家变革的价值观和原则被纳入2008年厄瓜多尔新宪法之中，作为厄瓜多尔21世纪社会主义国家管理的核心理念。

主权祖国联盟的纲领性宣言甚至把厄瓜多尔的21世纪社会主义称为"美好生活社会主义"，"我们努力为美好生活社会主义而进行斗争，这种社会主义根植于我们的传统和乌托邦之中，反对僵化模式，从产生美好生活理想的哲学多样性中获取灵感。主权祖国联盟号召公民加入这一充满希望的政治方案，以便团结于我们丰富的多样性之下，创建一个民主、尊严和坚持美好生活社会主义变革的伦理价值观的国家

---

① 科雷亚总统在墨西哥首都联邦区的演讲，http：//www.andes.info.ec/es/pol% C3% ADtica/8733.html，2008年4月11日。
② 科雷亚总统在巴拉圭亚松森国立大学的演讲，http：//www.presidencia.gob.ec/discursos/，2009年3月23日。

基础"。① 美好生活理念主张人的充分发展,追求所有人的幸福生活。"所有人及每个人都能够发展他的能力,以体面、自由和自主的方式决定自己的生活"。② 这里所说的人,既是个体的人同时又是社会的人,"21世纪社会主义的中央轴心就是互助并通过与他人共享生活而实现的社会化的个人"。③

根据主权祖国联盟,美好生活社会主义与其他解放纲领不同,它的政治行动和最终目的是捍卫和加强社会、劳动和生活的所有方式。美好生活社会主义面向一个多元化、参与和自主的社会,面向人民一体化的主权,面向民主、多民族和世俗的国家。主张实现共同的利益和每个人的幸福。这种幸福并不是通过积累大量的财富,也不是通过过度消费产品来实现,而是在民主国家内部和每个公民内心最大化地发挥个人及集体现有的才智和能力。这需要积极调动社会每个人的主动性,进行学习,实现自我超越;需要播种友谊,相互尊重,兄弟情谊,互助精神,人与人之间的互爱,人与自然间的和谐。美好生活追求实现所有人和睦相处的生活、尊严和幸福。④

科雷亚总统指出,为了实现美好生活的美好憧憬,"公民革命主张变革范式,这种范式不仅寻求消除与资本主义相关的常规观念,而且建设一个以保障人类和自然生活条件为中心的社会,'美好生活'的社会,认同实现每个人的能力,人类文化无限的再生产,以及与自然的和谐相处,进行伟大的变革,打碎资产阶级国家、少数人的国家的旧有结构,创建一个人民的国家"。⑤ "如果说'美好生活'意味着充分满足人和人民的物质和精神需求,消灭剥削,人与人之间、社区之间、人与大自然之间和谐的生活,这些只有在社会主义中才能实现"。⑥

---

① http://www.movimientoalianzapais.com.ec/index.php?option=com_content&view=article&id=6&Itemid=121.
② http://www.movimientoalianzapais.com.ec/index.php?option=com_content&view=article&id=10&Itemid=126,2013—2017年政府计划。
③ http://www.presidencia.gob.ec/discursos/.
④ http://www.movimientoalianzapais.com.ec/index.php?option=com_content&view=article&id=10&Itemid=126,2013—2017年政府计划。
⑤ 同上。
⑥ 厄总统讲话要点。

科雷亚政府中期施政规划《2013—2017 年政府计划》提出了美好生活国家计划的 12 项行动目标,这些目标均是以人和社会集体为出发点的:1. 促进平等、多样性基础上的社会凝聚和一体化及区域一体化。2. 提高公民的能力和潜能。3. 改善居民的生活质量。4. 保障自然的权利,促进健康和可持续的环境。5. 维护主权和和平,促进参与世界的战略和拉美一体化。6. 保障多样化形式的稳定、公正和体面的劳动。7. 建设和加强公共、文化间和共同会合的空间。8. 肯定和加强民族认同,多民族性和文化多样性。9. 保障权利和正义的有效性。10. 保障公共和政治参与。11. 建立一种互助和可持续的经济和社会体制。12. 建设美好生活的民主国家。①

二 劳动高于资本的原则

劳动与资本的关系是 21 世纪社会主义的核心内容。2009 年 3 月 23 日他在巴拉圭亚松森国立大学的演讲中指出,如果可以浓缩 21 世纪社会主义的核心思想的话,其中基本的一点是"人和人的劳动高于资本"。② 2008 年 4 月 11 日,他在墨西哥首都联邦区的演讲中则作了十分明确的解释:"这就是我们行动的主要路线之一,21 世纪社会主义的特点之一,如果你们问我,什么是资本主义与社会主义的区别? 我会告诉你们:就是人的劳动高于资本。新自由主义把人的劳动变成了资本、特别是大资本积累的又一种工具。当这一工具失去效力时,便可以毫不负责任地丢弃。这在拉美必须加以改变,在厄瓜多尔我们正在改变。"③ 科雷亚形象地对比了在拉美地区和欧洲地区劳动与资本的关系。在瑞士,在经济中每创造 1 美元,资本获得 20 美分,劳动者获得 80 美分;在美国这一分配情况最糟糕的国家,30 美分归资本,70 美分归劳动者;而在拉美国家,20 美分归劳动者,80 美分归资本。④

---

① http://www.movimientoalianzapais.com.ec/index.php?option=com_content&view=article&id=10&Itemid=126,2013—2017 年政府计划。
② 科雷亚总统在巴拉圭亚松森国立大学的演讲,http://www.presidencia.gob.ec/discursos/2009 年 3 月 23 日。
③ 科雷亚总统在墨西哥首都联邦区的演讲,http://www.presidencia.gob.ec/discursos/,2008 年 4 月 11 日。
④ http://lalineadefuego.info/2012/05/31/entrevista-rafael-correa-revolucion-ciudadana-el-camino-del-ecuador/科雷亚接受厄瓜多尔记者采访。

在劳动与资本的关系方面,科雷亚受到天主教社会学说的深刻影响。他最欣赏的是天主教社会学说,特别是几位开明教皇发布的关于人的劳动的通谕。科雷亚从天主教徒的角度出发,迫切希望在当今时代,有一种类似的通谕,揭示当前劳工和移民问题。例如,"我们怎么从道德的视角,向未来几代人解释在这所谓的全球化中我们寻求不断便利资本和商品的流动,但是却日益以更大力度惩罚甚至定罪人的流动?"①

科雷亚高度肯定劳动的地位。"劳动的世界是我们肯定人作为社会的人的空间"。"劳动除了是福利的源泉,创造财富的源泉,还是社会结合和社会领域与经济领域结合的主要机制"。② 他主张人的劳动对资本的优势地位是不可置疑的,必须在社会生活的所有领域捍卫这一点。劳动不能被看作是另一种生产要素,而是生产的目的本身和展现人的才智的基础。他质疑当前的"霸权积累模式,即新自由主义资本主义社会进行生产、增长和分配的组织形式"。新自由主义把人的劳动沦为一种必须加以利用的或根据资本积累需要而必须加以抛弃的另一种简单的工具。就此,在拉美地区,普遍出现了隐蔽巧妙的劳动剥削形式,如"劳动灵活化""第三者化""计时合同",等等。科雷亚指出,所谓的"劳动灵活化"并没有带来更大的增长,但却造成了劳动力的更加不稳定,进而造成了更大程度的不平等和贫穷。他认为,即使劳动灵活化产生了效果,也不能把人的劳动的尊严降低为一种简单的商品。社会所要求的主要的产品是道德产品,为了获得所谓的竞争力而实行劳动剥削显然是不道德的。

是什么决定着社会生产中劳动与资本的关系?科雷亚追根溯源,最后归结到权力关系问题上:问题在于权力关系,谁在社会中掌握权力:是人还是资本。③ 资本掌握着权力,据此对劳动实行统治。

被新自由主义奉为神明的竞争理论是进行劳动剥削的基本理由。科雷亚批驳了弱肉强食的"竞争谬论",认为从概念上来说,这种新自由主义的竞争理论类似于工业革命时期的野蛮资本主义,那时,在国家内部尚未通

---

① http://www.presidencia.gob.ec/discursos/.
② http://www.movimientoalianzapais.com.ec/index.php?option=com_content&view=article&id=10&Itemid=126.
③ 科雷亚总统在联合国教科文组织大会上的发言,http://www.presidencia.gob.ec/wp-content/uploads/downloads/,2013 年 11 月 7 日。

过集体行动制定和实施保护法之前,剥削没有限度。现在,在没有集体行动、没有管理机制的全球市场中仍然在重演这一幕。① "在新自由主义悲惨的长夜中,劳动阶级是主要的牺牲品之一。在我们执政期间,我们不会允许它继续作牺牲品,我们正在消灭所有这些剥削劳动的形式"。②

保障劳动权利既是社会公正的要求,又是社会经济发展的需要。"经济的活力和消除不平等的斗争不能在劳动的贫困化的情况下得到支撑,就像新自由主义时期所主张的那样。在公民革命中,争取体面劳动条件的斗争占有优先位置"。③

在新宪法中,劳动作为基本的社会权利受到保障。第325条申明,国家保障劳动权利,承认所有形式的劳动,包括依赖或自治,或自立形式,作为社会生产活动者。宪法第326条阐述了保障劳动权利的基本原则:1. 国家促进充分就业,消除半失业和失业。2. 劳动权利是不可剥夺的。一切与之相悖的规定都是无效的。3. 在劳工事务方面对相关法律规定产生疑问时,都将做出有利于劳动者的解释。4. 同等价值的劳动,给予同等的报酬。5. 所有人都有权利在合适和适宜的环境下,在保障其健康、完整性和安全、卫生及福利的情况下发展自己的劳动。6. 所有遭受工伤并康复的人都有权根据法律规定恢复劳动,保持劳动关系。同时还规定,保障劳动者和雇员的集体合同,除非法律有例外规定。宪法第328条规定,国家根据法律规定,每年确定和审核基本工资。

三 社会公正和平等的原则

社会公正和平等的原则是科雷亚社会经济学说的核心部分,是其21世纪社会主义学说的重要原则和内容。他甚至高度概括道:"如果以一个概念定义21世纪社会主义,那就是公正。"④ 社会公正和平等的原则脱离

---

① http://www.presidencia.gob.ec/discursos/.

② 科雷亚总统在墨西哥首都联邦区的演讲,http://www.presidencia.gob.ec/discursos/,2008年4月11日。

③ http://www.movimientoalianzapais.com.ec/index.php?option=com_content&view=article&id=10&Itemid=126.

④ http://lalineadefuego.info/2012/05/31/entrevista-rafael-correa-revolucion-ciudadana-el-camino-del-ecuador/.

不开社会经济基础分析,离不开社会生产中的分配关系及人与人之间的关系。社会公正和平等的原则与最基本的社会经济问题贫困密切相关。在当前全球化时代,生产力获得了极大发展,社会财富有了极大积累,但不幸的是贫困仍然存在,甚至有绝对恶化。在人类历史上,贫困第一次并非是资源或自然要素短缺的结果,而是不公正和排斥性制度的产物。①科雷亚指出,"对于我们来讲,对人权、自由、人的尊严最大的侵犯莫过于贫困"②。"毫无疑问,在拉美地区最令人气愤的现象之一是如此的富有伴随着如此的贫困。请记住,我们生活在世界上最不平等的大陆。新自由主义悲惨的长夜造成的后果是膨胀了这种不平等,加剧了最富有阶层与最贫困阶层间的差距。"他猛烈抨击这种贫困现象,质疑救助贫困阶层的慈善政策:"为什么不改变目光聚焦点,由极端贫困者转向极端富有者,以便最终缩小差距?""给拥有不足的人更多东西这是不够的。还应该缩减两者之间的差距。资源的分配应该用来缩减社会和经济鸿沟,以便实现个人与社会的结合和凝聚"③。

公正和平等是保障社会发展的前提条件。所有的公共政策必须面向降低不平等的目标,建立一个平等和公正的社会。没有平等的基础,社会便无从谈起。平等是所有人相互承认的条件。平等和相互承认是社会凝聚的最起码的基础,是公正、民主和社会存在的前提条件。社会的平等意味着建立一个平等的社会。

平等是政治权利的基本保障。一个平等的社会是一个非等级化的政治共同体,不会产生在社会资源使用方面享有不同选择的集团。平等者的社会不意味着所有人应该拥有同样的收入,同样的生活水平和方式,同样的喜好、希望和期待。而是意味着所有的公民都承认是一个政治共同体的组成部分。在这个共同体中,他们拥有权利、保障和资源,在相似的条件下发展他们具体的生活计划。就像解放者西蒙·玻利瓦尔所说:

---

① 科雷亚总统在巴拉圭亚松森国立大学的演讲,http://www.presidencia.gob.ec/discursos/,2009年3月23日。
② 科雷亚总统在人民大学的演讲,http://www.presidencia.gob.ec/wp-content/uploads/,2013年10月30日。
③ 科雷亚总统在墨西哥首都联邦区的演讲,http://www.presidencia.gob.ec/discursos/,2008年4月11日。

"没有平等,所有的自由,所有的权利都会死亡"。① 社会的平等意味着建立一个互助和共同尊严的社会。建立合作、互助和兄弟共济是根据社会希望恢复个人的公共和社会性而制定的目标。不仅寻求促进个人和自私的发展,就像自由市场的社会中所发生的那样。

科雷亚阐述了社会公正与自由、民主的关系,批驳了空谈自由、民主的论调以及把社会公正、平等与自由、民主对立起来的谬论。"对于那些把自由与自由市场混淆的人来说,对于那些力图偷换我们伟大'自由'概念的人来说,请听明白,没有正义,便没有自由。问题并不仅仅如此,在像拉美这样不平等的地区,我们只有寻求正义,才能实现真正的自由。"②

《2013—2017年政府计划》阐述了公正、平等的民主观:"采取行动的兄弟共济和共同体位于民主共和国规划的核心位置。美好生活社会主义的道德导向存在于公正的平等和民主观之中。它表现在4个方面。1. 社会和经济公正是实施自由的基础。在一个公正的社会,所有人和每个人都享有同样的必要的物质、社会和文化手段来过上满意的生活。2. 卫生、教育和劳动是社会公正的根本基础。通过这些手段,所有人都将可以作为人来实现自我,在社会关系中实现相互间的平等。3. 民主和参与的公正。在政治公正的社会中,所有公民都应该拥有同样的权利参与对政治决策权的集体控制,这些决策会影响其共同命运。这意味着捍卫政治平等、参与和集体民主权利的原则。4. 代际的公正。从代际的角度讲,在一个公正的社会中,当前所实施的计划和行动应该考虑到当前和未来的人类。这种导向标示出了我们应该履行的责任,这主要是就我们不适当地使用自然资源和进行的其他决策危及我们再生产的生态基础,而造成的环境和社会影响而言的。"③

新自由主义惯用的做法是把经济领域与社会领域割裂开来,以此架

---

① http://www.movimientoalianzapais.com.ec/index.php?option=com_content&view=article&id=10&Itemid=126,2013—2017年政府计划。

② 科雷亚总统在联合国教科文组织大会上的发言,http://www.presidencia.gob.ec/wp-content/uploads/downloads/,2013年11月7日。

③ http://www.movimientoalianzapais.com.ec/index.php?option=com_content&view=article&id=10&Itemid=126,2013—2017年政府计划。

空社会公正和平等的原则。"在社会领域，我们着意寻求放弃这一前提条件，即把社会领域作为干预空间，与经济相分离。在拉美地区，人们使我们习惯于分离经济与社会部门（我不知道这里是否有经济系的学生，请你们把有此荒谬说教的教科书丢到垃圾桶吧）。没有良好的社会政策，好的经济政策是不存在的。"①

科雷亚进一步阐述了实现社会正义的必要途径和条件："这种正义并不能仅通过所谓的看不见的手来实现，就像诺贝尔经济学奖获得者约瑟夫·斯蒂格利茨所说，看不见是因为谁也没看见过。恰恰相反，正义要通过十分看得见的手来实现，社会有意识地做出决策，也就是说，这种正义要通过政治进程来实现。"②

四 参与制和代议制民主原则

主权祖国联盟的执政纲领把参与制和代议制作为国家政体建设的两项基本要素。"主张巩固参与制和代议制民主，这种民主将可以在社会生活再生产的基本领域实现根本性的平等"。其中，参与制尤为重要。"21世纪社会主义"本质上是参与制民主。科雷亚在谈及 21 世纪社会主义的核心思想时，把政治领域的参与制民主与经济领域的劳动高于资本原则并列为两大基本要素。"如果可以浓缩 21 世纪社会主义的核心思想的话，其中包括以下几点：1. 人和人的劳动高于资本；2. 完全崇尚最强烈、最具进取性、参与性和包容性的民主"。③

什么是真正的民主？真正的民主是参与制民主。它来源于人民对国家政治进程和公共生活的持久参与。充分的生活，好的生活只有在公民和人民在解决共同问题的积极承诺下才能实现。④ "我们是民主主义者！致力于建立一种深刻的民主：一种重新明确国家、社会和社会参与概念

---

① http：//www.presidencia.gob.ec/discursos/.
② Ibid.
③ 科雷亚总统在巴拉圭亚松森国立大学的演讲，http：//www.presidencia.gob.ec/discursos/，2009 年 3 月 23 日。
④ http：//www.movimientoalianzapais.com.ec/index.php？option=com_content&view=article&id=10&Itemid=126，2013—2017 年政府计划。

的政治行动方式,发展来源于人民斗争所获取的包容性、正义、参与权利"。①

公民参与公共事务的权利被纳入宪法。宪法第95条规定,公民作为主角,在不断建设公民权利的进程中,将以个人和集体形式参与公共事务的决策、计划和管理,以及人民对国家和社会机构及其代表的控制。这种参与将遵循平等、自治、公共讨论、尊重差别、进行人民控制、互助共济和各种文化间的原则。公民对一切公共事务的参与是一种权利,这种权利通过代议制民主以直接和社群形式等机制加以实施。

科雷亚认为,人们通常所说的民主并没有穷尽民主的内容,而只是民主的始端。"真正的民主并不是通过选民周期性的投票选举来实施,因为这仅仅才是开端。民主的加强意味着参与共同体的决策,组织社会运动,深化社会控制,完善政治和政治运动"。新自由主义标榜维护民主,实际上只是限于政治民主唯程序化的主张,"在其最不恶劣的词义上,把政治压缩为民主唯程序化的概念,基本上限于选举和代议制的实施上面。我们一直认为,在拉美地区,存在的只是选举。将来某一天是否会产生真正的民主,仍有待于观察"。②

如同自由的概念一样,在科雷亚的民主观中,民主与社会权利、社会公正密不可分,"这就是玻利瓦尔主义民主,只要还存在一个失去保护的儿童,便绝不罢休;这就是阿尔法罗主义民主,面对事实上的强权决不罢手;这就是公民民主,只要还存在一个母亲失去保护,便决不停手;这就是革命民主"。③

科雷亚对政治的理解也是围绕着参与制民主展开的。公民革命把政治作为公开地、参与性地处理个体利益和问题,以便制定普遍利益和公共问题解决方案的领域,主张国家进行重大决策的过程应该成为实行民主和分散化讨论、有透明度讨论的进程,实行公民共同治理的进程。需要实质性地扩大民主参与和控制的空间,消除大多数公民被排斥在外的

---

① http://www.presidencia.gob.ec/discursos/.
② 科雷亚总统在巴拉圭亚松森国立大学的演讲,http://www.presidencia.gob.ec/discursos/,2009年3月23日。
③ http://www.presidencia.gob.ec/discursos/.

政治，直到实现这样一种政治梦想，即政治不再是腐败的精英们对机构实行黑社会和社团性绑架的对象。"当所有的公民都能够对其民主机构予以承认和认同，我们就将恢复了国家、公共以及政治的广泛意义，而没有这一点，便不会有可行的解放性革命"。①

新宪法确立了国家权力的基本结构。它基于5种基本功能：执法权、立法权、司法权、选举权、透明和社会控制权。② 这里，与普遍实行的三权分立政体的根本不同是增添和突出了参与制民主的内容。

参与制民主的运转机制包括公民参与、社会控制和国情咨文报告制等。宪法所确立的参与制民主组织机制包括作为执法权组成部分的全国平等理事会，作为选举权的全国选举理事会、选举仲裁法庭，作为透明和社会控制权的公民参与和社会控制理事会。

宪法赋予代议制民主通过公共权力机构行使主权的功能，赋予参与制民主通过直接参与形式行使主权的功能。与此同时，根据宪法，参与制民主与代议制民主又是有机结合的。例如参与制民主可分为两类：（1）政治民主本身；（2）公民民主。第一类，政治民主（参见宪法第61条和第65条）承认选举权和被选举权，因而又是政治代议制：参与公共利益事务，提交民众准则性建议草案，被征求咨询，对公共权力行为进行检审，对经由民众选举产生的权力当局进行罢免；第二类，公民民主（参见宪法第95条和第102条）通过政治权力以外的领域实施，即采取参与制特殊的体制和程序形式加以实施。另外，由宪法确立的公民参与和社会控制理事会在各级政府机构水平上，履行整个社会的代表职责，因此，又兼有代议机制的功能。

参与制和代议制权利的充分保障和政治平等意味着在两者之间保持平衡，而一些新成立的机构使参与制占有优先地位。③

五 建立社会互助经济的原则

在获得国家政治权力之后，主导国家经济发展权，重建国家经济

---

① http：//www.presidencia.gob.ec/discursos/.

② http：//www.movimientoalianzapais.com.ec/index.php?option=com_content&view=article&id=819&Itemid=184.

③ http：//estepais.com/site/?p=44828.

制度，成为政府的首要任务。科雷亚在宣誓就任总统的仪式上，阐述了新的经济制度的目标和主要原则：新的经济导向是优先实行有尊严、有主权的政策，即把国家从国内外强大的统治集团利益中解放出来；优先考虑人，而非资本；实行生产资料产权及生产要素的民主化，建立产权者社会；优先选择最贫穷的人、受排斥的人；充分发挥国家的作用，实施减少经济和社会不公正的社会规划；推动经济和生产变革。

宪法第283条对行将建立的经济制度的性质作出说明。经济制度是社会性和互助性的；承认人的主体和目的地位；在社会、国家和市场之间建立有活力和平衡的关系，与自然建立协调的关系；目标是保障实现美好生活所要求的物质和非物质条件的生产和再生产。根据这一规定，新宪法明确，要建立社会互助经济（economía social y solidaria），替代现存的社会"市场"经济（economía social DE mercado）。

社会互助经济与社会市场经济有本质的不同。社会市场经济实际上意味着市场占据统治地位，社会居被统治地位，成为"另一种商品"。而社会互助经济意味着"为了共同的目标，为了大多数人的利益，社会应该永远控制市场"。[①] 社会互助经济并不排斥和否定市场，"因为毫无疑问，存在市场，你们在市场中活动"，而是主张恢复社会的主导地位，市场的从属地位，社会对市场加以掌控。也正因为如此，科雷亚又把社会互助经济称为"带有市场的"社会经济（economía social CON mercado），在这一称谓中社会居主、市场居次的定位显而易见。

2011年3月17日科雷亚在《人民互助经济法》实施大会的讲话中指出，"新宪法把社会市场经济改变成为社会互助经济，也就是说，为了共同的利益，不是基于自私自利，不是基于个人主义，不是基于竞争，而是基于更加贴近我们现实的原则，我们的传统，就像互助原则，承认经济中的不同部门：公共部门、资本主义私人部门（现代的，如果可以使用这一术语的话，大的企业，等等，而在以前似乎唯一存在的、唯一应

---

① 科雷亚总统在《人民互助经济法》实施大会上的讲话，http://www.presidencia.gob.ec/discursos/，2011年3月17日。

该存在的只是大企业）"。①

《2013—2017年政府计划》指出，社会互助经济寻求建设这样一种生产、交换和合作及相互关系，它有助于实现公正、效率和质量，以互助为支撑。"在这种意义上讲，生产率和系统的竞争力应该用集体的进展而非个体的相加总和（这通常是武断的）来衡量"。② 为此，要推进经济改造进程，采取结构性的改造政策，实行生产资料分配和再分配，知识、文化和财富的分配和再分配。实现社会共有财产的民主化。这涉及一种深思熟虑和有计划的进程，在创造本国基础的广泛的生产部门的长期规划框架下，以国家、社会部门和经济部门间（合作社、联合生产体、社群生产形式、公共企业、私人企业、人民和互助经济企业、大、中、小型混合企业）的利益协调为基础，实现生产重组。③

在生产资料所有制方面，科雷亚并没有接受废除私有制和建立公有制的主张，而是借用政治学中民主化的概念，提出"生产资料产权民主化"（democratización de la propiedad de los medios de producción）及"生产要素民主化"（Democratización de los factores de producción）的口号。生产资料产权民主化及生产要素民主化意味着消除生产资料所有方面的垄断、遏制财富的集中和积聚，形成人人有权获得赖以生存和发展的生产资料和劳动手段。生产资料产权民主化及生产要素民主化成为科雷亚21世纪社会主义所有制结构的本质特征。他认为，这将可以消除资本对劳动的剥削，解放和发展生产力，实现社会公正和发展。"人的劳动要高于资本，但是与传统社会主义不同，传统社会主义主张废除私有制，以此避免资本对劳动的剥削，我们使用的是现代工具，就像我所说的那样，一些前所未闻的工具，来消除资本与劳动间的紧张状态"。④

科雷亚总统阐明了生产资料产权民主化和生产要素民主化的内容和

---

① 科雷亚总统在《人民互助经济法》实施大会上的讲话，http://www.presidencia.gob.ec/discursos/，2011年3月17日。

② http://www.movimientoalianzapais.com.ec/index.php?option=com_content&view=article&id=10&Itemid=126，2013—2017年政府计划。

③ 同上。

④ 科雷亚总统在哥斯达黎加大学的演讲，http://www.presidencia.gob.ec/discursos/，2014年5月8日。

实现途径："国家促进人人适得其所的生产要素的公正获得。1. 避免生产要素和资源的集中和囤积，促进再分配和消除要素获取中的特权和不平等。2. 实施特殊政策消除在生产要素获取方面对女性劳动者的不平等和歧视。3. 促进和支持面向生产进程的知识和技术的发展和传播。4. 在所有部门实施促进国内生产的政策，特别是保障食品主权和能源主权，创造就业和附加值。5. 促进公共金融服务，实行信贷的民主化。"①

生产资料所有制结构的本质特征是混合所有制。宪法第317条规定，国家承认和保障公有、私人、社群、国有、结社性合作社、混合形式的所有制权利。②"社会应该以劳动为中心，但是并不是基于生产资料的国家所有制，而是基于混合所有制，在这种体制下，受到调节的私人产权、公共产权、社团形式和集体联合形式（合作社）共存。这种模式具有作为集体目标承担社会生活再生产的潜力，保障体面劳动作为各个领域社会交际的潜力"。③

生产资料所有制形式的合法地位和标准不仅是经济意义上的，而且具有其他必要的功能。"社会和国家承认和保障公共、私人、社群、国家、联合、合作、混合形式的所有制权利，这些所有制形式应该履行它们的社会和环境功能"。④当国家根据产权所要求的社会功能，为了实施社会发展计划，以持续方式管理环境和集体福利的时候，"国家机构根据公共利益或社会和国家利益，可以通过预先公正估价，对财产进行征收，根据法律进行补偿和支付，禁止任何形式的没收"（参见宪法第323条）。正是基于产权的社会和环境功能，宪法赋予国家成为战略部门的产权主人的法理依据，以及规定生产资料产权的民主化的法理依据。⑤

在生产资料混合所有制的基础上，宪法承认经济中的各种生产组织

---

① 科雷亚总统在欢迎洪都拉斯埃尔南德斯总统仪式上的讲话，http：//www.presidencia.gob.ec/discursos/，2014年3月13日。

② http：//www.movimientoalianzapais.com.ec/index.php? option = com_content&view = article&id = 8&Itemid = 124.

③ http：//www.movimientoalianzapais.com.ec/index.php? option = com_content&view = article&id = 10&Itemid = 126，2013—2017年政府计划。

④ 同上。

⑤ http：//www.movimientoalianzapais.com.ec/index.php? option = com_content&view = article&id = 6&Itemid = 121.

形式。宪法第283条规定，经济制度由公共组织形式、私人形式、混合形式、人民互助形式和宪法所确定的其他经济形式构成。其中包括社群形式、合作形式、公共或私人企业、联合形式、家庭形式、内部形式、自治形式、混合形式等。国家鼓励能够保证居民美好生活的生产形式，抑制破坏美好生活或自然权利的生产形式；促进满足国内需求的生产，保障厄瓜多尔积极的国际参与。

在社会互助经济中，人民互助经济（Economía Popular y Solidaria）占有重要地位。人民互助经济包括多种经济形式，如家庭经济、社群生意、生产合作组织、财政合作组织、储蓄所、人民银行、社群灌溉服务、引水渠的维护和清理、社区保安、邻居委员会等，其中很多是传统型的，有些甚至是从古老印第安人继承下来的，例如"米恩加"和其他社群互助经济等。根据科雷亚总统，在厄瓜多尔，这种人民互助经济提供了全国近50%的就业。①

人民互助经济的经济和社会双重功能十分突出。科雷亚对此寄予厚望：它可以实现这一点：增长，创造就业和收入，摆脱贫困而不失人道主义；劳动直接参与企业的收益，在社会方面以更好的形式分配进步的成果。"当由于银行系统，腐败的银行系统休业，吸收储蓄、组织中、高等经济活动的金融机构休业时，只有人民互助经济、储蓄银行、小型的人民合作社坚持下来了，甚至得到了加强。纯朴的人们依靠自己的努力，推动其小规模项目的发展，满足自己的经济、金融、社会和文化需要"。②

宪法、法律和政府文件甚至赋予人民互助经济以更广泛的意义，不仅着眼于社会、经济意义，"有助于在拒绝资本主义非人道主义的手法的情况下实现脱贫"③，而且体现了公民对社会生活的全方位的参与和平衡。科雷亚指出，"我们在这里是为了肯定公民参与，为了肯定人民经济，互助经济和包容经济；不是为了市场平衡，而是确定我们的经济应该面向于人自己本身的平衡，与他人的平衡，与自然的平衡；由于对人作为主

---

① Jornadas de Participación Ciudadana, Guayaquil, 17 de mayo de 2011.
② Ibid.
③ Ibid.

体和目的的适当肯定，经济对这种平衡的助力是有可能的。适当肯定作为主体和目的的人，这偏好于一种社会、国家和市场间有活力和平衡的关系，与大自然实现和谐，以保障"美好生活"赖以实现的物质和非物质条件的生产和再生产为目的"。①

构建国家发展体制是新经济制度的重要组成部分。国家的经济计划功能在新自由主义悲惨的长夜中被破坏了。国家发展计划是政策，公共规划和项目赖以实施的手段；是国家预算规划和实施的工具；投资和公共资源配置的赖以实施的手段；协调中央政府和地方分散化自治政府专属职能的工具。对于公共部门来说，遵守这一发展计划是义务性的，对于其他部门来说是指导性的。② 宪法第279条规定，建立国家分散化参与制计划制度，负责组织发展计划。国家分散化参与制计划制度是一套有组织、可持续和有活力的经济、政治、社会—文化和环境制度。宪法第276条阐明了发展体制所追求的目标：在宪法规定的原则和权利下，改善生活质量和预期，增强居民们的能力和潜力；建立一种公正、民主、生产性的、互助的、可持续的经济制度，这种经济制度基于对发展成果和生产资料进行平等分配，能够创造有尊严和稳定的劳动；在公共权力管理的所有阶段，促进参与和社会控制，承认各种认同，促进公正的代表性。

六　社会控制市场的原则

在"新自由主义资本主义"制度下，市场被"大银行和资产阶级尊为神圣的市场上帝"，颠倒了与社会的位置，形成了对社会的统治。在新自由主义泛滥、社会和市场的关系错位严重加剧的情况下，迫切要求打破市场对社会的统治，复原社会与市场的原本关系。

首先，需要明确构建什么样的社会。科雷亚主张建立"一种正义、公正和互助的社会，一个有能力肯定其差别的社会，作为本身团结的实质；一个没有特权的社会；在这一社会中，自然赋予我们的产品和来源

---

① Jornadas de Partucuoacuón Ciudadana, Guayaquil, 17 de mayo de 2011.
② 科雷亚总统在欢迎洪都拉斯埃尔南德斯总统仪式上的讲话，http://www.presidencia.gob.ec/discursos/，2014年3月13日。

于人的创造性才智的产品不会落入拥有一切的垄断者手中,而是造福于国家所有的人,男人、妇女、儿童和老人,不分文化、种族、信仰"。①

另外,要明确需要什么样的市场。科雷亚提出了"带有市场的"社会(sociedades CON Mercado)与"市场"社会(sociedades DE mercado)之分。带有市场的社会与市场社会的本质区别在于人与资本、社会与市场哪个占据统治地位。"当然我们相信带有市场的社会。市场是一个不可能否定的经济现实,但是一件事情是带有市场的社会,另一件事情是市场社会。在后者中,生活、人、社会本身作为另一件商品依从于市场这一梦幻美景"。他十分遗憾地指出,在拉美各国,"我们没有带有市场的社会,只有市场社会"。②"我们想,慢慢地,从我们拉丁美洲开始,人类将懂得这一点:21 世纪初面临的控制危机的巨大挑战就是统治市场。最近几十年所发生的是我们完全被市场统治了"。③

改变社会与市场的关系要求进行现行制度的变革,改变资本对人的统治,市场对社会的统治。现存的资本主义社会频频陷入危机,究其根本原因就在于"资本帝国及其主要延伸,即市场能动本原说"统治着社会,致使社会陷入周期性制度危机。"解决危机的方法在于恢复公民和社会对资本和市场的控制。实现人对资本的优势,社会对市场的优势"。④科雷亚做了一个十分形象的比喻:市场是灵通的奴仆,但却是糟糕的主人。通过这个比喻,他阐明了自己的观点:社会是市场的主人,市场是社会的奴仆,而并不像在新自由主义中那样,生活、人、社会依从于市场。⑤市场由社会主导、控制、驾驭,提供在社会方面所希望的成果。这里,"涉及的是劳工政策,使人处于资本之上;涉及的是支持和保护最脆弱阶层;涉及的是使社会财富、社会财产,无论是公共的还是私人的,

---

① http://www.presidencia.gob.ec/discursos/.
② 科雷亚总统在联合国教科文组织会议上的发言,http://www.presidencia.gob.ec/wp-content/uploads/downloads/,2013 年 11 月 7 日。
③ http://www.presidencia.gob.ec/discursos/.
④ 科雷亚总统在人民大学的演讲,http://www.presidencia.gob.ec/wp-content/uploads/downloads/,2013 年 10 月 30 日。
⑤ http://www.presidencia.gob.ec/discursos/.

实现民主化"。①

在新自由主义模式中，发展的中心集中于市场的自由化，国家在比较优势上实现专业化，生活、人和社会依从于至善至美的市场。科雷亚指出，"我们并不否定本国和国际市场这一现实，但是也不会天真地完全依从于市场的主张。新自由主义这种意识形态，伪装成科学，膨胀了自私自利，使之成为人的最高操行：从一种该诅咒的人的恶行变成最崇高的品德。谈论互助和社会意识成为不合时宜，仅仅是追求填鼓钱包。在这种无度的贪欲下，依靠看不见的手，我们竟可以实现整个社会的福利，多么荒诞的论调，多么荒诞的消灭任何社会志向的方式。这大概就是新自由主义留下来的最恶劣的遗产，它摧毁了互助努力这一社会意识，力图强加市场福音书，个人主义的福音书：追求利润，而其他则都是附带性的"。②"一个现代的左派不能仇视市场，但是市场也不能是专制性的。因此，我们要从根本上改变经济。是社会领导市场，而非相反。如果说历史教会了我们一些东西，那就是社会永远需要非常可以看得见的手，来实现这种正义，公正和幸福"。③

科雷亚高度看重为实现社会利益和社会发展而采取的集体行动，而国家是社会实行集体行动的体制化的代表，在发展中具有不可或缺的主角作用。④"开展集体行动有不同的形式，整个社会进行集体行动的形式就是国家。就我们的社会合同，我们达成协议：我们的法律、宪法，等等，拥有更多的人，支付更多的税收，以此从事学校、会堂的建设，使我们所有的人受益。而根据市场理论，这些是不可能做到的。因为'必须采取个人形式，采取竞争方式'。因此，寻求发展的集体行动便最小化了，实际上取消了。我不是国家主义者，但也不会天真地认为不需要国家。国家是社会体制化的代表，通过这一代表，社会开展它的集体行

---

① 科雷亚总统在人民大学的演讲，http://www.presidencia.gob.ec/wp-content/uploads/downloads/，2013年10月30日。

② http://www.presidencia.gob.ec/discursos/.

③ Ibid.

④ http://www.ecuadorinmediato.com/index.php?module=Noticias&func=news_user_view&id=52922&umt=presidente_correa_defiende_socialismo_del_siglo_xxi_para_ecuador Ecuadorinmediato网站，2014年1月18日。

动。"① 科雷亚以嘲讽的口吻指出，在最近 20—30 年间，新自由主义作为伪装成科学的意识形态，对拉美国家进行了狂轰滥炸，这就是新自由主义及其在公共政策方面的表现，即华盛顿共识，它排斥、否认和无视开展集体行动的需要。具有讽刺意味的是：那些否定国家在经济上的作用的人们，现在却要求国家动手，在整个人口中分配危机带来的损失。②

七　恢复国家主角作用的原则

任何战略变化和发展变革均意味着改变看待国家的方式。对于公民革命来讲也不例外。"确实，放弃华盛顿共识常规性的正统主张而实行一种新的发展战略，这要求首先恢复国家的作用，取消私有化政策，进行体制改革"。③ 需要建设一个什么样的国家？国家在社会发展中具有什么样的作用？主权祖国联盟的政治纲领作出说明：它具有不依从资本、跨国公司和多边银行利益，而为其利益规定条件的能力。就像阿尔法罗自由主义革命拥有其主要目标之一，即建立世俗国家一样，公民革命的目标是使国家脱离事实上的经济权力，制定为大众利益服务的国家规划。④

新宪法明确了国家所肩负的总义务：保障个人和集体及自然的权利。领导、计划和调节发展进程。制定和实施公共政策，控制和制裁不落实政策的行为。生产产品和维护基础设施，提供公共服务。通过能够促进经济活动发展的司法秩序促进这些活动的发展。促进和推动科学、技术、艺术、古老文明以及其他社群、联合体、合作组织和私人的创造性普遍的活动。

国家对贯彻发展纲领肩负主角作用。需要加强其调控、计划和再分配功能，作为实现人的持续发展、集体福利和美好生活的基本手段。⑤ 但是，在新自由主义时期，国家的作用被最小化了，受到严重削弱，造成

---

① http：//www.presidencia.gob.ec/discursos/.
② Ibid.
③ 科雷亚总统在墨西哥首都联邦区的演讲，http：//www.presidencia.gob.ec/discursos/，2008 年 4 月 11 日。
④ http：//www.movimientoalianzapais.com.ec/index.php?option=com_content&view=article&id=10&Itemid=126.
⑤ http：//www.movimientoalianzapais.com.ec/index.php?option=com_content&view=article&id=819&Itemid=184.

恶劣的后果。在新自由主义方案失败后,"确定新的发展战略和新型国家成为厄瓜多尔社会的优先目标"。科雷亚明确指出,有必要恢复国家的主角作用,来推动国家生产。① 主权祖国联盟的政治纲领申明,"国家再次处于体制改革的中心位置,恢复自己一系列战略能力,保证政治、经济和社会间的适当协调。国家体制改革寻求在有效的、透明的、分散化的、非集中化和参与式的治理方案下,恢复国家的行动空间,目的是赋予国家进行干预的更大的功能性、内部紧凑性和可能的民主合法性"。②

国家与市场的关系是国家定位中的基本问题。主权祖国联盟的政治纲领开宗明义地指出,要"捍卫国家面对市场活力的调节作用,目的是开启厄瓜多尔社会生产和分配结构的根本性改造进程"。③ 科雷亚指出,"国家作为市场适当运转及市场自我集中和垄断修正的保障者,同时又是公共产品和服务普遍的供应和分配的保障者,它是实行变革的基本活动者。这些公共产品和服务面向于有效保障人的基本权利"。④

新宪法对国家的产权和经济管理职能作出规定。宪法第313条规定,国家拥有管理、调节、控制和治理战略部门的权利。宪法第321条阐述了战略部门的定义:国家具有决策权和专属控制权的战略部门是那些因其重要性和规模,具有关键性经济、社会、政治或环境影响的部门。这些部门应该面向于充分发展社会权益。战略部门包括各种形式的能源,电讯部门、非再生性自然资源、交通运输、炼油、生态多样化、遗传工程、水源,以及其他由法律规定的部门。非再生性自然资源是不可分割的、必不可少的国家财富。

科雷亚谈到了战略部门的确定并由国家掌握的必要性:"如果把我们广泛的主权观与我们的发展目标结合起来,有必要对战略部门加以明确,

---

① http://www.ecuadorinmediato.com/index.php?module=Noticias&func=news_user_view&id=52922&umt=presidente_correa_defiende_socialismo_del_siglo_xxi_para_ecuador Ecuadorinmediato 网站,2014年1月18日。
② 科雷亚在欢迎洪都拉斯埃尔南德斯总统仪式上的讲话,http://www.presidencia.gob.ec/discursos/,2014年3月13日。
③ http://www.movimientoalianzapais.com.ec/index.php?option=com_content&view=article&id=6&Itemid=121.
④ 科雷亚在欢迎洪都拉斯埃尔南德斯总统仪式上的讲话,http://www.presidencia.gob.ec/discursos/,2014年3月13日。

如与非再生性的自然资源开采相关的部门，应该由国家控制。因为石油和矿山不能创造，不能生产出来，需要开采。它们已经创造出来了，在其自然状态便已经具有价值；就像经济学所说的，它们已经具有自然收益。我们认为所有这些部门都应该掌握在国家手中"。① 关于国家拥有和管理战略部门的这种经济职能，科雷亚以通俗的语言说，是"在某些特殊案例下生产资料的国家所有制"。②

国家还是公共部门的持有者和公共服务的供应者。负责提供公共服务，自来水、灌溉、电力、电讯、道路、港口和空港基础设施以及法律规定的其他部门。宪法第314条规定，国家将保障公共服务及其供应符合义务、普遍、无差异、效益、责任、可准入、持续和质量原则。国家将保证公共服务价格是公正的，将实施价格控制和调节。

国家将组建公共企业来管理这些战略部门。提供公共服务，可持续地利用自然资源或公共产品，以及发展其他的经济活动。公共企业将根据法律，处于相关机构的特殊控制和调节之下。这些公共企业将作为具有公共法权的公司，拥有法人身份，金融、经济、管理、经营自主权，实行质量、企业、经济、社会和环境高标准。剩余产品可以用于企业本身或子公司的投资和再投资，保障其发展。法律将明确公共企业对混合企业的参股，国家将永远保持多数股，参与战略部门的管理和公共服务的提供。宪法第316条规定，国家可以把战略部门和公共服务部门的参股委托给混合企业经营，委托必须符合国家利益和遵从法律为每个战略部门规定的期限和范围。国家可以根据法律的规定，以特殊方式把这些活动的行使委托给私人和人民互助经济部门。

国家应该恢复计划能力。"政府正在慢慢恢复计划、调节和再分配的能力，应该说并不是慢慢的，而是强有力的，因为尚有强大的集团代表着旧的结构，拒绝重建国家。国家是社会体制化的代表，是社会赖以实施集体行动的形式，而发展必然需要这种集体行动。"③

---

① http://lalineadefuego.info/2012/05/31/entrevista-rafael-correa-revolucion-ciudadana-el-camino-del-ecuador/科雷亚接受厄瓜多尔记者采访。
② 同上。
③ http://www.presidencia.gob.ec/discursos/.

在"新自由主义悲惨的长夜"中,国家的作用遭到破坏,国家与市场的关系受到扭曲。新自由主义主张分离经济领域和社会领域。在市场与国家间划立了规矩和职责:市场负责经济资源和收入的主要配置活动,而国家应该处理这一配置机制之外的东西。"新自由主义把国家的作用大致看作是处理像战争中那样的边缘性减员,也就是说,这里遭轰炸,那里牺牲了一位士兵,有位伤员,红十字救助员要过去进行抢救,等等。这就是新自由主义赋予国家的作用,把主要的活动拆分出来,即经济政策,与另一项行动(社会政策),即被视作边缘性的附件进行分离"。① 其要害是国家的调控作用被完全剥夺了。

针对国家主义的指责,科雷亚指出,"这里有人力图消灭国家,把我们叫作国家主义者,21世纪社会主义不是国家主义的"。②

八 变革权力关系的原则

政权和权力的归属是科雷亚所关心的首要问题,视作实行经济、政治和社会变革的前提条件。只有获得政权和权力,才能实现革命性的发展纲领。科雷亚指出,"派生出其他变革的基本变革是权力关系的历史性变革。"③ 首先需要解决的问题是,"谁在社会上发号施令,是人还是资本?是精英还是大多数人?是社会还是市场?发展实质上是一种政治进程,意味着变革社会权力关系。由于所谓的看不见的手(正是由于看不见所以谁也没有看到过),天生恶劣的手,在社会经济方面贫穷的人不会摆脱穷人地位。要靠实现正义,穷人才不再是穷人。这就是我们在厄瓜多尔所实行的'公民革命'的政治纲领的理性"。④

在厄瓜多尔,新自由主义政策造成1999年史无前例的危机。仅一年内就有16家金融机构倒闭,人们在银行的储蓄冻结了一年。次年,当实

---

① 科雷亚总统在墨西哥首都联邦区的演讲,http://www.presidencia.gob.ec/discursos/,2008年4月11日。

② 同上。

③ 科雷亚总统在联合国教科文组织会议上的发言,http://www.presidencia.gob.ec/wp-content/uploads/downloads/2013/11/2013-11-07-DISCURSO-EN-LA-37ma.-CONFERENCIA-DE-LA-UNESCO.pdf,2013年11月7日。

④ http://www.presidencia.gob.ec/wp-content/uploads/downloads/2013/12/2013-11-06-T-CONFERENCIA-SORBONA-ESPAÑOL.pdf.

行美元化时,本币与美元的汇率由1万贬值到2.5万苏克雷,也就是说公民的储蓄缩水60%。在此后不到5年的时间内,有200万厄瓜多尔人离开了厄瓜多尔,到国外寻找生计。科雷亚指出,"这场真正的经济和社会灾难并不是偶然的,是金融资本和新自由主义原教旨主义行使权力的结果"。① "我们这些国家内部和国际上的权力关系是有利于资本、基本上是金融资本的。由于所谓的经济科学的复杂性和国际金融官僚的复杂性,我们很多公民们都相信'事情必须像这样。'事情并不必然像这样"。②

2009年3月,科雷亚总统在巴拉圭亚松森国立大学发表演讲时,引述了法国自由派经济学家弗雷德里奇·巴斯蒂亚特对权力要害的精辟论述:"当一群人结伙组成社会生活时,当剥夺成为一种生活方式时,这些人会为自己编造一种法律制度,给予自己授权,并创造使其冠冕堂皇的道德规范。"他还引用了经济学家约翰·肯尼斯·加尔布莱斯的名言:不考虑权力问题的经济学家,就是纯粹的白痴。以此来清醒人们的头脑:问题不是技术性的,而是政治性的。问题是权力关系,危机的解决要靠公民对资本实行控制,社会对市场进行控制。③ "我们力图改造我们的国家,它在社会中仅代表那么少部分有特权的人,使之成为意大利伟大的马克思主义者安东尼奥·葛兰西所说的那样的一体化的国家,也就是说,代表整个社会的国家。换句话说,把我们的资产阶级国家改造成为真正人民的国家"。④

科雷亚抨击新自由主义者们鼓吹技术主义和简单化的经济主义,以此掩盖权力关系的实质。他指出,"对经济造成的最严重的破坏是抽掉了它的政治经济的原始属性。让我们相信,所有问题都是技术性的,把意识形态伪装成科学,而在对社会中的权力关系进行抽象化时,对我们而

---

① 科雷亚总统在人民大学的演讲,http://www.presidencia.gob.ec/wp-content/uploads/downloads/,2013年10月30日。

② http://www.presidencia.gob.ec/wp-content/uploads/downloads/2013/12/2013-11-06-T-CONFERENCIA-SORBONA-ESPAÑOL.pdf。

③ http://www.presidencia.gob.ec/discursos/。

④ http://www.presidencia.gob.ec/wp-content/uploads/downloads/2013/12/2013-11-06-T-CONFERENCIA-SORBONA-ESPAÑOL.pdf。

言,占统治地位的权力又变成功能性的了,我大致把这叫作'资本帝国'"。① 他认为,这不是技术主义,简单化的经济主义,而是拉美地区在21世纪所面临的基本挑战:是关系到民众利益的权力关系的变革。② "经济政策恰恰是这样的:政治的。寻求以最快的方式,以尽可能小的代价克服危机,而且也可以决定由谁承担成本。经济政策的制定者们根据有意或无意代表的权力关系,而且只是在作出相应的价值取向后,采取技术性行动,决定谁获益,谁受损。所有这些都是由权力支配的"。③

为了深入探究"新自由主义资本主义"危机的原因,科雷亚认为,必须使用古典经济学家的原始术语,从目前经济分析的技术主义和简单化的经济主义,回归到一种政治经济学的视角:分析社会中的权力关系及其在生产关系中的表现。④ 发展问题基本上是一个政治问题:在社会中谁占统治地位,是精英还是大多数人,是资本还是人,是社会还是市场。解决危机的办法在于恢复公民对资本的控制,恢复社会对市场的控制。"某些官僚们经常决定对于我们这些国家来说,哪些是好的,哪些是坏的。就好像发展纯粹是技术性的,而并非是政治性的、公共性的。在发展背后是权力关系,谈论权力关系意味着谈论政治问题"。⑤ 科雷亚指出,正因为如此,厄瓜多尔开始实施公民革命的政治纲领:获取政治权力,为了广大多数人改造权力关系。他主张,权力关系的变革必须采取宪制途径。"为实现国家的真正变革,需要改变总的政治构架,也就是说,首先要依据一部新的宪法,再造国家"。⑥

经过30年依从于经济寡头和外国利益的精英治理之后,厄瓜多尔正

---

① 科雷亚总统在联合国教科文组织大会上的发言,http://www.presidencia.gob.ec/wp-content/uploads/downloads/,2013年11月7日。

② http://www.laverdad.es/murcia/rc/20130218/mundo/correa-dice-revolucion-ciudadana-201302180051.html。

③ http://www.presidencia.gob.ec/wp-content/uploads/downloads/2013/12/2013-11-06-T-CONFERENCIA-SORBONA-ESPAÑOL.pdf。

④ http://www.presidencia.gob.ec/discursos/。

⑤ 科雷亚在联合国教科文组织会议上的发言,http://www.presidencia.gob.ec/wp-content/uploads/downloads/,2013年11月7日。

⑥ http://www.movimientoalianzapais.com.ec/index.php?option=com_content&view=article&id=10&Itemid=126,2013—2017年政府计划。

在"努力重塑人民进行民主决策的充分主权"。2013年11月，他在联合国教科文组织大会上的发言中宣布，主要经济社会数据显示，在厄瓜多尔，经过公民革命，金融资本统治已经不复存在，国际官僚和寡头们已经不复存在，当家做主的是厄瓜多尔人民。① 他进一步提出了努力方向，"我们所面临的基本挑战是实现权利的普及，把权利改造成所有人和每个人都能够享有充分生活的机会和能力。每个人的自我实现和幸福来自集体福利的实现，相互间的承认和互助，对其他人尊严的尊重。我们应该创造条件以便在不损害其他人的条件下，我们每个人都能够不断改善自己的生活。我们的行动面向于创建一个为普遍利益服务的国家，保护大多数人利益，有能力治理和改变资本主义统治的中心线路的能力的国家。民主国家的集体行动有助于避免事实上的权力及强者的特殊利益对整个社会的统治"。②

九 坚持美好生活发展观

"美好生活"的理念既是以人为中心的伦理价值观，又是一种新的社会观和发展观。根据科雷亚的观点，它既不同于新自由主义资本主义的发展观，也不同于传统社会主义的发展观。在发展概念方面，社会主义从来都没有与资本主义产生对立。也就是说，在发展目标上，资本主义与传统社会主义所追求的是同一个结果，即工业化、现代化、经济增长、财富扩张等。只不过实现的道路和方式不同。"有必要寻找发展的一种新概念，寻求与自然的和谐，地方的发展，使人幸福地生活，但是不是奢侈生活"。③ "美好生活"基于印第安古老的哲学理念，反对"生活得更好"的概念，把它作为更正确的、更可持续的、更生态的、更人文的生活模式或发展模式。④ 美好生活与西方生活更好或更为人熟知的生活模式

---

① 科雷亚在联合国教科文组织会议上的发言，http：//www.presidencia.gob.ec/wp-content/uploads/downloads/，2013年11月7日。
② http：//www.movimientoalianzapais.com.ec/index.php? option = com_content&view = article&id =10&Itemid =126，2013—2017年政府计划。
③ http：//www.ecuadorinmediato.com/index.php? module = Noticias&func = news _ user _ view&id = 52922&umt = presidente_correa_defiende_socialismo_del_siglo_xxi_para_ecuador Ecuadorinmediato网站，2014年1月18日。
④ 厄总统讲话要点。

（美国梦想）相反，与新自由主义永远生活得更好的逻辑（消费主义）相反。后者的逻辑是很多人必须"生活得差"以便少数人"生活得好"。针对有些人认为美好生活追求的是一种"原生态"式的生活状态，科雷亚总统指出，"我们也不相信原始性的幼稚病，认为现代前的状况就是美好生活，贫困就是民间信仰风俗。但是事情并不仅仅如此，这些不负责任的原教旨主义在不公正的国际劳动分工中具有功能作用"。①

作为另一种社会形态和发展理念，"美好生活"成为厄瓜多尔和拉美地区讨论的热点，其关键词是以人为本、真正的参与制民主、互助经济模式、包容性社会形态、环境和自然平衡关系。② 美好生活主张实行一种对所有人来讲更公正的生活模式。"我们所主张的这种社会观基于个人和集体能力的发展，社会正义，与自然的和谐相处，福利和幸福。这种社会观构成了主张美好生活范式的不同世界观和哲学流派间的结合点。指导我们日常斗争的原则是互助共济，思考、叙说和行动之间的产物"。③新宪法第二章第12条至第34条阐述了美好生活的权利。第一节，关于水源和食品；第二节，关于健康的环境；第三节，关于通信与信息；第四节，关于文化与科学；第五节，关于教育；第六节，关于生存与住宅；第七节，关于卫生；第八节，关于劳动与社会保障。

美好生活强调人与自然的和谐共处。21世纪社会主义认为，自然、物质环境，或就像安第斯高原克丘亚人所说的"大地之母"（la Pachamama）是美好生活的组成部分。④ 与自然和谐共处，尊重自然意味着与当前和未来的一代一代的人的道德责任，与广泛的动物和植物类种的道德责任，与和人类同在的生态系统的道德责任。厄瓜多尔宪法提出保障自然的权利，保障健康和可持续的环境。这要求把人类的活动置于全球的生物限度之内，为未来的人类保留资源。经济运转要优先

---

① 科雷亚总统在哥斯达黎加大学的演讲，http：//www.presidencia.gob.ec/discursos/，2014年5月8日。

② http：//www.monografias.com/trabajos88/ecuador-y-buen-vivir/ecuador-y-buen-vivir.shtml。

③ http：//www.movimientoalianzapais.com.ec/index.php?option=com_content&view=article&id=6&Itemid=121。

④ 科雷亚总统在巴拉圭亚松森国立大学的演讲，http：//www.presidencia.gob.ec/discursos/，2009年3月23日。

考虑物质资源和能源的生态有效管理，通过技术应用和实践，保护生态系统。① 厄瓜多尔外长里卡多·帕蒂尼奥是这样诠释美好生活概念的："厄瓜多尔正在经历的'公民革命'的标志是一项基本前提：'美好生活'的概念和实施，这是从我们的印第安人祖根继承下来的哲学，对于现在与周围环境关系动荡和具有攻击性的时代，包含了宝贵的教益：'和谐生活'基于人与大自然和谐相处的关系。"②

十　主权祖国与拉美一体化原则

无论是在演说中还是在纲领性文件中，科雷亚都表现出强烈的祖国主权和民族自尊意识。科雷亚常常使用的概念有"复兴祖国""再次拥有祖国""骄傲和主权的祖国"。把祖国作为价值、理想特别是公民可以实现自我的载体。科雷亚把特权寡头把握权力的国家称为"被政治黑社会和政党贵族所劫掠的、充满不公正、痛苦的祖国"，把受国际金融机构歧视和逼迫的国家称为"受到帝国主义讹诈威胁的祖国"，而他所向往的是"一个包容性的共同体，拥有主权、社会正义和尊严的祖国"。祖国与主权密不可分，"祖国如果没有主权便不是完整的"。③ 祖国的理性认知表现为一种政治思考和主张。祖国的思想表现为是新自由主义模式的替代，"要优先考虑人，而非资本，创造生产性就业，保护环境，投资于教育卫生，追求社会正义，作为实现发展和自由的唯一方式"。④

民族自尊来源于对自己古老民族传统和文化的认知和认同。"主权祖国联盟寻求恢复厄瓜多尔人的自尊：主张重新评估先辈文化知识，我国人民的社会和政治遗产"。⑤ 民族自尊的理性表现是政治上的"健康的民族主义"。"我们的 21 世纪社会主义实行一种健康的民族主义，就像世界

---

① http：//www.movimientoalianzapais.com.ec/index.php?option=com_content&view=article&id=10&Itemid=126.

② http：//www.monde-diplomatique.es/?url=editorial/000085641287216818681110229425100/editorial/?articulo=5d34d005-a0bf-42e6-b01f-9102ed4b1df9.

③ El Discurso Politico y ly Campana Electoral.

④ Ibid.

⑤ http：//www.presidencia.gob.ec/discursos/主权祖国联盟宣言。

所能证明的那样,我们捍卫我们的主权。这并不违反我们的一体化精神,恰恰相反,在尊重每个国家的空间和权利的同时,也加强了健康的民族主义"。①

在科雷亚的政治思想中,祖国具有双重含义:"小祖国"与"大祖国"。2013 年,他在获悉大选胜利后指出,"我们将建设小的祖国(厄瓜多尔)和大的祖国(拉丁美洲)。为我们的子子孙孙建设一个新的祖国"。② "不与其他拉美兄弟团结在一起,祖国便不是完整的"。③

基于大祖国的政治信念,科雷亚坚持拉美一体化的立场和思想,坚持玻利瓦尔主义。由于拉美各国所共有的人文、历史、社会和文化渊源,21 世纪社会主义的另一个中心思想是重新作出承诺,即建设一个唯一的拉丁美洲,就是西蒙·玻利瓦尔所梦想的大祖国,也就是"让拉美地区之外的事实上的列强们感到恐惧的大祖国"。"除了开展关税和贸易合作之外,我们的大祖国拥有一种新的一体化观念。这种一体化观意味着实现物质基础设施一体化,共享能源方案,以共享方式进行社会发展规划,建设一个新的金融构架,促进新的地区法庭,解决影响我们的纠纷"。④ 2013 年 10 月 30 日,科雷亚总统在人民大学的演讲中指出,大祖国已经不仅仅是拉美解放者们的理想,而且成为生存需要,反对剥削、反对新自由主义的武器,走向解放的道路。⑤

十一 科雷亚关于 21 世纪社会主义与传统社会主义的同异论述

科雷亚在多个场合基于 21 世纪社会主义,谈到它与传统社会主义的相同之点。其中包括公正;人和人的劳动高于资本;需要拯救集体行动,

---

① http://lalineadefuego.info/2012/05/31/entrevista-rafael-correa-revolucion-ciudadana-el-camino-del-ecuador/科雷亚接受厄瓜多尔记者采访。
② http://www.diarioinformacion.com/internacional/2013/02/18/correa-revolucion-nadie/13450 52.html.
③ El Discurso Politico y la Campana Electoral.
④ 科雷亚总统在巴拉圭亚松森国立大学的演讲,http://www.presidencia.gob.ec/discursos/,2009 年 3 月 23 日。
⑤ 科雷亚总统在人民大学的演讲,http://www.presidencia.gob.ec/wp-content/uploads/downloads/,2013 年 10 月 30 日。

进而拯救国家和计划的作用；推翻资本统治；需要创造使用价值，而非交换价值等。①

（一）"寻求公正"

在这点上，21世纪社会主义与传统社会主义相一致。他认为，社会主义和公正是拉美最重要的词汇。②"我们所渴望的这一点在全球最不公正的大陆仍然尚未成为现实，这是刻不容缓的；拉美是世界上最不平等的地区。在我们的社会中，存在着巨大的无法持续的不平等鸿沟，其原因之一就是收入分配的糟糕状况"。③"如果我们想成为社会主义者，那么就应该在各个方位上寻求公正，所有公共政策都贯穿追求公正这一轴心"。④

（二）"人和人的劳动高于资本"

这是21世纪社会主义与古典社会主义共有的原则。因此，"我们叫作社会主义者。我要特别强调，人和人的劳动高于资本。这就是原则，与新自由主义完全对立的原则。新自由主义悲惨长夜的主要牺牲品毫无疑问是劳动阶级。在那些甚至没有失业保险的国家还奢谈实现'劳动灵活化'，使人剥削人合法化和符合法律化"。⑤

（三）"采取集体行动"

采取集体行动是社会主义的另一项基本要素。⑥"对于21世纪社会主义和传统社会主义而言，通过集体行动进行发展是极其重要的，集体行动通过社会体制化的代表制即国家加以实施"。⑦"我们与传统社会主义存在相一致的地方，就是集体行动具有重要意义，需要消除那些谎言，认为个人主义和竞争是社会发展的引擎，这就是人类历史自大的野蛮性，而目前世界仍然这样认为。""只有开展集体行动，在共同之处达成一致，

---

① http://lalineadefuego.info/2012/05/31/entrevista-rafael-correa-revolucion-ciudadana-el-camino-del-ecuador/科雷亚接受厄瓜多尔记者采访。
② 同上。
③ 同上。
④ 同上。
⑤ 同上。
⑥ 同上。
⑦ 同上。

才能使国家向前发展,而这是'个人主义所破坏的'"。①

（四）"国家和计划具有重要作用"

"我们不是国家主义者,但是也不会天真地推动取消国家,就像'华盛顿共识'所建议的那样。如果说国家和集体行动是必要的,那么计划也同样是这样。在新自由主义悲惨的长夜中,计划受到贬斥。凡是考虑变革社会权力关系的国家方案都需要认识这一社会的归宿。需要一种具有明确目标的方案,需要国家计划"。②

（五）"首先创造使用价值而非交换价值"

"在首先创造使用价值而非交换价值即商品方面,21世纪社会主义还与传统社会主义相一致"。③"以产品市场交换价格为基础配置资源的机制不可能实现社会福利的最大化,在因不公正而造成的收入分配不足的社会中,则更加不可能。在这些社会中价格并不反映满足实际需要的能力,而是反映要求奢侈品的特权集团的购买能力"。④

（六）"获取政治权力,推翻资本统治"

"21世纪社会主义与传统社会主义都要求获取政治权力,推翻资本统治"。"把这种权力改造成人民政权。唯有人民政权才有能力改变在我们地区仍然占统治地位的屈辱结构"。

科雷亚多次谈到,"21世纪社会主义与传统社会主义有着重要区别,正因如此,我们称为21世纪社会主义。21世纪社会主义的很多定义是以19世纪的社会主义犯下的错误为特点的"。⑤

（七）批判"传统社会主义的教条主义"

"必须强调,21世纪的社会主义与上世纪的社会主义的区别在于它不是教条主义的,不能用同一副药方医治所有的病。我们的社会主义以原则而非模式为基础。每一个问题的解决方法不是写在教科书上。必须每

---

① http://www.ecuadorinmediato.com/index.php?module=Noticias&func=news_user_view&id=52922&umt=presidente_correa_defiende_socialismo_del_siglo_xxi_para_ecuador Ecuadorinmediato网站,2014年1月18日。

② http://lalineadefuego.info/2012/05/31/entrevista-rafael-correa-revolucion-ciudadana-el-camino-del-ecuador/科雷亚接受厄瓜多尔记者采访。

③ 同上。

④ 同上。

⑤ 同上。

天进行社会主义建设。有人顽固坚持错误观点,不愿接受理性和真理。并不存在唯一的社会主义。厄瓜多尔的社会主义不同于委内瑞拉、法国等的社会主义"。①

(八)批判"绝对的国家主义者"

"我们不是绝对的国家主义者,人类发展到现在的高度,我们不能够认为所有权力均归属国家。必须在个人与社会间实现正确的平衡。过度的个人主义会扼杀社会,过度的集体主义会扼杀个体,对于'美好生活'而言,个人与社会都是必要的"。②"我们的主张受到越来越大的拥护,因为并不是一种实行生产资料国有化的传统社会主义。在21世纪的今天,谁还坚持这样的主张?在很多方面与传统社会主义不同,我们认为传统社会主义在很多方面存在严重错误,例如,并不了解复杂的社会关系,力图把社会发展框在简单化的法律之中"。③

(九)批判辩证唯物主义的"社会目的论"

"我们想已经超越了辩证唯物主义,辩证唯物主义无可避免地走向了无法实现的社会目的论。所有一切都力图用基本的规律,甚至有时用简单化的规律解释,解释人类社会历史这样复杂的现象。这注定走向失败。"④

(十)反对"阶级斗争推进论"和"诉诸暴力的必然性"

21世纪社会主义"与传统社会主义的区别是已经不再相信阶级斗争了"。⑤"主张相互对立的部分之间的矛盾,阶级斗争等将把我们引向高级的制度,直到实现社会的最高表现,完善的社会,这是一种简单化的观点"。⑥"我们反对暴力。我们的社会主义概念本身否定阶级斗争的推进论

---

① http://lalineadefuego.info/2012/05/31/entrevista-rafael-correa-revolucion-ciudadana-el-camino-del-ecuador/科雷亚接受厄瓜多尔记者采访。

② 同上。

③ http://www.ecuadorinmediato.com/index.php?module=Noticias&func=news_user_view&id=52922&umt=presidente_correa_defiende_socialismo_del_siglo_xxi_para_ecuador Ecuadorinmediato网站,2014年1月18日。

④ http://lalineadefuego.info/2012/05/31/entrevista-rafael-correa-revolucion-ciudadana-el-camino-del-ecuador/科雷亚接受厄瓜多尔记者采访。

⑤ http://www.ecuadormiami.com/noticonsul2.php?article=3.

⑥ http://lalineadefuego.info/2012/05/31/entrevista-rafael-correa-revolucion-ciudadana-el-camino-del-ecuador/科雷亚接受厄瓜多尔记者采访。

和进行社会变革诉诸暴力的必然性。我们是深深的人道主义者,我们认为,在 21 世纪中,唯一有效的手段是选票。唯一有效的军队是我们的公民们"。"我们相信,社会变革可以通过民主和在宪法框架下进行。因此,我们为国家制定了一部新宪法,宪法获得了大多数人的批准"。①

(十一)不主张"消灭资本的私有制"

"在这种新的时代,谁也不能坚持生产资料国有化是实现社会福利的最好形式。根据旧的社会主义,为了消除对劳动的剥削,必须消灭资本的私有制。我们不主张生产资料的国有化,却主张这些生产资料的民主化和在某些特殊案例下生产资料的国家所有制"。②"我再重申一下,我们不主张生产资料的国有化,上面所说的一些部门,非再生性自然资源和战略部门除外。但是我们主张所有生产资料的民主化,认为适合建立一种产权者社会,公民产权者和公民企业主——为什么不呢?"③

(十二)批判否定市场论

21 世纪社会主义不能不考虑市场的经济现实,而这是传统社会主义的错误。"21 世纪社会主义面临的巨大挑战不是否定市场,而是统治市场,防止市场排斥其他的形式,其他的生产方式,如人民互助经济"。④"不是要消灭市场力量,就像某些虚假的激进派演说所主张的那样,但是要使市场依从于共同利益,这种利益体现于国家处理人民要求的能力之中"。⑤ 重大的挑战在于采取集体行动主宰市场、控制市场,使它能够提供实质性的成果。

(十三)批判传统社会主义"不与资本主义争夺发展的理念"

"传统社会主义最大的错误也许是从来都不与资本主义争夺发展的理念。旧的社会主义主张采取其他途径,也许更快捷的途径,更加公正,但却是为了实现资本主义同样的发展理念,亦即民众消费,工业化,财富积

---

① http://lalineadefuego.info/2012/05/31/entrevista-rafael-correa-revolucion-ciudadana-el-camino-del-ecuador/ 科雷亚接受厄瓜多尔记者采访。

② 同上。

③ 同上。

④ http://www.presidencia.gob.ec/discursos/.

⑤ http://www.movimientoalianzapais.com.ec/index.php?option=com_content&view=article&id=10&Itemid=126.

累等"。"古典社会主义从来都没有挑战资本主义创造的发展概念,恰恰相反,21世纪社会主义确实主张一种新的发展概念,即实现所有人的美好生活,扩大他们的自由,挖掘他们的潜力,以和平方式和与自然和谐共处方式,无限延续人的文化。这种主张与简单的经济增长,消费主义和积累十分不同"。[1] 他强调说,"我们必须避免传统社会主义所犯的错误,即通过其他道路进行工业化和现代化,实现资本主义同样的结果"。[2]

科雷亚在谈到如何解决劳动与资本的关系时,比较集中地阐述了21世纪社会主义与传统社会主义的一些重要区别:"这是我们所面临的另一个巨大的挑战,聪明地解决资本与劳动显而易见的传统冲突,古典马克思主义力图把它放在辩证唯物主义、阶级斗争、暴力变革等的框架中,对所有这些我们并不赞同,也不赞同自私自利的理性作为人类发展的引擎。任何力图解释像人类社会发展这么复杂现象的简单化法律都不会令我们赞同。总之,要用十分清晰、十分聪明的手段来解决劳资争端:适当的刺激手段,获得很好报酬的、稳定的、作为企业股东的劳动者,让他们知道如果企业经营好了,他们便可受益。"[3]

第四节 "公民革命"及其成果

2005年科雷亚在建立主权祖国联盟、宣布参加总统大选之初,提出了实行"公民革命"的口号,并逐步完善了公民革命的政治纲领。

一 公民革命的含义

2009年8月10日,科雷亚在第二次宣誓总统任职的讲话中重申,他的公民革命的政治纲领是一场"受压迫人"、受排斥人和呼声被丑恶精英扼杀的人的革命,"是一场把思想变成互助消灭自私自利的战壕的革命,总之,是历史引擎者的革命。人们不再是新自由主义和野蛮资本主义机

---

[1] http://lalineadefuego.info/2012/05/31/entrevista-rafael-correa-revolucion-ciudadana-el-camino-del-ecuador/科雷亚接受厄瓜多尔记者采访。

[2] http://www.ecuadormiami.com/noticonsul2.php?article=3.

[3] http://www.presidencia.gob.ec/discursos/.

器的牺牲品"。

革命为什么是公民的？"因为立法者和人民的其他'代表们'甚至已经不能代表他们自己了"。公民，而且是自发的公民行动起来，构成了公民革命的社会基础，他们的诉求形成了公民革命的政治基础。"这一进程是厄瓜多尔'愤怒者们'的产物，是一场抗议古铁雷斯腐败和卖国政府的运动。人们称呼我们叫'褴褛者'（forajidos）。公民几乎是以自发的方式把我们推进了共和国总统府"。2012年5月，"褴褛者"运动爆发7年后，科雷亚在答记者问时是这样谈及公民行动的自发性的："与拉美其他国家不同，厄瓜多尔的进程是在没有一个有组织的政治结构的情况下开始的革命进程"。[1] 这场政治运动的主角是"活跃的公民"，核心概念是公民革命。"根据这些概念，构成另一种民主的观念，'公民的民主，而非政党的民主'。根据这一解释，人被理解为公民主角，消除了人是某一社会阶级的属性，构成了作为'公民'的政治认同。由此，形成了他在主权祖国联盟成立大会上的声明：'这是所有公民的一项纲领，这不是一个人的纲领，一个政党的纲领，是所有厄瓜多尔妇女、男人的纲领，是所有青年人的纲领"。[2] 由于科雷亚力图把公民革命的政治纲领变成所有厄瓜多尔公民的纲领，自然形成了各种要素的混成，囊括了新左派的不同主张、概念、象征，其中有玻利瓦尔主义、直接民主和参与制、民族主义和基于教会社会学说的人道主义等。

公民革命的概念不仅是科雷亚发动深刻变革的社会和政治基础的反映，而且是科雷亚参加总统大选的策略筹谋。"公民属性把平等、参与、主角、青年人、尊重、对人的尊严的承认（基督教人道主义）结合在一起，同时还把恢复祖国的最廉洁的手，最聪慧的头脑，最炽热的心结合在一起。公民主角的主张不仅限于是他形成政治基础的战略，使他能够组织成公民委员会，在街道上进行统治，而且成为他竞选运动中'对立主义'的首要之点"。[3]

---

[1] http://lalineadefuego.info/2012/05/31/entrevista-rafael-correa-revolucion-ciudadana-el-camino-del-ecuador/.

[2] El Discurso Politico y la Campana Electoral.

[3] Ibid.

科雷亚巧妙地吸纳和利用了基本上是现存的"集体诉求",以及国家日常生活中可以清楚地看到的现象,比如人们常提及的政治冷漠,政党合法性的流失,作为主角的新的活动者以及社会运动的崛起,这些新的活动者和社会运动分散于社会之中,游离于民主体制之外,斗争口号集中于社会、城市和农民的主题。科雷亚把这些要素结合在一起,形成了赢得大选、获得政权的战略和策略。① 针对新自由主义黑暗的长夜,始自20世纪80年代的非体制化,社会开支和公共工程缩减,国家服务衰败,公共管理腐败蔓延,国家效益低下,可治理性特别是执法机构的可治理性的严重危机,以领袖人物和政党行为为基础的政治体制的日益瘫痪,科雷亚利用了克服危机和普遍拒绝领袖人物和政党行为政治的民众诉求,利用了破坏政治博弈规则的角力所具有的战略意义,提出了进行"伟大改造"的口号,进行民众协商,召集立宪大会,制定新宪法,选举民众代表,交由全民公决,开始了官方称谓的"公民革命"。②

科雷亚善于通过充满象征性、激情、论战气息的演说,争取社会下层,包括那些一无所有的人。科雷亚提出一系列社会政策,改善卫生和教育部门,实行一系列补贴,包括住宅补贴、食品补贴、人道发展券等。公民革命维护的是受排斥的穷苦人,但他们并不是唯一的对象,还包括所有的公民。为此,提出争取人民主权和公民权利的目标,号召为解放、非殖民化和反对基于阶级和种族的不平等而进行斗争。③

二 主权祖国联盟的建立

2005年11月,科雷亚成立了主权祖国联盟,并提出主权祖国联盟的两项基本任务:成立立宪大会,制定一部新宪法。2006年科雷亚被主权祖国联盟推举为总统候选人,并在同年11月第二轮选举中获胜。在科雷亚的领导下,主权祖国联盟迅速发展壮大,力量遍布厄瓜多尔全国,很快成为在立宪大会占有绝对优势的执政党。主权祖国联盟是一个"革命

---

① El Discurso Politico y la Campana Electoral.

② Ecuador: balance y desafíos de la Revolución Ciudadana-See more at: http://estepais.com/site/? p=44828#sthash.LStmRen1.dpuf.

③ http://www.movimientoalianzapais.com.ec/index.php? option=com_content&view=article&id=6&Itemid=121.

的、社会主义的、多元的组织",它吸纳了厄瓜多尔历史性斗争中的各种不同进步思想流派的成果,形成了公民革命的政治纲领。其中有:人道主义、玻利瓦尔思想、阿尔法罗主义思想、拉美马克思主义、解放神学、妇女运动、生态主义、反殖民主义、反帝国主义的民族主义等。主权祖国联盟的政治诉求是祖国和建设一个全方位的美好生活。主权祖国联盟号召公民们和各个组织参与公民革命,实现人民进行民主决策的充分主权,进行政治权力的改造,建立人民主权。主权祖国联盟主张美好生活的社会主义,建设面向普遍利益的新国家,秉持个人和集体能力的发展、社会公正、与自然的和谐相处、追求社会福利和幸福的社会观,坚持社会的共同利益和普遍权利高于最强者的权力。①

三 公民革命的纲领性轴心

科雷亚提出公民革命的 5 个轴心。(1)宪法革命。重组国会和其他国家机构,建立全权的立宪大会,制定新宪法,召集全民公投,通过了新宪法,打下了"崭新的、互助的社会主义祖国的基础"。(2)道德革命。开展反腐败斗争。科雷亚指出,要加强反对"各种水平上的腐败、原则的流失、道德的缺损的斗争",以对真理的热忱向往开展工作。要求所有公务员透明执法,严惩政府败类。建立管理透明度全国秘书处,负责协调全国的反腐败工作。建立各种反腐机制,如公民检审和监督制度,建立互联网电子系统,公民可以查询市政府各个部门机构的合同价格,与其他地区进行比较。还可以通过公民公决罢免各级政府官员,包括总统。加大对腐败官员的制裁。在反腐败斗争中,很多政府官员受到调查。根据管理透明度全国秘书处统计,2010 年,通过举报人服务机制,全国共收到 989 项公共部门腐败举报,并已进行了处理。(3)经济革命。打碎新自由主义的框架,实行经济机构变革,落实"人的劳动的价值,劳动高于资本"。恢复国家的经济职能,建立和加强国家发展计划体制,发动生产积累模式的变革,实行生产资料的民主化,实行公有经济、私有经济、混合经济、合作经济、协作经济、社区经济和家庭经济共存的混

---

① http://www.movimientoalianzapais.com.ec/index.php?option=com_content&view=article&id=6&Itemid=121.

合经济制度。实行生产多样化,促进生产的发展。支持人民经济,如小企业主、非正规商贩、农业生产者和手工业作坊主,提供所谓的5-5-5贷款(高至5000美元,为期5年,年利率5%)。吸引外资,与其他国家建立合资企业。各级政府付诸实施187个发展项目,涉及渔业、矿业、商业、股票交易所、邮政服务等部门。其中包括亚马逊石油公司改善石油生产和增加投资项目、国家开发银行小型筹资项目、中央银行改善国外汇款服务项目、政府奖学金项目、国家生物燃料计划、住宅债券项目等。(4) 教育和卫生革命。建立和发展全国免费卫生和教育系统。提高这些部门年度预算的比例,占国内生产总值的比重每年提高0.5%,直至卫生部门达到5%,教育部门达到6%。对教育进行全面的改革,开展扫盲运动,提倡公私组织的合作,加强对弱势群体的社会保障。(5) 拯救尊严、主权,寻求拉美一体化。反对外国在厄建立军事基地,不再延长美国在厄的曼塔海军基地的期限,重返欧佩克组织,反对与美国签订自由贸易协定,倡议成立南方银行,加入南美洲国家联盟。2009年6月,正式加入"玻利瓦尔美洲国家联盟"。与国际金融机构重新谈判外债,维护国家政治和经济主权,寻求废除部分"非法债务"。逐步降低国家用于偿还外债的资金比例,该比例曾一度高达国家预算的50%。①

2010年11月15日,主权祖国联盟召开了为期两个月的第一次全国会议,除公民革命的五项轴心外,又增添了两项,生态革命和司法制度革命。科雷亚总统建议,就改变司法理事会领导班子实行全民公决。司法理事会负责挑选全国司法系统的法官。提出改造司法体系,最终把司法从"政党贵族的魔爪"中解放出来。② 关于生态革命,准备在瓜亚基尔的埃斯特罗萨拉多地区实施环境恢复项目,其中包括6个子项目,改善这一海湾的生态环境。另外,在因巴布拉省的亚瓜儿科查湖地区也上马类似的项目。③

2013年主权祖国联盟制订了2013—2017年政府计划。该计划包括了

---

① http://es.wikipedia.org/wiki/Revolución_Ciudadana.
② http://www.andes.info.ec/es/pol%C3%ADtica/8733.html.
③ http://www.burodeanalisis.com/2011/01/14/dos-nuevos-ejes-se-suman-a-los-otros-cinco-de-la-revolucion-ciudadana/.

5 项新的革命轴心。其中有：知识和科技革命：重视科技创造财富的巨大潜力，采取进取性的政策，促进人才发展，科技创新；城市革命：加强城市发展规划，改善市民公共服务，整顿城市秩序，与城市中的无政府状态进行斗争，打击抢劫、贩卖土地等犯罪行为。文化革命：科雷亚指出，"文化剥夺是另一种统治形式"。在新的时期"除了开展反对'败坏价值观'的斗争外，我们应该传播我们的价值观"。文化变革是"发展中最困难的变革"，要加强文化领域的斗争。环境革命（已于 2010 年通过）："我们明确地作出承诺，维护我们所拥有的唯一的地球。"有意识地加以维护。全面落实各项环境保护措施。

四 政治领域的变革

在 2009 年 4 月的全民公决中，执政党获得了代表大会 43.6% 的席位，确立了霸权政党的地位。2013 年 2 月 17 日，在第一轮大选中科雷亚便胜出，其得票数比尾随其后的候选人高出 33 个百分点。主权祖国联盟获得代表大会 93 个席位，略超出通过法律议案所需的 2/3 席位的要求。这为执政党顺利通过一系列重大变革法律铺平了道路。科雷亚说，主权祖国联盟获得的这一胜利标志着权力对比发生了变化，有利于公民，因为"我们摆脱了精英们、银行官僚和媒体的统治。现在是厄瓜多尔人民当家做主了"。[①]

国家权力结构进行了重大变革。除了立法权、执法权、司法权以外，新增了选举权、透明和社会控制权。上述变化体现了公民革命在政治和国家权力结构改造方面的重点，即充分保障公民的选举和政治民主参与权利，加强社会对国家主要权力部门的控制权力。这种权力结构被新宪法赋予宪制效力。立法权由全国代表大会、地方自治政府、地区理事会构成；执法权由共和国总统府、全国平等理事会（Consejo Nacional por Igualidad）等构成；司法权由司法理事会、国家司法法院、省司法法院等构成；选举权由全国选举理事会、选举仲裁法庭构成；透明和社会控制权由公民参与和社会控制理事会构成。另有护民系统，由总监察署和总检察署构成。[②]

---

① http://www.granma.cubaweb.cu/2013/05/24/interna/artic13.html.
② http://www.movimientoalianzapais.com.ec/index.php?option=com_content&view=article&id=819&Itemid=184.

全国平等理事会的职能是：保证宪法和国际法中规定的人权的实施；就有关公共政策的制定和实施，行使监察、跟踪和评估职能；就有关的权利保护，与有关的专门机构进行协调。全国平等理事会由世俗社会与国家选派同等数量的代表组成，由代表执法机构的代表主持。

全国选举理事会的职能是负责以透明方式组织，领导和保障选举进程；召集选举，进行计票，宣布选举结果，接受选举获胜者；委派地方选举机构的成员；控制选举竞选和开支，了解和处理政治组织和候选人的账目；保障政治组织和其他由法律认可的组织内部选举进程的透明和合法性；提交关于选举权职责范围内的立法提案；考虑选举仲裁法庭提出的建议；制定关于其职权范围内的事务的法律规定；决定其组织和制定及实施自己的预算。负责政治组织的常规性注册，核实其注册程序。监督政治组织履行法律法规和章程。全国选举理事会由5位正式理事组成，任期6年。理事会主席和副主席从正式理事中选举产生，任期为3年。[1]

选举仲裁法庭的职能是了解和处理针对全国选举理事会、地方机构和政治组织的选举申诉；制裁违反选举筹资、竞选和选举开支及选举规则的行为。选举仲裁法庭由5名正式成员组成，任期6年。理事会主席和副主席从正式理事中选举产生，任期为3年。[2]

全国选举理事会和选举仲裁法庭具有全国管辖权，具有管理、财务和组织自治权，拥有法人身份。根据自治、独立、公开、透明、平等等原则运转。

公民参与和社会控制理事会的职能是：促进公民参与，鼓励公众商讨进程，促进培育公民的价值、透明度和反腐败斗争；建立公共部门机构呈交报告的机制，推进公民巡视和社会控制进程；要求透明和社会控制权的其他机构有义务根据理事会的要求就需要进行干预的事务采取行动，就揭发出来的影响公民参与或腐败的行为进行调查；要求国家的任何机构或官员提供对其调查或履行程序必需的情报和信息；有关人员和

---

[1] http://www.movimientoalianzapais.com.ec/index.php?option=com_content&view=article&id=819&Itemid=184.

[2] Ibid.

机构将与理事会进行合作，凡拒绝提供合作的人，将根据法律受到制裁；监督国家机构挑选公民委员会过程中的透明度。

公民参与和社会控制理事会由7个正式理事和7个候补理事组成。正式成员在他们之中选举主席。主席是理事会的合法代表。理事在社会组织和公民提名的申请人中选举产生。选举由全国选举理事会组织进行。在共和国总统提出的3个候选人后，经过相关的公民听证和审查程序后，在3个候选人中任命国家总检察院最高领导和监察总署最高领导。在履行了相关的挑选程序后，任命公民保护处、公共保护处、国家检察院、国家审计总署的最高领导。在履行了相关的挑选程序后，任命全国选举理事会、选举仲裁法院和法官理事会的成员。

为了履行其任命职权，公民参与和社会控制理事会负责组织公民挑选委员会（comisiones ciudadanas de selección）。根据需要，由这些委员会进行公民听证和审查程序。公民挑选委员会由各个国家权力部门推举的各部门代表，以及社会组织和公民推举的同样数量的代表组成。社会组织和公民的代表从提出相关申请的候选人中挑选产生。这些申请人必须符合理事会和法律规定的条件。候选人需经过公共审查和公民听证会程序。公民挑选委员会将由公民代表中的一位成员实施领导，他拥有否决票，委员会会议采取开放形式。在竞聘答辩程序中，公民参与和社会控制理事会将挑选获得最高分的候选人，并向全国代表大会提交挑选报告，进行审议。①

五 社会领域的变革

新自由主义在厄瓜多尔造成了巨大的地区和社会差距，严重恶化了社会不平等。政府关注的中心不可避免地转移到缩小社会鸿沟上来。2013—2017年政府计划提出普及卫生、教育、社会包容和社会保障等措施，面向福利的非商品化；社会权利的普及；恢复社会领域和经济领域的关联；社会、家庭和个人对福利的共同责任。其中，福利的非商品化和社会权利的普及是中心，各个方面的福利是受到公共产品和服务供给保障的权利。卫生、教育、社会包容和社会保障应该是普遍的、有质量

---

① http://www.movimientoalianzapais.com.ec/index.php?option=com_content&view=article&id=819&Itemid=184.

的，覆盖所有人的。

优先考虑收入和社会财富的再分配。实施一系列具有再分配效能的政策和措施。2008年12月，立宪大会批准了科雷亚称为"税收公正法律"的税制改革方案。新的所得税税收政策改善了财富分配状况。明显向中产阶级和社会下层倾斜，他们可以在纳税表中剔除教育、卫生和住宅开支。事实上，人口的很高比例，基本上是社会下层和中下层，他们将不会缴纳任何税负。在新的税收改革中，属于社会下层和中下层的80%的人口不用纳税。仅仅是向人口1%的最富有人提高征税水平，使税收制度更加进步化。税制改革后，税收增长了近乎3倍。而这不是通过提高税率而是通过征税效率，防止逃税而实现的。目前，厄瓜多尔的税率要低于拉美地区的平均水平。尽管现在公共投资水平达到厄瓜多尔历史最高水平和拉美最高水平，公共债务才达到GDP 23%的水平。

实行照顾弱小实体部门的税收和补贴政策。为了提高本国产品的生产，降低原料和资本货物的进口关税。通过减免赋税，为新的雇员和残疾人提供报酬方面的好处。免征印第安村落的土地税。向大量闲置土地征税，用现代化的技术手段适当课税，避免业已为厄瓜多尔和拉美造成那么多伤害的大地产制。恢复发展商标，信贷民主化：在执政一年间，最贫穷人的贷款翻了一倍，尽管必须说受贷人的比例仍然很低。对社会下层人实施科雷亚称为"体面"价格的最低电力价格，对小农生产者提供生产投入进口国家补贴。为了限制投机经济，对资本出境征税，限制飞燕资本和投机资本根据其投机预期进进出出。2007年，颁布法律，提高劳动者工资，立宪大会批准了取消劳动的第三者化（tercerización laboral）。①

在人和资本的关系、企业与社会的关系方面采取重大措施。颁布控制市场权力法。任何企业在没有向所有的劳动者支付体面的工资前都不能宣布利润。这意味着必须百分百地分配利润，直到最后一个劳动者获得体面的工资。如果没有利润，可以支付最低工资，避免劳动者失业。②

---

① 科雷亚总统在墨西哥首都联邦区的演讲，http://www.presidencia.gob.ec/discursos/，2008年4月11日。

② 科雷亚总统在哥斯达黎加大学的演讲，http://www.presidencia.gob.ec/discursos/，2014年5月8日。

企业的社会责任并不限于慈善救助。企业不能限于经济效益、金融效益，还要包括社会效益，为此需要4种基本的道德要求。第一个道德要求是与劳动者的关系。企业的基本的、优先的、最直接的目的是通过好的工资，良好的工作环境和稳定条件，给予它的劳动者合适的生活水平。第二个道德要求是与消费者的关系。供应有质量的产品，良好的价格。提供适当的产品信息，供消费者进行选择。对于那些对消费者不履行道德的企业，由国家代表社会对其实施控制，进行惩罚。第三个道德要求是与社群和国家的关系。通过纳税，建立公共事业，进行财富再分配，进行共同产品的监管。第四个道德要求是与环境的关系。我们不能允许企业的盈利基于损害环境财富。科雷亚称厄瓜多尔的宪法是"最绿色的"，给予自然以权利。[1]

广泛开展社会普查，有针对性地提供社会服务。这一领域突出的项目是曼努埃拉埃斯佩赫计划的普查项目，确认了294.166名残疾人，推动了华金加略戈斯腊拉项目的实施，向有残疾人的家庭发放240美元。另有亚马孙地区流动医疗卫生制度的扩大项目以及其他54个项目正在实施。[2]

加强社会救济力度，实行人权发展券制度，向生活贫穷的家庭发放生活补贴。人权发展券的享受者同时有义务履行政府的要求，把自己的子女每天送去上学，注射疫苗，实行政府机构规定的营养食品要求。

劳工和社会政策也发生变化。2007年，颁布法律，提高劳动者工资，立宪大会批准了取消劳动的第三者化。[3] 将有关劳动者保护的条款纳入2008年新宪法。优先照顾非正规经济劳动者，把他们纳入信贷和服务项目中，加强了社会保障和开支。厄瓜多尔专门制定立法规定，凡雇员超过20人的企业应该至少使用4%的残疾人。根据全国计划和发展秘书处的报告，在政府执政期间，未满足基本需求的贫困指数（pobreza por Necesidades Básicas Insatisfechas，NBI）下降了6个百分点，尽管这一指数在农村地区仍然处于较高水平。

---

[1] http：//www.presidencia.gob.ec/discursos/.

[2] http：//www.burodeanalisis.com/2011/01/14/dos-nuevos-ejes-se-suman-a-los-otros-cinco-de-la-revolucion-ciudadana/.

[3] 科雷亚总统在墨西哥首都联邦区的演讲，http：//www.presidencia.gob.ec/discursos/，2008年4月11日。

政府高度重视发展教育和卫生事业，认为教育是基本性的、最重要的。为此，上马大量公共基础设施工程和社会开支用于教育和卫生部门。科雷亚提出，只要我们在厄瓜多尔执政，就绝不会允许贫困成为有才智的人无法享有最好学习机会的原因。免费的公共教育应该好于私人教育。政府正在做出努力，实施整个教育周期，从0至3岁的婴儿教育，到3至5岁的幼儿教育，到10年的基础教育，以及统一的3年高中教育。政府还将开办40所技工学校，实施技工教育。改善大学教育，宪法规定公立大学为免费教育。政府制订了整个地区最为雄心勃勃的计划，国家提供的奖学金比整个国家历史上的奖学金总额还要多。在教育和人力资源培训方面，政府采取了大学改革，显著提高了高等教育质量，制定和实施高于商业化私立大学的标准，加强奖学金交流项目，加强研究和技术开发领域。

六　经济领域的变革

政府放弃了新自由主义经济模式，采取了一系列重要措施，整顿经济，推进结构性变革。

着手建立国家分散化参与制计划制度。国家分散化参与制计划制度是一套有组织、可持续和有活力的发展计划体制，规划国家发展，实施发展目标。发展体制所追求的目标是，在宪法规定的原则和权利下，改善生活质量和预期，增强居民们的能力和潜力，建立一种公正、民主、生产性的、互助的、可持续的经济制度。与此同时，根据国家发展的需要，重建了国家总预算制。这套制度包括了地区、省、市及区政府的预算计划，执法机构每年制定年度预算草案和4年预算规划，提交全国代表大会审议。全国代表大会负责根据宪法、法律和国家发展计划，审批和控制各级政府的年度预算和4年预算规划。

根据宪法关于"在某些特殊案例下生产资料的国家所有制"的原则，国家收复了石油、能源和水源等战略部门，重新掌握了国家的经济命脉。通过宪法第279条关于建立发展的参与计划制度的规定，国家掌控了国家发展计划的主导权和筹划权。参与制计划制度负责组织发展计划。该制度由全国发展理事会组成，理事会下分各级政府水平上的机构，有公民参与，设立一协调机构技术秘书处。这一理事会的目标是制定指导参与制计划制度的方针和政策，批准国家发展计划。理事会由共和国总统主持。各个分散化自治政府的计划理事会（Consejos de Planificación）由其最高代表主持，根据法律组成。公民理事会（Consejos Ciudadanos）是讨论和制定引导国家发展的长期战略方针和共识的机构。宪法第335条规定国家有权在必要情况下，调节、控制和干预经济往来和交易，制裁剥削、暴利、产品和服务囤积、投机性中介行为，以及一切形式的损害经济权利和公共及集体产品的行为。

2011年5月10日，政府颁布了《人民互助经济法》。这是一个建立替代私人经济、市场经济和公共经济的经济组织新模式。[①] 人民互助经济部门贡献全国30%的GDP，50%的就业岗位。[②] 根据《人民互助经济法》，建立承认开发、加强和优惠这一极其重要的经济部门的法律框架。过去，储蓄和信贷合作社由银行总署进行调节，另一部分由经济社会包容部调节。新法律创建了人民互助经济总署，对这一专业性的部门进行调解，它不像以前的银行署，不是营利性的。[③] 2011年9月29日，科雷亚政府颁布了市场权力调节和控制法（Ley de Regulación y Control del Poder de Mercado）。"这一法律开始结束资本在历史上掌握的垄断权，对中小生产者的剥削，甚至对作为消费者的公民进行的统治"。[④]

作为石油部门成为国家所拥有的战略部门的逻辑产物，科雷亚政府采取重大行动，与跨国公司重新谈判了石油合同，改变了合同模式，由参股合同改成提供服务合同。石油和能源跨国公司被迫接受提供服务的合同。这些合同做出规定，非再生性资源是由国家代表的厄瓜多尔人民的产权。根据这些合同，厄瓜多尔获得了利润收入的80%，也就是说，以前每生产100桶石油跨国公司获得80桶，而现在翻转过来了。厄瓜多尔国家获得了更多的外汇收入。[⑤] 石油合同的变化使厄瓜多尔政府增加了

---

① 科雷亚总统在《人民互助经济法》实施大会上的讲话，http://www.presidencia.gob.ec/discursos/，2011年3月17日。

② 同上。

③ 同上。

④ http://www.movimientoalianzapais.com.ec/index.php?option=com_content&view=article&id=10&Itemid=126.

⑤ 科雷亚在欢迎洪都拉斯埃尔南德斯总统仪式上的讲话，http://www.presidencia.gob.ec/discursos/，2014年3月13日。

21亿美元收入。新石油合同涉及的私人资本为30亿美元。开始了国家历史上最重要的投资项目,即太平洋炼油厂项目。这一项目使国家每年节省30亿美元成品油进口。另外,政府对其他开采业也进行了重大调整。在矿山开采中,把利润分红提高到52%。①

科雷亚政府上台后开始调整外债战略,解决债务问题。在政府上台执政之初,便采取了巧妙的、富有进取性的技术操作,以市场价格、即名义价格的1/3重新购买了大部分公共债务。这也是厄瓜多尔在国际资本市场偿还外债的一种独特方式:债务国通常在危机时重新谈判债务,但是厄瓜多尔却在经济十分繁荣时、拥有大量支付手段时重新谈判了债务。外债占国家预算的比率由2006年的24%下降到2013年的5.3%。由于税收效率提高和逃税降低,以及反腐败见效,税收占国内生产总值的比重由2006年的15.5%提高到2013年的20.8%,达到了拉美国家的平均水平。②

公民革命在经济发展方面的战略目标是实现主体生产的变革。恢复工业政策和科技政策,作为国家新的发展战略的组成部分。推动国家迈向知识社会,大力培养高素质的人才队伍。2008年4月11日,科雷亚在墨西哥首都联邦区发表演讲时提出,国家所面临的挑战是创建一个"后石油经济",努力改变初级产品经济和有限资源为基础的经济,根除"顺从地履行国际劳动分工角色的经济"。后石油经济的设想是基于非开采行业、无污染和劳动力集约而并非仅资本集约的经济。"我们十分明确,必须走向一种后开采业经济;这并不意味着幼稚病,就像在厄瓜多尔某些激进组织所渴望的那样,关闭油井和矿井,关闭水电站等。而是合理开采石油,合理开采矿井,建设水电站,寻求用这些资源扩大其他的经济部门,主要是人才集约的服务业"。③

在经济和生产结构变革方面,提出一系列任务:改变生产主体意味

---

① http://www.mineriaaldia.com/correa-defiende-explotacion-minera-y-de-petroleo-para-enfrentar-pobreza/.
② 科雷亚总统在哥斯达黎加大学的演讲,http://www.presidencia.gob.ec/discursos/,2014年5月8日。
③ http://www.movimientoalianzapais.com.ec/index.php?option=com_content&view=article&id=10&Itemid=126,2013—2017年政府计划。

着改造国家的经济结构。我们从何而来？一种初级产品出口、剥削和依赖的主体。方向的变化：生产改造的基础。战略寻求用高附加值的并非只是依赖于采掘部门的产品替代初级产品出口。在中期讲，国家工业的相对比重将会追平初级产品的比重。科技投资应该促进国家工业生产的革新。应该实行有选择的进口替代，生产本地可以制造、现在却需要进口的产品和服务。①

今后3年政府所面临的任务是制定新的货币金融法，结束银行对国家的统治；开展"土地所有权方面的革命"，作为完善权力关系变革的基本环节之一；提高农业生产率，促进农产品实现形式的多样化等。②

七　经济和社会发展成果

科雷亚政府在经济和社会发展方面取得的成果是得到国际社会公认的。智利拉丁民意调查中心对18个拉美国家进行调查，问题包括对生活的满意度、长期经济前景预期、对财富分配的公正程度和对国家的信任等，结果厄瓜多尔名列第一位。调查报告把厄瓜多尔作为"成功范例"。③人们称之为"厄瓜多尔奇迹"。④

2007—2013年，厄瓜多尔是最有经济活力的拉美国家之一，经济年均增长率为4.3%。⑤厄瓜多尔的经济形势较好，这并不完全是因石油收入，而是由于工业、商业，特别是服务业的景气。4项经济指数说明了他政策的成功：在厄瓜多尔历史上，通货膨胀指数最低，经济增长指数最高，失业率十分低，实际工资水平却很高。⑥

---

① http：//www.movimientoalianzapais.com.ec/index.php? option = com_content&view = article&id = 10&Itemid = 126，2013—2017年政府计划。
② 纪念公民革命7周年大会上的讲话，http：//www.presidencia.gob.ec/discursos/，2014年1月18日。
③ 科雷亚总统在哥斯达黎加大学的演讲，http：//www.presidencia.gob.ec/discursos/，2014年5月8日。
④ 纪念公民革命7周年大会上的讲话，http：//www.presidencia.gob.ec/discursos/，2014年1月18日。
⑤ 科雷亚总统在智利圣地亚哥拉美经委会的演讲，http：//www.presidencia.gob.ec/discursos/，2014年5月14日。
⑥ http：//www.laverdad.es/murcia/rc/20130218/mundo/analisis-victoria-correa-201302180921.html。

由于债务重新谈判和重新安排石油合同,以及税务收入提高了3倍,公共投资大幅增加,占国内生产总值的比重提高到2013年的15%,达到拉美最高水平。而在科雷亚执政之前,公共投资水平最低时曾达到3%。[1] 尽管公共投资/国内生产总值系数达到15%拉美最高水平,公共债务/国内生产总值系数仅为24%,甚至在发达国家都为十分低的水平。[2] 公共投资大幅增长,用于两个方面的欠债,即经济基础设施建设和"社会债务"。巨大的公共投资带来历史性的改造,道路、港口、机场、交通通讯、电力生产、有效的治安、公民人身安全,很大部分用于社会部门。2006年用于"社会债务"的资金仅为PIB的4.8%,2013年达到11.4%。[3] 如果说以前每1个美元的国民收入中,75美分用于还债,25美分用于社会部门,而现在翻转过来了。[4] 厄瓜多尔的国际竞争力大大提高。2012—2013年,厄瓜多尔国际竞争力排名提高了15位,进步之快令世人瞩目。[5]

后石油经济和清洁能源经济建设初见成效。目前,正在进行50亿美元的8个水电站项目建设,这将使厄瓜多尔实现能源主权,拥有清洁能源并用于出口。水电占电力消费的比重由2006年的46%提高到了2012年的65%。同时,开始亚苏尼(Yasuní-ITT)项目。厄瓜多尔正在努力成为清洁能源的生产者,甚至出口者,在减少碳排放方面在国际上已名列前茅。

在克服贫困方面,取得了重要成果。2006—2013年,厄瓜多尔贫困率由37.6%下降到25.6%。赤贫率由16.9%下降到8.6%,基尼系数下降了8个点。经济两极分化程度得到缩小。[6] 在2006年至2013年,10%的最富有者与10%的最贫穷者间的差距由35倍下降到25倍。根据现有进度,到

---

[1] 科雷亚总统在哥斯达黎加大学的演讲,http://www.presidencia.gob.ec/discursos/,2014年5月8日。
[2] 同上。
[3] 同上。
[4] 科雷亚总统在人民大学的讲话,http://www.presidencia.gob.ec/wp-content/uploads/downloads/,2013年10月30日。
[5] 科雷亚总统在哥斯达黎加大学的演讲,http://www.presidencia.gob.ec/discursos/,2014年5月8日。
[6] 科雷亚总统在耶鲁大学的演讲,http://www.presidencia.gob.ec/discursos/,2014年4月10日。

2015 年厄瓜多尔将实现联合国发展目标规定的所有指标。①

在改善劳动者工作和生活条件方面，成果颇丰。政府确定了最低工资和公正工资。最低工资是 292 美元/月，公正工资大致是 350 美元，这是一个家庭获得基本消费食品篮子所需，是脱贫所需。科雷亚政府实质性地提高了实际工资，基本达到家庭购买力的水平。此前，家庭基本消费需求的覆盖率为 60%—65%，而现在达到了 92%，是国家历史上最高的水平。政府更坚决地实行社保政策，以避免另一种形式的剥削，逃避交纳社保。现在，已有 100 万劳动者加入社会保障体系社会救济方面的成果显著。将人权发展券和养老金补贴由每月的 15 美元提高到 50 美元。到 2012 年 12 月 10 日，享受人权发展券的厄瓜多尔人达到 190.2499 人，占全国最贫穷人的比例达到 12.7%。在关照残疾人的政府规划中，成年人养老金补贴和残疾人补贴领取者分别达到 588852 人和 118698 人。成年人养老金补贴是指年龄超过 65 岁，但由于各种原因没有纳入社会保障体系中的老年人。残疾人全国委员会为残疾人发放了残疾人证件。② 科雷亚政府把最低工资由 170 美元提高到了 340 美元。对劳动者实行强制社会保险制。正式就业的劳动者加入社会保险的比率由 39% 提高到了 64%。厄瓜多尔劳动者实际工资的水平在安第斯国家居首。③

教育和卫生部门的投资大幅增加，成效显著。2013 年，政府对教育的投资是 2006 年的 4.3 倍，卫生部门的投资是 4.5 倍。④ 厄瓜多尔政府提供奖学金派出 7000 名留学生在世界各地留学，在全球最好的大学学习。⑤ 公立学校取消 25 美元的注册费，提高教师的工资，创建 12000 个新的教

---

① 科雷亚总统在耶鲁大学的演讲，http：//www.presidencia.gob.ec/discursos/，2014 年 4 月 10 日。
② http：//www.granma.cubaweb.cu/2013/01/03/interna/artic22.html。
③ 科雷亚总统在五一国际劳动节纪念大会上的讲话，http：//www.presidencia.gob.ec/discursos/，2013 年 5 月 1 日。
④ 科雷亚总统在哥斯达黎加大学的演讲，http：//www.presidencia.gob.ec/discursos/，2014 年 5 月 8 日。
⑤ 纪念公民革命 7 周年大会上的讲话，http：//www.presidencia.gob.ec/discursos/2014 年 1 月 18 日。

育岗位，增加卫生部门的建设项目，改善学校和卫生基础设施。① 目前，厄瓜多尔是拉美地区高等教育投资比重最高的国家，为2%，这甚至高于经济合作与发展组织成员国的平均数（1.7%），而拉美国家的比重为0.8%。② 科雷亚政府执政以来，创建了4所高质量的高等教育机构，包括亚钊大学和伊吉亚姆大学，另有国家南部卡尼亚尔省的师范大学和瓜亚基尔的艺术大学。③

厄瓜多尔在经济和社会方面取得的成果得到众多国际机构统计数字的证明。根据联合国人文发展报告，2007—2012年，在人文发展方面，厄瓜多尔是成果最显著的3个国家之一，由中等水平提高到上等水平。另外厄瓜多尔是拉美地区最具经济活力（增速最高）的3个国家之一。失业率最低，为4.1%。2007—2013年，全国100多万人实现脱贫。根据拉美经委会统计，厄瓜多尔是拉美地区消除贫困最显著的3个国家之一。④ 在克服不平等方面，厄瓜多尔以基尼系数衡量的收入分配集中程度，下降了8个百分点，比拉美平均数高出4倍。⑤

科雷亚政府取得的社会和经济发展得到国际社会广泛的肯定，特别是拉美经委会和联合国开发署的赞赏。厄瓜多尔在发展方面高居拉美地区第三位，现在已扭转了移民潮的流向。甚至反对派也不得不承认经济和社会项目取得的成果。

科雷亚不无骄傲地宣布，"这是非常重要的一个思想：社会资源的配置，证明了一个国家内部的权力关系情况，这证明谁在社会中居统治地位。数字显示，毫无疑问，在厄瓜多尔，金融资本统治已经不在，国际

---

① 科雷亚总统在智利圣地亚哥拉美经委会的演讲，http：//www.presidencia.gob.ec/discursos/，2014年5月14日。
② 科雷亚总统在耶鲁大学的演讲，http：//www.presidencia.gob.ec/discursos/，2014年4月10日。
③ 科雷亚在欢迎洪都拉斯埃尔南德斯总统仪式上的讲话，http：//www.presidencia.gob.ec/discursos/，2014年3月13日。
④ 科雷亚总统在智利圣地亚哥拉美经委会的演讲，http：//www.presidencia.gob.ec/discursos/，2014年5月14日。
⑤ 科雷亚在耶鲁大学的演讲，http：//www.presidencia.gob.ec/discursos/，2014年4月10日。

官僚已经不在，寡头们已经不在，当家做主的是厄瓜多尔人民"①。

第五节　厄瓜多尔科雷亚21世纪社会主义发展前景

目前，厄瓜多尔政局稳定，经济形势良好，公民革命稳步深入，科雷亚总统政治威望极高。2013年，根据墨西哥米托斯基民意调查机构对20个美洲国家总统进行的年度民意测验，科雷亚总统已执政6年，支持率仍高达80%。21世纪社会主义在厄瓜多尔的发展面临有利前景。科雷亚对21世纪社会主义的发展充满信心和希望"在这里阐明的所有这些，这种明确21世纪社会主义的尝试听起来也许像是乌托邦。如果相似的话，没有关系，它同样对我们坚持我们寻求一种未来有所帮助。在这种未来中，公正、包容、互助、一体化、和平和民主的发展是一种可能的梦想，会变成一种近期的现实"。②

对于科雷亚，国内外各种观点评价不一。正统的左派认为，科雷亚最大的"短处"就是他"不是马克思主义者"。非正统左派则认为，他的短处是"完全不懂得什么是多民族，生态主义者，物种的公正"。右翼说，他最大的缺陷是"具有社会复合体，仇恨富人"。心理分析家认为，他最大的错误是"令人不可忍受的反机体论者，自我中心者"。③ 大多数厄瓜多尔民众认为，"占统治地位的社会阶级和政治集团的利益被广大民众阶层、中产阶级及其政治代表所替代"。而反对派则认为，科雷亚的公民革命已经走向了一种"政治极端"：极端的总统专权、考迪略主义、民众主义和庇护主义，造成了执法机构权力的高度集中。另一些观察家从左翼角度审视，认为由于阶级结构的改造，产生了"国家资本主义"的统治以及"后新自由主义"的模式。

毫无疑问，科雷亚执着于自己的信仰和理念，秉承21世纪社会主义

---

① 科雷亚总统在人民大学的演讲，http://www.presidencia.gob.ec/wp-content/uploads/downloads/，2013年10月30日。

② http://www.presidencia.gob.ec/discursos/.

③ http://www.rebelion.org/noticia.php?id=75282.

的原则,身体力行地实行公民革命的纲领。在他执政期间,厄瓜多尔发生了深刻的变化。但这是否意味着其21世纪社会主义和公民革命进程已经不可逆转;抑或仅仅是由于前一时期国家政党体制的削弱,长期政治动荡,重新构置民众利益能力缺失,国家政治体制受到破坏,国家政治程序产生了明显的体制空白,由此,产生了暂时的"科雷亚主义"或"科雷亚现象";或如政治学家西蒙·帕恰诺所说,厄瓜多尔目前的进程是一场"不明朗的过渡",理由是它并没有产生体制条件,也没有产生激励因素,以便使活动者在新的条件下履行职责,保证体制再生产。① 正由如此,他认为,尽管科雷亚和主权祖国联盟的政治分量日益增长,其发展方向并没有确定。②

  厄瓜多尔科雷亚的21世纪社会主义仍在探索和发展过程中,尚没有形成一个完备的理论体系。其中的很多政策和主张并没有定型,有欠完善;他对传统社会主义的认识还有待系统的理论化,并经受实践的验证;执政党内部对21世纪社会主义的认识并不统一;为了这一进程的持续发展,还需要进行很多必要的调整。例如,政治和经济制度的内在结构有待进一步巩固和完善;各项重大的变革措施的内在协调有待进一步加强;执政党队伍内部以21世纪社会主义为基础的政治和思想共识有待进一步提高,有些变革主张的实际可操作性有待进一步加强;一些重要政策主张有待进一步科学化,"去乌托邦化"。同时,有必要加强组织建设,培养具有21世纪社会主义思维的新一代干部队伍,保证这一进程持续、稳定地向前发展。虽然科雷亚不是一个马克思主义者,其21世纪社会主义不是科学社会主义,但是他提出的21世纪社会主义的很多主张,呈现新时代的探索走向,有助于当代世界社会主义的理论和实践创新,值得进一步深入研究。

---

① http://estepais.com/site/? p=44828.
② Ibid.

第 二 章

查韦斯 21 世纪社会主义
国内政治实践三部曲

几点疑问

（一）什么是 21 世纪社会主义？

尽管委内瑞拉前总统查韦斯①几乎成了 21 世纪社会主义的代名词，这一概念却并非源于查韦斯和拉美。据考证，21 世纪社会主义这一概念最早由旅墨德国著名学者、"新马克思主义"不来梅学派的代表人之一海因兹·迪特里奇于 1996 年提出，他认为社会主义经历了一个从乌托邦社会主义到科学社会主义再到所谓的现实存在的社会主义（really existing socialism）的发展过程，21 世纪社会主义是这一过程在

---

① 乌戈·查韦斯（Hugo Rafael Chavez Frias），全名乌戈·拉斐尔·查韦斯·弗里亚斯，1954 年 7 月出生于委内瑞拉农村小镇萨巴内塔一个贫穷的教师家庭。他是混合了印第安人、非洲人和西班牙人血统的后裔，先后在委内瑞拉军事科学院获得了科学与军事学硕士学位，在西蒙·玻利瓦尔大学获得政治学博士学位。查韦斯长期从事军旅生涯，1975 年到 1990 年由少尉逐级晋升为中校。1977 年，查韦斯创建了委内瑞拉人民解放组织，他当时坚持公民只能在军队夺取政权之后才能参与到权力中来。1982 年 12 月 7 日，查韦斯和另外三名军官在 Samán de Güere 传奇树下盟誓（据说玻利瓦尔曾经在此树下休憩过，当时正处于 Carabobo 战役前夕，这是一场决定委内瑞拉独立的战斗），将委内瑞拉人民解放组织改名为"玻利瓦尔革命运动 200"组织。1992 年查韦斯领导了一场由军方年轻士官参与的兵变，反对政府腐败和社会不公。失败后查韦斯被监禁。1994 年查韦斯重获自由，1997 年创建了"第五共和国运动"并任主席。1998 年 12 月作为"爱国中心"候选人首次参加总统选举并获胜。2009 年 2 月委内瑞拉全民公决通过了总统可以无限期连任的决议。2012 年 10 月 7 日查韦斯最后一次参加选举，他以 10%—20% 的微弱多数打败了对手，任期至 2019 年 1 月。2013 年 3 月查韦斯因癌症在任内去世。See Praful Bidwai, Towards A "21st Century Socialism": Hugo Chavez's unfinished task, *Research Action Network*, September, 6, 2006, p. 1, www.landaction.org/display.php? article = 334.

新时代的延续。① 由于迪特里奇长期在拉美生活和工作，2000年之后他提出的这一概念开始在拉美广泛流传。严格意义上说，21世纪社会主义本身并没有一个完整而深刻的理论内容，只是作为21世纪资本主义和新自由主义的对立物出现的，局限于提出一系列替代性的概念和政策指导。21世纪社会主义的核心内容是，用参与式民主②替代代议制民主，用国有化后的混合所有制经济代替资本主义私有制经济。21世纪社会主义不是科学社会主义，也不同于任何历史上实践过的社会主义模式，它是带有新时代印迹的一种政策实践，是在独特的国际和国内历史背景下进行的新的发展道路的试验，是一种混合型的"极其复杂的社会主义"③，是一种21世纪人道主义社会主义（21st century humanist socialism）。④

（二）什么是查韦斯的21世纪社会主义？

虽然"21世纪社会主义"这一概念源于迪特里奇，但查韦斯的21世纪社会主义在理论指导和具体政策实践中发生了许多变化，已经与迪特里奇21世纪社会主义大不相同了。因此，有人也将其称为"查韦斯主义"（chavismo）⑤或查韦斯式的21世纪社会主义。查韦斯提出建设21世纪社会主义的政策设想是在其执政5年之后。2004年12月，查韦斯在北

---

① Heinz Dieterich, "The Advance of 21st Century Socialism in Latin America and Europe", The 4th Forum of the World Association for Political Economy, Paris, France, 2009, p. 171, www.jstor.org.

② 参与式民主（participatory democracy）是21世纪社会主义（Socialism of the 21st Century）的核心。参与式民主又叫主人翁式的民主，或融入性民主，是一种直接民主，其本质是强调"和平"地实现"平等"。

③ Gregory Wilpert, *Changing Venezuela by Taking Power: The History and Policies of the Chávez Government*, London and New York: Verso, 2007, p. 238.

④ Saroj Giri, Venezuelan Socialism? Capitalism Expands but the Discourse is Radicalized, *Critical Sociology*, January, 25, 2012, pp. 1 – 16, http://crs.sagepub.com/content/early/2012/01/25/0896920511434216.

⑤ 有学者认为，查韦斯主义三个最明显的特征是苏丹制（sultanism）、军事主义（militarism）和革命热情（revolutionary fervor）。苏丹制是一个政治学概念，最初指代20世纪上半叶兴起的威权主义制度。政权并非建立在明确意识形态基础上，而是建立在领袖权力的高度集中和对领袖的绝对忠诚基础上，同时伴随选举中的腐败行为和政治环境的两极分化等特征。See Juan Pablo Lupi, Leonardo Vivas, "(Mis) Understanding Chávez and Venezuela in Times of Revolution", The Fledger Forum of World Affairs. Vol. 29: 1, Winter, 2005, pp. 87 – 88, http://www.doc88.com/p-783472018083.html.

京大学演讲时第一次提到要建设委内瑞拉式的社会主义的构想。2005年1月，查韦斯在巴西阿雷格里港第5届世界社会论坛上最终将这一构想命名为"21世纪社会主义"。2006年2月，查韦斯指出，玻利瓦尔革命应该"建立一个新型的21世纪社会主义"，将21世纪社会主义作为玻利瓦尔革命的一个阶段，实现一种人高于机器，劳动高于资本的制度。

按照查韦斯的最初设想，21世纪社会主义是资本主义逐渐被以国有经济为核心中小型合作社围绕其周围的混合经济（mixed economy）所替代的漫长的历史过程。查韦斯指出，这一过程必须联合广泛的中产阶级，甚至联合民族资产阶级（national bourgeoisie）。要改善和扭转资本主义制度造成的少数人富裕，多数人贫穷的不平等状况，不可能在1年或10年之内完成，当然也不会用100年的时间，但至少需要几十年。①

查韦斯21世纪社会主义是一种非常复杂的社会主义政治实践形态，它既不同于传统的社会主义理论指导下的实践，也不同于现实存在过或存在的社会主义模式，更不是马克思恩格斯意义上的科学社会主义。它是在当前复杂多变的资本主义世界里生发出的一种独立的、崭新的具有历史意义的政治实践。

（三）查韦斯21世纪社会主义是一种明确的意识形态吗？

答案是否定的。查韦斯21世纪社会主义并不是建立在单一的意识形态基础上，而是混合了各种不同的概念、思想和实践在内的多元混合主义，这些思想和概念之间充满矛盾和冲突。查韦斯21世纪社会主义理论的主要来源是西蒙·玻利瓦尔的革命思想②、玻利瓦尔导师西蒙·罗德里格斯的乌托邦社会主义思想以及委内瑞拉民族英雄萨莫拉的国家主权神圣至上和"军民互助"思想（1846年他曾经领导保障农业劳动者权利和

---

① 6 January 2008, R. Gott, "Venezuela under Hugo Chávez: The Originality of the 'Bolivarian' Project", *New Political Economy*, Vol. 13, No. 4, 2008, p. 490.

② 查韦斯认为自己既非共产主义者，也非民族主义者，而是一个玻利瓦尔主义者。玻利瓦尔身上特有的启蒙思想和军事威权相结合的双重思想对查韦斯影响最深。玻利瓦尔意识形态（Bolivarian ideology）或玻利瓦尔主义（Bolivarianism）不仅深入人心，而且成为一种制度化的政治行为。玻利瓦尔主义在委内瑞拉被认为是仅次于天主教的第二宗教。See John Lynch, *Simón Bolívar: A Life*, New Haven and London: Yale University Press, 2006, p. 280.

要求资源平等分配的斗争),而非马克思主义。因此他的思想被称为玻利瓦尔、罗德里格斯和萨莫拉三位一体(*árbol de las tres raíces*)的结合体。① 除此之外,圣马丁、萨帕塔、桑地诺等拉美民族英雄的民族主义思想,切·格瓦拉的新人理论和托洛茨基"继续革命"理论,印第安人合作自治的集体主义思想,堂吉诃德的斗争精神,以及基督教教义中的博爱与互助思想等也是查韦斯经常引用的思想源泉。查韦斯曾指出,"21世纪社会主义"不但应从基督教教义中汲取道德营养,而且还要把它作为首要特征。也有学者指出,查韦斯21世纪社会主义将历史上的玻利瓦尔国家主义(Bolivarian nationalism)、20世纪马克思主义和拉美的民众主义混合在一起,这是它最显著的创新。②

从查韦斯21世纪社会主义的思想来源和思想构成中可以看出,查韦斯21世纪社会主义的指导思想和意识形态是模糊的、不确定的和不成熟的。正如恩格斯在《反杜林论》中所阐述的,"不成熟的理论,是同不成熟的资本主义生产状况、不成熟的阶级状况相适应的"。③ 查韦斯代表的阶级和社会基础主要是农民、工人、家庭妇女和中小生产者等组成的多阶层联盟,社会基础混杂而趋于碎片化,缺乏组织性,再加上国际和国内环境的复杂化,思想和现实之间的差距,独立与发展的矛盾,都使查韦斯没有也无法制定和执行明确的社会主义发展政策。正如查韦斯自己所坦言,"我们是故意保持21世纪社会主义概念或定义的模糊性的"。④

查韦斯21世纪社会主义思想指导下的查韦斯政权是什么性质的?

混乱而模糊的指导思想导致查韦斯混合政权(hybrid regime)的出现。查韦斯混合政权的主要特征有四条:首先,通过选举建立威权制度,查韦斯建立了民主与威权相结合的体制,试图通过选举手段证明其政权

---

① Chesa Boudin, Gabriel González & Wilmer Rumbos, *The Venezuelan Revolution*, New York: Thunder's Mouth Press, 2006, in Marco Aponte Moreno, *Metaphors in Hugo Chávez's Political Discourse: Conceptualizing Nation, Revolution, and Opposition*, The City University of New York, 2008, p. 91.

② James Petras, Latin America's Twenty-First Century Socialism in Historical Perspective, http://petras.lahaine.org.

③ 恩格斯:《反杜林论》,载《马克思恩格斯选集》第3卷,人民出版社2004年版,第608页。

④ Max Azicri, "The Castro-Chávez Alliance", *Latin American Perspectives*, Issue 164, Vol. 36, No. 1, 2009, p. 103.

的合法性,因此查韦斯的政治又被称为"选举政治""选举多数主义"(electoral majoritarianism)或"选举威权制度"(electoral autocracy)①;其次,军队在查韦斯混合政权中起着关键性作用,除传统的保家卫国角色外,军人还担任政府要职,掌握国有企业的高层管理,直接参与国家或地方政府的建设计划;再次,推行国家主义经济政策,极大加强了国家在经济发展中的作用;最后,在整个拉美输出激进的国家主义的政治意识形态,通过"软均衡"(soft-balancing)②制约美国的影响。

那么在指导思想方面如此混杂的查韦斯21世纪社会主义到底进行了一些什么样的政治实践?这些政治实践又是从什么时候开始的?有些什么内容?达到了什么效果呢?这就是本书主要研究的问题。查韦斯混合政权的前三大特征将在下文中或详或简地加以评析,第四条涉及外交政策则不在本文探讨之内。

2005年明确确立21世纪社会主义施政纲领之前,查韦斯进行的一系列改革实际与后来的具有社会主义性质的改革息息相关。因此,笔者将查韦斯执政14余年所进行的国内政治实践皆纳入21世纪社会主义政治实践这一大范围内,只是分了三个不同的历史阶段。笔者称其为"三部曲":前奏曲——第一个阶段(1999—2002年),查韦斯的优先性放在政治改革方面,主要是召开全国制宪大会,制定新宪法,但在社会经济领域仍部分沿用新自由主义时期的政策;间奏曲——第二个阶段(2002—2005年),是承前启后的过渡阶段,强调反对新自由主义,是政策走向激进化并与反对派发生直接冲突的过渡时期。这一时期,查韦斯推行的合作社、社区委员会等具有社会主义性质的试验以及社会使命计划,虽然并未在21世纪社会主义的名义下,但为第三阶段的激进主义措施的实施

---

① 这一名称兴起并盛行于21世纪初,是描述混合政权的专有名词。1999年查韦斯当政以来,一共经历了16次选举或公投,其中15次获胜。这些选举的透明度甚至赢得欧盟、美洲国家组织、南美国家联盟和卡特中心等国际组织的认可。美国前总统吉米·卡特称委内瑞拉的选举制度是世界上最好的。See Praful Bidwai, Towards A "21st Century Socialism": Hugo Chavez's unfinished task, Research Action Network, September, 6, 2006, p. 1, www. landaction. org/display. php? article = 334.

② 软均衡指一个民族国家不用军事行动挫败其他国家,尤其是更为强大的国家的外交政策目标,并通过各种方式增加大国家的行为成本,是传统硬均衡(hard-balancing)行为的变种,硬均衡的本质是通过军事力量重组国际体系和秩序。

打了前站；主题曲——第三个阶段（2005—2013 年），是查韦斯大刀阔斧推行 21 世纪社会主义政治实践的时期，是在反对派被削弱和石油收入增加的背景下优先发展新的经济模式和社会福利计划的时期，也是推行混合型生产方式的时期。

第一节　查韦斯 21 世纪社会主义国内政治实践三部曲之前奏曲：玻利瓦尔革命（1999—2002 年）

作为前奏曲的第一阶段开始于 1999 年查韦斯第一次执政，结束于 2002 年反对派发动军事政变之时，历时两年有余。这一时期查韦斯的社会基础是一个异质性的联盟，既包括占人口多数的底层民众，也包括大部分的中产阶级，因此这一阶段查韦斯的政策较为温和，他并未启动 21 世纪社会主义建设，而是提出了要进行"和平民主的玻利瓦尔革命"，其宗旨是爱国民主。玻利瓦尔革命明确属于一条民族资本主义的道路，这是委内瑞拉 1999 年宪法定的基调，也是查韦斯这一时期的政策选择。他的优先性放在政治改革方面，主要是召开全国制宪大会，制定新宪法，进行宪政改革，消除改革阻力，保障政府合法性。查韦斯仍沿用了其前任具有新自由主义性质的一些经济立法，如 1999 年的《促进和保护私人投资法》（FUNDELEC）和 2000 年的《综合通讯法》（TSJ）等。

一　"全国制宪大会"的召开和新宪法的制定

1999 年 7 月，查韦斯宣布举行两场全国性选举，第一场选举是全国公民投票，决定是否召开制宪大会来拟定新宪法，这场公民投票以 72% 的赞成票通过；第二场选举是选出这次制宪大会的代表，结果是查韦斯的第五共和运动联盟赢得了制宪大会 94.5% 的代表席位。1999 年 8 月，为了顺利推动新宪法的制定，制宪大会采取了两项特别措施：一是设立"紧急司法委员会"，宣布进入紧急状态，使传统司法机关无法行使司法权；二是设立由 7 人组成的"紧急立法委员会"，宣布"立法紧急情况"，使传统立法机关无法行使立法权。由此制宪大会设计和制定了 1999 年新宪法——《第五共和国宪法》，也叫《玻利瓦尔宪法》。新宪法于 2000 年的全民公决中以90%的赞成票得以通过。新宪法共包括350个条款，是世界上最为冗长的宪法之一。

1999年新宪法的主要内容包括：

首先，新宪法提出了名为"玻利瓦尔革命"的施政纲领，设定了委内瑞拉新的政治体制框架。将国名由委内瑞拉共和国改为委内瑞拉玻利瓦尔共和国，将总统的任期从5年增加到6年，并将原本的任期限制从一届增加到两届，将原来的立法、执法和司法三权分立改为行政、立法、司法、公民道德和选举的五权分立制，增加了选举权和道德权。将原有的参、众两院制改为一院制，即全国代表大会（Asamblea Nacional）。全国代表大会由167名委员组成，任期5年。宪法还削减了中央集权，实行地方分权，扩大民众权力，强调各种形式的"自我管理、共同管理和合作"。印第安人的政治、经济、社会和文化权利也第一次被写进宪法。

其次，宪法明确提出了要在委内瑞拉实行一种新型的民主制度——参与式民主，实现新卢梭式（neo-Rousseauvian）的理想。为了稳定和扩大查韦斯的群众基础，宪法将选民参与选举的方式确定为直接选举，使民众拥有在平等基础上最大限度参与所有决策的权力，真正做到"一人一票"，恢复民主制度的本义。查韦斯称参与式民主是政府的第六权力（sixth branch of government）[1]，批评代议制民主是精英阶级的民主，因此是假民主（false democracy）。[2] "参与"一词在新宪法里出现了50多次。

再次，新宪法仍是一部资产阶级宪法。宪法第112条和第115条保证经济自由，保护私有制和财产权；第311条和第318条承认中央银行的独立和自治；第299条承认经济和就业中的私人因素的作用；第6条还明确规定了社会经济制度的一个框架，即国家和私人应该一起促进国家经济的和谐发展。

---

[1] George Bauer, *Co-optation or Empowerment*, *Chavez's Impact on Venezuelan Civil Society*, McGill University, Graphite publications, December, 17, 2012, p. 9.

[2] John D. French, Understanding The Politics Of Latin America's Plural Lefts (Chavez/Lula): Social Democracy, Populism, and Convergence On The Path To a Post-Neoliberal World, Working Paper # 355, December, 2008, p. 10, https：//fds. duke. edu/db/attachment/1158 https：//www. google. com. hk/search? newwindow = 1&safe = strict&q = Understanding + The + Politics + Of + Latin + America% E2% 80% 99s + Plural + Lefts&oq = Understanding + The + Politics + of + Latin + America% E2% 80% 99s + Plural + Lefts&gs_l = serp. 12...142469. 145810. 0. 147048. 55. 11. 0. 0. 0. 2. 1137. 1870. 3 - 2j7 - 1. 3. 0...0...1c. 1. 58. serp. 55. 0. 0. IcRWSXiSbHc.

国家鼓励与私人合作，承认土地私有。① 另外，作为国家根本大法和政治规划的最终依据的1999年宪法中没有任何关于"社会主义"的字眼。②

最后，新宪法包含了加强国家干预和促进经济变革的条款。在加强国家干预方面，宪法除了强化总统的权力外，还加强和扩大了军队在民间领域和行政管理方面的作用。1961年宪法规定军队禁止干预政治。1999年宪法则解除了军队不能从事政治活动的禁令，授予军人选举权，将"去政治化"一词改为"政治的军事性"（political militancy）。另外，宪法还扩大了军队使用和控制武器的权力，使军队正式介入维持内部秩序的事务，积极参与国家发展，加强军队干预内政的功能（internal functions）。据统计，1999年制宪大会中支持查韦斯的议员中有14人是军人。③

在政治经济变革领域，宪法曾多次提到建立合作社、社区委员会和共同管理等具有社会主义性质的试验。宪法第118条和第308条承认合作社是社会和大众经济的主要经济行为者；宪法第70条和第184条指出合作社是国家分权化的工具；宪法第304条和第307条还指出大地产制与整个社会利益相悖，应该把大地产分化为一些生产性经济单位（productive economic units）。④ 农民和其他人可以拥有土地等进步措施。

二 制定《2001—2007年国家经济与社会发展规划总体纲要》

2001年9月，查韦斯政府出台了《2001—2007年国家经济与社会发

---

① Lrin Venezuela, "Land Reform In Venezuela", *The Marxist*, Volume XXII, No. 2 – 3, April-September, 2006, p. 3, http：//cpim.org/marxist/200602-land-reform-venezuela-2.pdf.

② Constitution of The Bolivarian Republic of Venezuela, http：//venezuela-us.org.

③ 自此之后，军人成为政治、经济和社会领域的管理和服务人员，担任政府要职。如2008年，全国23个州长中有8名是军人，政府30个内阁职位中有9名是现役军人或退役军官。2012年12月地方选举后，23名州长中军人占到了11名。军队是最讲求秩序和规范的组织，对命令绝对服从，因此能有效执行查韦斯的政令，在很大程度上避免了过去政府执行力弱的弊端，便于通过军队参政来提高政治的有效性和合法性。查韦斯执政下的军费开支增加了7倍。查韦斯时期军队执行对外对内双重功能，而且对内功能远远大于对外的功能。查韦斯执政之初，即制订了一系列军队直接参与的社会计划，实现军政一体化。国民自卫队还代替警察涉足公共安全问题，打击犯罪。委内瑞拉国防部长（后来改名为委内瑞拉人民政权国防部）几乎无一例外的是军人，这在拉美国家中也很少见。查韦斯政府旨在让军队直接介入政治，而不仅仅是允许军队进行政治管理。

④ Constitution of The Bolivarian Republic of Venezuela, http：//venezuela-us.org.

展规划总体纲要》，规定委内瑞拉的发展模式应"经济均衡"和"社会均衡"并举。实现以人为本的经济发展，创造一个在私人和公共部门之外的"社会经济"（social economy），建立合作社，通过私人投资和国家干预战略性工业实现经济增长，摒弃自由市场的原教旨主义，同时实现普遍主义和平等主义原则基础上的"社会均衡"。应该注意的是，查韦斯创造的"社会经济"概念并不是私有制的替代，而只是私有制的补充。《总体纲要》还规定，政府通过成立各种"委员会"来实现参与式民主，提供教育、医疗服务、食品补助、社会公益服务、土地改革和环境保护等方面的服务。查韦斯规划的社区委员会应该独立于市政当局，接受中央政府的直接财政拨款资助。但这一时期并未正式启动社区委员会的创建。《总体纲要》为查韦斯以后的改革，甚至2005年之后的21世纪社会主义政治实践定了基调。

三 通过提高税收而不是国有化的方式加强对经济部门的控制

实行政治改革之后，查韦斯在经济领域进行了诸如汇率制改革等微调，但总体上说查韦斯的经济改革动作不大。1998年国际金融危机造成委内瑞拉经济衰退和石油价格下跌，反对派的层层阻碍以及美国对新生政权的仇视和破坏，羁绊了查韦斯进行大规模改革的手脚，国家对经济部门控制的方式不是国有化而是提高税收。如在新《石油法》中，查韦斯政府将石油开采税从16.6%提高到30%[1]，特别提高了菲利普等外国石油公司的有关税率。查韦斯还提出了"零逃税计划"（Zero Evasion Plan）、银行债务税（Banking Debit Tax）和金融交易税等税法，治理企业尤其是大企业和跨国企业逃税漏税的行为。据估计，1998年税收收入占GDP的10.33%，到2005年达14.63%。个人和公司所得税从1999年占GDP的2%增加到2006年的3.2%。[2]

---

[1] 实际上这之前大多数外国石油公司所缴纳的石油开采税远远低于16.6%，因此这一变革幅度还是很大的。

[2] Özgür Orhangazi, Contours of Alternative Policy Making in Venezuela, Working paper Series, Number 275, November, 2011, http://www.peri.umass.edu/236/hash/.../publication/487.

四 成立"玻利瓦尔小组"

根据1999年宪法规定，2000年查韦斯提出了一个称为"玻利瓦尔小组"（Círculos Bolivarianos）的社会计划①，这是委内瑞拉最早进行的参与式民主试验，类似于以前社会主义试验中的革命委员会，但规模更小，是一种地方组织。每个"玻利瓦尔小组"由11名成员组成②，每名成员必须为他们的社区利益服务。"玻利瓦尔小组"迅速成为边缘城市贫困阶层表达政治意愿的机构，史无前例地给予公民为他们社区直接提供政策建议的机会。玻利瓦尔小组除提供日常扫盲和医疗健康教育服务外，还负责反对美国的干预和破坏，支持查韦斯的政治活动。③ 这一时期"玻利瓦尔小组"执行的实际是后来成立的地方计划委员会和社区委员会等机构的功能。2004年以前玻利瓦尔小组共有成员220多万，相当于整个委内瑞拉人口的1/10。小组成员虽不是查韦斯执政党党员，但比查韦斯执政党党员更激进，他们在2002年4月军事政变后的加拉加斯大众抗议运动中起了非常关键的作用。④ 后来"玻利瓦尔小组"内部发生了温和派和激进派的分裂，于2004年衰落。2004年之后，作为实践参与式民主的机构——社区委员会基本代替了玻利瓦尔小组，成为社区管理的主要手段。但"玻利瓦尔小组"将健康服务和健康教育带到以前被社会政策完全忽视的死角，本身就是进步。⑤

五 地方计划委员会试验及其失败

地方计划委员会是查韦斯进行的又一次参与式民主的试验，目的在

---

① Ronald Sylvia, Constantine Danopoulos, The Chavez Phenomenon: Political Change in Venezuela, *Third World Quaterly*, Vol. 24, 2003, p. 71.

② Kirk A. Hawkins, David R. Hansen, "Dependent Civil Society: The Círculos Bolivarianos in Venezuela", *Latin American Research Review*, Vol. 41, No. 1, February, 2006, University of Texas Press, p. 102.

③ Kirk A. Hawkins, "Who mobilizes? Participatory democracy in Chavez's Bolivarian Revolution", *Latin American Politics and Society*, Vol. 52, No. 3, University of Miami, 2010, pp. 31–66.

④ Mary Pili Hernández, Just what is 21st-Century socialism? 18 Jan 2007, *Progreso Weekly*, January, 18, 2007, p. 14, http://newsgroups.derkeiler.com/Archive/Soc/soc.culture.cuba/2007-01/msg00929.html.

⑤ George Bauer, Co-optation or Empowerment, Chavez's Impact on Venezuelan Civil Society, December, 17, 2012, McGill University, p. 4.

于摆脱私人资本和精英对地方政府的控制和影响，扩大地方和民众权利。2001年，查韦斯依据宪法第182条通过了《地方计划委员会法》，宣布成立地方计划委员会，将传统上由市政当局负责的城市规划权授予地方计划委员会，这是当时公民参与的最重要形式。但由于地方计划委员会法案的条文规定与委内瑞拉现实脱节，存在委员会规模设置过于庞大，从而不能对之进行有效管理和保证公民参与等问题，地方计划委员会在成立之初便遭到失败。地方计划委员会试验失败之后，查韦斯开始筹备建设社区委员会。

六 "玻利瓦尔2000计划"

查韦斯政府推出了由军队直接管理的军民合作计划——"玻利瓦尔2000计划"。"玻利瓦尔2000计划"调动了7万名军人和8万名公务员向贫困居民提供流行病预防、诊断、计划生育和大规模疫苗接种等医疗服务，在广大农村进行扫盲和再就业培训，参加社会住房和公路建设、治安管理和打击犯罪等活动。此计划于2001年由于发生部队军官遭贪污指控的事件而结束。

七 最初阶段的合作社（Cooperatives）[①] 试验

合作社是查韦斯最早具有社会主义性质的试验。1999年宪法和49条补充法对建立合作社都有明确的规定。查韦斯认为，合作社是社会主义

[①] 早在20世纪60年代，委内瑞拉的合作社已有很大发展，尤其在拉腊和巴里纳斯两个州，但大多是天主教会资助下的民众运动组织。如1976年，法国牧师在委内瑞拉拉腊州的蒙特卡尔梅洛为无地农民建立的适应当地需要的合作社，其目标是改变该地区农民的孤立和不统一的现状，建立一种社区团结的感觉。See Leonardo A. Salazar. El desarrollo sostenible en Las Lajitas: La innovación en la cultura. Fundación Polar de Agricultura Tropical Sostenible. http://www.fpolar.org.ve/ats/salazar.html. 80年代末，这些合作社使用大量化学杀虫剂进行农业生产，致使所有合作社社员血液里的化学成分都到了高危水平。See, Dave Schwerin, "Agriculture in Venezuela: Hopes for a Sustainable Future", p. 11, http://www2.dickinson.edu/.../PDF.../venezuela07/daveschwerin.pdf 查韦斯上台前，合作社大多已形同虚设，或成为骗取政府资助的机构，有的是传统上为了合法避税的商业经营单位，有的是政府部门为了避免雇佣正式工带来的高劳动成本而组织的使用合同工的合作社。查韦斯1999年上台后，大力发展工人和消费者合作社。查韦斯时期政府对合作社的大力支持是委内瑞拉合作社部门的一个最重要特征，也是与20世纪60年代以来成立的合作社运动截然不同的地方。

的萌芽，通过合作社可以使国家尽快过渡到社会主义。为了发展合作社，查韦斯摒弃财富自动向社会下层流动的"向下流效应"或涓滴效应（Trickling-down）理论，提出了"向上流经济学"（Trickling-up）[1]，优先发展底层经济，注重底层人口的利益，加强政府的规划和调整作用。认为严重的不平等现象直接影响经济发展甚至导致经济停滞，应该重点发展基层企业或合作社。

委内瑞拉的合作社规模有大有小，其中80%以上的合作社只雇用5—10人，约15%的合作社雇用11—50人不等。[2] 合作社包括工业合作社、农业合作社和服务业合作社等各个领域。工业合作社的主要试验对象是废弃的私人工厂。查韦斯将这些一时难以实现国有化或者国有化后可能效益不佳的工厂充公并转化为合作社，在合作社实现生产资料的集体所有，消灭财产私有和剥削现象，劳动成果平均分配，最终达到人人平等的目的。农业合作社是伴随土地革命以及与土地和农业有关的使命成立的。1999年宪法和2001年土地法都规定将国有土地或闲置的私人土地分配给无地农民，使他们可以在分配的土地上建立农业合作社进行生产经营。实际上，国家购买的私人土地主要分配给合作社，而不是个人，旨在最大化地进行集体生产。就像前委内瑞拉土地局局长理查多·比瓦斯（Richard Vivas）所说，"我们一旦征收了土地，就将其分配给合作社。"据统计，委内瑞拉合作社的总量从1999年的762家发展到2005年的10万多家，有150多万委内瑞拉人加入合作社，占成年人总数的10%[3]；到2007年，合作社增加21.5万家，总人数也发展到300多万。[4] 合作社创造的产值占全国GDP

---

[1] 这一理论遭到哈维尔·科拉莱斯（Javier Corrales）等学者的质疑和批评，他将查韦斯的这一经济政策称为"查韦斯经济学"（Chávenomics），认为在一个日益依赖贸易和外国投资的全球化世界里，查韦斯经济学是反现代化的，是一种"玻利瓦尔病"（Bolivarian disease）。See Javier Corrales, "Chávez's Declining Influence in Latin America", *World Politics Review Geostrategic Analysis of International Affairs*, October, 11, 2011, p. 13, http：//www.worldpoliticsreview.com/articles/10281/ch-vezs-declining-influence-in-latin-america.

[2] Manuel Larrabure, Praxis, Informal Learning and Participatory Democracy：The Case of Venezuela's Socialist Production Units, 2010, p. 108, https：//tspace.library.utoronto.ca.

[3] ［美］格雷戈里·维尔帕特：《委内瑞拉的21世纪社会主义》，朱木译，《国外理论动态》2006年第10期。

[4] Steve Ellner, The Perennial Debate over Socialist Goals Played Out in Venezuela, *Science & Society*, Vol. 74, No. 1, January, 2010, pp. 63 – 84.

的14%，合作社职工约占全国经济活动人口总数的18%。①

八 "49条特别法"

1999年新宪法授予总统为期一年的委任立法权。② 2001年11月，查韦斯利用这一权力提出了49条特别法（宪法补充法律），也就是"一揽子49项经济改革法"，内容涉及建立合作社，推行小额贷款、土地、渔业和石油领域的改革等。这一系列补充法律显然比宪法更加激进。如新《银行法》规定，委内瑞拉国内的任何一家银行，不管本国银行还是外国银行，提供给贫困农民的贷款数额不得少于该银行贷款总额的15%。如有违背，一律对之实行国有化。还规定银行不能只贷款给富人，委内瑞拉将近1/3的银行贷款是给予住房、农业和小企业的小额贷款。又如《合作社法》规定政府通过提供信贷、优先购买合作社产品、提供培训等途径推动合作社的发展。查韦斯将各类合作社视为通向更先进社会经济模式的桥梁。

需要指出的是，这些较为激进的新法律仍是资本主义体制内的法律，目的是通过国家干预的方式，在不改变资本主义制度的基础上满足人们基本需求，维持社会稳定。如《土地法》（2001年11月通过，2002年12月正式生效）就是在保护私人财产的基础上进行的。尽管1999年宪法明文规定私人拥有的土地也在土地改革范围之内，但2001年的土地法明确规定大土地主依然可以享受或持有土地所有权，只是如果土地闲置，而且超过了一定规模（看土地的质量而定），这些土地才会被用来再分配。另外，即使政府征用了合法地主的土地，也必须按照当时的土地市场价格来补偿他们的损失。

49条新法律实际上并未真正推行下去，那些希望继续控制金融资本和维持石油资源私有化的地方资本家和外国跨国公司感觉受到了威胁。当第一条法律于2002年年初生效时，便引发了反对派的强烈抗议。对委

---

① Lrin Venezuela, "Land Reform In Venezuela", *The Marxist*, Volume XXII, No. 2 – 3, April-September, 2006, p. 14, http：//cpim. org/marxist/200602-land-reform-venezuela-2. pdf.

② 即通过行政令签署法律的权力。2012年6月以前，查韦斯共使用了50多次委任立法权。See Ezequiel Minaya, "Chávez's Decree Powers Expire, but Not Before Heavy Use", *Dow Jones Newswires*, June, 18, 2012.

内瑞拉国有石油公司最高领导层的改组也引起了石油业与查韦斯的激烈冲突。2002年2月,查韦斯改组委内瑞拉国有石油公司董事会,任命前委内瑞拉中央银行副行长加斯顿·帕拉为委内瑞拉国有石油公司总裁,成为2002年2月之后一系列大罢工的导火索。在委内瑞拉企业主联合会、委内瑞拉大学教师协会、委内瑞拉医生联合会的组织和支持下,石油工人、大学师生和医生等爆发了全国性大罢工,罢工持续期间又发生了4月政变,查韦斯被迫下台48小时。①

综上所述,这一阶段主要是查韦斯制定法律和确定改革框架的时期。除合作社外,鲜有更加具体的社会计划得以实际推行。这时期,查韦斯更像一个具有民众主义思想的军官,还没有实际的社会和经济变革。② 军事政变之后重新上台的查韦斯将主要精力放在平定政变和罢工、稳定国内政治形势上,实行大规模政治经济调整,进入了其执政的过渡时期,为此后的21世纪社会主义政治实践奠定基础。

第二节 查韦斯21世纪社会主义国内政治实践三部曲之间奏曲:过渡时期的玻利瓦尔社会模式(2002—2005年)

2002—2005年过渡时期,查韦斯的政治基础发生了变化,逐渐从中下层多阶级联盟(multi-class coalition)③ 变为少数下层或底层阶级,中产阶级和部分下层阶级逐渐脱离了查韦斯支持者的行列,查韦斯的支持率明显下降。这是因为:(1)中产阶级是个动摇的阶级,在2002年4月的军事政变中,查韦斯的低收入支持者纷纷上街与城市警察抗争,而大多

---

① 底层民众组织了"4月13日运动"(Movimiento 13 de Abril),提出了"有4月11日就有4月13日"的口号,指的是查韦斯被推翻的那一天和查韦斯2002年军事政变后复出的日子。4月13日运动对任何政党都表示怀疑,提出了反官僚(anti-bureaucratic)的主张。他们坚信自己的需求能够直接到达查韦斯总统,不需要任何党派领袖的中间作用。"4月13日运动"是非特权阶层政治成熟的一种表现。查韦斯还曾提出一个"4月13日使命"。

② Eva Golinger, The Chavez Code: Cracking U. S. Intervention in Venezuela, Olive Branch Press, 2006.

③ Maxwell A. Cameron, "Latin America's Left Turns: beyond good and bad", Third World Quarterly, Vol. 30, No. 2, 2009, pp. 331 – 348, http://www.tandf.co.uk/journals/titles/01436597.asp.

数中产阶级支持者却待在家里,害怕受到政变者的迫害;(2)经过 2002 年的未遂政变和石油大罢工,委内瑞拉经济陷入危机,穷人和中产阶级生活水平恶化,据统计,委内瑞拉贫困率从 2001 年的 39% 提高到 2003 年的 55.1%,赤贫人口(收入每天低于 1.25 美元的人口)从 2001 年的 14.4% 增加到 2003 年的 25%。① 查韦斯在他的核心选民中的支持率急剧下降,最低收入人群对查韦斯的支持率约 34%,远远低于执政之初的 94%。②

为了稳定政局和维护政治合法性,政变之后重新上台的查韦斯一方面致力于平定政变和罢工,稳定国内政治形势;另一方面相继提出了一系列激进的社会改革措施,制订了宏大的"反贫困计划"(antipoverty programmes)③,并在 2002—2003 年集中成立了一批紧急社会使命(Social Mission),被查韦斯称为"革命使命",是"拯救人民的使命"。社会使命统称为玻利瓦尔社会模式,具有很强的目标性,其核心是"授能"(empowerment)穷人,试图一劳永逸地解决多种层面上的贫困问题,满足低收入阶层的营养、健康和教育等基本需求。因此起初社会使命计划基本设立在贫困率很高的地区,遵循的是一种促进社会融入的整体模式(holistic model)。玻利瓦尔社会模式为查韦斯下一步全面推行 21 世纪社会主义改革积累了经验,奠定了基础。

社会使命由总统行政令制定,由直接受命于中央政府的地方机构,如刚刚成立的社区委员会和合作社负责管理,预算由总统直接决定。社会使命的资金主要来自中央政府预算和从国家石油公司(PDVSA)获得的石油收入。④ 为了便于资金管理,查韦斯创立了"统一社会基金"

---

① Anne Daguerre, "Antipoverty Programmes in Venezuela", *Journal of Social Policy*, Vol. 40, Issue 04, Cambridge University Press, October, 2011, pp. 835 – 852, http://journals.cambridge.org.

② J. Corrales, "In search of a theory of polarization", *European Review of Latin American and Caribbean Studies*, Vol. 79, 2005, p. 113.

③ Anne Daguerre, "Antipoverty Programmes in Venezuela", *Journal of Social Policy*, Vol. 40, Issue 04, Cambridge University Press, October, 2011, pp. 835 – 852, http://journals.cambridge.org.

④ 过渡时期社会使命的开支对石油部门收入的依赖程度较 2005 年之后要轻,因为使命创立的 2002—2003 年石油价格并未开始上涨,而且政府也未能从上涨的石油价格中获得额外收入,石油价格回升是 2004 年的事。因此这一时期使命的创立并不像有人认为的是石油收入增加的结果,而是与中下层生活水平恶化、查韦斯支持率下降和政治合法性丧失有直接关系。

(FUS)，负责所有社会使命的预算支出，以避开效率低下的政府各部委。基金会人员负责管理使命的日常活动，每个使命归于一个特定的基金会管理，在管理模式和运行方式上与传统的反贫困计划是一样的。这一时期的社会计划还有一个更重要的使命，即动员选举和扩大选民，尤其是2004年成立的身份（Identidad）使命。

社会使命系列是开放性的，不断有新的使命加入进来。尤其是2005年之后的使命，广泛涉及政治、经济和社会的各个领域，参与到合作社、社区委员会等具有社会主义性质的试验中，成为委内瑞拉国有石油公司总裁所说的"新制度的种子"。这一时期的社会使命则主要涉及教育、健康、医疗等社会福利领域。主要有以下几种。

一 "走进贫困区"（Barrio Adentro）使命

最初成立于2003年2月，将加拉加斯市作为试点，是委内瑞拉的第一个使命，也是一个健康领域的使命，是1999年宪法规定建立的国家公共卫生体系（National Public Health System）的核心①，目的是向穷人提供免费医疗和健康服务。2003年12月，这一使命很快从市和地方一级升为国家级计划。"走进贫困区"使命除引进古巴医疗人员到委内瑞拉郊区建立健康医疗中心外，最重要的是培训委内瑞拉自己的医生队伍，最终替代古巴医生。

为了加快这一计划的实施，2003年年底至2004年年初，委内瑞拉成立了一个由多部门组成的总统委员会，委员会由卫生部、劳工部、能源部、国防部、委内瑞拉国有石油公司总裁和加拉加斯市长等成员组成，由黑金公民社团（Black Gold Civil Association）管理，负责初级医疗计划的实施和协调，每个医疗中心都拥有教育功能，负责培训社区委员会中包括大学本科生和研究生在内的卫生服务人员和卫生技术人员，同时对人口的健康问题进行科学研究。

"走进贫困区"使命开启了委内瑞拉医疗制度的改革。该改革主要包括三方面内容：首先，废除将公共医疗保健制度和医疗服务交给私人管

---

① 1999年宪法确立的医疗管理政策的各种宪法原则承认健康和医疗是人的基本权利，国家负有保障人的健康权利的义务和责任。这是1999年宪法与1961年宪法最显著的区别之一。

理的《卡尔德拉法》（Caldera Laws），结束委内瑞拉社会保障制度私有化的进程；其次，制定法令，停止在公共医疗机构对急诊收费，实行新的"整体医疗保健模式"，改变以前以医生为中心的初级保健体系，代之以病人需求为中心的新的医疗保健体系，制订更新医疗设备和医疗基础设施的特别计划；最后，重新加强医疗保健的预防方法，从强调疾病的治疗转为强调疾病的防控。①

据官方统计，2004年11月前，共有近1.5万名医生参加了"走进贫困区"使命，医生累计接诊6423万人次。到2005年，委内瑞拉近70%的人享有免费和普遍的医疗保障。②"走进贫困区"使命一直延续到查韦斯去世马杜罗上台，分两期进行。2003—2011年"走进贫困区"使命第二期，委内瑞拉创建了7873所新的医疗中心，拯救了170多万条生命，婴儿死亡率从1999年的19.1‰下降到2012年的10‰，下降了49%。③

二 营养和食物使命——"梅尔卡"使命（Mercal）

"梅尔卡"使命是委内瑞拉最大的营养使命。为解决2003年2月大罢工造成的食品危机，2004年12月查韦斯颁布行政令正式在全国范围成立"梅尔卡"使命。使命在全国范围设立各种规模的折扣零售商店"梅尔卡"，直接向穷人提供必需的食物，而不需要经过中间人。"梅尔卡"使命还设立了社区厨房（Casas de Alimentación），提供免费的一日三餐，整个委内瑞拉大约有6000家社区厨房，受惠者1500万。④"梅尔卡"商店对所有人开放，不到一年的时间，委内瑞拉40%以上的食品通过这一新的渠道分配下去，据估计，委内瑞拉有40%—47%的人通过"梅尔卡"购买食物，价格平均低于市场价格的41%—44%。根据国家统计局数字，

---

① Carles Muntaner, Francisco Armada, Haejoo Chung, Rosicar Mata, Leslie Williams-Brennan and Joan Benach, Venezuela´s Barrio Adentro: Participatory Democracy, South-South Cooperation and Health Care for All, *Social Medicine*, Vol. 3, No. 4, November, 2008, p. 241. www. socialmedicine. info.

② James Petras, Latin America's Twenty-First Century Socialism in Historical Perspective, http: //petras. lahaine. org.

③ Salim Lamrani, "50 Truths about Hugo Chavez and the Bolivarian Revolution", *Global Research*, March, 11, 2013, http: //www. globalresearch. ca.

④ Embassy of the Bolivarian Republic of Venezuela, "Over 20 Million Venezuelans Use Public Health Services", September, 2012.

从"梅尔卡"购买至少 1 件商品的家庭占总家庭数的 54.21%。① 结果，一些私人企业也越来越依赖国家来分配他们的产品，甚至开始专门为"梅尔卡"生产食品。② "梅尔卡"使命迅速成为最受欢迎的计划之一，也是政府对私人部门行使政治影响力的一个有力工具。通过"梅尔卡"使命，国家实现了对食物等基本消费品的价格控制。这一使命将社会福利与政治动员很好地结合起来，使查韦斯的支持率提高，成为查韦斯政治的基石。

三 教育使命——"鲁宾孙使命"（Misión Robinson）、"苏克雷使命"（Misión Sucre）和"里瓦斯使命"（Misión Ribas）

"鲁宾孙使命"2003 年 7 月开始实施，分第一期和第二期。第一期负责基础扫盲，第二期完成初等教育。委内瑞拉为扫盲特地颁布了 37702 号行政令，从中央到地方成立了扫盲委员会。为了节约资金，担任教学工作的主要是 12 多万名踊跃报名的志愿人员。第一期扫盲的优先对象是土著印第安人、各种伤残人、监狱中的囚犯和偏远地区的中老年农民，总数有 100 多万人。2005 年，联合国教科文组织宣布委内瑞拉成为基本扫除了文盲的国家，授予查韦斯总统"何塞·马蒂国际奖"。2009 年，联合国人文发展报告将委内瑞拉列入发展水平较高的国家行列。鲁宾孙使命第一期使 2011 年的儿童入学率达 93.2%；第二期使中学入学率从 2000 年的 53.6% 提高到 2011 年的 73.3%。③

"苏克雷使命"于 2003 年 9 月实施，是第二个教育使命。"苏克雷使命"提供免费的第三等教育，尤其是为穷人和边缘人口提供高等教育，还专门为被排除在高等教育之外的学生创办玻利瓦尔大学。该计划培养了大量熟练劳动力，为提高教育质量产生了直接影响。另外，参加这些使命的学生每人每月可获得 100 美元的奖学金。④ "苏克雷使命"使第三

---

① Özgür Orhangazi, Contours of Alternative Policy Making in Venezuela, Working paper Series, No. 275, November, 2011, p. 7, http://www.peri.umass.edu/236/hash/.../publication/487.

② Michael Penfold-Becerra, Clientelism and Social Funds: Empirical Evidence from Chávez's "Misiones": Programs In Venezuela, May, 2006, p. 19, www.mercal.gob.ve.

③ Salim Lamrani, "50 Truths about Hugo Chavez and the Bolivarian Revolution", *Global Research*, March, 11, 2013, http://www.globalresearch.ca.

④ Barry Cannon, Class/race polarisation in Venezuela and the electoral success of Hugo Chávez: a break with the past or the song remains the same? Dublin City University, Working paper 9, 2008, p. 23.

等教育学生数量从2000年的89.5万增加到2011年的230万。① 苏克雷使命和委内瑞拉玻利瓦尔大学在2008年以前是执行委内瑞拉高等教育政策的主要机构。委内瑞拉335个都市区一共设立了1915个玻利瓦尔大学或苏克雷使命教育基地。

"里瓦斯使命"2003年11月开始实施,是中等教育领域的使命,也是第三个教育计划。该计划旨在为500万辍学学生提供高中课程,帮助郊区和农村地区年轻的成年人完成中等教育。第一步先帮助他们完成中等教育,获得高中毕业证书;第二步帮助完成高中教育的学生继续进入苏克雷使命对口的大学或学院接受教育。只是里瓦斯计划的教学是通过视频而不是拥有资格证书的教师直接传授。"里瓦斯使命"由石油和能源部而不是教育部管辖和融资,奖学金直接从国家石油公司获取。到2004年,有60多万学生参与该计划,将近20万学生获得奖学金。② 除以上三大教育使命外,委内瑞拉还成立了"西蒙西托使命"(Misión Simoncito),为0到6岁儿童提供学前教育。查韦斯还发起了玻利瓦尔学校运动,创办了3000所玻利瓦尔全日制学校,每天为学生提供两顿免费餐饮。

四　身份证使命（Misión Identidad）

2004年,为了保证穷人充分享受现金转移计划等带来的福利,积极参与社会计划,也为了提高民众的政治参与度,使他们充分履行投票权利和义务,中央行政部门与国家选举委员会（CNE）合作推出旨在为未注册的公民,尤其是极端贫困的公民办理身份证（ID）的使命——"身份证使命",这些穷人是查韦斯的铁杆支持者。中央政府在全国的棚户区沿途安置帐篷,为贫穷公民现场发放身份证,这些帐篷与国家选举委员会注册处和国家身份证数据库（National Identification Database）进行电子连接。穷人可以在同一个地点领取身份证同时在国家选举人数据库（REP）注册,以便能在全民公决中投票。身份证使命成为宣传查韦斯社

---

① Salim Lamrani, "50 Truths about Hugo Chavez and the Bolivarian Revolution", *Global Research*, March, 11, 2013, http://www.globalresearch.ca.

② Michael Penfold-Becerra, Clientelism and Social Funds: Empirical Evidence from Chávez's "Misiones": Programs In Venezuela, May, 2006, p. 21, www.mercal.gob.ve.

会计划的一个有力机制,是保证查韦斯的支持者(主要是穷人)充分行使投票权、参与政治的得力工具,难怪反对党谴责查韦斯在利用各种使命试图获得穷人的政治支持,是庇护主义的变种。

五 "瓜伊卡伊普罗使命"(Misión Guaicaipuro)

在 2003 年 10 月付诸实施,旨在促进土著社区的内部发展,保护土著居民的土地权利和人权。

第三节 查韦斯 21 世纪社会主义国内政治实践三部曲之主题曲:21 世纪的社会主义改革高潮(2005—2013 年)

2004 年年底,查韦斯明确提出了用"21 世纪社会主义"代替"玻利瓦尔革命",作为国家变革进程的施政纲领,扩大非私有制形式的生产资料所有制,但不触动已经存在的私有制,大规模实行国有化政策,将过渡时期执行的各种社会政策制度化。需要指出的是,查韦斯向 21 世纪社会主义的转变并不是建立在物质生产发展到一定程度的结果,而是因为一场反对派要求举行全民公决来罢免查韦斯总统的"选举政变"。实际上,查韦斯的话语中社会主义是关于社区和博爱的,他并未进一步具体说明什么是社会主义,即使在 21 世纪社会主义政策推行两年之后,查韦斯还动员人们每天学习,讨论到底什么是 21 世纪社会主义。

查韦斯向 21 世纪社会主义转变的内容主要包括 7 个方面:一、放弃以前政府将石油收入再分配给中上层阶级的做法,改为将石油收入分配给低收入个人和低层的中产阶级;二、作为革命的发动机,国家通过对战略性产业国有化的途径,促进能源业、农业、制造业、金融业、电讯业和钢铁业等产业的发展;三、经济发展应该是内生性的,依靠拉美地区或本地区的经济联盟,这样革命就能够在经济互利的基础上继续输出和输入;四、大力建设社区委员会,加强参与式民主;五、人民直接参与社会主义经济的管理和建设;六、市场引导的机制应该最终消失,代之以资源分配的替代形式,即国家引导的内生发展、社会经济、共同管理和合作社的形式;七、社会主义计划应倡导利他主义和团结等新的价值，反对追求金融利润、消费主义和个人主义。尽管21世纪社会主义改革涉及政治、经济和社会等各个方面，但这一时期的激进措施仍是在不废除生产资料私有制、承认资本主义议会制、民主制的基础上进行的，不主张无产阶级革命。就分配政策而言，查韦斯与之前政府的区别在于后者将福利给予工业资产阶级和中产阶级，而查韦斯将福利分配给农业领域和穷人阶层，这也是其选民基础。

一 成立新政党，为21世纪社会主义建设提供组织和制度保障

2006年，查韦斯宣布组建委内瑞拉统一社会主义党（PSUV），领导"21世纪社会主义"建设，并宣称将通过修宪铺平通往社会主义的道路。2007年4月29日，委内瑞拉统一社会主义党开始在全国范围内进行党员登记。2008年1月12日至3月1日统一社会主义党召开成立大会，选举产生了15人组成的领导委员会，查韦斯任党主席。委内瑞拉统一社会主义党党纲（草案）明确提出拥护查韦斯领导的"玻利瓦尔革命"和委内瑞拉人民建设"21世纪社会主义"。到2009年6月，统一社会主义党党员人数增加到近700万，接近委内瑞拉选民总数（1600万）的50%。但查韦斯组建的委内瑞拉统一社会主义党由多个党派组成，内部纷争不断，政党缺乏稳定性，组织也不是很严密，致使后来统一社会主义党发生分裂，没有很好地起到领导21世纪社会主义建设的使命。

二 进行宪政改革，加强行政部门和军队的权力

2007年第三任期一开始，查韦斯即草拟了包括在委内瑞拉建立"社会主义经济"、推行"社会主义经济模式"和"社会主义民主"等内容的宪法修正案，明确规定2007—2013年任期的中心目标是"建设委内瑞拉的社会主义"，但同时宪法修正案草案承认私有产权是一种增加财富的途径，私人所有权、社会所有权和国家所有权都得到政府的认可和保障，私营经济将与国有经济和集体经济共同在国家经济生活中发挥基础作用。而且，宪法明确指出修正案不能改变宪法规定的基本原则和结构，因此该修正案不可能改变宪法的资本主义性质。

宪法修正案草案中关于社会主义和国有化的内容虽也引起争议，但争议最为激烈的还是关于取消官员任命和任期限制、结束中央银行的独

立性、加强行政和军队权力等条款。草案规定总统任期从 6 年延长到 7 年，可以无限期连任。草案第 328 条规定军队除负有保卫国家不受外来入侵的责任外，还具有保卫公民安全和国内秩序以及积极参与国家经济、社会和技术发展规划的作用，使军队进一步为 21 世纪社会主义的建设服务。为了加强军队的权利和政治参与度，草案第 329 条将军队由原来的四军扩充为五军，即在原来海军、空军、陆军和国民自卫军的基础上再增加第五军，即民兵（Bolivarian National Militia）。[①] 修正案草案最终于 2007 年 12 月举行的公民投票中被否决。亲查韦斯派投票总数比 2006 年总统选举时少了 300 万。全民公决失败的主要原因是大学生和中产阶级的反对。[②] 据 2008 年年初的一项民意测验显示，只有 28% 的委内瑞拉人希望查韦斯继续进行失败了的宪政改革。2008 年 11 月选举中，政府丧失了 5 个州的州长职务和一些市长职位，包括加拉加斯和马拉开波两个最重要城市。查韦斯的选举政治进入了又一个低潮期。

2007 年宪政改革失败之后查韦斯进行了一系列权力重组。首先，查韦斯整顿了最高法院，不断增加其支持者在最高法院的人数。其次，2007 年 5 月查韦斯关闭了批判政府的委内瑞拉电视台。再次，2008 年，查韦斯重新整顿了统一社会主义党，使它由多党联盟变为一个更紧密的单一政党，尽管失去了社会民主党（Podemos）等以前的一些支持者，但执政党的领导作用得到了加强，军队的执行力也得到了提高。最后，2004 年以来实行的身份证使命使投票的穷人数量大为增加。2009 年 1 月，国民大会重新举行宪政改革的全民公决，主要目的是取消所有当选政府官员的任期限制。最终，在 70% 参加投票的人中，有 55% 同意宪政改革，45% 反对，宪法修正案得以通过。

三 进行具有社会主义性质的试验

建立"合作社、社会主义生产单位（SPU）、社区委员会和社会生产

---

① Deborah Norden, "Civilian Authority without Civilian Dominance? Assessing Venezuelan Political-Military Relations under Chávez", *Nueva Sociedad*, No. 213, January-February, 2008, www.nuso.org/upload/articulos/3501_2.pdf.

② Mark P. Sullivan, Venezuela: Issues for Congress, Prepared for Members and Committees of Congress, Congressional Research Service, October, 16, 2012, p.4, http://www.crs.gov.

企业（EPS）"四种主要生产组织和社会经济组织形式，试图改革委内瑞拉的经济结构，最终使国有经济占据主体地位。

这四种组织形式是宪法明文规定的，是查韦斯内向性发展战略的核心。这四种组织形式与土地改革、国有化和各种社会使命交织在一起，将工人、社区和政府融合在一个民主空间里，其长期的使命是帮助委内瑞拉走向社会主义。[1] 查韦斯曾指出，新的社会主义经济不会全部是国有化的，私人部门将会继续在创造财富方面起重要作用，但私人部门会随着以上这四种组织形式的发展而慢慢减少。[2] 这四种组织形式中只有合作社是查韦斯执政第一阶段即开始实践的，其他三种基本都是查韦斯21世纪社会主义纲领确定之后的产物。

（一）新时期将合作社的发展与土地改革和一系列社会使命相结合

首先，建立农村合作社，配合土地改革的推进。查韦斯认为仅仅将土地分配给农民的改革是不够的。20世纪60年代的土地改革也曾分配大量土地给穷人，但到1998年，所分配的土地中有90%又被大地主兼并。[3] 土地改革必须与合作社和社会使命相结合，在分配给生产者和合作社土地的同时，通过合作社和各种社会使命组成的网络，向他们提供贷款、技术培训、机械、住房和其他基础设施和设备。另外，农业合作社社员可以接受苏克雷使命提供的职业培训，享受本地"走进贫困区使命"诊所和社区的玻利瓦尔学校教育，合作社还提供住房。国家还资助农村合作社建立了梅尔卡平价商店网络，梅尔卡商店出售的商品价格低于开放市场的20%—50%[4]，约43%的消费者在梅尔卡购物。梅尔卡商店虽被看成销售国内生产的农产品的一个手段，但至今部分商品进货仍依赖进口。[5]

---

[1] Manuel Larrabure, Praxis, Informal Learning and Participatory Democracy: The Case of Venezuela's Socialist Production Units, 2010, p. 108, https://tspace.library.utoronto.ca.

[2] Anne Daguerre, "Antipoverty Programmes in Venezuela", *Journal of Social Policy*, Vol. 40, Issue 04, Cambridge University Press, October, 2011, p. 845, http://journals.cambridge.org.

[3] Gregory Wilpert, "Venezuela's Land Reform: Land for People not for Profit in Venezuela", August, 23, 2005, http://www.venezuelanalysis.com/articles.php?artno=1529.

[4] Argiris Malapanis, "75,000 Venezuelan Peasants Win Land Titles", *The Militant*, April, 12, 2004, http://www.venezuelanalysis.com/articles.php?artno=1157.

[5] Gregory Wilpert, "Venezuela's Land Reform: Land for People not for Profit in Venezuela", August, 23, 2005, http://www.venezuelanalysis.com/articles.php?artno=1529.

其次，为了改变合作社建设和管理不专业（大多数合作社甚至不会使用往来账户）、合作社成员退出合作社等现象，查韦斯制定了一系列使命加以辅助，其中最著名的是 2004 年 3 月出台的"新人"（Vuelvan Caras）使命，2007 年改为切·格瓦拉使命（Mision Che Guevara）。2008 年 8 月，查韦斯下达总统行政令成立了切·格瓦拉基金会，负责该使命具体事务的管理。这是一个劳动力培训和劳工组织计划，旨在为包括妇女在内的边缘和失业人群提供农业、旅游业和建筑业等领域的普通和专业技术培训，创造具有革命自觉性的新人，帮助他们创办自己的合作社，促进社会生产性经济的发展，从而建立一个基于本土社会经济计划的内生发展模式。参加该使命的人会得到一定额度的补贴。"新人"使命的主要领导人、知识分子卡洛斯·兰赫（Carlos Lang）还提出了"生产前线"（frentes de batalla productivos）的观念，旨在通过工作和教育转变国家的社会经济结构。2004—2005 年，"新人"使命招收了约 35.5 万名学员，其中 29.8 万人接受了社会经济培训，有 264720 名获得授权创办了自己的合作社，总共成立了 6814 家合作社，建立了 130 个"内生发展"单元。[①]到 2007 年，合作社解决就业人口近 20%。[②]

合作社由国家合作社监管局统一管辖，2006 年查韦斯大力发展"社区委员会"之后，合作社的具体事务就由社区委员会管理，并可以获得查韦斯专门划拨的合作基金的财政资助。政府主要通过提供信贷、优先购买合作社产品和提供培训项目等方式积极支持各个部门间的合作。合作社内部在政治上实行参与式民主，在经济上实行集体所有制和工人参与管理（即后来的共同管理制度）（co-management）。当然，这并不表明国家经济管理制度的根本转变，因为委内瑞拉的共同管理有两个特征：一是产权掌握在国家手中；二是与工人的投票数相比，国家在每个企业中仍拥有决定性的投票数额。在实行"共同管理"的企业和合作社中，工人对经营管理的参与是有限度的，并无决定权；在委内瑞拉石油公司

---

① Anne Daguerre, "Antipoverty Programmes in Venezuela", *Journal of Social Policy*, Vol. 40, Issue 04, Cambridge University Press, October, 2011, p. 843, http://journals.cambridge.org.

② Steve Ellner, The Perennial Debate over Socialist Goals Played Out in Venezuela, *Science & Society*, Vol. 74, No. 1, January, 2010, pp. 63–84.

和国家电力公司这样的大型企业，工人对经营管理甚至没有发言权。有人指出，如果工人阶级不能控制生产，国有化只会带来一种官僚化的国家资本主义，而非生产的社会化。换言之，资产阶级和工人的关系照旧，唯一不同的是，国家变成了资产阶级。①

尽管合作社的数量不断增加，但合作社良莠不齐，有的合作社仅仅为了获得政府提供的启动资金而成立，一些小企业假装转变成合作社，就是为获得政府补贴，享受税收减免等优惠政策。多数合作社由于缺乏专家、经验和所需的资本而生产效率低下，主要依靠政府补贴和合同得以生存。② 有的合作社为了获得更高的价格和利润而将产品出售给资产阶级中间商，而不是供应有需求的当地市场或出售给梅尔卡。③ 据估计，目前已经注册的 26.2 万家合作社中只有约 6 万家是活跃的。④ 实际上，2005 年和 2006 年之后，查韦斯的主要精力已经放在建立社区委员会，发展社会生产企业和社会主义生产单位等事宜上。

（二）建设社区委员会

"社区委员会"是推行人民权力和新型民主平等的基层政治机构。查韦斯称之为"新的社会主义国家的细胞"。早在 1999 年宪法中，查韦斯就有了创建社区委员会的意向，但直到 2006 年年初才在《社区委员会法》中被正式和详细定下来，作为 21 世纪社会主义建设的政治支柱。《社区委员会法》规定，农村以 20 户为一单位，城市以 200—400 户为一单位建立一个社区委员会。在土著居民区，10 户以上就可以建立一个社区委员会。根据宪法第 20 条规定，社区委员会直接隶属于总统地方人民权力委员会，直接与中央政府挂钩，不再受市政当局管辖。社区委员会拥有管理合作社和所有社会使命以及成立社区银行等权力。

社区委员会还成立了一些群众基础组织和"代表团"，如工人委员

---

① Manuel Larrabure, Praxis, Informal Learning and Participatory Democracy: The Case of Venezuela's Socialist Production Units, 2010, p. 65, https://tspace.library.utoronto.ca.

② Steve Ellner, "The Perennial Debate over Socialist Goals Played Out in Venezuela", *Science and Society*, Vol. 74, No. 1, January, 2010, p. 74.

③ C. Pineiro, "Workplace Democracy and Social Consciousness: A Study of Venezuelan Cooperatives", *Science and Society*, Vol. 73, No. 3, 2009, p. 317.

④ Özgür Orhangazi, Contours of Alternative Policy Making in Venezuela, November, 2011, Working Paper Series No. 275, p. 19.

会、农民委员会、卫生委员会、土地委员会和义务教育特派团等,具体负责在每个社区内推行直接民主,分配资金,参与起草和执行地方政策,提供教育、公共医疗、土地改革和环境保护等方面的服务。各个社区还设立了自治议会,让普通居民在民众大会上选出他们的发言人。自治议会的功能和角色最终将取代地方议会,甚至可能会取代市政厅和市长。

社区委员会从国家、州和市一级政府的公共部门中获得资金,社区委员会依法成立后最多可获得30000玻利瓦尔(将近14000美元)的政府资助,从事小型生产或服务。2006年社区委员会法通过不到一年,委内瑞拉全国就已组成了20000多个社区委员会,其中12000家获得了用于社区发展计划的资金共10亿玻利瓦尔,相当于当年国家预算的近19%。2007年这一资助金额达60亿玻利瓦尔。[1] 这些委员会成立了将近300家用于提供小额贷款的社区银行。委员会除了实行修建道路、体育场、医疗中心,改善污水处理系统和洁净水系统等社区计划外[2],还担负政治动员的重要使命,这种政治动员对于查韦斯政府在许多选举中获胜至关重要。[3] 2008年5月,查韦斯又出台了"4月13日使命"(Mission April 13)计划,加强社区委员会的建设,社区委员会除了拥有组织、管理和生产功能外,还多了一个传播社会主义理念的意识形态功能。

(三) 建立社会生产企业

为避免合作社、实行共同管理的企业和国有企业重新退回到单纯追求利润增值和自身利益最大化的阶段,查韦斯政府尝试将其转变或重组为新型的经济生产单位——社会生产企业。这些社会生产企业将"团结、合作、互补、互惠、平等和可持续性置于赢利之上",在生产目的和生产方式上做出了不同于资本主义生产方式的试验。具备社会生产企业资格

---

[1] Özgür Orhangazi, Contours of Alternative Policy Making in Venezuela, November, 2011, Working Paper Series No. 275, p. 21.

[2] Clara Irazábal and John Foley, Reflections on the Venezuelan Transition from a Capitalist Representative to a Socialist Participatory Democracy: What Are Planners to Do? 2010, p. 9, https://academiccommons.columbia.edu/.../lap_reflections.pdf.

[3] Steve Ellner, The Perennial Debate over Socialist Goals Played Out in Venezuela, Science & Society, Vol. 74, No. 1, January, 2010, p. 68.

的企业可从政府获得低息贷款和订货合同。

像合作社一样，社会生产企业的最大特征也是实行共同管理制度。该制度规定职工可购买企业股份，或由政府帮助工人购买企业股份，职工可参与企业运营，并在企业的经营管理中享有更大的发言权，但国家在企业中仍起主要作用。查韦斯指出"共同管理制度的核心是要终结资本主义剥削，为建立一个真正的人性社会创造条件"。实际在社会生产企业创办之前，查韦斯已在几家国有公司试验共同管理制度，之后越来越多的国有公司转变为共同管理的方式，强调企业为社会整体利益服务。社会生产企业中，劳动具有真正的固有价值，没有任何形式的劳动和社会歧视，企业成员享有平等待遇。

2005年11月，查韦斯成立了社会生产企业登记处，专门管理社会生产企业，国家石油公司则负责与社会生产企业订立优惠合同，为其提供资金支持等。

（四）发展社会主义生产单位

社会主义生产单位与合作社都是发展21世纪社会主义大众经济或社会经济的核心组织，社会主义生产单位兴起得比合作社晚。查韦斯称其是国家向21世纪社会主义转变的核心，是合作社更激进的版本。像社会生产企业一样，社会主义生产单位也拥有一个超越生产利润的社会使命，因为社会主义生产单位是社会生产企业的组成部分，一个社会生产企业可以拥有多个社会主义生产单位。到2008年，委内瑞拉已发展了3000多家社会主义生产单位。[1]

每个社会主义生产单位一般包括20人到100人不等。从制度上看，社会主义生产单位属于国家所有，是非营利性质的，由工人、当地社区和国家共同实行民主管理。生产单位内部实行生产资料公有制和非剥削性（non-exploitative）的雇佣制度，强调积极的民主参与和主人翁（protagonism）精神。之所以说它是非剥削性的雇佣制度，主要是因为：一、社会主义生产单位依靠政府资金经营，不自负盈亏，不以利润最大化为目标；二、社会主义生产单位生产的商品不按市场价值出售（即社

---

[1] Manuel Larrabure, Praxis, Informal Learning and Participatory Democracy: The Case of Venezuela's Socialist Production Units, 2010, p. 19, https://tspace.library.utoronto.ca.

会必要劳动时间），而按国家决定的低于市场价值的固定价格出售（主要在政府经营的梅尔卡折扣商店中销售）；三、社会主义生产单位没有提高超过必要劳动时间的价值。总之，社会主义生产单位不是为了盈利，也不生产剩余价值，因此社会主义生产单位内部不存在剥削。

但社会主义生产单位不是封闭的，它与外界的密切联系使它的社会主义性质受到了影响，引起一些质疑。这是因为：一、社会主义生产单位依靠当地中小型私人生产商的供货；[①] 二、社会主义生产单位的经营资金来自依赖国际资本主义市场的石油收入，因而无法完全脱离全球资本主义生产关系；三、社会主义生产单位在开放的劳动力市场中雇用工人，雇用与否的最终决定权在大多受过西方经济学和管理学教育的国家管理人员或经理手中。因此有人说社会主义生产单位是一种矛盾的存在，既反对又依赖资本主义市场关系。

社会主义生产单位实行的参与式民主分正式和非正式两种。正式民主指投票权，每个参与者一人一票。投票权通过由所有社会主义生产单位参与者组成的"工人委员会"行使，代表整个工人委员会的"发言人委员会"负责社会主义生产单位的日常事务。每个委员会可以选出自己的发言人，但被选出的发言人实际上没有代表权。发言人的西班牙语是"vocero"，意思是只发言而已。发言人并不能在他们所属的委员会中进行独立决策，这与其他地方的代议制民主[②]不同。地方社区委员会、地方生产商和社会主义生产单位三个不同政治机构的发言人组成"参与委员会"，通过民主一致或协商程序，负责雇用工人，安排工作岗位。

除正式民主外，社会主义生产单位还行使非正式的民主，即在工人委员会和参与委员会等经过选举产生的委员会之外，通过日常的工作交流和工作互动来体现民主。工人可以自行临时调动工作、互相帮忙、决定谁更适合什么具体工作等。积极参与成为社会主义生产单位实施民主的一个重要组成部分。

[①] Manuel Larrabure, Praxis, Informal Learning and Participatory Democracy: The Case of Venezuela's Socialist Production Units, 2010, p. 99, https://tspace.library.utoronto.ca.

[②] 代议制民主指的是一旦当选，代表们可以自由地对其选民们感兴趣或要求的观点和问题进行自由决策。

四 推行土地改革

委内瑞拉拥有较丰富的土地资源和水资源,却是拉美唯一的农产品净进口国,约70%的食品靠进口。委内瑞拉农业占GDP的比重仅6%,为拉美最低。[①] 且土地集中情况严重,据1998年农业普查显示,委内瑞拉不到1%的人口拥有60%的土地,5%的大地主占有75%以上的土地。[②] 经过多次土地改革之后,土地过度集中的情况依然没有多大改变。查韦斯承认土地私有,却反对大地产制(Big landlordism),认为大地产制是农村生产力提高和农业科学技术应用的一个主要障碍,是建立在大量非生产性土地基础上的农业制度,因此提出要"向大地主宣战"(the war on latifundia)。

(一) 制定新制度

为进行土地改革,查韦斯专门成立了隶属于农业和土地部(西班牙语缩写MAT)的三个新机构,负责土地改革和农业变革事宜:"国家土地局"(INTI)代替以前的国家农业局(IAN),是推进土地改革的一个最主要机构,有权判断土地是被有效耕种还是闲置,负责鉴定、管理和决定土地所有权和财产权并分配土地;"国家农业发展局"(INDER)负责提供贷款、农业基础设施和对农民进行培训;"委内瑞拉土地公司"(CVA),负责帮助从土地改革中受益的农民和合作社的产品的市场销售。但实际这些机构所起的作用不大,尤其在最初几年。如提供给农业部门的贷款大多并未到达小农场主或小农手里,而是给了大农场主。即使到了小农手里,由于重重程序拖延,农民得到贷款时已经错过了购买种子进行播种的季节。而且即使农民得到了土地,接受了培训,获得了技术和贷款,他们也无法将其农产品销售出去,这是因为在正式启动土地改

---

① Lrin Venezuela, "Land Reform In Venezuela", *The Marxist*, Vol. XXII, No. 2-3, April-September, 2006, p.1, http://cpim.org/marxist/200602-land-reform-venezuela-2.pdf; Gregory Wilpert, "Venezuela's Land Reform: Land for People not for Profit in Venezuela," August, 23, 2005, http://www.venezuelanalysis.com/articles.php?artno=1529.

② 绝大多数大土地主占有土地并不是为了提高农业生产,增加农业财富,而是为了获得社会权力、声望或威望和身份地位。有些地主在这些土地上种植毒品、草料,有的甚至让土地大量闲置。大地主根据国际粮食价格波动决定增加粮食生产还是把土地大量抛荒,而不是主要考虑国内的粮食需求,因而经常造成委内瑞拉粮食短缺。

革的三年里，负责销售农产品的委内瑞拉土地公司的职责根本没有真正到位，土地公司并没有保证会购买或出售农民的产品。

（二）修改土地法

2001 年《土地法》规定对全国的可耕地进行核算统计。如果庄园主在规定的时间内不如实申报自己的土地，或拥有过多闲置的土地，政府有权将这些土地收回或低价购买，分给无地农民耕种，并向农民提供机械、技术、资金和培训，帮助农民发展农业生产，同时赋予农民参政和选举权力。但在该法案正式生效之前的 2002 年 11 月 20 日，委内瑞拉最高法院（当时反对派占微弱多数）判决土地法的第 89 条和第 90 条违宪，宣布它们无效。这两个条款规定农民对被征用的闲置土地享有优先购买权或优先占用权（ocupación previa）①，而且政府对被占用土地的地主不给予补偿。由于土地优先占用权没有解决，因此土地改革被搁置，直到 2003 年和 2004 年土地改革才提上日程。

2005 年年初查韦斯修正土地法并获得通过。新土地法规定，地主闲置土地的数量限额由掌握土地再分配大权的国家土地局灵活掌握。土地局规定的限额之外的闲置土地将被征用。另外，新土地法还特别规定，只要土地闲置就会被征收土地税，征收的税率将依农业用地的质量而定。根据新土地法，"优先占用"权改为给占地者农民发放农业证书（cartas agrarias）。这一证书并不授予占地农民对土地的所有权，而只是授予他们土地使用权和从土地上获得收益的权利，这样便使优先占地合法化，直到对所有权的争议得到合法解决为止。新土地法还规定任何一家之主或年满 18—25 岁的个人都可以申请获得一小块土地，一旦这块土地被有效耕种 3 年，申请人就可以获得这块土地的所有权，土地法禁止出售土地所有权，禁止土地买卖，但允许土地继承。

（三）制订"萨莫拉计划"（Plan Ezequiel Zamora）分配国有土地

查韦斯通过制订政府计划的方式分配土地，主要是分配国有土地。2003 年，查韦斯制订了由其兄长阿丹·查韦斯（Adán Chavez）负责的

---

① "优先占用"（ocupación previa）是巴西无地农民运动（MST）在他们相对成功的自下而上的土地改革中使用的主要策略。

"萨莫拉计划"（Plan Ezequiel Zamora）①，旨在重组闲置土地的产权，将国有土地分配给无地的穷苦农民，组成合作社，实行集体所有制的生产方式，根除大地产制。该计划在一年时间里为约 13 万个家庭分配了 150 多万公顷的土地②，平均每个家庭分得 11.5 公顷，总受益人口 65 万。到 2004 年年底，总共有 200 万公顷的国有土地被分配。大多数被分配的土地实际只是对农民已非法或非正规占有的土地给予法律上的承认，而不是将以前大地主的闲置土地重新分配给无地农民。可以说，2004 年以前所有重新分配的土地都是国有土地，直到 2005 年年初查韦斯修正的土地法得以通过，土地改革的矛头才指向私人土地。为了分配私人闲置土地，2005 年年初查韦斯设立了一个特别委员会——"国家农业委员会"（CAN），委员会成员包括农业部长、国家土地局局长及各州州长。③

（四）改革私人土地

从 2005 年开始，查韦斯对私人土地进行改革，但针对私人的土地改革采取的是购买（尽管可能是低价购买或补偿）而不是没收或无偿征用的方式，最早对私人土地进行再分配的举措开始于 2005 年 3 月，国家土地局宣布将私人手中的 5 处地产征回，但征用的原因并不是土地闲置，而是这些土地缺乏证明其所有权的证据。

同时，政府通过国有化的形式购买大地产，主要是外国人占有的大地产。2006 年，国家土地局共征收了 62 份地产，总面积达 53.4 万公顷，其中一处是英国 Vestey 集团子公司 Agroflora 名下的，另一处是西班牙人拥有的地产。根据 2006 年 3 月的一份协议，委内瑞拉政府将支付 420 万美元给 Vestey，购买其占用的面积 1.3 万公顷的 El Charcote 农场，并无偿征用阿普雷州面积近 1.9 万公顷的 San Pablo Paeno 农场，政府同意另外支付 250 万美元购买农场里的牛群（Agroflora——Vestey 公司宣称他们被征

---

① 埃塞克尔·萨莫拉曾经领导委内瑞拉人反对不公正的土地分配制度，提出了著名的口号，"争取土地和自由的人们，尊重农民，西班牙殖民者滚出去！"查韦斯的土地改革思想受萨莫拉影响最大。

② Gregory Wilpert, "Venezuela's Land Reform: Land for People not for Profit in Venezuela", August, 23, 2005, p. 256, http://www.venezuelanalysis.com/articles.php? artno = 1529.

③ Ibid., p. 257, http://www.venezuelanalysis.com/articles.php? artno = 1529.

用的农场价值 1160 万美元)。① 查韦斯政府购买大农场并非为了从事农业生产，而是意图开办一所农业培训学校。2006 年 5 月，委内瑞拉将土地改革的触角伸向亚拉圭州②，同意支付 316 万美元购买 12 家西班牙地主占有的面积 1154 公顷的肥沃土地。2007 年 3 月，查韦斯宣布没收 200 万公顷的闲置土地。2008 年 5 月，政府接管了 30 多座蔗糖种植园；2009 年 3 月，根据委内瑞拉食品安全法，政府接管了由美国农商企业 Cargill 和委内瑞拉 Empresas Polar 公司共同拥有的水稻种植园，没收了爱尔兰莫菲特——卡帕集团的 2237 公顷土地。查韦斯政府收购和没收的这些私人土地并不分配给个体农民，而是主要用于建设"集体所有制"的合作社。

查韦斯土地改革与委内瑞拉历史上的土地改革有很大区别：一、以前的土地改革将购买或征用的土地转交给小生产者，而查韦斯的土地改革基本上将土地直接转交给合作社，旨在创立一个集体所有制或联合所有制形式，试图直接过渡到集体农业或社会主义形式的农业，因此合作社成员对土地只拥有使用权，为了防止土地的再出售，土地所有权由政府持有；③ 二、与前任政府优先照顾中产阶级利益的土地改革不同，查韦斯的土地改革更加注重下层人民利益；三、对于所有权的界定标准也不同，以前是将地契和所有权凭证作为土地所有权的标准，现在则将是否在土地上从事生产活动作为唯一标准，只有在土地上工作的人才有权拥有土地；四、查韦斯土地改革的首要目标是提高土地的农业利用率，以提高农业生产和食品安全，摆脱粮食和食品的依附性，而不是土地的再分配本身和土地所有制问题。2007 年以来，对闲置土地的再分配政策更

---

① 委内瑞拉精英和外国人占有的委内瑞拉大量土地，通常实际利用率只有 0.01%—0.05%。大部分土地是直接非法掠夺后占用的，没有合法和正式的地契或其他字据凭证。See Lrin Venezuela, "Land Reform In Venezuela", *The Marxist*, Vol. XXII, No. 2 – 3, April-September, 2006, p. 2, p. 7, http：//cpim.org/marxist/200602-land-reform-venezuela-2.pdf; Maurice Lemoine, "Venezuela: The Promise of Land for the People", *Le Monde Diplomatique*, October, 13, 2003, www.venezuelanalysis.com/articles.php? artno = 1032; Gregory Wilpert, "Venezuela's Land Reform: Land for People not for Profit in Venezuela", August, 23, 2005, http：//www.venezuelanalysis.com/articles.php? artno = 1529.

② 亚拉圭州是委内瑞拉土地争端最严重、农民运动最激烈的州之一。

③ Lrin Venezuela, "Land Reform In Venezuela", *The Marxist*, Vol. XXII, No. 2 – 3, April-September, 2006, p. 16, http：//cpim.org/marxist/200602-land-reform-venezuela-2.pdf.

加温和，规定如果闲置土地的主人已经将闲置的土地用作农业用地，政府便不再重新分配其土地；如果不能，政府再将其重新分配，并按土地的市场价值加以补偿。由此可见，查韦斯的土地改革最根本的目标是促进农业生产，实现食物自给自足和粮食主权，而不是对生产资料的所有制进行改革。① 查韦斯的农业和土地改革计划未能改变农业工人、农民和大土地主之间的生产关系。

据统计，查韦斯时期共分配土地超过300万公顷。农业生产的食品从1998年的1700万吨增加到2010年的2460万吨。自1998年以来，委内瑞拉耕种的土地增加了48%，同时，一些主要作物产量大规模增加，玉米和水稻实现了自足，水稻产量增加了84%，牛奶产量增加了47%。② 2010年，政府开始实施零债务计划（Plan Zero Debt），主要在灾年或农作物歉收时给予农民补偿。到2011年，估计有70多万个家庭受惠于查韦斯的土地和食品改革。③

五 推行"回归乡村"的逆城市化进程

目前，委内瑞拉有92%的人在城市生活和工作，只有8%的人生活在农村地区。2005年委内瑞拉出台了新的《国家规划法》，目的是为配合土地改革和农业发展进行新的城市规划。委内瑞拉政府认为土地改革不仅是一种放缓农村向城市移民的进程，而且还是扭转这一进程的方式。早在2003年3月，查韦斯即出台了"回归乡村"的使命（Vuelta al Campo），为无地的城市居民提供农村的土地和贷款，鼓励他们返回乡下耕地种田，并对他们进行培训，同时在城市地区进行土地改革，将城市土地重新分配给城市穷人。"回归乡村"是农村人口的再移民，是从城市向乡村的逆向移民，这对于委内瑞拉和委内瑞拉农业转型来说是一个更加明显的特征和挑战。

逆城市化运动与向农村及偏远的贫困地区进行移民的大移民政策和

---

① Seth DeLong, "Venezuela's Agrarian Land Reform: More Like Lincoln than Lenin", February, 25, 2005, http://www.venezuelanalysis.com/articles.php?artno=1384.

② Lucia Michelutti, Small-scale farmers under socialist governments: Venezuela and the ALBA People's Trade Agreement, 2012, http://www.hivos.net/Hivos-Knowledge-Programme/Publications.

③ Ibid.

大规模发展规划是相辅相成的。查韦斯试图将来自委内瑞拉北方城市的成千上万的穷人重新安置到人口稀少的东部和南部地区，"用自己的人民殖民自己的国家。"① 并计划在贫瘠的土地上发展一个整体的可持续的农工业计划，进而建立学校、医院等配套设施。但参与垦殖的家庭所居住的房屋和耕种的土地并不免费使用，政府只提供给垦殖者第一年免地租的优惠，一年之后就要每年缴纳配额税（annual quota payments）。

六 大力推行战略部门的国有化改革——以石油业为例

2009 年，在推动修宪的同时，查韦斯利用国民代表大会授予的为期 18 个月的第二次委任立法权，颁布了一系列旨在推进改革的配套法律②，其中包括对电力业、电讯业、石油业、水泥业和钢铁业等具有战略意义的经济部门实行大规模国有化。由于石油业在委内瑞拉经济中的重要地位③，石油业自然是国有化改革的重中之重，由于篇幅问题，这里仅以石油业的国有化为例进行探讨。

虽然查韦斯将国有化作为其 21 世纪社会主义政治实践的主要内容之一，但国有化并非社会主义所独有。国有化在资本主义发展史上并不是一个新鲜事物，它实际上是资本主义制度内的一次调整。从查韦斯国有化的手段和方式来讲，他与其他资本主义国家历来实行的国有化政策没有本质区别，与查韦斯前任的国有化政策也基本雷同。查韦斯的国有化并不以征用或剥夺私产的形式，而是大多通过法令和相关政策、提高税率、临时接管、收购等方式将跨国公司控制的石油公司等重要行业收归国有，或提高政府在私有制跨国企业中的股份比例，并对所有人按市场价格提供补偿。给予慷慨补偿的一个主要原因是避免因不遵循双边投资关系协议而带来法律制裁或利益损失。

---

① Richard Gott, *In the Shadow of the Liberator*, New York: Verso, 2000, p. 184.
② 查韦斯可获得在能源、机构改革、金融和税务、安全与国防等 11 大领域出台数十部"革命法律"的权力。
③ 委内瑞拉是世界第五大产油国，美国第四大石油供应国，一个过度依赖石油部门的单一经济体。无论从占 GDP 的份额、出口额还是政府收入等指标来看，石油在委内瑞拉经济中都占有极为重要的地位。石油业是委内瑞拉最大的行业和查韦斯社会使命赖以实现的"财富宝库"。目前委内瑞拉拥有世界上最丰富的原油储备，达 2965 亿桶，比储备量位居第二的沙特阿拉伯多 320 亿桶。就现有的生产水平来看，可以开采 270 多年，委内瑞拉的石油才会衰竭。

石油业国有化的第一步是加强政府对委内瑞拉国家石油公司的控制，在保留原来生产方式和生产模式的情况下，改组公司管理层，任命新总裁和新董事会；第二步是大幅提高国外石油公司的石油开采税，治理偷税漏税等现象，同时收购外国跨国石油公司的股份，使委内瑞拉石油公司在国有化进程结束后占有 60%—70% 的股权。2005 年之后，委内瑞拉国家石油公司加强了对石油部门的控制，与委内瑞拉国家石油公司有合作协议的私人公司都转变成委内瑞拉国家石油公司占多数股份的合营公司。

2007 年 5 月 1 日，查韦斯颁布总统行政令，将委内瑞拉国土上最后一个被外国公司控制的石油生产基地——奥里诺科（以盛产重油闻名）实现国有化，从此完成了石油业国有化的全部进程，国家石油公司在奥里诺科盆地的合营公司的份额被进一步提高到 78%。① 在奥里诺科盆地经营的 33 家跨国公司中除 ENI 和 Total 决定撤资，Exxon-Mobil 和 ConocoPhillips 对委内瑞拉政府的决定进行抗议外，其余跨国公司都接受了查韦斯国有化的决定，因为即使在这种情况下，跨国公司仍有利可图。

这次国有化进程是和平进行的，不但在实施国有化之前，外国公司可以与委内瑞拉政府就国有化的条件进行谈判，而且查韦斯实施的国有化仅仅是提高分成比例和减少外国公司的股权和对委内瑞拉石油业的控制。因此可以说，查韦斯的国有化实际是非常保守的，甚至比 20 世纪六七十年代其他拉美国家通过极低的补偿金将外国公司收归国有所实施的国有化还保守些。

从石油业国有化改革中可以看出，查韦斯的主要目的是增加政府可控的财政收入，并将这些收入用于增加社会福利。因此查韦斯的国有化更应该看成是恩格斯所说的"为了取得一种不依赖于议会决定的新的收入来源"② 而把石油等战略部门的公司收归国有的资本主义国有化进程。事实证明，2004 年之后查韦斯大规模推行的社会使命计划都是由石油收入支撑的。巨额的石油收入可以使委内瑞拉政府在推行社会政策时摆脱

---

① Maxwell A. Cameron and Eric Hershberg, eds., *Latin America's Left Turns: Politics, Policies, and Trajectories of Change*, Lynne Rienner Publishers, 2010, http://www.rienner.com.
② 恩格斯：《社会主义从空想到科学的发展》，载《马克思恩格斯选集》第 3 卷，人民出版社 2004 年版，第 752 页。

私人资本的控制。

七　执行新的社会使命

查韦斯认为"社会主义优先关注社会，而资本主义优先关注资本"。因此他宣布要"向社会问题宣战"（war on social problems）。社会主义试验在社会领域显然比在生产领域体现的程度更高。[①]

与前一个阶段的社会使命相比，新的社会使命体现出一些新的特征：

第一，有了专门统一负责使命计划的机构。以前的使命在管理上各自为政，从2009年9月起，社区委员会成为统一负责监督使命计划的机构，使命的资金也进行了统一。

第二，社会使命的资金开始与石油收入挂钩。

这一阶段，查韦斯社会使命计划的资金直接来自国家石油公司的石油收入，这是因为2004年年底以来石油价格高昂，政府对石油业实行国有化改革后的石油收入大幅度增加，查韦斯可以避开低效而腐败的国家官僚机构，直接将资金转移给穷人。2006年5月，查韦斯政府增设对国内外石油公司的新税种——石油开采税，使其与矿区使用费合计的税率由33.3%增至50%。由于石油开采税的提高，石油收入在国家收入中的比重从1998年的25%增加到2008年的近40%；[②] 2008年4月，国会通过了《石油高价特别贡献法》，批准委内瑞拉政府对在该国运营的石油公司征收暴利税。2011年3月，政府宣布下调石油暴利税起征点，上调税率，油价在每桶40美元和70美元的暴利税税率为20%，70美元和90美元的暴利税税率为80%，90美元和100美元的暴利税税率为90%，超过100美元的暴利税税率为95%。从暴利税征收来的所有收入必须投入到2005年设立的由总统直接控制的国家发展基金FONDEN中。[③] 国家石油

[①] 1648164968 Peter Bohmer, Venezuela: Socialism for the 21st Century, August, 5, 2009, http://venezuelanalysis.com/analysis/4690.

[②] Özgür Orhangazi, Contours of Alternative Policy Making in Venezuela, Working paper Series, No. 275, November, 2011, p. 9.

[③] Pedro L. Rodríguez, José R. Morales, and Francisco J. Monaldi, Direct Distribution of Oil Revenues in Venezuela: A Viable Alternative? Center for Global Development, working paper 306, september, 2012, p. 9, http://cgdev.org.

公司每年必须拿出至少10%的投资预算用于资助社会使命。① 但是大规模利用石油收入资助社会使命带来了两个问题：一是国家石油公司资助和常规公共开支重复的问题；二是在教师和医生等中产阶级中产生了某些不安，他们抱怨政府取消了针对他们的福利计划，用来资助穷人。

2005年以来的社会使命涉及范围更广，资助力度更大，仍优先针对减贫问题，特别关注妇女、儿童等最弱势群体的福利。主要有以下几种使命：

（一）"奇迹使命"（Mision Milagro）

该使命于2006年正式启动，是一个健康医疗计划，资助委内瑞拉穷人到古巴接受白内障手术和其他眼科手术。有17.6万因白内障而失明的委内瑞拉人得到了古巴专家的免费手术治疗，来自拉美其他国家的病人也可以享受"奇迹使命"提供的免费服务，体现了查韦斯的国际主义精神。

（二）大住房使命（Great Housing Mission）

2011年2月推出，旨在解决居民住房问题的200万套惠民计划，通过公私部门的合作，每年建造几十万套新住房和公寓，以促进建筑业的发展，这是查韦斯实行的最大规模的住房使命。②

（三）"何塞·格雷格里奥·埃尔南德斯使命"（Misión José Gregorio Hernández）

在2008年3月付诸实施，其宗旨是关注委内瑞拉残疾人的医疗问题，在全国范围内对残疾人状况实施逐户调查，汇总其需求。该"使命"的内容还包括培训医生、预防、治疗。这一使命是"走进贫困区使命"的延伸。

（四）委内瑞拉农业使命（Mission Agro-Venezuela）

2011年1月出台，提出"种植社会主义，收获主权"的革命口号，旨在加强食品安全和主权，向参与到该计划中的农民提供低息贷款、机

---

① 当时国家石油公司的CEO由委内瑞拉能源和石油部长兼任，保证了国家对石油公司的绝对控制。

② Embassy of the Bolivarian Republic of Venezuela, "Over 20 Million Venezuelans Use Public Health Services", September, 2012, http://eeuu.embajada.gob.ve.

械和技术援助。查韦斯政府为该使命支出了23亿美元，参与机构达10多个。① 根据委内瑞拉政府数据显示，到2011年4月，已有58.6万农民注册参与该使命。社会主义农业发展基金和委内瑞拉农业银行为17余万农民提供了数额100万美元的资金。委内瑞拉农业使命实行仅10个月，委内瑞拉公共银行已为77.5万公顷土地上的战略性食品提供了贷款。②

（五）"母校"（Alma Mater）使命

2009年3月，查韦斯制定6650号行政令，推出"母校"使命，目的是帮助青年接受高等教育。该使命将29所由州资助的综合大学和学院升级为国家实验大学，同时创办17所区域性大学，设立了10所专门大学和2个教育机构，以满足特定区域的生产、社会和文化需求，并与当地职业需求挂钩。高校的科学技术能力为社会大众经济和本土发展服务，达到知识和社会责任相统一，这就是母校使命旨在实现的高等教育的"社会关怀"。③

应该注意的是，到2011年委内瑞拉共实施了大约32种使命，其中8个使命与不同层次的正规和非正规教育有关。教育具有开发人力资本和传播意识形态双重功能。2007年，查韦斯政府出台"道德与启蒙"计划，专门培训人员，向全国传播和推广"21世纪社会主义"理论。政府还对中小学和大学必修课教学大纲进行修改，开设"玻利瓦尔教育课程"，向学生传播社会主义理念，增强民族认同感。

（六）针对妇女和儿童权利的一系列使命——总称为"基督使命"（Christ）

早在19世纪40年代，傅立叶曾在《关于四种运动的理论》中提出，"在任何社会中，妇女解放的程度是衡量普遍解放的天然尺度。""妇女权

---

① Lucia Michelutti, Small-scale farmers under socialist governments: Venezuela and the ALBA People's Trade Agreement, 2012, http://www.hivos.net/Hivos-Knowledge-Programme/Publications.

② Cargar Contenido, Bolivariano sigue impulsando la agricultura en Venezuela; 2011, http://www.mat.gob.ve/modulos/detallenoticias.php?iddetalleN=10843&strtitulo=Sánchez: Gobierno.

③ T. Muhr, "Counter-hegemonic regionalism and higher education for all: Venezuela and the AL-BA", *Globalisation, Societies and Education*, Vol. 8, No. 1, 2010, University of Bristol, UK, http://www.bris.ac.uk/education/research/ges/post-doc-fellows/thomas-muhr/papers.html.

利的扩大是一切社会进步的基本原则。"① 查韦斯时期妇女解放的成就是革命性的。1999年新宪法规定宪法中使用不歧视妇女的中性词;2001年成立妇女开发银行,为妇女,尤其是低收入妇女,提供免费的金融服务、小额贷款和培训,帮助妇女脱贫;2007年通过《妇女免遭暴力权的法律》;2008年成立委内瑞拉妇女部,2009年妇女部被授予预算自治权力,其名称也改为妇女和性别平等部;2011年成立了新的国家保护妇女办公室,允许妇女有权作为户主,带头开展农业计划,允许妇女在任何军种服役,提高妇女的政治参与度。目前妇女在1/3以上的政府部委、4/5行政部门之外的部门中担任领导职务,最高法院中有5/6的法官是女性,32名选出的地方法官中有14名是女性。1997年,委内瑞拉不到6%的议员是女性,不到10年时间女性议员的数量增加了近2倍。女性在国民大会中占16%—19%的席位,在地方政治中的角色也越来越重要,女性担任州长、议员和市长等职位也越来越多。在地方社区委员会中,妇女通常占总人数的70%。②

针对处于边缘地位的贫穷妇女和儿童,查韦斯制定了"社区母亲"使命(Madres del Barrio)、"委内瑞拉之子"使命和"基督儿童"使命(Mission Christ Child)。"社区母亲"使命是为贫穷的单身母亲设立的有条件现金转移计划。如果单身母亲送孩子上学或从事社区工作,就会每月获得补助,但补助只是暂时的。第一阶段给予补助是为了让她们参与第二阶段。在第二阶段,单身母亲必须自己设计经济计划,成立合作社或任何形式的社会企业,申请小额贷款的资助,最终实现自足、自治和自立。2006年以来,"社区母亲"为极端贫困的9万多名委内瑞拉妇女提供了经济援助,到2011年年底,这一计划共投资了3.488亿美元;③"委内瑞拉之子"使命为极端贫困家庭儿童的母亲提供资助,为所有年龄段妇

---

① 恩格斯:《反杜林论》,载《马克思恩格斯选集》第3卷,人民出版社2004年版,第610页。

② "30 Years of Democracy: Riding the Wave? Women's Political Participation in Latin America", International IDEA, February, 29, 2008. http://www.idea.int/publications/30_years_of_democracy/index.cfm.

③ "Over 800000 Venezuelans Have Benefitted from Social Missions 'Ribas' and 'Madres del Barrio'", Embassy of Venezuela to the U.S., November, 17, 2011, http://ven-ezuela-us.org/2011/11/17/over-800000-venezuelans-have-benefitted-from-social-missions-"ribas"-and-"madres-del-barrio"/.

女提供家庭规划服务，父母双双失业的家庭或收入低于最低工资标准的家庭可以每个儿童每月得到约 100 美元的补助，但最多不超过 3 个儿童。少女母亲和所有年龄段的残疾人也能享受这一福利。① 2012 年 3 月，约 2 万个家庭参与该计划；② 基督儿童使命资助的是没有医院的社区里的准妈妈，为她们提供怀孕和生产期的母婴照顾。2012 年 1 月，该使命建立了 7 个母婴中心和 17 个儿童照护中心，其中有些还配备了母乳库和其他一些创新性的服务。③

（七）能源、水、树木等环境保护领域的社会使命

第一，能源使命（Mission Energy）旨在节能和对能源进行有效利用。根据能源使命，委内瑞拉有 6800 万个白炽灯泡更换成节能灯，节省电力，减少国家碳排放。另外，政府制订了发展太阳能和风能的计划（solar-panel project），在加拉加斯市中心设置太阳能路灯，在委内瑞拉北部沙漠地区建立新的太阳能发电厂。委内瑞拉还创立了第一个混合能源系统（hybrid energy system），使用风能、太阳能和柴油三种不同能源。为了保护环境，查韦斯还致力于发展电力铁路系统，制订了拉美最雄心勃勃的铁路计划之一，开发使用电能做动力的电动火车，减少温室气体排放。同时，根据 2008 年国民大会通过的决议，从 2008 年 4 月起委内瑞拉生产和销售的所有汽车都同时使用天然气和石油混合动力的内燃机引擎，激励国内市场合理使用液体燃料，减少污染。

第二，石油住房（Petrocasas）使命，是与社区联手推行的新计划，旨在建筑生态保护型住房，利用石油废料作为建筑材料，建造 6 万所石油住房，现在已部分投入使用。除了用石油废料建房子，委内瑞拉还用

---

① "Venezuelan Government Sets Aside ＄2.3 Million for Children in Poverty", Embassy of Venezuela to the U. S., November, 28, 2011, http：//venezuela-us. org/2011/11/28/venezuelan-government-sets-aside-2 - 3-million-for-children-in-poverty/.

② "20000 Venezuelan Families Receiving Aid Through the Program 'Sons of Venezuela'", Embassy of Venezuela to the U. S., March, 5, 2012, http：//venezuela-us. org/2012/03/05/20000-venezuelan-families-receiving-aid-through-the-program-%E2%80%9Csons-of-venezuela%E2%80%9D/.

③ "Venezuelan Social Program for Mothers and Children Opens 17 Clinics", Embassy of Venezuela to the U. S., February, 16, 2012, http：//venezuela-us. org/2012/02/16/vene-zuelan-social-program-for-children-opens-17-shelters/.

废弃塑料瓶制作移动电话,称为生态移动电话,配备太阳能充电器,生态移动电话可以减少能源的消耗,还能防止废弃电话对环境造成的破坏。委内瑞拉国家石油公司还推行了恢复绿色区域,净化河流、湖泊和土地,减少排放等有利于环境的计划,积极参与委内瑞拉的绿色革命。2007年查韦斯宣布,委内瑞拉生产的石油都是绿色石油(green petrole)。①

第三,树木使命(Mision Arbol),即再造林计划,开始于2006年6月,旨在保护河床和被砍伐的森林,促进对森林的可持续利用。2006—2008年,委内瑞拉种植了3300万株树木,有近1.9万公顷的土地实现再造林。

(八)使命中的使命——"4月13日使命"(Misión April 13)

2008年8月付诸实施,这是一个旨在整合所有社会使命的使命,因此又称"使命中的使命"。该使命帮助政府对水、电力、住房、道路、教育、医疗等社会需求做出及时反应,以提高贫困社区居民的生活水平。"4月13日使命"起初在8个州先行实施,最终覆盖全国。它拥有约1.86亿美元的启动资金,其中80%的资金直接交付社区委员会使用,20%的资金由相关部委使用。

除了以上提及的使命外,查韦斯还实施了强身健体的"运动使命"(Mision Deporte),保护牙齿的"微笑使命"(Misión Sonrisa),支持矿区的"渴望使命"(Misión Piar),帮助街头流浪乞讨者的"内格拉·伊波里达使命"(Misión Negra Hipólita)等。

需要指出的是,政府通常使用现金转移的方式作为鼓励人们参与各种社会使命的激励措施。但这些现金转移计划必须通过银行账户来发放,也就是说,参与者必须拥有开户所需的公民身份证。尽管查韦斯制定了"身份证使命",仍有许多人由于政府机构腐败、程序复杂等原因未办理身份证,因此实际无法享受现金转移优惠。据统计,2007年委内瑞拉只有28%的成人获得某种形式的金融服务,低于拉美地区平均的38%。②

---

① World Energy Council, "Energy Information: Venezuela", 2005, http://www.worldenergy.org/wec-geis/edc/.

② Pedro L. Rodríguez, José R. Morales, and Francisco J. Monaldi, Direct Distribution of Oil Revenues in Venezuela: A Viable Alternative? Center for Global Development, working paper 306, september, 2012, p. 16, http://cgdev.org.

综上所述，尽管从目前掌握的资料和实际效果来看，查韦斯的 21 世纪社会主义国内政治实践似乎并不像他言辞中表述的那样成果显著[①]，但查韦斯执政 14 余年，推行了一系列政治、经济和社会领域的改革，甚至进行了某些具有社会主义性质的试验，实施了给底层阶级带来实惠的社会使命，还是取得了比其前任大得多的成就，这些成就在社会领域体现得更加明显。见表 2—1。

表 2—1　　　　　查韦斯执政时期的主要社会成就

委内瑞拉经济和社会指标	年份	（%）	年份	（%）
贫困率	1998	52	2012	23.9
赤贫率	1998	20.1	2012	9.7
基尼系数	1998	0.48	2012	0.39
婴儿死亡率/（‰）	1998	21.4	2012	10
社会支出占 GDP 的比重	1990/1991	8.8	2004/05	11.7
家庭贫困率	1998	44	2011	26
社会开支占预算的比重	1998	36.2	2012	60.7
儿童营养不良的比例	1998	21	2012	3
最低工资	1998	16 美元/月	2012	330 美元/月
失业率	1998	15.2	2012	6.4

资料来源：CEPAL, *Social Panorama of Latin America* 2013, Santiago, Chile, 2013, http://www.eclac.cl/; Embassy of the Bolivarian Republic of Venezuela, "60% of Venezuelan Budget has been Allocated to Social Sector", March, 2012; Praful Bidwai, Towards A "21st Century Socialism": Hugo Chavez's unfinished task, Research Action Network, 2006, p. 1, www.landaction.org/display.php?article=334.

[①] 查韦斯 21 世纪社会主义改革是激进"言辞主义"（rhetoric）和温和行动主义的结合体。委内瑞拉文学批评家约兰达·萨拉斯（Yolanda Salas）曾经提到，查韦斯最有力的武器是他运用语言的能力。See John D. French, Understanding The Politics of Latin America's Plural Lefts (Chavez/Lula): Social Democracy, Populism, and Convergence On The Path To a Post-Neoliberal World, Working Paper # 355-December, 2008, p. 10.

第四节　没有尾声的尾声：几点看法和思考

查韦斯去世后，其继承人马杜罗基本延续了查韦斯时期的政策，查韦斯21世纪社会主义改革仍产生着后续影响。但从目前委内瑞拉遭受的政治、经济和社会多重危机来看，21世纪社会主义改革推进的空间将会越来越小。严格来说，我们很难对正在发生的事情进行公正而合理的评价，笔者仅对查韦斯在世时实行的一系列改革政策谈一谈自己的几点看法。

第一，从查韦斯政权的混合性质来看，查韦斯反对的实质是帝国主义和私人垄断，而不是一般意义上的资本主义。查韦斯曾将资本主义分为好的资本主义（good capitalism）和坏的资本主义（bad capitalism）。好的资本主义是生产性资本主义或工业资本主义；而坏的资本主义是不生产产品和服务就赚取财富的资本主义，是金融资本主义或虚拟资本主义，也就是列宁强调的资本主义的最高阶段——帝国主义。[①] 查韦斯21世纪社会主义反对的恰恰是这种资本主义。反对金融凌驾于生产之上是21世纪社会主义制度反资本主义话语的核心。因此，查韦斯之所以未采用20世纪社会主义的方式是因为要保证中产阶级和企业家阶级等生产性阶级（productive classes）的利益（尽管后来他的一些激进措施引发中产阶级和上层阶级的不满），不能完全侵犯私有财产，也未从根本上对抗资本主义制度。副总统哈瓦曾直接指出，"（查韦斯）政府干预经济不是反对私人部门而是反对经济中的垄断因素。"[②]

第二，从政策，尤其是经济政策的执行情况看，查韦斯的大部分政策和改革并未脱离资本主义范畴。因为他既无力挑战资本主义生产资料私有制，又不能完全摆脱全球化资本主义的影响。经过14余年的激进改革（包括8年多的21世纪社会主义政策实践），目前委内瑞拉仍是以私

[①] 列宁：《帝国主义是资本主义的最高阶段》，载《列宁选集》第2卷，人民出版社1972年版，第810页。

[②] J. Reardon, "Venezuelan Government Intervenes in Key Food Sector Company", 2010, http://venezuelaanalysis.com.

有制为主的混合经济,私人部门仍在银行业、农业、商业和对外贸易等部门占统治地位,掌握着 70% 以上的 GDP, 即使委内瑞拉将一些重要工业国有化之后,国有企业也不到 GDP 的 10%, 资本主义部门 (capitalist sector) 更是从占 GDP 的 65% 增加到占 GDP 的 71%。从总体上看,委内瑞拉经济仍控制在资产阶级 (boli-bourgeoisie) 手中。而且,委内瑞拉经济 (无论公有的还是私人的) 仍然从属于全球性的"劳动的殖民式分工"(colonial division of labor), 委内瑞拉出口农业和矿业产品,进口制成品的国际经济结构仍未改变。查韦斯时期未摆脱石油国家发展模式 (petro-state model)①, 反而对石油收入更加依赖, 如 1998 年石油出口额占财政收入的 31%, 出口收入的 64%, 到 2008 年这些数字分别增加为 64% 和 92%。②

查韦斯虽然去世了,21 世纪社会主义试验却并未终结,谁也无法预料它将会走向何方。对于这一新道路的研究成果已经汗牛充栋,大家仁者见仁,智者见智,有褒的、有贬的。笔者也试图加入理解 21 世纪社会主义政治实践的行列,但在研究的过程中产生的疑问比解答的问题还多。因此,21 世纪社会主义不但是一种现实中进行的新道路的探索,而且还能引起人们在思想领域的思考。

首先,评判标准的问题。

现在对 21 世纪社会主义实际存在两种评价标准:一个是传统的马克思主义和传统社会主义的评价标准;另一个是更多流行和使用的资本主义发展标准和评价体系。但用这两种评价体系都无法正确评价委内瑞拉的 21 世纪社会主义。在一个资本主义生产方式、消费方式和思维方式占主导的世界,我们对于 21 世纪社会主义的任何分析和评价都难免带上资本主义思维逻辑和知识体系的烙印,无论我们使用的 GDP、失业率等经济指标还是贫困率、GINI 系数等社会指标,都是沿用资本主义的统计模式和方法计算出来的,并没有形成一套当代社会主义的统计指标。民主、

---

① Elise Chahla, Victims of Wealth? The Venezuelan Petro-State: From Caudillismo to the Chavista Era, World Energy Council, 2005, http://www.worldenergy.org/wec-geis/edc/.

② Alan Woods, "Venezuela: The Agrarian Revolution: Revolutionary Realism Versus Reformist U-topia", February, 16, 2005, http://www.marxist.com/Latinam/venezuela_agrarian_revolution.htm.

议会等概念也是资本主义历史发展的产物,是资本主义的评价标准。华勒斯坦曾言:没有发展模式的优劣,没有人种的智愚之分,只有评判标准的不同,资本主义世界发展到现在,西方数字化的统计标准占了上风。我们用"进步"的眼光看待世界,是给我们的认识设定了一个前提,而并没有论证这一前提是否准确。在这一前提下,我们发明出所有的衡量标准,但这些衡量标准都具有片面性。① 在对当代社会主义缺乏正确评判标准的情况下,我们对21世纪社会主义的认识可能会出现偏颇。

其次,能否在一个过度依赖国际市场或全球资本主义的单一经济国家实现社会主义。

在一个具有扩张本性的全球资本主义仍处于高度发展的时期,对于高度依赖石油产业出口的委内瑞拉如何能进行一种与资本主义相悖的生产方式和社会制度的实践?尽管政府的再分配机制与资本主义基本原则背道而驰,但只要大多数的交换仍然是在全球资本主义环境中进行,只要生产的根本目的是追求利润的最大化,那么无论是生产资料国有还是生产资料私有"都没有消除生产力的资本属性"②,都无法打破资本的运行逻辑,无法摆脱最终被纳入资本主义范畴的宿命,不管它是自由资本主义还是垄断资本主义,不管它是国家垄断资本主义还是国际垄断资本主义。

委内瑞拉长期形成了石油单一经济发展模式,忽略了其他行业的发展,更没有形成完整的资本主义经济发展体系。而资本主义发展的历史表明,一旦形成单一的经济模式,就会掉进经济结构失衡的陷阱,导致对全球资本主义市场的依赖。对石油业的控制不断在私人资本、外国资本和国家资本之间轮流,石油工业的生产方式并未改变。查韦斯上台之后,对委内瑞拉最大的石油公司——国家石油公司的改革也只是更换上层管理人员,并没有根本改变公司的生产方式和运营方式。委内瑞拉政府无论实施什么样的政策,都是建立在石油经济这一对外依附性很强的单一经济基础上的,这是一种纳入全球资本主义发展逻辑的最彻底的方式,所以在这样的国际和国内历史背景和条件下独立发展社会主义,难

---

① [美]伊曼努尔·华勒斯坦:《历史资本主义》,社会科学文献出版社1999年版,第62页。
② 恩格斯:《社会主义从空想到科学的发展》,载《马克思恩格斯选集》第3卷,人民出版社2004年版,第753页。

度之大可以想象。正如列宁在谈道"贯穿资本主义整个发展过程和通向社会主义整个道路的红线"时所指出的,"在实际生活中这条道路绝不会是笔直的,而将是难以想象的复杂。"①

---

① 列宁:《关于修改党纲和更改党的名称的报告(3月8日)》,载《列宁全集》第34卷,人民出版社1985年版,第44页。

第 三 章

古巴特色社会主义道路、理论与制度探析

古巴，西半球唯一的社会主义国家，革命理想主义的胜地。五十多年来，这个坚持在帝国主义鼻尖下发展社会主义的国家，始终保持着战斗的姿态，无比警醒地洞察着世情时局，唯恐稍有不慎尽失乾坤。悉数古巴社会主义革命、建设与改革的历史，这个面积近11万平方公里、人口超1100万的加勒比岛国先后经历了1959—1975年的社会主义道路探索时期、1976—1989年的社会主义调整时期、1990—2006年东欧剧变后的和平时期特殊阶段以及2011年以来古共六大开启的社会主义模式更新阶段。封锁、自然灾害、物资匮乏、体制僵化、效率低下……古巴社会主义从不乏挑战，而在困难面前，古巴人民的选择总是出人意料的一致——在坚守理想的同时，直面现实，誓保生存与发展。

第一节 古巴社会主义道路的历史抉择与坚守

根据古巴民族国家的演进特征，可将古巴历史分为民族逐渐成形的殖民时期（1492—1898）、被美国军事占领时期（1899—1902）、建立民族国家后依附于美国的新殖民时期（1902—1958）和享有绝对主权的革命时期（1959年至今）。与古巴争取民族独立的漫长岁月相比，古巴探索社会主义的历史十分有限，然而正是这短短五十多年的抉择与坚守却赋予了古巴人民令人折服的坚韧与智慧。

一 古巴社会主义道路的历史抉择

从1959年古巴革命胜利到1961年古巴宣布走社会主义道路，短短两

年时间，古巴社会的急剧转向和跳跃，使深陷两极格局的世界颇感惊讶。这个风口浪尖上的选择究竟是历史累积的必然还是冲动促成的偶然？这个名不见经传的加勒比岛国究竟能否承受并兑现这个选择？社会主义这个抽象的历史命题对古巴而言究竟是未来的福音还是忧患？历史一一给出了答案。

（一）从独立运动到反独裁斗争

从19世纪中后期开始，古巴国内民族矛盾和阶级矛盾此起彼伏，革命形势不断加剧。为争取民族独立和反独裁斗争，在进步思潮的启发和先进力量的领导下，古巴人民从此走上了曲折漫长的革命征途。

1. 殖民主义、独裁统治与人民大众的矛盾激发了古巴民众强烈的民族独立要求

古巴争取民族独立的愿望和斗争由来已久。早在19世纪初的古巴，在经历了300年的西班牙殖民统治后，民族独立的思潮就已开始在古巴社会的先进分子中萌发，但由于种种历史原因，古巴错过了美洲大陆的第一波民族独立浪潮。1820年以后，古巴民族独立运动开始围绕两条斗争路线，迅速发展起来。一条是反对维护殖民利益的传统派和只要求局部变革的改良主义势力；另一条是反对主张美国吞并古巴的兼并主义力量。两条路线的斗争主导了古巴19世纪的革命进程，而后者更以另一种形式持续到古巴革命胜利后的建设时期。20世纪上半叶，由于改良主义的妥协和资产阶级的动摇，革命不断反复出现。面对美帝国主义和本国马查多政权（1925—1933）和巴蒂斯塔政权（1940—1944、1952—1958）的独裁统治，古巴国内的阶级矛盾空前激化，人民大众的政治觉悟也普遍提高。直到20世纪50年代，以工人运动、学生运动、妇女运动为先导的、彻底的古巴社会革命已迫在眉睫。从19世纪上半叶的小规模起义到19世纪下半叶的大规模解放战争，再到20世纪上半叶反亲美卖国政权的斗争，古巴的民族独立运动尽管历史曲折，但革命的反复性也赋予了古巴人民丰富的斗争经验和彻底的革命愿望，为下一阶段的社会革命进行了充分的社会动员。

2. 社会主义思想在古巴的传播赋予了古巴革命更加进步的历史使命

古巴社会主义思想在工人中的传播始于19世纪末。古巴社会主义运动的先驱、最早的马克思主义者卡洛斯·B.巴利尼奥（1848—1926）年

轻时曾同烟草工人一起劳动，并于1892年和何塞·马蒂共同创立古巴革命党，动员工人积极参加古巴的独立战争。1903年他创建了古巴第一个马克思主义团体"俱乐部"，1904年又创建了工人党（从1905年起称社会主义工人党）。俄国十月革命后，古巴的工人运动受到很大鼓舞，社会主义思想的传播更为广泛。1925年，巴利尼奥同胡利奥·安东尼奥·梅利亚（1903—1929）一起创建了古巴共产党（后改名为人民社会党）。同年，古巴第一个全国性劳工组织——古巴全国工人联合会也成立了。具有共产主义思想的知识青年开始同工人运动相结合。在20世纪30年代初期，共产党积极参加了反对马查多独裁统治的斗争。1933年8月4日，古共领导工人进行总罢工。在古共和古巴全国工人联合会的共同宣言中提出：建立民主政府，改善劳动人民的生活状况，结束对美国的半殖民地依附关系等。这时罢工的规模急剧扩大，在许多工厂和种植园都成立了独立的"苏维埃"。这是古巴有史以来无产阶级第一次作为革命的动力登上政治舞台。在1933年的革命中，社会主义思想得到进一步传播，工人阶级的觉悟有了新的提高。以共产党为代表的工人力量不仅对推翻马查多暴政做出了贡献，而且对后来格劳政府（1944—1948）所采取的一些政策措施和制定具有进步内容的1940年宪法等民主成果的取得都发挥了积极作用。在20世纪40年代和50年代，社会主义思想以空前的广度和深度在古巴民众特别是在工人阶级中传播。

（二）从星火燎原到胜利举旗

1953—1959年，古巴爆发了反对亲美独裁统治的革命战争。以菲德尔·卡斯特罗为代表的一批古巴爱国人士和进步力量在古巴人民的全力配合下，经过5年多的艰苦抗战，终于在1959年1月取得了古巴民族民主革命的胜利，建立了西半球第一个享有绝对主权的社会主义国家。

1. 古巴革命领导力量的演化与革命道路的选择

古巴革命胜利初期，革命政权的主要领导力量包括：古巴革命的直接领导者"七·二六"爱国主义运动、以革命前的古巴共产党为前身的人民社会党和以青年学生为核心力量的"三·一三"革命指导委员会。三者中历史最长的是代表工人阶级利益的人民社会党。该党前身是1925年成立的古巴第一个马列主义政党——古巴共产党。尽管古共曾长期处于非法地位，但该党始终坚持工农斗争，反对马查多独裁统治，并积极同其他左派组织寻求重组合并，故而先后更名为共产主义革命联盟党和人民社会党。卡斯特罗领导的"七·二六"爱国主义运动是一支因反对巴蒂斯塔独裁统治而聚合在一起的革命力量，主要代表了工人阶级、农民阶级以及小资产阶级中进步力量的利益。从1952年开展革命活动起，该组织始终坚持以武装起义和农村游击战为基本的斗争策略，先后组创了"革命爱国阵线""革命民主人民阵线"等联合革命组织，并在根据地建设的配合下，最终取得了1959年革命的胜利。"三·一三"革命指导委员会前身——哈瓦那大学学生联合会成立于1922年，该委员会是反对巴蒂斯塔独裁统治斗争中最为激进的政治力量之一，该会主要代表学生的呼声，同时兼蓄工人、知识分子和农民的力量。该会主张武装起义、彻底改造古巴社会和摆脱外国资本的控制等。尽管三股革命力量在革命过程中均以各自的方式打击了独裁政权，但由于斗争策略的差别，卡斯特罗领导的"七·二六"爱国主义运动最终成为1959年古巴革命的直接领导力量。其中，人民社会党由于在革命前曾一度通过合法斗争取得过参政地位，因此在反对巴蒂斯塔独裁统治的斗争中，主张以和平方式解决政治冲突；而"三·一三"革命指导委员会则主张以哈瓦那等城市为斗争重点，以刺杀独裁者个人的方式夺取革命。针对上述两种斗争方式，"七·二六"爱国主义运动认为，革命的决定性因素在于充分动员群众，坚持彻底的武装起义和山区游击战。实践证明，议会合法斗争和以城市为中心的斗争策略给革命带来不必要的损失和惨痛的教训，人民社会党和"三·一三"革命指导委员会最终意识到武装起义和游击战的重要性，并积极配合"七·二六"爱国主义运动取得了革命的最终胜利。

1959年古巴革命的成功，极大地鼓舞了古巴和拉美人民的革命热情，然而摆在人们面前的更大挑战是——如何巩固和发展古巴革命的成果？由于古巴革命尚处在民族民主革命阶段，革命领导力量和革命道路问题在革命成功前尚未获得各派革命力量的完全认同，革命就已取得了"执掌政权"的阶段性成功，因此古巴革命成功后一个重要的历史遗留问题就是如何看待古巴革命的领导权及革命领导力量的代表性问题。

古巴革命胜利初期，因反革命势力的反扑、美帝国主义的侵略、革命组织内部的分化等不利因素，革命政权岌岌可危。由于在革命时期结下的互助传统和面临的共同挑战，三股革命力量通过统一思想、重建组织，先后建立了革命统一组织、古巴社会主义革命统一党等过渡组织和机构，并最终于 1965 年正式建立了无产阶级执政党——古巴共产党。

古巴革命领导力量的演化与古巴革命道路的选择密切相关，对革命后的古巴社会主义建设也产生了深远的影响，古巴革命的阶段性、过渡性和长期性等特点进一步得到体现。

2. 古巴革命的第一阶段：民族民主革命的胜利与巩固

1953 年蒙卡达起义失败后，卡斯特罗就在《历史将宣判我无罪》（又称《蒙卡达纲领》）中指出，1959 年革命的目标是恢复 1940 年宪法，建立革命政府，实行工业化和外国资本国有化，进行土地和教育方面的改革，并实行民族独立政策，同拉丁美洲各国人民团结一致。因此，具有民族民主性质的 1959 年古巴革命，在胜利夺取政权后的首要任务，就是实践《蒙卡达纲领》对革命第一阶段的规定。

古巴革命胜利后，革命政府着手革除新殖民时期的政治体制，镇压机器被彻底推翻，不当资产被收归国有，共和国时期的历史遗存被逐一消解，多年来被压迫的古巴人民第一次当家做主。巴蒂斯塔政权的战犯受到了应有的审判和惩罚，工人运动的腐朽领导被革职，曾服务于独裁政权的政党也被解散。

（1）摧毁旧的国家机器，建立革命政权。1959 年 1 月 3 日临时政府成立后，立即宣布解散旧议会和特别法庭，清除政府和其他机构中的巴蒂斯塔分子，取缔反动政党；废除一切反动法令，没收反动分子的财产；改组旧军队，建立革命武装部队。与此同时，逐步建立新的革命秩序，扩大社会民主。同年 2 月 7 日，临时政府颁布了以 1940 年宪法为基础的《1959 年根本法》，起宪法的作用。为了体现统一战线原则，临时政府由曾经参加反独裁统治的各派政治力量所组成。代表资产阶级自由派的曼努埃尔·乌鲁蒂亚（1901—1981）和何塞·米罗·卡多纳（1903—1974）分别担任总统和总理。卡斯特罗任武装部队总司令。然而，随着革命的深入，自由派反对改革的立场逐渐不能适应革命发展的需要。在人民的强烈要求下，卡斯特罗于 1959 年 2 月 16 日接受了总理职务，履职后的卡斯特罗要求加快推进各项有利于人民的革新措施，先后通过了普遍降低租金、人民共享海滩（以前为私人海滩）、对垄断公共服务业的企业进行干预等措施。由于革命政权临时总统乌鲁蒂亚（Manuel Urrutia）阻挠革命措施，爆发大规模群众抗议，奥斯瓦尔多·多尔蒂科斯（Osvaldo Dorticós）最终取代乌鲁蒂亚成为古巴革命政权新总统。伴随新政府的多次改组，政权内的革命力量逐渐占据绝对优势，建立革命政权的任务便基本告成了。

随着革命的不断发展，革命统一阵线的分化日渐明晰。一部分城市中的资产阶级和中产阶级上层以及农村中的大庄园主纷纷起来反对这场革命。他们对大城市中的一些厂矿企业进行破坏活动，而在农村则组织反政府的武装。1959年10月，古巴卡马圭省军区司令休伯特·马托斯公开勾结大地产主及其他反革命势力，发动军事叛乱，后以失败告终。其间，不断增加的颠覆活动和恐怖主义使无辜平民遭受牵连和伤亡。为镇压反革命浪潮，古巴革命政府先后建立了多个保卫革命组织，力图通过扩大保卫革命的群众基础，进一步维护革命秩序。1959年10月，政府将"起义军"改名为"革命武装力量"，成立"革命武装力量部"，以加强军队建设。1960年9月，群众组织保卫革命委员会成立。该组织在全国省、区和街道均设有机构，其任务是配合政府维持社会治安。从成分复杂的临时政府到统一组织的革命政权，古巴革命进一步巩固了革命成果。

（2）改造旧的经济制度，建立新的生产关系。首先，古巴政府通过土地改革，消灭了大庄园制和外国资本土地占有制，从而实现了对农村生产关系的社会主义革命。在众多革命举措中，1959年5月17日通过的《土地改革法》具有重要的历史意义。该法规定消除大庄园制，禁止外国人占有古巴土地，私人所有面积超过420公顷的土地，收归国有，对每个自然人或法人占有土地的具体份额做出了明确规定和惩戒办法，被征收土地将再次分配给众多的农民、佃户和贫民。土改一方面把征得的大庄园主和美国人占有的土地分给了10多万无地少地的农民，另一方面把大部分征得的庄园直接组成了国营人民农场和农牧业生产合作社，从而使40%的土地成为国有。旨在根除新殖民时期经济基础的《土地改革法》显然激怒了既得利益集团，美国政府毫不掩饰其对革命政府的不满，在掀起恶意传媒战后，又发动了一系列敌视古巴并企图推翻革命政权的反革命运动。

其次，古巴政府通过颁布石油法和矿业法，废除了一切租让地，并开始对外国企业实行国有化。古巴革命胜利后，美国政府日益强化了反古立场，试图从经济上扰乱古巴革命秩序，使古巴隔绝于国际社会之外。为打破对美经贸关系的传统依附，古巴革命政府积极调整外交政策，寻求建立多边外交关系，同包括社会主义国家在内世界各国签署了一系列合作协议。1960年7月，因美国政府取消了古巴糖进口配额，菲德尔随即宣布对古巴境内的所有美国资产收归国有。数月后，古巴宣布对古巴资产阶级企业实行国有化。从1960年6月到9月，政府先后接管了外国炼油厂、美国银行和部分美国企业，并征用美国人在古巴的财产。1960年10月美国宣布对古巴实行禁运后，古巴把余下的全部美资企业共400多家收归国有，价值约合12亿美元。最后，古巴政府还通过没收和接管，将独裁政府的残余经济和城市私营工商业收归国有，并进一步改造城市经济。1960年1月28日，政府将巴蒂斯塔分子共4亿比索的全部财产收归国有。同年9月，政府接管了所有私营烟厂。10月，将382家私营工商企业和全部私营银行收归国有。政府还于1960年10月14日颁布了《城市改革法》，规定每户居民只准拥有一所住宅，租房者以每月的房租分期偿还房价，在5—20年内累积还足房价后便可成为所住房屋的主人，从而逐步消除了城市中的房租剥削关系。

3. 古巴革命的过渡阶段：从民族民主革命向社会主义革命的转变

在1960年年底古巴基本完成民族民主革命任务后，革命的领导者面临着革命是否要继续深入下去的抉择。当时的形势正如卡斯特罗所说，"必须在这两者之间进行选择"，是继续处于帝国主义的统治下，还是进行一次反帝的社会主义的革命。1961年4月16日，卡斯特罗在群众集会上宣布，古巴革命是"一场社会主义革命"，从而标志着古巴革命的第二阶段即社会主义革命阶段的正式开始。到1963年年底，古巴的社会主义改造基本完成，此后开始了社会主义建设的新阶段。

古巴革命向社会主义的转变并不是偶然的，而是有其深远的历史渊源和重要的现实原因。同战后出现的其他社会主义国家不同，古巴的革命过程不是与世界战争或直接反抗外国统治者的民族解放战争相联系的，而是以反对独裁政权的国内革命战争的方式取得政权的。古巴革命在20世纪50年代末之所以能取得胜利并迅速向社会主义过渡，主要是由于国际社会主义阵营的存在与支援、古巴国内人民社会党革命态度的积极转变以及古巴工农群众革命觉悟的进一步提升等客观因素。而究其根本原因还在于古巴革命的主要领导力量——以卡斯特罗为代表的"七·二六爱国主义运动",深受爱国主义的感染和马列主义学说的启发,始终以革命大局为重,在反独裁斗争中尊重和团结老的共产党人,在革命胜利后他们又充分发挥人民社会党的积极作用,并在1961年前后革命形势急剧发展的关键时刻,做出了选择社会主义道路的果断决定。

因此,古巴革命向社会主义转变是历史和现实、主观和客观的各种因素综合作用的结果,而其根本原因还在于古巴革命政权领导力量和人民大众的自身觉醒。

二 古巴特色社会主义道路的时代坚守

(一) 20世纪60年代的初步探索

20世纪60年代的古巴社会主义在内外交困中开局,在地缘危机中磨炼,在社会主义的初步探索中累积经验,凝聚人心。

1. 在夹缝中保生存

1961年1月,美国艾森豪威尔政府宣布同古巴断交,此时古巴境内各地的反革命势力进一步壮大,美国借机策划和组织入侵古巴的雇佣军战争,并为其供给武器及物资。1961年4月17日,古巴猪湾空军基地遭到轰炸,在纪念猪湾战役牺牲烈士的安葬仪式上,卡斯特罗宣布古巴革命为社会主义性质,而这一决定早在1960年年底就已近成熟。在古巴军民的全力抗战下,美国中情局策划数月的猪湾入侵战争不到72小时便以失败告终。尽管遭受了历史性重创,但美灭古之心不死。美放弃了直接军事入侵古巴的想法,转而采取间接干涉古巴革命的方式。猪湾,是美帝国主义遭受的第一次失败。1962年10月,古巴导弹危机引发了"冷战"时期最为严重的国际冲突,危机最终以双方妥协告终,但美帝国主义并未因苏联在古导弹的拆除而罢手古巴事务。

与此同时,在全国革命民兵组织及革命国防委员会的领导下,古巴人民掀起了一场抗击反革命武装叛乱的斗争。1965年7月,以胡安·阿尔贝多为首的反革命团伙被彻底取缔,这是古巴最后一个有组织的反革命团伙,其他散落各地的反革命武装也于数月后分别受到了法律的制裁。由美帝国主义及反动阶级对古巴人民发动的肮脏战争和武装冲突在历经7年后以失败告终。1959—1965年,由美国发动的这场反古战几乎席卷了古巴各地，299个反革命团伙总计3995人。除去罪犯团伙的伤亡，古巴革命军队和民兵组织共牺牲549人，另有多人伤残。在最困难的时期，古巴经济因战事损失近10亿比索。军事行动与政治意识形态动员的结合，在这场战胜反革命团伙的战争中起到了至关重要的作用。反革命团伙的失败表明，革命的主角——武装的人民是不可战胜的。

在国际社会，美国通过美洲国家组织进一步孤立古巴，除墨西哥外，大部分拉美国家都与古巴解除了外交关系。1962年2月，针对美国强迫美洲国家组织做出开除古巴的无理决议，古巴全国人民大会通过了《第二个哈瓦那宣言》，谴责美国对拉丁美洲的奴役、掠夺和侵略。面对美国发起的"集体制裁"和颠覆活动，古巴从20世纪60年代中期起，积极向拉美和第三世界其他国家推广其武装斗争经验，并加强了同社会主义阵营和第三世界国家的联系，积极倡导不结盟国家运动，对这些国家的民族解放运动及国家发展予以坚定的团结和支持。1961年至1963年前后，古巴先后从苏联、中国等社会主义国家获得了能源、军事、物资等方面的有力援助。

2. 在逆境中谋发展

如果没有正确的政治领导，古巴人民向往社会主义的努力恐怕难以兑现。从古巴革命成功第一年起，革命基层及领导层就启动了困难重重的整合进程。1961年7月，古巴三个主要革命组织"七·二六爱国主义运动"、人民社会党和"三·一三革命指导委员会"合并成立"古巴革命统一组织"。1962年3月，菲德尔指出革命组织创建过程中存在派系问题后不久，社会主义革命统一党的建党工作就开始了。党员遴选对象以模范工人为基础。1962年古巴革命统一组织更名为"古巴社会主义革命统一党"。1965年10月3日，作为古巴革命的最高领导机构，古巴共产党中央委员会的成立标志着这一统一进程的历史性时刻，菲德尔·卡斯特罗当选为古巴共产党的第一书记。

英勇抵抗武装入侵的民族国家也能在严酷的经济封锁中求得生存。美国对古巴实行贸易封锁，并伙同其他国家对古巴实行全面禁运，古巴因此失去了发展工农业的重要物资。在苏联及其他社会主义国家的积极援助下，古巴人民凭借顽强的努力和创造，不但维持住了国民经济的正常运行，还实现了经济增长。在经济困难时期，革命政权实现了"零失业率"并确保满足人民的基本需求。1963年发起的第二次土地改革,消灭了农村中的大庄园制和富农经济,使国有土地(主要是国有农场和甘蔗农场)占70%,小农和合作社的土地占30%。1968年3月,古巴政府接管了几乎所有的私人小企业、手工作坊、零售商业和小服务业。至此,除农村的部分小农之外,残余的私人经济统统被消灭,实现了彻底的生产资料公有化、国有化。1963年,鉴于古巴经济特点及古巴同苏东等社会主义国家的经贸往来,古巴采取了以蔗糖业为支柱的新经济发展战略,计划到1970年实现糖产量1000万吨的目标。就古巴当时的组织、技术和物资条件而言,这一目标无疑挑战巨大,实践中日现扭曲,最终导致了20世纪80年代后期对该政策的修正。

在教育文化方面,古巴政府积极开展扫盲运动,大力兴办学校,普及初等教育,繁荣革命文化。1961年发起的扫盲运动,使古巴民众脱离了文盲的窘迫,古巴的文盲率从23.6%下降为3.9%。1961年12月22日,古巴宣布全境已消除文盲。另外,古巴教育体系首次实现了全国性覆盖,中高等教育奖学金制度惠及全国。到1961年年底,小学数量比革命前增加了70%,入学人数增加了1倍。此外,1961年8月和1962年12月,古巴政府先后召开了作家、艺术家和文化代表大会,强调文艺作品要为革命事业服务。大量出版物的发行、各类艺术机构的建立和发展、业余爱好者运动的推广、广泛的电影生产与放映等文化传播活动极大地丰富和提高了人民群众的生活品质。同期,体育运动的普及有力地促进了古巴运动员在国际体育赛事上的积极参与和突出表现。

1963年4月,古巴颁布了第一部社会保障法,进一步扩大了免费社会服务和社会保险的范围,建立了使全体人民享受免费医疗和免费教育的社会保障和福利制度。尽管在美国的蛊惑下,古巴专业技术人员尤其是医务人员有所外流,但农村医生服务体系的建立实现了对古巴边缘地区的医疗救助。

(二) 20世纪70年代至80年代的深入调整

1. 制度化与全民战争

1971年,古巴革命开启了重组革命组织和国家制度化进程。在主要文件征得古巴民众的广泛讨论后,1975年古巴共产党第一届全国代表大会的成功召开标志着这一重组的深化和完成。1976年2月24日,古巴公布了新宪法，该法在无记名公投中赢得了古巴 18 岁以上公民 95.7% 的支持。通过各地人民会议推选人大代表，古巴还组建了全国各级人民政权代表大会。

此时，古巴的国际处境已有所缓和。1975 年，美洲国家组织取消了对古巴的制裁，古巴也相继调整了对外政策，先后同秘鲁、巴拿马、智利及其他拉美国家恢复了外交关系，从而打破了 20 世纪 60 年代的美帝包围圈。此外，古巴还同苏联签订了一系列贸易协定，加入了经济互助委员会，不断改善的贸易条件使古巴进一步摆脱了国际市场的不平等待遇。

1976 年，应安哥拉政府请求，古巴出兵非洲，协助安哥拉击退南非军事入侵。此后不久，古巴又参与了埃塞俄比亚抵抗索马里入侵的战斗。1979 年，不结盟国家第 6 届峰会在哈瓦那举行，再次验证了古巴革命的国际影响力。菲德尔指出，"做国际主义者是偿还我们欠全人类的债务"。在经历了美国卡特政府初期的短暂缓和后，古美关系随着卡特政府末期政策侵略性的增加而日趋恶化。

里根政府时期的反古活动达到了顶峰。美国政府建立了臭名昭著的马蒂电台和电视台，加强了反古巴间谍及军事活动、发动对古空袭、试图在联合国人民委员会制裁古巴。其间，美对古直接入侵的可能性大大增加。为此，古巴进一步完善了国防系统，制定了"全民战争"战略，即每一个古巴人在反帝国主义入侵的战斗中都有自己能出力的地方、方式和方法。各地民兵组织、生产与国防队、国防区的建立有力地阻止了帝国主义的直接入侵。

2. 建设成就与问题

古巴革命不但实现了真正的民族独立和尊严，还消除了种族和性别歧视，在经济和社会领域取得了瞩目的建设成绩。在医疗卫生领域，古巴建立了包括家庭医生、综合诊所、专科医院和研究中心等完备的医疗体系，全民免费医疗网络覆盖幼儿园、学校、工作场所及家庭等地。在教育领域，古巴公民识字率位居拉美各国之首，且没有一个儿童失学。教授、科研人员、幼师、医生等其他大学以上专业技术人员人数逐年增加。在体育方面，古巴已跻身世界十强之列。古巴政府认为，受教育是获得自由的唯一方式，而发展科技则是巩固革命政权的重要途径之一。古巴先后建立了遗传工程和生物技术研究中心、国家科学研究中心、威廉·索勒儿童心外科中心（世界最大）、免疫测定中心和神经系统移植再生中心；建立了用于热成像图像可视化分析、激光手术的核磁共振成像系统；掌握了肾脏、肝脏、心脏和心肺器官移植技术；研制出了脑膜炎双球菌疫苗，人白细胞α干扰素，治疗白癜风并获得表皮生长因子的新物质等。截至20世纪80年代，古巴国内科研水平已有较大提升。

20世纪80年代中期，在革命政权取得经济与社会发展的同时，帝国主义侵略不断升级，国内自然灾害频发，古巴经济因领导和计划体制等历史问题也渐露颓势。1986年4月，国务委员会和部长会议主席菲德尔·卡斯特罗提出了"纠偏运动"的路线方针，以整治古巴革命进程中出现的一些不良倾向和背离革命原则的畸变问题，如人民在决策及任务中的持续参与问题、经济与社会协调发展的问题、切·格瓦拉提出的塑造"社会主义新人"问题、挖掘马蒂思想和马列主义的历史价值及其应用问题。

（三）20世纪90年代的危机与改革

苏东剧变时，古巴革命正值发展和完善社会主义制度的关键期。由于古巴经济同社会主义阵营的特殊关系，古巴社会瞬时陷入了极度困境。由于美国对古实行严厉的封锁禁运，使古巴长期隔绝于资本主义世界经济关系。1989年，古巴85%的经贸关系依托苏联及其他社会主义国家。这种经贸关系使古巴免受发达资本主义国家不公平的贸易待遇，享受到了较为优惠的价格、技术及信贷。苏东剧变使古巴购买力在短期内从1989年的813.9亿比索骤降至1993年的200亿比索。幸灾乐祸的美国政府及迈阿密反古团伙，梦想着古巴革命在数日或数周内瓦解，并代之以重组后的古巴新政权。然而数月后的古巴，虽危机深重，但并未解体。

1. 美帝国主义的渗透和颠覆

东欧剧变后，美帝国主义及迈阿密反古集团通过中情局特工渗透等方式，加紧发动各种恐怖主义的阴谋破坏，并通过广播加强反古宣传。

1992年，美国政府通过了《托里切利法》，该法赋予美国总统制裁同古保持经贸关系国家的权力，并禁止驻第三国的美国企业对古实行补贴贸易，企图使古巴经济彻底陷入绝境。对此，古巴积极扩大对外经贸活动，在部分经济领域获得了宝贵的外商投资，并适时同相关国家建立了经济往来。

美国政府及美反古集团还通过刺激非法移民（主要是偷渡或飞机）

扰乱古巴国内秩序。1994年7月，迫于经济压力而偷渡美国的古巴人不断增加，其中不乏自杀案例。同年7月13日夜，一艘载有60多人的古巴偷渡船在逃亡途中，不慎与追赶而来的轮船公司船只相撞，尽管在场船舶奋力施救，但仍有32人丧生，这一事件使古巴政府受到了谋害偷渡船只的指责。鉴于形势，古巴政府决定不再阻拦非法移民赴美，美国政府开始就移民问题同古进行谈判，并于1994年9月9日签订了古美移民协议。36年后，美国终于认识到了采取措施阻止古赴美非法移民的必要性。

古巴流亡分子和美国反古势力在灭古计划屡屡受挫后，又炮制出了进一步制裁古巴的《赫尔姆斯伯顿法》，企图阻断古巴的外商投资和一切形式的外部融资及物资供给，并对与古巴保持经济关系的企业和企业家予以制裁。美国国会通过此法案后，极右势力利用迈阿密反革命组织"救援兄弟会"多次向美国政府施压，促使该法在同年8月正式生效。1996年2月24日，"救援兄弟会"3架小飞机进入古巴领空，在古方发出警告而不予理睬的情况下，其中两架被古巴空军击落，这一事件使签署新移民协议后略趋平静的古美关系再掀波澜。《赫尔姆斯伯顿法》不但受到所有古巴人民的抵制，还遭到了世界大多数国家政府和人民、国际组织和机构的反对，如联合国就反对封锁古巴进行投票，美洲国家组织签署抵制《赫尔姆斯伯顿法》的协议，墨西哥、加拿大、欧盟及里约集团等国家和地区组织也纷纷表示反对。此外，美国政府还试图合法化其对反古势力的支持，妄图在推翻古巴革命后决定古巴政府、社会及各种关系的性质和走向，从而彻底左右古巴人民，吞并古巴。

2. 在危机中重生

东欧剧变以来，古巴政府在巨大的生存压力面前，继续发扬革命精神和传统，坚持马列主义的指导思想和社会主义道路，密切联系群众，力图通过改革开放和全方位外交，不断拓展古巴社会主义的发展空间。

据古巴官方记载，早在1989年7月，总司令菲德尔·卡斯特罗就已经预见到了社会主义阵营垮塌和苏联解体的可能。1990年10月，菲德尔制定了应对"和平时期特殊阶段"的领导方针。为抵御全面封锁、空袭、系统耗损及军事入侵，古巴政府还提出了"全民战争"的军事口号。古巴政府认为，所有帝国主义及反革命行径都忽视了古巴历史的关键因素：古巴人民的反抗能力、革命领导的智慧干练及为独立而战的正义。

1991年，古巴共产党召开古共四大，通过分析时局，会议再次明确了保卫祖国、革命和社会主义的必要性，社会主义事业是古巴人民用流血牺牲换来的，古巴人民为此奋斗了百余年。古巴四大做出了修改宪法及党章的重要决定，并为抵御危机和恢复经济打下了战略基础。古共制定的新战略旨在提升经济效率和竞争力，重组财政和债务，重新融入国际经济，促进外国投资，加强古巴国有企业等建设社会主义必需的经济基础。此外，古巴共产党还强调了扩大和完善古巴经济有序渐进调整的必要性。面对不利局势，古巴坚持公平发展战略，有效阻止了经济下滑，逐步实现了经济回暖。此外，古巴继续推行惠及全民的医疗卫生、教育及社会保障制度。1997年，古巴每千名活产婴儿死亡率为7.3‰，人均预期寿命超过75岁。

1993年2月，在古巴经济危机最严重的一年，99.7%的古巴公民在古巴大选中投出了支持古巴革命的选票，仅有0.3%的空白票和弃权票。1995年7月，古巴人民再次通过选举人民政权代表大会代表的民主程序表达了对革命的团结和支持。无记名投票的直接选举确保了古巴公民的自由表达权。尽管受到反动的弃选宣传影响，仍有97.1%的古巴公民参与了投票，其中废票和空白票为7%和4.3%。87%的选民表示支持古巴革命。1998年1月，古巴进行了全国人民政权代表大会和省级代表大会的代表选举。98.35%的选民参与了投票，无效票占1.64%，空白票为3.36%，从而使有效票总数达95%，94.39%的投票一致选举古巴国家选举委员会的提名候选人。1998年1月，教皇胡安·保罗二世访问古巴，受到了古巴人民热情友好的欢迎。教皇访古期间，古巴民众自由良好的精神面貌再次印证了帝国主义对古巴人权状况的虚假宣传。

（四）21世纪的模式更新与外交破冰

直到2005年前后，古巴社会主义才得以在20世纪90年代深度调整的基础上实现了经济企稳。然而，长达半个多世纪的经济封锁、东欧剧变后的经济危机、延续多年的体制痼疾和自然灾害等原因，使古巴社会出现了权力过度集中、效率低下、腐败、不平等和贫困、人口失衡和基本消费得不到满足等不良现象，严重损害了古巴社会主义的根基和成果，社会团结与共识面临空前挑战。

自2006年劳尔·卡斯特罗主政古巴以来，古巴各界开始积极酝酿和备战新一轮思想和结构变革。

1. 社会主义模式更新

2011年，伴随古共六大的召开，古巴正式进入了社会主义经济模式更新的历史新阶段。从古共"五大"到"六大"的14年间，古巴社会政治形势保持平稳，古巴共产党的执政地位较为巩固，但经济状况却不容乐观。古巴共产党第六次全国代表大会重点指向经济领域，旨在讨论与制定古巴经济与社会模式更新的大政方针与具体政策。内含313项条款的《党和革命的经济与社会政策纲要》共计12章，其中总则包括经济管理模式，宏观经济政策，对外经济政策，投资政策，科学、技术、创新和环境政策，社会政策六章，行业政策部分包括农业产业化政策，工业和能源政策，旅游业政策，交通运输业政策，建筑、住房和水利资源政策，贸易政策六章。《纲要》在阐述古巴经济模式更新的性质与目的时强调，古巴将坚持社会主义方向，不断完善和"更新"经济与社会模式，发展国民经济，改善人民生活水平。

2016年4月16日至19日，古巴共产党第七次全国代表大会在古巴首都哈瓦那胜利召开，会议选举产生了新一届古共中央委员会、政治局和总书记，并首次提出了古巴"经济社会发展模式理论化"和"2030年经济社会发展国民计划"等治国理政新方略。在为期4天的会议中，劳尔·卡斯特罗首先在开幕式上发表了七大中心报告，集中阐释了古巴经济模式更新的复杂性、主要成就与不足，并表示古巴将继续推进古巴经济模式更新，不急躁，不懈怠。其后，1200余名大会代表分别就"古巴社会主义经济社会模式的概念""古巴2016—2030年发展计划""古共六大《纲要》实施五年来的情况和未来五年的更新""古共第一次代表会议通过的《工作目标》执行情况"进行了分组讨论，并最终发布了《关于古共七大中心报告的决议》《关于古巴社会主义经济社会发展模式理论化的决议》《关于2030年古巴经济社会发展国民计划的决议：关于国家愿景、战略核心与战略部门的提议》《关于六大通过的党与革命经济社会政策纲要执行结果及2016—2021年更新的决议》《七大关于执行〈工作目标〉及第一书记方针的决议》5项文件。

古共七大还在总结"模式更新"经验与不足的基础上，提出了建设"繁荣与可持续的社会主义"的更新目标。劳尔主席强调，建设繁荣和可持续的社会主义绝不意味着牺牲古巴主权、国家财富、人民福利和安全；发展国民经济、为和平而战及坚定意识形态是古巴共产党的主要使命。

2. 美古关系破冰

2014年12月17日，奥巴马与劳尔·卡斯特罗分别发表讲话，宣布将就恢复两国外交关系展开磋商。2015年4月11日，奥巴马和劳尔·卡斯特罗在第七届美洲国家首脑会议上首次会面。其间，联合国秘书长潘基文积极评价美古"破冰"，称美洲地区正以"历史性手段弥合长久存在的分歧"。2015年5月29日，美国正式将古巴从"支恐名单"中删除。2015年7月1日，美古宣布就恢复外交关系达成协议，并于当月20日在哈瓦那和华盛顿互设大使馆，从而正式恢复外交关系。其后不久，古巴外长罗德里格斯与美国国务卿克里即实现了高层互访。2015年9月和2016年1月，美国宣布放宽对古旅游、经贸、出口、民航等领域的部分限制。2016年2月，古美两国政府签署直航协议。美国总统奥巴马于2016年3月20日至22日到访古巴，这是88年来美国总统对古巴进行的首次正式访问。

美古冲突源自"冷战"时期资本主义阵营和社会主义阵营的历史交锋。半个多世纪以来，世界形势发生了深刻变化，两制关系从单纯的对抗状态逐步演化为共存、对话和竞争的多元格局。此次美古关系的松动首先源自两国对自身利益的考量和评估。尽管双边关系正常化进程已取得了重大进展，但美古在取消封锁、归还关塔那摩军事基地、解决财产赔偿等历史遗留问题和人权、民主等政治问题上依然分歧严重。美国一些反古议员认为，除非古巴解除对言论自由和人权的限制，就人权改革做出表态，否则不应解除对古禁运。而古巴方面则认为，两国关系正常化的主要障碍在美国，美国必须解除对古制裁，归还海军基地，停止反古宣传，停止一切对古颠覆活动，补偿历史损失，废止《古巴调整法案》等鼓励非法移民、扰乱古巴社会秩序的政策。

对古巴而言，美古关系正常化后的"双刃剑"效应不可避免，能否把握好改革与开放的辩证关系关乎古巴社会主义的安危与兴衰。一方面，古巴经济将直接受益于古美关系的松动，尤其是外资、旅游、经贸、基础设施建设等领域。另一方面，美古往来的便利也为古巴政府应对非法移民、贫富分化、意识形态等问题增加了新的管控难度和社会压力。

在经历了半个多世纪的社会主义革命、建设与改革的艰苦历程后，今天的古巴社会主义在模式更新与美古破冰的新形势下迎来了难得的历史机遇，大力发展国家经济、制定古巴可持续发展的长期战略、巩固和发展古巴社会主义的既有成就成为古巴新时期的重要战略。

三 古巴社会主义道路的特殊性及其历史意义

在古巴共产党的网页上，古巴共产党这样定义"革命"——革命是改变应该改变的一切的特定历史时刻，它代表着对充分平等和自由的追求，代表着革命群体的自我解放和解放人类；革命意味着挑战社会与国家内外的统治权力，不惜一切代价捍卫应该捍卫的价值；革命是正义的、无私的、利他的、团结的和英雄主义的；革命需要勇气、智慧和现实主义；革命从不说谎，也从不践踏道德；革命者深信世界上不存在任何能够战胜真理和思想的力量；革命是团结的、是独立的、是为古巴和世界的正义而战斗，而正义则是我们爱国主义、社会主义和国际主义的基石。①

（一）古巴社会主义道路的特殊性

古巴革命由少数进步分子发起，在短短几年的时间里由不同政见的、分散的革命力量逐步聚合为有组织的起义军；又在迅速夺取全国政权后不久，实现了从民族民主革命向社会主义阶段的自觉过渡。这诸多的偶然因素不得不让人感慨古巴革命的传奇色彩。但事实上，古巴革命的偶然性中有必然性，特殊性中不乏革命的普遍真理。

首先，"先执政、后建党"的斗争经历，反映了古巴革命的领导力量和革命群众不断觉醒的客观历史过程，同时也证明了社会主义革命必须坚持无产阶级政党的领导和无产阶级专政形式的普遍原理。为反对殖民主义、独裁统治和帝国主义，古巴革命第一阶段的任务是实现民族民主革命。古巴通过同和平议会道路、城市斗争道路等理想化路线的不懈斗争，武装起义和农村游击战的革命路线最终确保了武装夺权的胜利，从而为革命者在取得胜利后，凭借领导权，运用非暴力的方式向社会主义革命过渡创造了可能性。由于革命前，古巴国内的社会动员和思想备战

---

① 摘自古巴共产党党网：http://www.pcc.cu/pccweb/conceptorev.php。

尚未达到组建无产阶级政党的客观条件，因此革命力量始终以先进分子组成统一战线的形式出现，革命队伍的复杂性显然难以保证革命的彻底性。随着革命的纵深发展，资产阶级的两面性从革命成功前的保守性逐渐退化到革命成功后的反动性，无产阶级大众不得不通过自我觉悟，产生了组建无产阶级政党的迫切要求。

其次，"先革命、后举旗"的斗争策略，体现了不断革命论和革命阶段论在战略上的统一性和战术上的灵活性。从民族民主革命向社会主义革命过渡，是以马列主义学说为指导思想的先进分子在反帝反独裁的斗争得出的真理性认识。由于负面国际因素的干扰，古巴革命领导人在提出社会主义道路的时序上，实行了"先革命、后举旗"的斗争策略，从而成功规避了外部风险，保证了革命的阶段性、过渡性和长期性。

(二) 古巴特色社会主义道路的历史意义

古巴革命的胜利既是"二战"后第三世界国家反殖民主义、反帝国主义的一次民族解放战争的胜利，也是世界社会主义运动的一次成功探索。1959 年的古巴革命，积蓄了自 1868—1895 年古巴独立运动以来一个世纪的革命爆发力。革命不但从大庄园主、大资产阶级及其代表手中夺取了政权，摧毁了旧的政治力量、国家机器及经济基础，还摧毁了美国在古巴的殖民统治，铲除了它的经济垄断机构，实现了彻底的民族独立。同时，古巴在同美帝国主义的长期斗争中，始终坚持有理、有利、有节的斗争原则和独立自主的发展精神，并以公正无私的国际形象出现在国际舞台上，成为拉美反帝阵营中的一面不倒旗帜和世界不结盟运动等第三世界国家国际组织中的中坚力量。最后，古巴革命不仅是拉美历史上一次最彻底的民族民主革命，也是拉美革命历史上走得最远、最进步的一次革命。随着革命领导力量向无产阶级政党的演化，古巴的社会革命也开始转向社会主义道路的实践。由于革命从生产力和生产关系、经济基础和上层建筑等方面彻底清扫了阻碍社会主义发展的旧势力，因而即便在恶劣的客观条件下，古巴革命仍然能够依靠人民大众的首创精神，统一思想，勇于开拓，集中建设。

回首古巴革命 50 年来的风雨历程，社会主义古巴不仅实现了民族独立和国家主权，还在政治、经济、社会等各领域取得了令世人瞩目的建设成就。进入 21 世纪以来，逐渐走出东欧剧变阴霾的古巴仍然坚持独立自主地探索和发展具有本国特色的社会主义事业，在坚持社会主义基本制度和古巴共产党的领导下，不断完善古巴社会主义民主政治、可持续发展经济、公正社会和多元外交等发展思路，为古巴社会主义模式注入了新的生机与活力。尽管古巴革命胜利已经过去半个世纪之久，但古巴革命精神依然深深地影响和激励着古巴人民在社会主义事业的道路上阔步前进。

第二节 古巴社会主义理论的继承与发展

作为人类近代史上的一大主流思潮和运动，社会主义从空想到科学、从思想到实践的壮阔历史已逾500年，而社会主义国家的发展史却不足百年。从世界上诞生第一个社会主义国家——苏联至今，仅有为数不多的社会主义国家挺过了20世纪的煎熬，迎来了21世纪的曙光，而西半球唯一的社会主义国家古巴就名列其中。作为加勒比岛国，古巴建设社会主义的物质基础并不优越，生存环境也堪称险恶，在跌宕起伏的拉美共产主义运动中，古巴社会主义缘何独树一帜？

荷兰学者詹姆斯·D.科克罗夫特（James D. Cockcroft）的解释是，古巴革命有着深刻的历史根基，古巴革命精神已深深地渗透进了古巴的文化；古巴革命是建立在美国侵略的现实基础上的、复杂的历史过程；古巴始终朝着国际主义的社会主义前进，早在古巴奴隶暴动和古巴人民争取民族独立、社会公正、自由和平等时期，古巴就开始展开了不懈努力；蕴含着"道德"与"爱"的古巴指导思想，古巴人民为创建一个以人类团结和友爱为标志的、统一的道德基础而斗争。而古巴著名理论家达里奥·L.马查多在其专著《古巴可能建设社会主义吗？》中写道，古巴社会主义的独特经验在于文化变革的品质，思想理论在古巴社会主义进程中担负着重要的角色，面对外部威胁和敌意，思想理论必须富有高度的创造性。

古巴社会主义50多年来不平坦的创建史表明，革命精神和思想理论是激励古巴人民艰苦奋斗的不竭动力，在弘扬民族精神的基础上，发展和创新社会主义思想理论是古巴社会主义压而不垮的重要经验之一。

1991年，古巴共产党四大通过的党章决议中规定，古巴共产党是何塞·马蒂思想、马克思主义和列宁主义的党。1992 年通过的《古巴共和国宪法》规定,古巴公民的指导思想是"何塞·马蒂思想与马克思、恩格斯及列宁的政治社会思想"。1997 年,古巴共产党五大的中心文件指出,古巴共产党是以马列主义、何塞·马蒂学说和菲德尔·卡斯特罗思想为指导的党。由此可见,马克思列宁主义、马蒂主义和卡斯特罗思想是指导古巴共产党和古巴人民进行社会主义革命与建设一脉相承的思想体系。古巴共产党对党和国家指导思想的坚持和发展,充分体现了古巴社会主义理论的本土特色和时代品格,是古巴坚定不移推进社会主义事业必不可少的政治保证和思想源泉。

一 古巴社会主义理论的科学根基——马克思列宁主义

古巴思想和哲学史大体可分为殖民时期到古巴民族独立、1902 年至古巴革命前期和古巴革命胜利后三个阶段。从马克思主义在古巴的传播史看,第一阶段的古巴实证主义者把马克思主义应用于古巴社会政治领域的研究,却忽视了辩证唯物主义作为方法论和世界观的研究。倡导民族独立的马蒂主义是这一时期的最高思想和哲学成就。到第二阶段,随着 1925 年古巴第一个共产党的诞生,马克思主义哲学开始在古巴正式传播。巴里尼奥(Carlos Baliño)是古巴共产党的创始人之一,他强调了争取民族独立的必要性,以及创建政党、组织民众反对美国的经济掠夺与渗透的重要性,为古巴革命创造了主体性条件。古巴革命胜利后,作为主流意识形态的马克思列宁主义受到了古巴各界广泛而深入的学习和研究。由于帝国主义对古巴的威胁和封锁延续至今,古巴马克思主义理论的发展逻辑绝不能简单地归结为历史的线性延续,严峻的现实把古巴马克思主义理论建设推向了保卫社会主义的前沿阵地。

马克思主义作为古巴官方意识形态,是古巴思想界重要的精神内核和研究方向。由于古巴革命历史和社会结构的特殊性,古巴的马克思主义传统具有较强的批判性和鲜明的民族性。批判性主要体现在古巴反帝国主义、反殖民主义、反全球化、反美洲自由贸易区等理论与现实问题上。尽管深受苏联哲学的影响,但古巴的马克思主义理论仍不乏民族性反思,其主要体现在马克思主义同古巴民族精神和思想传统的结合上。古巴马克思主义理论研究和建设的主要议题包括马克思列宁主义基本原理、古巴本土可行的社会主义道路、实现美洲团结、倡导国际新秩序、反帝国主义及新自由主义等。

古巴理论界马克思主义经典理论和古巴革命思想领域，古巴学界的研究重心主要有马克思主义基本原理的研究、古巴马克思主义传播史的研究和古巴革命思想研究。马克思在辩证法、分配理论、公民社会、社会主义在一国首先建成等方面的论述均成为古巴学者的研究对象。切·格瓦拉思想研究较为突出。由古巴切·格瓦拉研究中心结集出版的切·格瓦拉遗著——《政治经济学批判》（2006），摘编了格瓦拉生前对社会主义过渡、社会主义在21世纪的前景、政治经济学本质等问题的思考，格瓦拉本人对马列著作的注解以及格瓦拉书信和访谈等宝贵的历史资料。此外，古巴学者卡洛斯·塔布拉达·佩雷斯（Carlos Tablada Pérez, 1948—）还就切·格瓦拉的社会主义经济思想、切·格瓦拉主义与马克思主义的历史继承关系作了进一步的探讨。在社会主义建设方面，古巴学者注重对世界共产主义运动史（尤其是苏联史）和古巴本国革命历史的反思。哈瓦那大学社会政治理论学教授达尼尔·拉福斯·毕内在《关于俄国和古巴两种社会主义过渡模式的世界性争论》中回顾了俄国和古巴走上社会主义道路的不同历史条件，提出应反思社会主义过渡模式普遍性与特殊性的辩证关系，主张根据各国国情，阐释社会主义过渡的内涵。古巴历史所研究员安海丽娜·罗哈斯·布拉吉尔在《新时期的党》一文中，回顾了20世纪初古巴在美国新殖民时期的社会历史条件，并指出1925年诞生的第一个古巴共产党具有空前的历史意义。在论述古巴当前社会主义建设时，一些学者对古巴的政治、经济和社会问题作了深刻反思，并大胆提出借鉴越南等国建设知识型社会的经验，进一步完善古巴的社会主义知识教育体系。此外，一些学者还从抢占全球化时代的思想高地和推进马克思主义社会化的角度，总结了古巴在培养爱国主义、革命精神和思想道德教育方面的经验，论述了马克思主义思想教育在21世纪巩固古巴社会主义阵营、培育社会主义新人、团结古巴民众方面的突出作用。

在反帝国主义、反全球化、反新自由主义、反美洲自由贸易、反恐怖主义等批判性思考中，古巴学者不仅体现出了坚定的革命信仰，更表现为一种理性的思辨。学者们大多对21世纪的社会主义前景持乐观态度，对资本主义的各种症状做冷静观察，强调知识、人力资本、信息技术是 21 世纪革命斗争中的制胜关键，而地区性联合则是对抗资本主义全球化的策略之选。古巴中央党校校长劳尔·瓦尔德斯·毕波在《即将颠覆帝国主义的原因、力量和积累》一文中，把推翻帝国主义的原因、力量和累积因素分别归结为以人为本的科学、人力资本和因技术进步而实现的时间节省。哈瓦那大学经济系教授马努埃尔·卡斯特罗在《社会主义理想下的左翼政党、社会运动及两者联合的重要性》一文中，分析了拉美左翼政党和社会运动各自的历史角色与困境，并将两者的联合视为团结所有被排斥阶层、对抗资本主义的唯一路径。一些学者还对目前世界上反恐斗争的双重标准提出了质疑。此外，古巴学术出版社出版的《拉丁美洲解放范式》集中展现了近十年来古巴哲学研究所关于拉美社会哲学在价值论、社会多样性、新社会角色、自治、社会批判思想和全球化等方面的理论成果。

目前，古巴从事马克思主义研究的机构较多，既包括各种官方和半官方的研究机构和院校，又包括各种民间协会、组织以及各种国际或地区学术机构驻古巴的分支机构。其中核心机构有古巴哲学研究所、哈瓦那大学哲学系、马蒂研究中心等。古巴环境与科技部创办的古巴哲学研究所成立于 1984 年。该机构下属古巴科学院，是专门从事社会哲学、古巴及拉美思潮、生态伦理和古巴当代社会发展趋势等研究的科研机构，旗下拥有古巴最具影响力的一批专家学者。曾获古巴最高科学研究奖——卡洛斯·杰·芬雷勋章的古巴哲学研究所，不但具有古巴高等教育部授权的研究生学位教育资格，还兼任古巴哲学与政治科学学位评审委员会常设机构的功能。古巴马克思主义的代表性刊物包括古巴党刊《古巴社会主义》《古巴经济学家报》《古巴社会科学杂志》《古巴哲学杂志》《话题》《美洲争鸣》等。此外，为抗议美帝国主义的信息封锁和垄断，古巴十分重视互联网平台在理论宣传工作中的传播优势，并积极利用有限的数字资源，开辟了较为成熟的马克思主义网络传播阵地。例如"古巴哲学思想门户网站"不仅汇集了马克思主义经典著作和古巴本国的马蒂、格瓦拉、卡斯特罗著作，还通过刊登论文、书讯、电子刊物和跟踪学术活动等方式，全面展现了古巴当代知识分子的哲学思考和成就。此外，由古巴哲学研究所主办的学术网站《古巴 21 世纪》，在古巴乃至西班牙语国家左翼学术界亦享有较高权威。该杂志是由古巴学者于 2001

年 1 月创办的一份月刊电子杂志，由西班牙左翼网站"诺盾 50"网（Nodo50）和"仇恨"网（La Haine）为其免费提供技术支持。该杂志除登载反映古巴革命、建设现实的批判性和分析性学术文章外，还不遗余力地推动古巴国内外不同种族、不同信仰和不同意识形态的左翼学者关于全球化时代世界局势及社会进步的探讨与争鸣，并得到了众多拉美和欧洲左翼学者的响应与肯定。此外，《古巴 21 世纪》还从 2003 年 9 月起，正式开设了"马克思著作和 21 世纪挑战"的国际会议专栏，定期发表各国学者提交的会议论文，并适时跟踪和选介古巴马克思主义研究的最新成果。

"马克思著作和 21 世纪挑战"国际会议由古巴哲学所主办，每两年一届，共有来自 30 多个国家的百余位学者与会，第四届大会于 2008 年 5 月在古巴首都哈瓦那召开。[①] 2006 年和 2008 年的会议主题分别为"21 世纪夺取革命政权之路：阶级、社会运动和政党"和"资本主义的本质、帝国主义及其矛盾、革命主体的明确和社会主义的替代"。古巴全国人民政权代表大会主席里卡多·阿拉尔孔·德克萨达（Ricardo Alarcón de Quesada）在 2006 年作会议主题发言时指出，马克思主义学者的任务不是从马克思著作中截取看似对现实有益却脱离时代的解释，我们的任务是学习和发展马克思著作的精神，从而构建服务于现实的理论体系和政策实践；对于社会主义者来说，没有比界定反资本主义的战略、策略和手段更为紧要的任务了，理论工具必须服务于革命运动中出现的新挑战；在新自由主义全球化时代，马克思主义的理论繁荣与 20 世纪末社会主义实践的衰落和阶级斗争的淡化似乎形成了一个悖论，无论如何我们必须反省苏共主动放弃社会主义领导权的历史性错误，并继续高度警惕美帝国主义的全球霸权；减少和进一步消灭帝国主义的统治仍然是拉美及其他第三世界国家和地区的共同使命，环境保护主义者、女权主义者以及其他受剥削和歧视的弱势群体都纷纷加入到无产阶级反对阶级压迫和制度剥削的斗争中，真正大众的、革命的社会实践呼唤世界性的理论武器，以实现革命同盟的团结，人对环境和自身的改造只有在革命实践中才能得到统一；20 世纪以来，人类的生存环境不断恶化，资本主义的生产和

---

① https://www.nodoso.org/cubasigloXXI/iv-conferencia/.

消费方式成为人与自然实现和谐的最大障碍；如今，联合第一和第三世界的被压迫者不但是可能的，更是必要的，然而仅仅是南北国家无产阶级的联合是远远不够的，而应联合所有受排斥、受剥削、受歧视、反法西斯和追求民主、和平与幸福的人们，向着真正、独立、多元的社会主义共同奋斗。会后，拉美学者一致认为开展马克思主义拉美本土化研究对于加强地区团结，对抗资本主义全球化具有十分重要的战略意义。在拉美，古巴、委内瑞拉和玻利维亚的集体姿态体现了地区权力和思想多元化的趋势，代表了21世纪真正的革命的社会主义道路，是具有进步意义的结盟。

二 古巴社会主义理论的民族精髓：何塞·马蒂思想

何塞·马蒂（José Julián Martí Pérez，1853—1895），古巴杰出的民族英雄、诗人和思想家。马蒂出生在哈瓦那一户西班牙下级军官家庭，幼时家境贫寒。自小就对社会压迫、专制及不合理现实表达出强烈批判的精神。马蒂，15岁起就加入到反西班牙殖民主义的战斗中。他深刻的时代洞察力源自其丰富的革命实践与思考。他一方面积极投身于解放祖国的革命洪流，奔走于西班牙、美国等地组织宣传革命队伍；另一方面高举爱国主义旗帜，笔耕不辍，抨击殖民政府的罪恶。作为拉美历史上最伟大的诗人之一和拉美现代主义文学的奠基人，马蒂《自由的诗》《我们的美洲》《美洲我的母亲》《玻利瓦尔》等作品在西班牙语世界脍炙人口。1892年4月10日，何塞·马蒂当选为新成立的古巴革命党最高领导人。1895年5月19日，42岁的马蒂在抗击西班牙军队的战斗中壮烈牺牲。

马蒂一生著述颇丰，思想深邃。他有关人人平等、民族独立、两个美洲、世界平衡、人类团结和反帝国主义的思想既是古巴的民族精粹，也是拉丁美洲宝贵的历史遗产。尤其是他关于"两个美洲"的阐述，犀利地剖析了19世纪新兴的近邻美国觊觎拉美的帝国主义本质，并强烈表达了拉丁美洲只有团结独立才能振兴图强的历史远见。马蒂所指的两个美洲，一是"北方"美国，二是"我们的美洲""美洲我的母亲"拉丁美洲。马蒂认为，"在这块大陆上居住着两个天性与志向都不同的民族"，"由于他们的起源、历史和习惯不同，他们的心灵很不相同，他们所相同的只是人类基本的特征"。马蒂进一步告诫拉美人民，"不了解我们强大邻国的蔑视态度是我们美洲的最大危险","对人之善应该信赖,对人之恶不可不防","各国人民都应树起耻辱柱,去惩罚那些挑唆仇恨的人"。马蒂认为,"我们的美洲的意义比一般人想象的要大","这些显得很小的国家——在领土和人口方面的确如此,但在志向和判断能力方面却不一定——还在稳步地摆脱昨天殖民地的不良传统,以及某种依赖和奴隶地位","我们的美洲是由于错爱了外来的、表面上的共和制形式而开始被那种错误的、罪恶的美洲主义观念引向这种依赖和奴隶地位的","健康的美洲主义要求每一个美洲国家都按照自己的健康所必需的自由意志和方式来发展,哪怕他们会在涉水时弄湿衣服、在登高时绊倒,只要他们不损害其他任何国家的自由就行","当然也不能容许某个贪婪的、有野心的国家以贸易或任何别的借口来征服他们和暗算他们"。

旅居美国长达15年之久的马蒂,对帝国主义的控诉真实有力。他深谙美国社会的方方面面,对美国经济发展与民主印象深刻,对美国下层民众的困苦处境深表同情。在《美国的真相》一文中,马蒂深刻地揭露了美国社会尖锐的两极分化。"在那里(美国),一方面是达科他州的破窟和生长在那里的粗野而豪放的人们,另一方面是东部的豪华的、享有特权的、高人一等的、淫荡的、不正义的都市";美国"无情地在他们的奴隶背上签署自己自由的文书"。在众多论述美国问题的作品中,马蒂一针见血地指出了19世纪末处于垄断资本主义阶段的美国对外扩展的侵略本质——"庞大的邻居无视美洲,其傲慢是我们美洲最大的危险"。1889年11月,马蒂在通讯《华盛顿的国际大会》中指出,美国打算在美洲扩张它的统治,联合美洲各国结成反欧联盟;他提醒美洲国家对美国保持警惕,"一个强大的和野心勃勃的邻国正在不断地推行它由来已久的、明目张胆的霸权政策……这个邻国从来也不想促进这些国家的发展,它和这些国家交往只不过是为了阻止它们的进展"。1891年5月,马蒂在《美洲各共和国货币会议》中,强烈批判了任何企图同美国订立政治同盟与贸易互惠协定的主张。马蒂写道,"美国难道会真诚地邀请西班牙美洲去参加一个对西班牙美洲有好处的联盟吗?同美国在政治上和经济上联合起来,对西班牙美洲来说是合适的吗?"马蒂进一步强调,拉美各国必须争取和保持经济独立,使本国对外贸易多元化,如果经济上不独立,对外贸易又集中在一个国家(美国),就很难在政治上获得自由。"说是组成经济联盟，实际上是政治联盟。做买主的国家就是发号施令的国家，做卖主的国家只能听候差遣。必须平衡贸易，才能保障自由。如果把商品只出售给一个国家，便是自取灭亡；要想得到拯救，就得把商品出售给一个以上的国家。一个国家如果对另一个国家的贸易有过分的影响，这种影响就会变成政治上的影响"；"一个国家要想自由，必须在贸易上实现自由，要同几个差不多强的国家同时进行贸易"。在谈及美国染指古巴的历史诡计时，马蒂亦给予了彻底揭露与批判。"有一项是迄今为止我们所了解的对我国居心叵测的计划，这就是强迫和促使我国去进行战争的罪恶计划，这样，他们就有干涉的借口。他们企图以仲裁人或保证人的身份占领我国。这是自由的各国人民历史上最卑劣的行径，再没有比这更冷酷的罪恶了"。1895年5月18日，马蒂在他牺牲的前一天给好友写信时，仍在表达自己的使命和决心，"现在我每天都可能为我的国家和责任而贡献出生命，我的责任是通过古巴的独立，及时防止美国在安的列斯群岛的扩张，防止它挟持这一新的力量扑向我们的美洲。我到目前所做的一切，以及今后要做的一切，都是为了这个目的"，"鄙视我们的、嚣张和残暴的北方企图吞并我们美洲的国家，这条道路必须堵塞，我们正在用鲜血来堵塞……"，"我曾在恶魔的心脏生活过，因此熟知它的五脏六腑：我擎着大卫的投石器"。

马蒂是古巴人，也是拉丁美洲人，他的爱国主义理想与精神早已超越了国界，甚至拉丁美洲，成为名副其实的国际主义榜样。深深热爱祖国和拉美的马蒂既自豪于拉美丰饶的水土和淳朴的民风，又困扰于羁绊拉美进步与发展的考迪罗主义和美帝国主义。他说，"美洲只要还有一个国家受奴役，其他国家的自由就都处于危险之中"，并号召源于同一历史、同一文化的拉美人民加强团结，并肩抵抗美帝国主义的侵略行径。马蒂认为，美洲的情况十分复杂，因为新的东西不可避免地和过去的东西混杂在一起，新社会模式必须根据每个国家的特点来制定，"无论是欧洲的经验还是美国的经验，都无法解开西班牙美洲的谜"，"一个国家的政府形式应该适合本国的国情"。何塞·马蒂曾说，"经济上受奴役但政治上获得自由的人民终究会失去所有的自由；而经济上获得自由的人则可以继续赢得政治上的独立"。作为古巴革命的思想先驱，马蒂牺牲后，他的爱国主义精神与革命思想一直感染和鼓舞着古巴革命者和古巴人民为祖国的独立和自由而战，为团结拉美各国人民、共同抵抗美国的地区入侵而奋斗。

1959年1月1日，古巴革命胜利，古巴获得了真正意义上的独立自主。1991年召开的古巴共产党第四次代表大会和1992年召开的古巴第三届全国人民政权代表大会，正式把马蒂思想写入古巴共产党党纲和修改后的古巴共和国宪法。需要正名的是，马蒂本人并不是马克思主义者，但马蒂建立"自由的、有尊严的共和国"、构建世界平衡、追求社会公正平等及"我们的美洲"等主张却充分激发了古巴马克思主义者将古巴民族独立同社会主义事业相结合的革命热情和觉悟，为古巴探索本土的可行的社会主义道路奠定了深厚的民族根基和情感。古巴领导人菲德尔·卡斯特罗曾评价马蒂为古巴革命的"主谋"，正是菲德尔将马蒂思想同马克思主义的紧密结合，成就了古巴革命完整的思想体系和实践道路。2008年，古巴学界围绕古巴民族英雄何塞·马蒂诞辰155周年展开了各种纪念和宣传活动。

三 古巴社会主义理论的时代先锋：菲德尔·卡斯特罗思想

菲德尔·卡斯特罗是古巴革命与建设卓越的思想导师和实践领袖。自1959年古巴革命胜利以来，菲德尔·卡斯特罗以其坚定的马克思主义信仰、权威的领导风格和丰富的革命思想，成功地带领古巴人民实现了社会主义革命与建设的一个又一个目标，成为享誉地区和世界的革命导师和进步领袖。2008年2月，劳尔·卡斯特罗正式从菲德尔·卡斯特罗手中接过了古巴革命领导权，但这丝毫不影响古巴民众对这位世纪领袖的崇敬与拥护，而卸任后的菲德尔·卡斯特罗一如既往地对古巴革命和世界形势保持密切关注，其丰富的革命思想和对时代的再思考是古巴革命与建设用之不竭的思想源泉和前进动力。卡斯特罗思想成形于卡斯特罗早年的革命生涯，其完善与成熟同古巴革命与建设的历史密不可分。尽管古巴国外早先多用"卡斯特罗主义"或"菲德尔主义"来概括菲德尔·卡斯特罗的思想体系，但古巴国内却鲜有这样的表述，直到1997年10月，古巴共产党才在古共"五大"的中心文件《团结、民主和捍卫人权的党》中第一次提出"菲德尔·卡斯特罗思想"的表述，并首次将其同马列主义、马蒂学说一齐列为古巴共产党的指导思想。卡斯特罗思想主要体现在菲德尔·卡斯特罗革命生涯中数以千计的讲话中。作为坚定的马克思主义者,卡斯特罗的思想具有深刻的革命性、批判性和深刻的民族性、实践性与科学性。

菲德尔·卡斯特罗的主要思想包括:①争取民族独立。卡斯特罗认为,争取民族独立与国家解放是古巴革命的首要目标,而要实现这一使命的唯一路径就是走社会主义道路。②倡导社会公正。卡斯特罗认为,包括政治平等、经济平等和社会平等在内的社会公正是社会主义优越性的具体体现,即在政治方面主张群众参与,在经济方面推行公平分配,在社会方面反对种族和性别歧视等。③主张国际主义。卡斯特罗认为,爱国主义和国际主义是统一的,当出现矛盾时前者应服从于后者,即"先人类,后祖国";拉丁美洲的革命史表明,取得民族独立的国家应发扬国际主义精神,支援其他未独立民族的斗争。④反对帝国主义。卡斯特罗认为,当前的时代特征是资本主义向社会主义的过渡;国际形势的缓和是各国人民长期斗争的结果,丝毫不意味着帝国主义失去了其侵略本性,帝国主义必然灭亡的趋势仍未改变;新自由主义是帝国主义最后的表现形式,反对新自由主义就是反对帝国主义;倡导世界多极化是反对单边霸权的唯一方式,第三世界人民必须团结起来,共同对抗帝国主义的侵略;古巴为能顶住世界上主要的帝国主义强国的侵略而感到骄傲。⑤对全球化的看法。卡斯特罗认为,全球化是世界历史发展的自然规律,是人类生产力进步的必然结果,马克思设想的公平分配的全球化还远未实现;我们不反对全球化,也不可能反对全球化,我们所反对的是新自由主义的全球化,这种全球化是帝国主义强权剥削和控制世界市场的工具,是对第三世界最可耻的再殖民化,是必将灭亡的全球化。⑥积极培育社会主义新人。卡斯特罗认为,塑造社会主义新人是巩固古巴社会主义制度的关键。社会主义新人是摒弃了私有观念并具有共产主义道德风尚和原则的人,只有坚持不懈地对其进行思想政治工作和革命教育才能造就高质量的社会主义新人。⑦加强党的建设。卡斯特罗认为,党是古巴革命的灵魂,党应集中体现古巴历史上一切革命者的理想、原则和力量;党应密切联系群众并保持思想上的纯洁和组织上的团结;党不仅是工人阶级的先锋队,而且也是国家和民族利益的忠实代表;党员要经过严格的挑选,艰苦朴素,无私奉献,严于律己。⑧加强军队建设。卡斯特罗认为，古巴应高度重视国防建设，建立一支强大、现代化的军队和完备的民兵组织是古巴贯彻全民战争思想的关键；军队应服从党的领导，在和平时期，军队是经济建设的重要参加者。⑨宗教思想。卡斯特罗认为，基督教徒的伦理目标、道德规范和历史境遇都同马克思主义者有相似之处；当代拉美的天主教出现了进步思潮；革命政权应吸收拉美解放神学的进步之处，同宗教团体建立战略性联盟；宗教是否是"人民的鸦片"要具体情况具体分析。

自 2007 年 3 月起，休养中的卡斯特罗在古共中央机关报《格拉玛报》上，以《总司令的思考》为名，先后撰写了百余篇时评、公告、书信等，对战争、反恐、世界经济、国际关系、生态环保、气候变暖、生物燃料和能源革命、扶贫等关系到古巴革命前途和人类命运的重大问题作出了自己的最新总结和反思。卡斯特罗的主要观点包括：①反对用粮食作为原料生产生物燃料。卡斯特罗批评美国等西方国家以玉米、小麦、向日葵籽、油菜籽等为原料制造生物燃料，致使玉米等粮食价格上涨，众多穷人挨饿，他认为无论在道义上还是在政治上，农业燃料的建议都是行不通的，我们应该进行一场造福于人民，而不是造福于垄断资本和帝国主义的能源革命。②抨击布什政府增加对伊战争费用。卡斯特罗指出，布什政府增加对伊战争费用是在继续制造伊拉克和美国家庭的悲剧，而这笔费用足以培养上百万名医生和向 20 亿人提供医疗服务。③揭露美国历届政府对他的多次暗杀企图。卡斯特罗揭露了自古巴革命时期起，包括小布什政府在内的美国历届政府对他实行的多达 627 次的暗杀阴谋，而作为革命领袖的他正是凭借"运气和密切注意所有细节的习惯"才幸免于难。④指出古巴的"特殊时期"并未过去。卡斯特罗认为，近年来古巴经济取得了显著成果，阶段性困难有所减轻，但一些经济发展计划仍未落实到位，称古巴已走出特殊时期还为时过早。他一方面批评了浪费能源和物资导致节能计划未按时完成的现象；另一方面揭示了美元流通政策对缓解古巴经济困难和引发社会不公造成的双重影响。⑤以革命领袖的姿态寄予青年一代。卡斯特罗称他仍在参与古巴党和政府的重大决策，他劝诫年轻革命者要杜绝权力野心、虚荣心、官僚习气，坚持学习，加强体力和脑力锻炼。⑥批评"激进派"改革思路。卡斯特罗认为，一些激进派为古巴开出的新自由主义经济处方是古巴革命的"毒药"，这些"超级革命者"低估了古巴革命在卫生医疗和教育等方面取得的各项重大成果。卡斯特罗还警告到,不能放弃某些掌控稀缺市场资源的合资企业,但更不能出卖主权让外国资金大量流入古巴。⑦赞扬中国取得的成就。卡斯特罗回顾了中国的发展历程,从历史角度证明了台湾、西藏自古就是中国领土的一部分,并揭露了西方国家企图利用西藏问题制造"中国威胁论"的用心,并坚信中国一定会取得斗争的胜利。

2016年11月25日,一代伟人菲德尔·卡斯特罗与世长辞。古巴各界和国际社会纷纷悼念,深刻缅怀。后卡斯特罗时代的古巴,能否在劳尔的领导下延续革命传奇,深化更新进程,仍有待时间的验证。

第三节 古巴社会主义制度的探索与完善

古巴宪法第一章写道,古巴是主权独立的社会主义国家,是民主统一的共和国,由全体劳动者组成,谋求政治自由、社会公正、个人及集体利益和人民团结。尽管理想远非一蹴而就,但革命胜利后的古巴社会主义始终坚持共产主义信念,在长达半个多世纪的艰难探索和实践中逐步建立了基本符合本国国情和社会主义价值观的政治制度、经济制度、社会制度、文化制度与生态制度。

一 古巴社会主义政治制度

古巴政治制度主要由政党制度、议政行政制度、选举制度组成。古巴实行古巴共产党一党制,该制度的建立与完善符合古巴特殊的历史和国情。全国人民政权代表大会及其常设机构国务委员会和古巴部长会议是古巴最为重要的议政和行政机构。古巴人民通过各种政治组织、群众团体(共产主义青年联盟、古巴劳动者中心和古巴妇女联合会、何塞·马蒂先锋组织、大学生联合会、中等教育学生联合会等)和公民社会组织行使选举等参政议政权。

1959年古巴革命胜利后,古巴根本法规定部长会议行使国家立法权并协助总统行使行政权,取消议会,将议会的立法权及其他职能赋予部长会议。20世纪70年代,古巴开始探索政治制度化改革。1976年2月,古巴颁布了新宪法。1972年12月,古巴召开了第一届全国人民政权代表大会第一次会议。1992年7月，古巴第三届全国人民政权代表大会第十一次会议通过的宪法修正案将马蒂思想与马列主义共同写入党的指导思想。2002年6月，古巴第五届全国人民政权代表大会特别会议通过的宪法修正案重申了社会主义制度不可更改的原则。2008年2月，古巴革命领导人菲德尔·卡斯特罗在古巴第七届全国人民政权代表大会上，正式将国务委员会主席和部长会议主席的职位移交给其兄弟劳尔·卡斯特罗。劳尔强调，古巴党和政府应实行集体领导，要扩大各级人大代表的作用。以劳尔为首的古巴新领导集体既要维护国家稳定和团结，又要积极应对古巴党内外的变革诉求和呼声，还担负着培育新一代领导集体的使命，任重而道远。

古巴政治体系是古巴人民自主选择和创建的政治制度，是真正建立在人类平等和团结基础上的政治制度，是旨在实现民族自决权、独立和社会正义的政治制度。① 古巴共产党继承了19世纪何塞·马蒂创建的古巴革命党"统一古巴、解放古巴"的遗志，为抵制美对古封锁和入侵做出了艰苦持久的努力。

（一）古巴的议政行政制度

全国人民政权代表大会是古巴最高权力机关，代表全体古巴人民的主权意志和诉求，是古巴唯一享有修宪和立法权的政治机构。1976年12月，古巴首届全国人民政权代表大会经市（县）人民政权代表大会选举产生，大会由601名代表组成，每届任期5年，每年举行两次例会，下设10个常务委员会。作为国家最高权力机关，古巴所有立法、行政、司法权力及职能部门均隶从于全国人民政权代表大会，古巴国家及政府首脑无权解散大会。全国人民政权代表大会具有修宪权，法律批准、修改和废止权，全国经济发展计划审议权，国家预算审批权，国家货币和信贷体系决定权，内政外交事务审议权和政策制定权，部长委员会、最高人民法院和共和国总检察院选举权。古巴全国人民政权代表大会是各国议会联盟、拉丁美洲议会等国际议会组织成员。

2013年2月25日，古巴举行第八届全国人民政权代表大会，全体代表通过不记名投票的方式选举产生了新一届人大领导班子，69岁的埃斯

---

① http：//www.cubaportal.org/paginas/conocercuba.aspx? id=312.

特万·拉索·埃尔南德斯当选全国人民政权代表大会主席。劳尔·卡斯特罗在第八届全国人民政权代表大会上指出，要保持国家政策的稳定性和连续性，古巴应通过渐进有序的方式，在未来5年内完成领导班子的新老交替。劳尔·卡斯特罗还提议修改宪法，实行古巴国家领导人任期制度化，并明确表示这将是他最后一届任期。

国务委员会是古巴全国人民政权代表大会休会期间的常设执行机构。1976年取消总统制后，国务委员会经由古巴全国人民政权代表大会代表选举产生，负责执行大会有关决议并行使宪法赋予其所有权力和职责。国务委员会由主席、第一副主席、5名副主席、1名秘书和23名委员组成。古巴宪法规定，国务委员会主席是古巴国家元首、政府首脑和武装部队总司令。古巴政府首脑须经两轮选举产生，首先由古巴人民通过自由、直接及无记名投票方式选举成为全国人民代表，然后由全国人民代表通过同样的方式选举产生国务委员会主席。2013年2月，古巴第八届全国人民政权代表大会选举产生了包括国务委员会主席和第一副主席在内的新一届国务委员会。劳尔·卡斯特罗再次当选古巴国务委员会主席兼部长会议主席。大会同时选举现年52岁的米格尔·迪亚斯·卡内尔为国务委员会第一副主席兼部长会议第一副主席。据统计，新一届国务委员会的31名领导成员中有17位新面孔，占54.84%，其中13名为女性，12名为非裔和混血人种，平均年龄降至57岁。

部长会议是古巴最高行政管理机构，即古巴共和国政府。部长会议由主席、第一副主席、副主席及下设机构的部长或主席组成，部长会议主席由国务委员会主席兼任，其主要职责是根据全国人民政权代表大会的精神和决议，组织落实政治、经济、文化、科学、社会、国防等领域的相关工作，向全国人大提交国家社会经济发展宏观计划，并负责计划通过后的组织、领导、监督和执行。部长会议执行委员会是古巴政府系统中最重要的机构，由部长会议主席、第一副主席、主席组成，负责部署和协调各部工作。

古巴全国分为16个省、1个特区（青年岛特区）和168个省辖市。古巴宪法规定，各省市人民政权代表大会是古巴地方行使国家权力的最高机构，具有议行合一的性质。地方人民政权代表大会通过其下机构直接领导各辖区经济、生产和服务工作，为促进地方经济文化发展提供必要的制度保障和政策支持。

最高人民法院是古巴最高司法机构。共和国总检察院负责行使司法监督权。最高人民法院院长、法官、总检察长、副总检察长均由全国人民政权代表大会选举和罢免。

(二) 古巴的政党制度

古巴共产党是古巴唯一的合法政党。1961年，原古巴人民社会党、"七·二六爱国主义运动"和"三·一三革命指导委员会"合并成立古巴革命统一组织，次年更名为古巴社会主义革命统一党，1965年正式改称为古巴共产党。古巴宪法规定，古巴共产党是马蒂思想和马列主义先锋组织，是古巴社会和国家的最高领导力量。古巴共产党成立以来，菲德尔·卡斯特罗曾长期担任第一书记，在2011年4月举办的古巴共产党第六次全国代表大会上，菲德尔正式卸任古共中央第一书记，由其弟劳尔接任，并选举产生了第六届中央委员会、中央政治局和书记处。

面对不断变化的世情、国情、党情，古巴共产党立足本国本党实际，通过推进一系列具有重大战略意义的理论创新和实践探索，形成了一套行之有效的执政党建设制度，在改善执政能力的同时，更巩固了党的领导地位和群众基础。在党的自身建设方面，古巴共产党尤其重视组织建设、作风建设、思想建设和制度建设；在加强执政能力方面，古巴共产党坚持探索具有古巴民主特色的全国人民政权代表大会制度，坚持改革开放，注重经济社会协调发展，主张灵活务实的宗教侨务政策和多元外交政策。

2012年1月28—29日，古巴共产党召开第一次全国代表会议，该会议是古共六大的历史延续。古巴共产党党章第46条规定，"在两次党的代表大会之间，中央委员会可召开全国代表会议，讨论党的政策等重要议题"。会议重点讨论了古巴共产党的党建问题，明确了古巴共产党未来的工作方向和目标，力图从党的领导、组织和思想政治上确保经济模式更新路线、方针、政策的贯彻与执行。代表会议正式通过了《基础文件》草案（2011年10月公布）的修订版——《古巴共产党工作目标》（共100项，比原草案增加了3项）和《第一次全国代表会议关于党工作目标的决议》两个重要文件。《古巴共产党工作目标》包括党的基础、序言、

第一章至第四章。"党的基础"指出,古巴共产党是古巴社会和国家的最高领导力量,是革命的合法成果,是有组织的先锋队;古巴共产党是马克思主义、列宁主义的党,是马蒂思想的党,是古巴唯一的政党,其主要使命是团结所有的爱国者建设社会主义,保卫革命成果,并为实现古巴和全人类的公正理想而继续奋斗。"序言"指出,古巴共产党第一次代表会议的任务是以客观和批判的视角来评价党组织的工作,并锐意革新党的工作,使其与时俱进。第一章至第四章对党的工作方法及作风、党的思想政治工作、党的干部政策、党团及党群关系分别进行了阐述,并强调要转变思想观念,克服教条主义和不合时宜的思想观念,积极开展反腐斗争,推进党政职能分开,从基层选拔优秀干部(尤其是妇女、黑人、混血种人和青年干部)。《第一次全国代表会议关于党工作目标的决议》强调,民主集中制和集体领导原则是密切联系群众、保持行动一致的必要前提,党的基本路线是通过思想政治工作,捍卫古巴社会价值和民族团结,鼓励人民积极参与决策,加强社会主义民主。决议授权古共中央委员会、政治局等,修改党的章程、党的组织结构和相关规定。劳尔主席在闭幕式上再次强调,古巴将坚决捍卫一党制,勇于直面历史错误,实行最多连任两届、每届五年的党政领导干部任期制,与腐败斗争到底,力行党政分开,坚持独立自主的外交政策,严防美帝国主义的颠覆渗透等。

古巴社会主义的不断前行同古巴共产党强有力的领导密不可分。为加强执政能力、保持党的先进性,古巴共产党在政治、经济、社会、军事、外交、党建等方面采取了一系列的措施,是古巴社会主义事业无可替代的中流砥柱。

(三) 古巴的选举制度

古巴每五年举行公民自由选举,任何政治组织不得发起和参与选举募集活动。古巴凡年满 16 岁的公民均享有自愿、免费和普遍的选举权。基层选民直接向基层人民政权组织提名候选人,选举采取自愿和无记名投票方式,所有古巴公民都具有选举与被选举权。不设党员候选名单,群众可直接提名、选举候选人。选举由青少年代表参与监票,公开唱票,国内外新闻媒体、外交官、游客及所有感兴趣的人士均可观摩选举。候选人须赢得 50% 以上的有效选票方能当选。如候选人在第一轮选举中均未获得50%以上的选票，选票领先的两位候选人将进入第二轮选举。基层代表、省市代表和全国人大代表均由直接选举产生。国家候选人委员会由古巴工人中央工会、保卫革命委员会、古巴妇女联合会、小农协会、大学生联合会和中学生联合会代表选举产生。国务委员会及其主席由全国人民政权代表大会代表选举产生。古巴国家权力机构由选举产生，实行任期制，当选代表对选民负责，且可被罢免。

2012年10月至2013年2月，古巴先后举行了包括市级人民政权代表大会、省级人民政权代表大会和全国人民政权代表大会在内的三级选举。2012年10月至11月，古巴通过两轮市级人民政权代表大会选举，产生了169个市级行政单位的1.45万名市级代表。2013年2月3日，古巴800多万选民通过等额选举方式，选举产生了15个省级人民政权代表大会的1296名代表和全国人民政权代表大会的614名代表，约2/3的人民政权代表大会代表被替换。其中，参加2013年2月第八届全国人民政权代表大会的女性代表为166名，占27.62%；初高中文化水平代表分别为18名和111名，分别占0.3%和18%，具有大学学历的代表为471名，占78.36%；40岁以下的代表占31.4%，41岁至60岁的代表占62.2%；生产与服务业代表145位，占24.1%，医疗卫生部门代表31位，占5.16%，军队和内政部门代表35位，占5.83%，宗教界代表3位，占0.50%。

二 古巴社会主义经济制度

古巴社会主义经济制度历经半个多世纪的演变与调整，形成了独特的社会主义计划经济体制。1963年，古巴基本完成了社会主义改造，并先后历经社会主义经济体制的探索期（1963—1975年）、确立期（1976—1980年）、调整期（1981—1985年）、"纠偏运动"期（1986—1990年）、"对外开放"期（1991—2006年）和经济模式更新期（2006—2016年）等。

（一）20世纪下半叶古巴社会主义经济体制探索与争鸣

1960年2月，古巴政府建立了中央计划委员会。自1963年社会主义改造完成后，古巴社会主义经济制度围绕计划体制和市场手段的调和问题，展开了长期曲折的理论争鸣与实践探索。

20世纪60年代中叶,时任工业部长的格瓦拉主张企业实行预算拨款制,即中央通过预算拨款无偿向企业提供资金,企业将利润完全上缴国库,逐步消灭货币,取消物质刺激手段;而全国土改委主席罗德里格斯则主张经济核算制,即企业拥有一定的自主权,自负盈亏,留成外的利润全部上缴国家,留成部分用于扩大再生产和发放奖金,用物质刺激提高劳动效率。双方分歧的核心在于,前者认为过渡时期的社会主义应加速消灭市场和商品生产,实行生产资料国有化和高度集中的计划体制,而后者则认为价值规律在社会主义经济中将长期存在,国家可以利用它来调节计划经济。1968年,古巴启动"革命攻势",私人中小企业、手工作坊和商店被纷纷接管,新的簿记登记制度取代了前期并存的预算拨款制与经济核算制。

自20世纪70年代中期,古巴共产党先后举行了四次代表大会,商讨并确立了不同时期国家经济改革与发展战略。在实施"一五"及"二五"(1976—1985年)两个五年计划期间,古巴确立了经济领导和计划体制。一方面政府恢复了宏观预算制度,建立了全国财会体系,加强和完善了国家的计划体制;另一方面积极运用价值规律及其他经济手段进行经济调节,在企业实施自筹资金制、经济核算制、集体奖励基金制等,允许职工从事第二职业,建立各类平行市场和自贸市场,并颁布了《外国投资法》,实施有限度的对外开放。1986年,古共三大通过的《关于完善经济领导和计划体制的决议》基本肯定了十年来古巴经济体制的探索与实践,但古巴政府旋即掀起了一场旨在清除改革流弊、巩固社会主义根基的"纠偏运动",对市场及私人性质的经济行为和手段进行了整顿和清理。

自1990年9月进入"和平时期的特殊阶段"后,古巴在坚持计划经济体制的基础上,试图根据不断变化的世情和国情调整经济工作重心。古共"四大"(1991年)和"五大"(1997年)基本确立并巩固了东欧剧变后古巴加快改革开放的基本国策。古巴政府先后调整和精简了经济领导和计划体制时期的机构设置,进行了国有企业管理体制改革、税收制度改革、外贸金融体制改革,实现了所有制及分配方式的多元化和经济的平稳过渡与回升。

(二) 21 世纪的经济模式更新

2007 年 7 月 26 日，古巴新一代领导人劳尔·卡斯特罗主席对古巴经济形势做出了深刻洞察，提出要毫不懈怠地推进批判与创新意义上的结构变革与思想变革。2011 年，伴随古共六大的召开和纲要的通过，古巴进入了社会主义经济模式更新的历史新阶段。

1. 古共六大开启经济模式更新的历史新阶段

古巴共产党第六次全国代表大会重点指向经济领域，旨在讨论与制定古巴经济与社会模式更新的大政方针与具体政策。内含 313 项条款的《党和革命的经济与社会政策纲要》共计十二章，其中总则包括经济管理模式，宏观经济政策，对外经济政策，投资政策，科学、技术、创新和环境政策，社会政策六章，行业政策部分包括农业产业化政策，工业和能源政策，旅游业政策，交通运输业政策，建筑、住房和水利资源政策，贸易政策六章。《纲要》在阐述古巴经济模式更新的性质与目的时强调，古巴将坚持社会主义方向，不断完善和"更新"经济与社会模式，发展国民经济，改善人民生活水平。在经济制度、体制和机制方面，《纲要》指出古巴未来仍将坚持以计划经济为主导，并适当考虑市场因素的作用；逐步实现党政分开，政企分开，适度放权，赋予国有企业更多自主权；在坚持以公有制为主体的前提下，力图调整就业结构，削减国有部门岗位，减少国有部门冗员，扩大非国有部门的就业岗位，鼓励更多私营经济，扩大个体户、承包、租赁、合作社、外资等所有制形式，扩大个体劳动者的活动范围，并向其提供银行贷款，允许其进入原材料批发市场等。在利用外资及金融改革方面，《纲要》指出应继续吸引外资、寻找资金来源以遏制生产部门的资金流失；重新调整外债偿还期，严格履行偿债承诺以改善诚信；建立更加先进的金融体制，严控货币政策，逐步取消货币双轨制；向个体户和居民发放贷款等。在产业政策方面，《纲要》强调高度重视农业发展，深化农业改革，积极推进土地承包制，给农业以更大的自主权，力图减少古巴农业对进口的依赖，促进商品和劳务出口的增长等。在居民生活与社会保障方面，《纲要》指出古巴将继续实行全民免费医疗和全面免费教育，逐步取消低价定量供应日用品和食品的购货本制度，削减不必要的社会开支和政府补贴，放松对居民买卖房子和汽车的限制等。

劳尔·卡斯特罗还代表古巴共产党中央委员在古共六大上发表了中心报告，报告围绕《纲要》主旨，就古巴未来经济与社会变革的路径及突破口提出了重要的指导性意见。

围绕《纲要》的讨论与制定，古巴上下就改革的成效、问题和未来更新路径进一步达成了社会与政治共识。这场古巴国内空前广泛和深入的改革大体可归纳为以下三个主攻方向：

2. 减少国家对国民经济的干预，对所有制结构和经济管理方式进行必要的改革与调整

①政府将闲置的国有土地承包给合作社或个体农民。截至2011年年底，原闲置农地的80%已承包给17万户农民及合作社，仍有约200万公顷的土地闲置。②为提高国有部门经营效率，减少冗员，古巴政府从2010年9月起对国有部门（包括各部委及其下属单位和国有企业）约50万人实施下岗分流。由于政策推行过程中受到较大阻力，目前这一政策已放缓步伐。③鼓励个体经济的发展。古巴政府在176项经济活动中放宽了对个体经营的限制，并向个体经营户发放贷款。仅2011年一年，政府颁布了与个体户相关的10项法令和60多项决定。例如，将数百家原国有理发店、美容店（三个座位以下）、各种修理店及照相馆等交由原单位职工承包经营；允许个体户经营小商品、部分农产品（主要是蔬菜、水果）零售业务。④削减不必要的公共事业补贴，减少凭购货本低价配给的消费品数量。

3. 重组国家机器，促进国家行政机构的现代化

重新设置部委结构，建立新的制度与法规，通过间接手段调控国民经济，使国有经济保持最大限度的独立。2011年8月1日，古巴全国人大通过决议，决定在新设立的两个省阿尔特米萨省和马亚贝克省搞试点，进行行政改革，将省政府与省人大原议行合一的行政管理分开。在精简政府机构方面，古巴政府又先后于2011年9月和11月将糖业工业部和邮电总局改制为企业集团。2012年10月，轻工业部和钢铁机械工业部合并为工业部。2012年11月29日，设立能源和矿业部，取代原来的基础工业部。2013年2月15日，撤销民用航空委员会，将其并入交通部。2013年年中，古巴政府在保留原外贸部的同时，决定成立由12个外贸企业组成的外贸企业集团负责商品与劳务输出，医务人员劳务出口由卫生部企

业负责。至此，古巴已成立了包括航空、电力、石油、镍、盐、化工、轻工、冶金机械、食品、糖、药品等部门在内的12个企业集团。

4. 解除限制古巴居民机会的各种禁令，如放开私人购车、购房市场，颁布新移民法，改善居民生活状况，促进私人投资等

2011年9月28日，古巴政府颁布法令，解除了私人买卖汽车近半个世纪的禁令。同年11月初，古巴政府宣布允许住房买卖和转让，允许银行向个人发放小额贷款，并决定给个人建房或修房有困难者发放补贴。自2011年12月1日起，政府取消国家对农产品收购后销售的垄断，允许农民直接将农产品销售给旅游饭店或旅游公司。允许向持有可兑换比索（类似外汇券）的古巴普通居民销售手机、电脑、DVD机、彩电等商品。允许古巴本国公民入住涉外旅游饭店（需支付可兑换比索）。2013年1月14日，古巴新的移民法案正式生效，新法案简化了古巴公民的出境手续，规定只需出示有效护照及目的地国签证即可自由离境，公民境外逗留期限从11个月延长至24个月，从而真正使古巴的移民政策和程序合乎国际惯例。

2013年7月7—9日，古巴第八届全国人民政权代表大会召开第一次会议。这次会议对古巴经济模式改革的进展情况进行了全面梳理，同时也提出了诸如取消货币双轨制和国企改革即将试水等努力方向。古巴国务委员会主席劳尔·卡斯特罗在大会上表示，2013年上半年古巴国民生产总值增长达2.3%，比去年同期有所增长，但整体来说，古巴普通家庭经济条件并没有出现好转。劳尔特别指出，要用多劳多得的分配原则来鼓励古巴人民的劳动积极性。

5. 古共七大开启模式更新的理论化与制度化探索

2016年4月，古巴共产党召开了第七次全国代表大会。劳尔在七大中心报告中指出，古共六大颁布的《纲要》已完成313条中的21%，另有77%的纲要处于实施阶段，2%尚未启动；与此同时，古巴政府还通过了130项新政策，颁布了344项各类新法规，修改了55处法规，废止了684项法规。劳尔进一步指出，货币汇率双轨制和人口老龄化问题依然是困扰古巴经济社会的两个重要因素，未来古巴将着力解决所有制结构、融资环境、国企改革、政府机构改革等领域和农业、旅游业、医疗卫生等战略部门的可持续发展问题，并力图通过提高居民收入水平，扩大基

本消费品供给等措施改善民生。

此外,古共七大还提出了"社会经济模式理论化"和"2030年古巴国民发展计划",这是古巴共产党在治国理政方略上做出的一次重大创新,标志着古巴社会主义进入理论化和制度化探索的历史新阶段。七大《关于古巴社会主义经济社会发展模式理论化的决议》指出,古巴"模式理论化"工作旨在系统阐释以人类尊严、平等和自由为基础的古巴社会主义原则,总结古巴社会主义理想的本质特征,定义时代变革。决议认为,只有通过有利于公平分配的财富增长、生活水平的提升、集体和个人追求,进而坚持社会主义价值观,提高劳动生产率,才能实现古巴社会主义的巩固与可持续发展。七大《关于2030年古巴经济社会发展国民计划的决议:关于国家愿景、战略核心与战略部门的提议》认为,作为古巴计划体制的主要文件,"国民计划"为指导古巴全面协调发展及中长期内战略性地解决经济结构失衡提供了基本概念,这是古共六大提出社会经济政策纲要后的必然要求,也是实现古巴模式更新理论化目标的主要工具。"国民计划"中的"国家愿景"包括主权独立、社会主义、繁荣和可持续。作为发展战略的支柱与动力,战略核心包括高效的社会主义政府与社会一体化,生产变革与国际融入,基础设施发展,人类潜力、科技与创新,自然资源与环境,人类发展、公平与正义。为推进古巴经济结构改革,"国民计划"还初步确立了古巴经济战略部门和相关分析的原则与方法。

2016年5月28日,古巴共产党机关报《格拉玛报》发布了修改后的两项重要文件《古巴社会主义经济社会发展模式理论化》和《2030年古巴经济社会发展国民计划:关于国家愿景、战略核心与战略部门的提议》全文。前者分为"模式更新的原则与变化""所有制""计划经济领导体制""社会政策"四章,总计330条;后者分为"导论""制定国民计划的主要原则与核心议题""2030年国家愿景""战略核心""经济核心部门"五部分,共计251条,另附七大文件中提出的33个理论关键词释义。这两项重要文件的发布表明,古巴共产党试图通过更为宏观的历史考量,探索全球化时代古巴特色的社会主义中长期规划,但从计划到实施,必将经历实践的反复考验和波折。

三　古巴社会主义文化制度

古巴社会主义文化制度是古巴社会主义大厦的重要组成。古巴党和政府高度重视社会主义文化事业，将其视为抵御帝国主义意识形态渗透的重要防线，并大力推进专业艺术和大众文化的繁荣与发展。

（一）建立和完善具有古巴特色的社会主义文化机构

成立于1961年1月的古巴全国文化委员会是古巴革命成功后设立的首个国家文化发展管理机构。同期建立的文化机构还包括全国出版社和出版局、古巴书籍协会、古巴电影艺术和工业委员会、美洲之家、全国艺术学校、古巴广播协会、中央电台和电视台等机构。1976年，在全国文化委员会等机构基础上，古巴成立了文化部。1989年，古巴成立了古巴音乐委员会、全国舞台艺术委员会、全国造型艺术委员会、全国文化遗产委员会。此外，古巴还建立了"何塞·马蒂"国家图书馆、全国著作权中心、古巴艺术网、古巴文化研究机构、艺术院校、文化基金会、文化企业等文化机构。

（二）专业艺术团体与大众文化组织并举共荣

古巴革命胜利后，陆续组建了古巴国家芭蕾舞团、国家舞剧团、国家民间舞剧团、国家合唱团、国家交响乐团等具有国际声誉的专业艺术团体。20世纪60年代初，古巴的扫盲运动和全民免费教育为古巴民众提升艺术文化水平、组织参与业余爱好小组提供了契机。

古巴政府还设立了"古巴文化节"、加勒比联欢节、拉美新电影节、哈瓦那戏剧节、哈瓦那造型艺术节、"美洲之家"文学作品比赛、哈瓦那国际书展等具有地区和国际影响力的文艺活动与赛事。

东欧剧变后，由于经济困难，古巴政府曾一度收紧了文化教育投入，并鼓励文化产业及企业的自主探索与创新，允许私人文化团体及个体户的发展等。

（三）在复杂的意识形态斗争中锻造社会主义文化品格

1999年"埃连事件"后，为反对美帝国主义的经济封锁、意识形态渗透与"和平演变"，古巴全国上下掀起了一场"思想战役"，通过举办"反帝论坛""公众论坛"和"圆桌会议"等活动，声讨帝国主义行径，凝聚社会主义共识。其间，古巴政府还设立了民众舆论调查中心和全国马蒂研究计划办公室,以加强意识形态工作的引导与宣传。

四 古巴社会主义社会制度

古巴长期坚持全民免费教育、免费医疗,在教育、医疗、生物科技等社会人文领域取得了令人瞩目的成就,这与古巴注重公平正义的社会主义社会制度密不可分。古巴的社会主义社会制度以社会保障制度为主线,由国家主导,具有保障统一、全面、充分等特点,是古巴实现长期政治稳定的重要基石。

成立于1959年9月的古巴社会保障银行,是一家合并了21个退休金管理委员会、具有政府托管性质的、负责统一执行社会保险的自治机构。1960年宪法改革后,社会保障银行被取消,工伤、职业病保险管理权划归劳动部,生育保险管理权划归卫生部(1962年"第1010号法"),劳动部负责管理18个专业部门的社会保险机构("第1024号法")。1963年4月,古巴颁布了第一部具有社会主义性质的《社会保障法》,即"第1100号法"。该法明确了古巴社会保障制度普遍、团结互助、统一、公正的原则及国家在社会保障方面的责任;确认了所有劳动者及其家庭享受疾病、生育、工伤、职业病和老年、遗属等保护;确立普遍就业原则;取消工资劳动者缴费义务,建立雇主承担所有费用的制度;将社保覆盖面扩展到所有工资劳动者(包括农村地区工资劳动者)及其家庭;建立统一连贯的待遇制度;将劳动事故和职业病纳入覆盖范围,摒弃过去的"职业风险"理论,采纳了预防、援助、康复的社会标准;确认了生育保障;首次将一般疾病待遇和一般事故待遇纳入社会保障体系;承认所有时期、任何种类劳动的工龄累加计算;设立免费教育、免费医疗、食品补贴、住房补贴等生活福利制度。1963年的社会保障法,试图覆盖古巴所有劳动者及其家庭的社保需求,但事实上一些边缘及弱势人口仍未得到稳妥的保障。

1979年8月,古巴颁布了新"社会保障法",即"第24号法"。"第24号法"试图实现社会保障的制度化,为更多的劳动者及其家庭提供更广泛的保障,并在统一的社保制度内设计了社会保障和社会救助两个并行体制。社会保障体制面向普通工资劳动者及其家庭,以军队、内务部成员、个体户、艺术从业者、应用和造型艺术创作人员及农业合作社成员为特定保障计划的对象,保障内容主要包括养老保险、医疗保险、工伤保险等。作为社会保障体系的重要补充,社会救助计划具有社会补贴性质,主要针对老年人、残疾人、基本需求无保障的人、生活健康需要保护的人、不具备劳动能力且无亲属照顾的人。

为缓解日益严重的社保资金压力和人口老龄化矛盾,古巴政府开始酝酿符合国家社会现实的社会保障制度改革方案。2008年年底,古巴全国人大通过了新《社会保障法》,即第105号法。此次社会保障制度改革主要涉及劳动者缴费制度的建立、退休年龄的延长、养老金计算方法的调整、允许退休后继续工作、社保特殊计划范围的扩展和社会救助体系的完善等。新社会保障法的实施,标志着古巴传统社会保障模式朝着更加灵活多元的方向迈进,国家全权负担社保成本的时代将一去不复,社保资金压力有望缓解,但国家主导、全民保障、全面保障的社会主义基本社会保障制度不会动摇。

五 古巴社会主义生态制度

作为加勒比岛国,古巴在社会主义生态制度建设方面积累了丰富的理论与实践经验。2006年11月,国际环保非政府组织——世界自然基金会(WWF)的一份报告充分肯定了古巴在可持续发展和环境保护方面取得的瞩目成就,称古巴为目前世界上唯一实现可持续发展的国家。

(一)古巴可持续发展战略的确立与演进

古巴革命胜利前,4个世纪的殖民史使古巴遭受了严重的生态与环境危机。截至19世纪末,古巴森林占国土面积的比重从95%剧减至54%。20世纪上半叶,古巴自然资源的破坏程度进一步加剧。到1959年古巴革命取得胜利时,古巴大部分民众尚处于极度贫困的状态,而与此同时古巴的环境问题亦濒临崩溃的边缘。国家土地、水资源、植被和地貌等均遭受了严重的侵蚀和恶化,森林面积仅占国土面积的14%,生物多样性丧失殆尽。

从这时起,古巴革命政府即下决心通过一系列的纲领与行动,改善人民的生活水平,其中很重要的一项战略意图就是通过贯彻环境保护的原则,实现古巴经济与社会的可持续发展。因而,古巴的可持续发展建设由此经历了"基础设施初创""制度完善与教育普及"和"科技领军"

三个主要发展时期。

基础设施初创时期（20世纪60年代到70年代上半期）。古巴政府为古巴科学、教育和医疗卫生的长足发展创造了起始条件，以克服因建立覆盖全国的基础性社会保障体系而产生的一系列挑战。这一时期的社会纲领对解决与贫困相关的环境问题贡献巨大，并为以后的环境保护工作积累了丰富的制度经验和人力资源。

制度完善与教育普及时期（20世纪70年代中期到80年代末）。古巴的可持续发展制度进一步得到完善。尤其是1977年成立的古巴"国家环境保护和合理利用自然资源委员会"（COMARNA），极大地推动了古巴在环境保护和可持续发展方面的科学研究和教育推广工作。

科技领军时期（20世纪90年代以后）。古巴环保制度建设进一步得到强化，一些新的科学技术被广泛应用于可持续发展的关键领域。例如，在评估现有资源的潜能、推广可持续性农业技术、开发新疫苗和药品、通过新科技加强废物利用、实现清洁生产、重构局部生态系统、合理开发水土资源等方面，古巴科学与环保界均取得了前所未有的突破。这一时期，古巴在环保方面取得的科研成就亦得到了地区乃至国际社会的认可与褒奖。古巴政府及相关科研机构被先后授予诺贝尔替代奖"正确生活方式奖"[①]、拉丁美洲农业生态技术竞赛大奖、联合国粮农组织颁发的农村妇女进步奖等。

由此可见，古巴的可持续发展理念较早地渗透到了国家建设的方方面面，可持续发展传统深入人心。经过半个世纪的稳步发展，古巴已建立起了较为完备的可持续发展制度体系和贯穿可持续发展理念的国民教育体系。

（二）古巴可持续发展框架与基本经验

古巴政府对可持续发展的关注由来已久，且十分注重可持续发展系

---

① "正确生活方式奖"（Premio Nobel Alternative *The Right Livelihood Award*）。1980年，有着瑞典和德国血统的欧洲集邮家冯—岳克斯库尔（Jakob von Uexkull）卖掉了自己珍藏的邮品，设立了一个名为"正确生活方式"（The Right Livelihood）的奖金，专门奖励在环境和生态保护以及人类社会可持续发展方面做出过杰出贡献的自然、人文和社会科学家。"正确生活方式"奖每年在诺贝尔奖颁发的前一天，在瑞典议会大厅里颁发。在欧洲，它普遍被称为"诺贝尔替代奖"（Alternative Nobel Prize）或"诺贝尔环境奖"，其权威性和荣誉性受到国际科学界和环保界的高度认可。

统工程的不断完善，形成了一套行之有效的发展框架。

1. 在战略规划方面，古巴政府先后颁布了《国家环境与发展计划》（1993 年）和《国家环境战略》（1997 年），并建立健全了以国家《宪法》为纲、以《环境法》（1997 年）为主干的可持续发展法律体系和环境治理理论。① 经过多年努力，上述政策框架均已在古巴环保实践中得到了充分认可与贯彻，发挥着重要的规范和监管作用。

古巴的可持续发展理念和环境保护义务是写入宪法的，且古巴的个别法律条文甚至早在 20 世纪六七十年代就体现了上述精神。古巴环境政策的基本原则包括：享有安全的环境是所有公民的基本权利；保护环境是每个公民的义务；环境治理是一项系统工程，所有国家机关、社会团体、其他组织机构及个人都应团结协作，贡献自己的力量和才智。在此基础上，《国家环境与发展计划》是古巴政府在里约会议发布《21 世纪日程》前一年颁布的国家战略。这一计划的出台，表明古巴已先行实践了《21 世纪日程》关于各国政府建立国家可持续发展行动框架的倡议，古巴也因此成为拉丁美洲和加勒比地区第一个实现这一目标的国家。古巴《国家环境战略》再次肯定了科技创新在促进环保事业、增强民族工业国际竞争力方面的重要作用，认识到环境教育和环保知识的不足是阻碍可持续发展的根源，并总结了行政监管不力、科技成果推广不够，以及发展纲要和政策体系中的环境理念不深入、缺乏系统和连贯的法律框架等现有问题。其中，物力和财力的匮乏成为阻碍环保工作的重要原因。通过《国家环境战略》的实施，古巴环境政策体系得到了进一步的巩固，环境治理机制不断完善，相应的法律法规得到了贯彻和执行。《国家环境战略》还进一步完善了以"科技与环境部"为主干，以基础工业部、公共卫生部、国家水力资源研究院、渔业部和革命军事委员会为辅的环保行政体制，将环保理念和环保行政指标贯穿其中。《国家环境战略》还肯定了许多环保人士和环保非政府组织的作用。《环境法》规定，所有法人和自然人在从事影响环境的各种活动中，均须采用最新的科技成果以实现环保行动的高效率，而政府在制定和推行环境政策时也必须参照科学

---

① Rosa Elena Simeón Negrín, "Cuba: hacia un desarrollo económico y social sostenible", http://www.medioambiente.cu/ministra.asp.

研究和技术创新的最新成果。此外，古巴政府还制定了详尽的《环境教育国家战略》、10 部《省环境战略》、9 部《生产部门环境战略与政策》、《国家生态多样性战略》和《国家防沙抗旱规划》，并定期发布古巴年度环境报告。

古巴政府还长期致力于环境治理理论的深入研究。目前，古巴环境治理理论的核心理念包括：环境治理工程的完整性、系统性、持续性，制度内外的和谐性，环境治理的领土主权和地区保护性，分权与社会参与，可持续发展信息工程与环境教育以及国际视野等。

此外，古巴政府还建立了环境规划、环境冲突评估、环境许可制度、国家环境监测、科学研究与技术创新、环境教育与传播、经济监管手段、国际合作、地区保护国家体系等多层面、全方位的制度框架。

2. 在制度实施和机构建设方面，古巴政府努力克服经济上的困难，通过建立以国家科技与环境部（CITMA）为核心的各级行政主管部门和其他配套机构，进一步完善了可持续发展的监管与评估体系。

科技与环境部是古巴主管可持续发展和环境保护的部级单位。该部有效整合了古巴可持续发展的相关资源，将科技研发、教育和环境保护三项工程有机结合，从而形成了从理论到实践的良性循环机制。除该部外，古巴还建立了从中央到地方的各级、各领域环保监察机构，形成了贯穿可持续发展理念的立体网络式行政系统。在众多事关可持续发展的行政活动中，环境监管是古巴环境治理的核心。该工作主要分为环境许可证的授予和管理、国家环境监察两方面。环境监控的技术标准系统是古巴环境治理的主要手段之一。1996 年成立的古巴国家环境治理技术标准化委员会主要负责古巴环境技术标准的修改、执行和完善，该机构对国际 ISO14000 认证系统同样负有修改和评价的责任。在环保经费方面，古巴政府一方面努力克服经济困难，建立了一套符合国情的财税和投资优惠机制，以确保可持续发展专项经费的透明、经济和到位；另一方面积极争取社会力量和国际援助，设立国家环境基金等专项经费，以缓解可持续发展的资金"瓶颈"。

此外，古巴政府还致力于完善可持续发展的示范体系和激励机制，以引导和规范社会各界的环境意识与行动。2000 年，古巴政府首次设立环境鼓励奖，通过表彰环保人士和团体，推进环境法和环保意识的贯彻与普及。2001年,古巴政府成立了旨在激发企业界环保精神的清洁生产国家网络。同年,古巴设立国家环境大奖,以此鼓励个人、企业、社会团体、非政府组织和官方机构在环境保护方面做出的杰出贡献。总之,古巴可持续发展体制的建立与完善离不开古巴各级政府坚定和持久的政策扶持。

3. 在科技研发方面,古巴政府始终把科技作为可持续发展的核心动力,通过建立完备的研发体系和奖励机制,积极推进科技成果在可持续发展关键领域的应用和推广。目前古巴的环保科技已达到地区乃至国际领先水平,成为古巴对外援助的重要力量。

从20世纪60年代起,古巴政府相继建立许多与环境保护相关的科研机构,如农业科技研究所、农业大学、土地和肥料国家研究中心、古巴科学院土地资源研究所、生物所、动物所、地理与海洋所等。1964年,古巴政府组建了旨在加强自然资源与环境保护研究的科学院。1977年,古巴政府创立了下属古巴科学院的环境保护和自然资源合理开发国家委员(COMARNA)。1994年,又专门成立了总揽可持续发展和环境保护全局的部级单位——科技与环境部。其中,科技与环境部下属的环境司(AMA)及其附属机构,担负了古巴全国环境保护科学研发的主要任务。除该部外,古巴其他的政府部门也设立了相关的环保科研机构,例如交通部下设的海湾环境与工程中心、古巴水力资源研究院下设的水力资源和水质中心、糖业部下设的制糖工业研究所等。此外,古巴的各级行政单位也建立了系统的环境保护研发体系,如青年岛特区的海岸生态研究中心、格拉玛的豪尔赫·迪米特洛夫(Jorge Dimitrov)农业研究中心、圣地亚哥的生态系统与生物多样性研究中心和太阳能研究中心等。[1] 上述不断完善和细分的科技创新与研发系统,无疑为古巴开展综合性科研活动、拓展科研视阈、提高环保问题的解决效率提供了优势资源。

此外,在古巴众多的环保科研成果中,较为突出的是古巴国家科学计划——"全球变迁与古巴自然环境的演进"。仅2002年,该计划就推

---

[1] Programa de las Naciones Unidas para el Desarrollo en Cuba, *Capítulo 5: Ciencia y tecnología al servicio del desarrollo humano sostenible en Cuba Dimensión ambiental*, Investigación sobre Ciencia, Tecnología y Desarrollo Humano en Cuba 2003, http://www.undp.org.cu/idh%20cuba/cap5.pdf.

出了 44 项子课题研究成果和科技发明。而在各项环保技术的应用中，较有代表性的是广泛运用于农业、地质制图、气象服务、自然灾害预警系统的电子探测技术。

4. 在人文建设方面，古巴较高的国民教育水平有力地支撑了古巴环保与资源合理利用工程，尤其是科学知识的普及进一步深化了民众对可持续发展理念的认识。

古巴的环保教育依托于古巴系统和完备的教育体系。而古巴的高教育普及率离不开政府的大力投入。以 2000 年为例，古巴成年人的受教育率高达 98.2%，教育支出占 GDP 的比重高达 7.2%，而后者在中国当年的比重仅占 1.9%。① 尽管存在物力和财力的限制，但古巴政府仍利用现有的媒体和教育资源，如古巴电台、电视台（尤其是古巴电视台的两个教育频道），甚至是新兴网络资源，建立起立体生动的古巴环保传播机制，以提高环保知识普及率。古巴科技与环境部下属的"古巴环境治理与教育信息中心"承担了古巴政府创建环境信息工程、开展环境治理和普及环境教育的大部分工作。该中心创办的电子杂志《环境与发展》从专业角度向公众阐释了环境法的现实意义，启发公众对环境问题的思考与行动。该中心旗下的"古巴环境网"② 则集中介绍了古巴可持续发展方面的所有法律和制度，并设立了环境术语字典查询、古巴环保动态等深入浅出的环保教育栏目。在青少年环境教育中，古巴科技与环境部还专门出版了《古巴 21 世纪日程青少年读本——环境使命》③ 一书。该书通过图表、插画、诗歌、歌曲、故事等形式，用孩子们自己的语言向青少年普及环境教育，并建立了相关的青少年环境教育网站以促进青少年在环保方面的参与和交流。

古巴环保教育的深入为古巴环境非政府组织的成长与壮大提供了机

---

① 参见世界银行关于古巴及中国教育的相关数据：古巴，http://devdata.worldbank.org/edstats/SummaryEducationProfiles/CountryData/GetShowData.asp?sCtry=CUB, Cuba；中国, http://devdata.worldbank.org/edstats/SummaryEducationProfiles/CountryData/GetShowData.asp?sCtry=CHN, China。

② 古巴环境网：http://www.medioambiente.cu/。

③ Armando Blanca Fernández, *Misión Ambiental*, *Agenda 21 Edición Infantil y Juvenil de Cuba*, http://www.medioambiente.cu/misionambiental/default.htm.

遇。古巴许多环境非政府组织和环保人士在地区和国际环保行动中具有良好的声誉和号召力。正是由于古巴广大民众的积极参与和配合，古巴的可持续发展事业才取得了令人瞩目的成就。

5. 在产业发展方面，古巴立足本国国情，将经济增长与可持续发展紧密结合，对重点行业实施可持续发展的重点规划和监管，在生态旅游业和工业产品清洁生产等方面创造了循环经济的良好效应。

近年来，作为古巴支柱产业的旅游业呈现良好的上升趋势。为保证旅游区生态环境的可持续发展，古巴政府并不急于控制旅游规模，而是通过设立奥尔金北海岸旅游特区，逐渐摸索出一套以旅游基础设施、地理生态环境、社会经济环境和游客状况为基本参数、易于操作的旅游区可持续发展水平指标体系，从而尽可能合理调配旅游区的自然和人文资源。此外，古巴政府还十分注重调动各行各业的积极性，共同参与和开发除生态游之外的旅游项目，并鼓励旅游目的地的居民参与旅游区的环境规划和治理。①

6. 在国际参与方面，古巴是多项国际环保条约的签署国之一，并多次派出环保专家等技术力量参与地区乃至世界性的、联合国框架内的环保工程与项目，显示出了古巴科技力量的国际威望。古巴还向加勒比周边地区与国家提供不同层面的环境咨询服务，帮助它们克服本国的环境困境。

由此可见，古巴的可持续发展理念较早地渗透到了社会主义建设的方方面面，经过半个世纪的稳步发展，古巴已建立起了较为完备的社会主义生态制度。古巴在可持续发展方面的忧患意识和超前思维，使其在某种程度上规避了累积性和共时性矛盾给后发国家带来的潜在风险，并为其实现自身及加勒比地区的和谐发展提供了可能。

古巴前驻华大使佩雷拉在谈及古巴社会主义坚持至今的经验时不无感慨，"尽管受到经济封锁、自然灾害和全球经济危机等外部因素的侵扰，但所幸的是——古巴社会主义至今没有犯过战略性的错误，古巴社会主义事业的坚持与发展恰恰证明了古巴社会主义道路的正确性、唯一

---

① Eduardo Salinas Chávez, José Alberto La O Osorio, "Turismo y Sustentabilidad: de la Teoría a la Práctica en Cuba", *Cuadernos de Turismo*, No. 17, 2006, pp. 201 – 221.

性和可行性"。劳尔·卡斯特罗主席在 2009 年古巴全国人民政权代表大会上这样总结古巴革命的真谛,"半个世纪以来,饱经磨难的古巴社会主义之所以能够顽强地活下来,是因为革命已成为大多数古巴人民为之奋斗的事业"。

2016 年召开的古共七大宣告了古巴共产党坚持古巴特色社会主义道路的决心与信心。古巴共产党在七大决议中指出,古巴将坚持一党制,坚持马蒂、巴里尼奥、梅亚和菲德尔的党。"干部政策"和"党的扩编"被视为关乎古共战略发展的核心问题。古巴共产党将不断完善干部任用工作,扩大妇女、青年、黑人和混血种人担任重要职位的比例,建立后备干部选拔机制以确保党、国家和政府领导岗位后继有人。古巴共产党认为,反对意识形态颠覆、培育古巴社会价值观及关心下一代是关乎古巴未来存亡的战略性问题。古巴共产党决定加强爱国主义和思想道德教育,深入学习马蒂遗产、菲德尔思想和马克思列宁主义,加强古巴历史和传统文化的教育与宣传,强化党在更新政策纲要执行进程中的领导和监管责任等。

此外,劳尔还在七大《中心报告》中强调,古巴绝不会实行所谓的"休克疗法"和新自由主义,经济模式绝不意味着对平等正义的革命理想的背弃,也绝不该破坏拥护古巴共产党的绝大多数古巴人民的团结,更不该让古巴民众陷入不安定和不确定中;纲要的执行需要古共倾注更多的政治敏感度和心力,一方面需要向民众做更多的解释,另一方面需要更多的纪律、要求和执行力来推进这一进程,脚踏实地,真抓实干;思想僵化是当前的主要障碍,执行更新任务的干部和公务员缺少必要准备、自我要求、外部监管、合理预见和工作积极性等。

尽管古巴经济模式更新的未来仍存在诸多不确定性,但古巴高层锐意更新的决心和古巴社会必然经历的转型阵痛却是明晰可见的。古巴自启动社会主义模式更新以来,改革步伐依然不减,高层人事接连调整,经济举措密集出台,多元外交纵深发展,普通民众的工作与生活也随之发生着巨大的起伏与变化。面对经济模式大刀阔斧的调整和改革,古巴社会在渴求重生的同时,更承受着巨大的张力和考验。能否在理想与现实之间求得公平与效率的统一,将成为决定古巴经济模式更新成败的重要标尺。

2016年11月25日，古巴革命前领导人菲德尔·卡斯特罗与世长辞。处于模式更新关键阶段的古巴社会主义，能否在21世纪续写古巴革命的传奇，还有待时间的考验。当前，古巴革命面临的重大挑战包括——经济能否实现持续增长、货币双轨制等改革能否顺利推进、美对古封锁能否早日解除、人口老龄化的负面影响能否有效遏制、外交关系能否实现多元化等。无论前景几何，坚持古巴道路的古巴经济模式更新都将是人类历史上一次对社会主义建设规律的有益探索和大胆尝试。

第 四 章

玻利维亚"社群社会主义"思想与实践

"社群社会主义",也称"印第安社会主义",是由玻利维亚总统埃沃·莫拉莱斯与副总统阿尔瓦洛·利内拉经过多年社会运动实践探索出的本土发展理念。这是一种旨在通过社群组织方式实现反对资本主义、殖民主义、霸权主义目的,并用以替代新自由主义政策的斗争方式和新型发展模式,涵盖政治、经济、社会、文化多方面。实现社会主义是莫拉莱斯政府改革的最终目标,而以"社群"形式发展社会主义则充分体现了玻利维亚自身的基本国情。"社群社会主义"的诞生是玻利维亚人民数百年来为民族平等、公正、正义信念而战的结晶所在。这一理念已成为莫拉莱斯政府制定国家政治、经济、社会政策的纲领、方针。

关于"社群社会主义"概念中"社群"之意,这一词带有浓重的本国民族特色,是玻利维亚传统文化的独特产物。印第安原住民自古以"社群"为基本社会组织单位进行劳动生产生活活动,集中体现了印第安人天人和谐的宇宙观。在社群中,若干印第安人聚居生活,共同拥有一块土地,共同耕种,并共享收获物。① 另外,"社群"的存在被莫拉莱斯总统界定为构建社会主义集体所有制的重要一环,不仅因为它是本民族数百年来的基本生产生活方式,而且也在于"社群"观念对实现民族自决、深化民族自我认同意识具有重要的指导意义。

玻利维亚外长乔盖万卡曾指出:"在自己的社群中,我们享有自决权,而这也是五百年来印第安人风俗习惯、民族音乐和艾马拉语言虽遭

---

① Heinz Dieterich, "Evo Morales, Communitarian Socialism, and the Regional Power Block", http://mrzine.monthlyreview.org/2006/dieterich070106.html.

受侵蚀但最终得以存续下来的根本原因。"① 如果无法实现民族自决，原住民仍处于被剥削压迫地位，玻利维亚则无法开展社会主义革命。纵观整个国家历史变迁，特别是在阶级斗争过程中，玻利维亚的农民、工人对自身原住民的身份与阶级性意识逐渐觉醒。拥有共同语言、习俗、传统、文化、历史基础的农民、工人阶级团结在一起，以社群为基本单位，以协商一致的发展理念，对国家旧有秩序、大资本家为首的精英统治阶级发起了挑战。独立自主的民族自决使广大中下层人民群众自觉自愿团结起来，只有通过这种方式达成的民族团结才不会重蹈历史覆辙——沦为受压迫者。此外，自决权塑造了工人阶级与农民阶级之间全新的相处方式——建立在集体身份、民族身份认同下，以及共同利益诉求、共同愿望基础上的社会主义工农联盟关系。②

另外，如果我们对"社群社会主义"中的"社会主义"一词进行明确的界定，需要对玻利维亚社会主义发展沿革进行全面梳理。早在20世纪80年代，新自由主义在玻利维亚蔓延时，这个国家社会主义理论的先驱们，尤其是生活在中下层的原住民领袖便开始寻求全新的、平等的、公平的、正义的生存之路。

对于玻利维亚社会主义的理解，在原住民领袖、现任玻利维亚副总统、埃沃·莫拉莱斯的左膀右臂——阿尔瓦罗·加西亚·利内拉1988年撰写的论著《玻利维亚社会主义革命的条件——论工人、艾马拉族与列宁》中有系统阐述。当时这本书封面印有安第斯原住民的七色旗，这一标志为当时很多安第斯农民社群运动所用，如卡塔里游击队。因此，这一旗帜被视为民族的骄傲，是印第安人民反抗精神的象征。

在这部书问世之前，玻利维亚传统左翼对社会主义的理解局限于照搬苏联模式或曲解马克思主义，机械地将印第安农民群体划归为小资产阶级，作为资本主义生产的组成部分，并认为印第安的社群组织方式对国家进步和发展起到了消极作用，因此主张解散社群，并对这一群体开

---

① Bolivian Foreign Minister, "Communitarian Socialism Will Refound Bolivia, Bolivia Rising", http://boliviarinsing.blogspot.com/2009/05/bolivian-foreign-minister-communitarian.html.

② Álvaro García Linera, *Las condiciones de la revolución socialista en Bolivia. A propósito de obreros, aymaras y Lenin*, La Paz: Ediciones Ofensiva Roja, 1988, pp. 170 - 171.

启"现代化"进程。但利内拉则认为这一观点毫无理论依据，原住民真正蕴藏的革命潜力正是体现在了这一群体对资产阶级的对抗上，历史证明多年来印第安农民阶级一直为自身的解放与强权抗争，农民自主自愿的意志构成开展玻利维亚社会主义革命的重要条件。

可以认为，利内拉这部著作为玻利维亚"社群社会主义"理念的提出奠定了重要的基础。这是因为它第一次真正意义上结合了玻利维亚国情，为该国社会主义革命确定了明确的政治定位。在书中，利内拉回顾了长年的阶级斗争形式与劳动人民解放运动，从20世纪50年代以前的资本积累，到1952年玻利维亚民族主义革命运动对土地改革的划时代尝试，再到80年代中期文人政府时代的来临，力图分析酝酿玻利维亚劳动阶层进行社会主义运动的主客观条件。① 对于社会主义的实现方式，利内拉主张通过民主途径，认为社会主义本质就是一种极致的民主制度。实现社会主义这并不一定必须通过武力来取得，莫拉莱斯选择通过民主选举途径上台执政就印证了以和平方式代替武装起义方式实践社会主义的一种探索。莫拉莱斯政府认为，尽管世界其他国家与地区都有通过武装起义建立社会主义国家的成功经验，但是在玻利维亚他们更希望通过民主制度达成这一最终目标。这本书的问世标志着莫拉莱斯代表的政治力量与本国传统左翼立场的决裂，利内拉认为那些所谓的"左翼"不仅歪曲了马克思主义的真正含义，而且更加恶劣的是，他们打着社会主义革命的旗号，成为资本主义统治与资本扩张的帮凶。

第一节 孕育"社群社会主义"的条件

一 发出"我们"的声音——500年来玻利维亚印第安人民的抗争

拉丁美洲的安第斯国家是一个特殊的国家群体，我们先不论以这一地理区域为基础建立起来的次区域一体化组织——安第斯共同体，仅就民族性来看，这里数百年聚居着拉丁美洲最早的原住民——印第安人。纵贯南北美大陆的世界最长山脉安第斯山犹如一条绵延的纽带连接并孕

---

① Álvaro García Linera, *Las condiciones de la revolución socialista en Bolivia. A propósito de obreros, aymaras y Lenin*, La Paz: Ediciones Ofensiva Roja, 1988, p.162.

育了南美最古老的居民。

时至今日，拉丁美洲这片大地上养育了670多个印第安部族。① 尽管在阿根廷、乌拉圭、哥斯达黎加这样的以欧洲移民为主要人口来源的国家中，原住民人口比例微不足道，但是在历史上处于印第安人文化中心的安第斯国家中，如玻利维亚、秘鲁，人口仍以印第安人为主。自古以来，他们崇尚自己的文明，享誉世界的秘鲁名歌《雄鹰飞过》，通过古朴独特的安第斯民族乐器演绎出，那悠远神秘的旋律令无数人对南美印第安文化心驰神往。

在安第斯国家中，玻利维亚是个自古孕育多民族的国家。根据官方统计，玻利维亚约有36个印第安民族：艾马拉、阿拉奥纳、鲍莱、贝西洛、卡尼查纳、卡维内尼奥、卡尤巴巴、查科沃、奇曼、埃塞埃亚、瓜拉尼、瓜拉苏阿维、瓜拉尤、伊托纳马、莱科、马查胡亚伊—卡利亚瓦亚、马奇内里、马洛帕、莫赫尼奥—特里塔里奥、莫赫尼奥—伊格纳西阿诺、莫莱、莫塞特、莫维、帕卡瓦拉、普基纳、盖丘亚、西里奥诺、塔卡纳、塔皮埃特、托洛莫纳、乌鲁奇帕亚、文哈耶克、亚米纳瓦、尤基、尤拉卡雷、苏姆科。这些民族的人口数量差异很大，多则百万有余，少则不足数十人。人数最多的是盖丘亚族和艾马拉族，这两个民族占玻利维亚印第安总人口的85%。② 2006年，玻利维亚诞生的第一位印第安总统埃沃·莫拉莱斯，便是出身于艾马拉族。

玻利维亚民族关系错综复杂，印第安人问题尤为尖锐。根据玻利维亚统计局数据，2015年，玻利维亚全国总人口将近1100万，年均增速1.5%。③ 其中，印第安人占54%，印欧混血种人占31%，白人占15%。④ 总体来看，印第安人主要集中在广袤的农村地区，以农牧业生产为生。而玻利维亚的印欧混血人种主要分布在全国各地的某些城镇化农村地区，

---

① CEPAL, *Contar con todos: Caja de herramientas para la inclusión de pueblos indígenas y afrodescendientes en los censos de población y vivienda*, Diciembre 2011, p. 7.

② 徐世澄：《玻利维亚的民族关系与民族政策》，《中国民族报》2011年4月。

③ Instituto Nacional de Estadística (INE), "Bolivia: Proyección de la Población total e indicadores demográficos", http://www.ine.gob.bo/indice/visualizador.aspx?ah=PC20104.HTM.

④ 中国外交部：《玻利维亚国家概况》，http://www.fmprc.gov.cn/web/gjhdq_676201/gj_676203/nmz_680924/1206_681022/1206x0_681024/，2015年12月9日。

白人则一般集中在城市地区。

然而，在这个原住民人口众多的国度里，自16世纪西班牙"发现"美洲以来，曾经创造美洲灿烂古老文明的印第安人便被尘封在历史的记忆里，渐渐被世人遗忘，在这数百年的演变中，这一群体从未逃离被少数白人、混血人种组成的精英阶层所控制、所压迫的命运。

为了更加透彻地理解为何如今以印第安人为代表的中下层民众纷纷揭竿而起进行反殖反霸斗争，以及为何印第安总统莫拉莱斯提出"社群社会主义"来捍卫印第安人民的自治权利，并将促进社会融合与社会凝聚作为基本要义，我们需要抛开西方统治阶级主流立场与观点，切实从印第安民族视角，探究历史上这一群体究竟经历了怎样的遭遇。

18世纪末，统治西班牙的波旁王朝在其拉美殖民地实行一种新的专制制度，力图通过一系列改革，深化殖民统治，但是这些诸如增加贡赋等不得民心的举措激起了民愤，最终在西班牙王室推行改革一年后，美洲西班牙殖民史上一场极为波涛汹涌的反殖民运动爆发了。1781年革命蔓延至整个安第斯南部山区，尤其在艾马拉人栖息的拉巴斯地区战斗最为惨烈。印第安人领袖图帕克·卡塔里发动起义，率领人民围困拉巴斯城，战斗经历两个阶段，持续184天之久。卡塔里宣布艾马拉人是自己土地和财富的绝对主人，当时参战的勇士们畅想着"仅由印第安人统治"时代的到来。

然而，这一梦想最终在从新总督区首府布宜诺斯艾利斯赶来增援的西班牙军队的残酷镇压下破灭，卡塔里起义军被击溃，图帕克·卡塔里被西班牙人以神和西班牙国王的名义逮捕并被残忍肢解。值得指出的是，尽管以惨烈的失败告终，但是图帕克·卡塔里成为所有印第安人心目中不畏强权、反殖民主义的英雄人物。这一起义对此后几百年来印第安抗争运动产生了深远的影响，许多印第安游击队组织都以图帕克·卡塔里为名高举卡塔里主义开展原住民运动。如今，玻利维亚总统埃沃·莫拉莱斯的左膀右臂、副总统阿尔瓦罗·利内拉早年就投身于图帕克·卡塔里游击队运动，而在莫拉莱斯政府的议会大厅里醒目地悬挂了1781年印第安人起义领导者图帕克·卡塔里及其夫人巴尔托丽娜·西萨的画像。

大部分历史学家都认为当19世纪拉美大陆各民族国家纷纷觉醒，并最终赢得独立战争时，美洲殖民统治宣告终结。当时，土生白人精英们领导了反抗西班牙殖民者的解放运动,并在1825年建立了美洲唯一一个有幸冠以解放者西蒙·玻利瓦尔名字的国家——玻利维亚。然而,在这个国家里,无论是艾马拉人、盖丘亚人,还是其他祖祖辈辈生活在玻利维亚这片土地上的土著民族并未从此改变屈辱的命运,他们在新独立的民族国家中仍无法获得官方承认,甚至无法在那些土生白人眼中获得尊严。

几百年来的殖民传统早已渗透到这些尽管已经宣布独立的国家的骨髓里、血液中,直至今日。西方社会文化建立在宣扬神学的基础上,具有暴力性的排他主义,殖民主义过程中的暴力行为是迄今为止最大的种族灭绝。讽刺的是,从某种意义上说,欧洲殖民者的扩张主义、掠夺意识在获得民族独立后拉美国家的白人统治阶层中得到了"完美"继承与诠释。而对于拉美原住民来说,独立战争的胜利并没有根本上改变其受剥削压迫的状况:赖以生存的土地被掠夺、经济权利受到限制、法律权益得不到保障、文化传统被强迫同化……

1825年8月6日是玻利维亚诞生的日子,当时占全国总人口80%的原住民却不能参加立宪大会,因为明文规定议员们必须会读写,必须拥有财产、职业或者是某一领域的专家。不同于独立前欧洲殖民者赤裸裸的侵略,打着"独立国家"旗号的统治精英集团为对印第安群体自治权利全面否定的剥削性政策编制了"华丽的外衣":将国家融入世界市场,宣扬自由主义理念,将受压迫人民赋予新的身份——公民,统治阶级认为这一系列变革很大程度上需要废除旧有的社会结构,以促进公民以个体身份融入国家,以"自由主义"观念为与原住民的关系强加定义,并以"进步"之名贬低印第安传统文化的价值,这些"美丽辞藻"都在为精英阶层推动一场等级制度分明、带有鲜明的不平等民族观念与种族偏见的新型社会结构改革寻找借口。

玻利维亚政府在1839年进行了一系列带有这种歧视色彩的改革,文盲、家仆、妇女与无收入者均不享有投票权。1866年,当时的梅尔加雷霍总统颁布法律废除原住民社群,命令他们将集体土地落实到每一个土著人,8年后,政府又颁布原住民部落土地分配补充法案。这两项法律最终导致原住民拥有的土地逐渐转移到处于精英阶层的白人和混血人手中,这是因为根据法律,那些从集体分配到个人的菜园土地很快被私营的大庄园、大农场所吸收吞并，而印第安人民，这些土地真正的主人沦落为奴仆。

然而，历史上印第安人的境遇一直没有得到改善。1952年由民族主义革命运动党领导的带有反帝反封建性质的资产阶级民主革命永远是值得浓墨重彩的一笔，因为那些独立后仍旧饱受殖民主义摧残的印第安民族历史上第一次获得了改变。那一年，民族主义革命运动党推翻罗哈斯军事独裁统治，夺取政权，维克多·帕斯·埃斯登索罗就任总统。新政权实行一系列具有重大意义的社会、政治、经济改革，最重要的内容有三项：一是选举改革，实行普选，使很多没有文化的印第安人享有选举权；二是土地改革，没收大庄园主的土地，分配给农民，承认并保障中小地产、印第安公社、合作社和资本主义农业企业，这次土地改革比较彻底地消灭了大庄园制，使许多印第安农户重获土地；三是国有化改革，主要将美国资本控制的三家锡矿公司收归国有。此外，改革还涉及保障人民受教育权利，通过发展乡村教育，提高印第安人文化水平，并宣传民族主义和反帝反封建思想。

但是，1952年这场轰轰烈烈的革命发生在冷战时期，它高举反帝旗号等于宣告与美国的对立。与对待阿根廷的庇隆主义一样，美国国务院将革命民族主义运动党视作亲纳粹党，要求美国驻玻使馆汇报玻利维亚国内共产主义思想渗透的影响；同时，对玻利维亚的锡矿国有化政策是否会使该国演变成另一个伊朗表示担忧。① 在玻利维亚，美国政府积极扶植新政府，给予其经济和政治援助，同时对国有化政策进行抵制，最终导致玻利维亚锡矿业衰败，国家经济受到严重损害，美国的目的在于促使革命民族主义党领导的政府放弃激进政策，远离苏联的影响。

最终，在20世纪50年代末，玻利维亚民族主义革命运动党领导人迫于政治经济压力开始右转，提出建立资产阶级民主社会，主张与美国结盟；排斥左翼人士；在美国的压力下对外资公司进行赔偿。这些转变引起人民群众不满。而美国方面，自古巴革命以来，对拉战略政策转变为推行军事化，积极提供军事援助，1964年，在美国支持下，军人出身的

---

① 这是指伊朗民族主义领导人穆罕默德·摩萨台积极推行石油国有化政策，而摩萨台政府的改革被1953年的一场政变推翻，美国中情局在政变中扮演了重要角色。

时任副总统巴里·恩托斯发动军事政变夺取政权，就此玻利维亚1952年革命宣告终结，反共、亲美的军政府时代到来。

尽管1952年革命具有深远的进步意义，但是应该承认印第安人民被边缘化的历史并没有得到根本改变。我们应该看到，虽然这次革命建立了普选制度，扩大了民众对政治的参与度，但是在之后50年里，从未出现过一支农民或代表印第安人的政治力量在大选中成为主角。农民和印第安人被长期排斥在国家政治体制之外，如同玻利维亚所有其他群众阶层一样，他们建立的社群组织、工会，只能活跃在街头巷尾。

戏剧性的是，1985年，玻利维亚历史上又一转折点——新自由主义时代也是由1952年革命的主角维克多·帕斯·埃斯登索罗开启的，当时为应对超高通货膨胀率和政治危机，他进行了严厉的结构性调整，颁布了第21.060号最高法令，实施了"一揽子"新自由主义经济措施。讽刺的是，在这些大刀阔斧近乎残忍的改革措施下，这位1952年玻利维亚民族主义革命的大功臣苦心经营的革命成果被其亲手断送。

随着全球化经济浪潮的不断深入，印第安人赖以生存的原始森林、亚马孙流域被纳入政府融入经济全球化的筹码，他们与西方殖民者当年掠夺黄金白银的卑劣行径如出一辙，贪婪地追逐着经济利益，为了迎合霸权主义的无理要求，选择无视原住民家园濒临毁于一旦的后果，无视不可再生资源即将枯竭的危机，无视灿烂悠久的印第安文明或将付之一炬的恶果。2003年，美国驻玻利维亚大使是这样评价这个国家的："这个国家的精英阶层管理国家的水平很糟。我从没见过一个国家带有如此严重的种族主义情结。诸位，作为这个国家的统治精英，却在国内搞排斥性民主。你们没能进行自我反思，没能树立起制度意识，还沉溺于腐败之中"。[①]

几百年来，印第安人一直耕耘在玻利维亚这片土地上，是这里最早的主人，他们拥有漫长的历史记忆，而这段记忆中包含着一段持续至今的血泪史。殖民时期饱受西方列强的残忍侵略与种族灭绝，独立后又惨遭白人精英政府剥削压榨，最终导致包括印第安人在内的广大中下层人

[①] Mario Sivak, *Jefazo Retrato Íntimo de Evo Morales*, Editorial Sudamericana S. A., 2008, p. 159.

民生活日益边缘化。

　　精英阶层的各种暴政与排斥政策，使曾经创造了辉煌古代文明的印第安人长期处于愚昧落后的状态。他们面对压迫，缺乏抗争意识，选择了隐忍、冷漠、忍辱负重，甚至以集体自杀这种极端方式进行无声抵抗。沉默使印第安人丧失了话语权，渐渐被历史遗忘在角落里，沦落为政治经济利益的牺牲品。历史上印第安人少有的几次抗争也只是停留在街头巷尾，并在政府的镇压中妥协让步，从未站在国家的顶端真正掌握改变命运的金钥匙。

　　然而，被剥削压迫的人们不会永远甘于现状，屈服于所谓的命运，尽管在抗争中，遭受无数次的挫败，历经坎坷，但是他们依然前行，缓慢却坚定无比。正如西班牙当代作家胡安·戈伊蒂索洛所说的那样，"一种不承认边缘文化丰富性的文化注定要遭到诅咒"。①

　　印第安民族的民主意识逐步觉醒，他们要求维护民族尊严，发展民族文化，保持民族特色，开始为维护自身权益和推动民族发展而斗争。2002—2005年，两届玻利维亚总统在人民大众此起彼伏的反对新自由主义与国家资源私有化的浪潮中黯然离场。而这些运动的领导主力并不是那些政党、工会等传统社会政治力量，而是面对压迫沉默了几百年的、被精英体制弃为草芥的印第安人民。他们需要一位真正的印第安民族领袖站到国家政治权力的中心，来改变他们被压迫的命运，捍卫印第安人的权利，实现印第安人几百年的梦想。历史上，无数印第安领袖向这一梦想进发过，向屈辱的历史抗争过，却终以失败作结，而在印第安先驱永不放弃的前仆后继下，埃沃·莫拉莱斯这个名字历史性地镌刻在了玻利维亚总统的史册中，在这个国家创造了奇迹。莫拉莱斯曾说："我们艾马拉人、盖丘亚人代表底层的声音，他们正开始要绽放自己的光彩……我们也要在全国范围内发出自己的声音，释放自己的光芒。"②

　　在埃沃·莫拉莱斯当选总统之前的那几年，精英统治阶级实行的新自由主义政策引发了一系列社会经济危机，犹如干柴烈火一般，愈演愈烈，印第安人开始成为国家政治历史舞台的主角，正如莫拉莱斯所经历

---

① 转引自索萨《从"他人"到"我们"》，《天涯》2005年第5期。
② Mario Sivak, *Jefazo Retrato Íntimo de Evo Morales*, Editorial Sudamericana S. A., 2008, p. 75.

的那样,从工会走向政治,从街头巷尾走向议会,创建自己的政治组织,在电视台与操纵媒体舆论的精英分子针锋相对,让所有人倾听真正来自中下层人民的声音,来自印第安民族"我们"的声音,莫拉莱斯无情地斥责统治阶级对霸权主义摇尾乞怜、阿谀奉承的嘴脸,以及对本国劳苦大众的残酷剥削。此外,印第安群体组成自己的知识分子群,包括律师、经济学家、哲学家、历史学家、人类学家。在饱受五百年的屈辱后,印第安人终于逃离"边缘群体"的命运,作为一支重要的政治力量,为领导国家进行充分的准备。

围绕几十年来日益取得共识的人权问题,人们首先要求恢复人的生存权利,这意味着所有人有权按照自主的方式生存。只有当拉丁美洲各国政府理解了这个原则,并从政治和法律上付诸实践,我们才能够谈论多种族、多元文化的国家。否则,我们必须指出,现行国家是排他性的国家,是无异于前殖民地时期的,听命于上层统治阶级的国家。①

正是出于捍卫自己生存权利的需要按照自主的方式生活的渴望,以及摆脱殖民统治、霸权主义与受压迫命运的强烈诉求,玻利维亚原住民走上了历史舞台。艾马拉族出身的埃沃·莫拉莱斯登上了总统之位,作为这个国家的主人,发出了呼声,并开始用自己的双手,改变持续五百年的命运,集中解决印第安人的诉求,诸如要求民族区域自治,要求获得合法土地权利和传统生活区域,以及保护传统文化等问题,旨在建设"社群社会主义",即一个真正属于印第安人的。或者说,印第安人与其他社会群体和谐生存的多民族国家。

二 新自由主义政策的推行遭到民众的反对

对莫拉莱斯"社群社会主义"稍有研究的人都会注意到,摒弃新自由主义是这一政治主张的重要内容,因为历史事实表明新自由主义不是解决经济和社会问题的灵丹妙药。因此,在"社群社会主义"中,玻利维亚抛弃这种西方世界一手策划引入的外来模式,开始根据本国国情开

---

① 转引自索萨《从"他人"到"我们"》,《天涯》2005 年第 5 期。另参见 Gina Chávez y Fernando García, *El Derecho a Ser: Diversidad, Identidad y Cambio (Etnografía Jurídica Indígena y Afro-ecuatoriana)*, FLACSO Sede Ecuador-Petroecuador, Quito, Ecuador, 2004。

展经济建设,实行一种建立在团结、互惠、社群与共识基础之上的发展模式。那么,这一被责难的新自由主义政策究竟是一种怎样性质的经济模式,从何而来,又是如何在玻利维亚兴起,对这个国家的经济社会带来了怎样的影响与后果,这都是我们在这一部分需要探讨的问题。

20世纪70年代初期爆发的两次石油危机成为新自由主义理念兴起的导火线,当时整个资本主义世界因为危机陷入"滞胀",而这种高通胀、高失业、低经济增长的困境充分暴露了当时西方主流经济学——国家垄断资本主义运行中的种种弊端与缺陷。这种模式是20世纪30年代资本主义大萧条时期因罗斯福新政而开始流行的发展模式——凯恩斯主义经济理论,主张国家政权干预和调节社会经济生活,以保证垄断资本获得高额垄断利润。鉴于各国政府直接参与了社会资本再生产过程,实质上,资本主义统治阶级成为国家经济上的总垄断资本家。而在40年的经济发展中,技术进步使生产效率提高,但这导致资本在追求剩余价值,达到利润最大化的过程中,失业大量增加;另外,政府过度干预造成冗员、政府开支增加、企业赋税加重,而经济过度开发造成能源极度短缺和成本迅速攀升。

在对政府过度干预经济导致政府政策失灵的声讨下,多年受到冷遇的自由主义理念重新受到人们的重视。主张恢复古典自由主义的呼声越发高涨,反对国家干预上升到了一个新的系统化理论化的高度,因此新自由主义观念日益受到拥护。而自20世纪70年代末开始,随着英国坚定捍卫这一理论的"铁娘子"撒切尔夫人上台、80年代美国里根主义的出现,以及以德国为首的欧洲各国相继实行了这一政策,新自由主义逐渐占据了美英等国主流经济学地位。这一理论的核心内容是市场自由竞争、贸易经济自由化、减少政府经济干预、维持宏观经济稳定、减少通货膨胀、大力实施私有化等。

这种新自由主义理念开始向全球蔓延,对西方资本主义社会产生了深远的影响,尤其是对拉丁美洲,可以说,拉美地区是新自由主义的实验场,早在20世纪70年代末至80年代初,在发动军事政变,推翻坚持社会主义信念的民选总统阿连德政府后,智利独裁者皮诺切特在一批来自美国称为"芝加哥弟子"的经济学家支持下,在拉美率先开启了新自由主义改革。自此以后,拉美各国政府都不同程度地走上了新自由主义改革之路。自20世纪80年代至20世纪末的20年间，除古巴之外的拉美各国一直是新自由主义的天下。这种理念盛行于整个地区，在各国政治经济管理中占据主导地位，发挥了重要作用。

需要指出的是，世界范围内，没有一个地区对推行新自由主义的"忠诚度"可以与拉丁美洲媲美，原因有二：一是由于债务问题，当时深陷债务危机的拉美国家急需进行国内经济改革，而世界银行和国际货币基金组织在为其制定的"药方"中对实施新自由主义政策有明确的要求，实行新自由主义政策是拉美国家获得国际多边金融组织资金援助的基本条件；二是因为"拉美对美国等西方发达国家的依附，直接导致了《华盛顿共识》的实施"。[1]

依附论，亦称"中心—外围论"，是一种研究发展中国家与发达国家间相互关系的理论，该学说认为世界被分为"中心"国家（发达国家）和"外围"国家（发展中国家），前者在世界经济中居支配地位，后者受前者支配，处于受剥削和被控制的地位，后者依附于前者。由于中心与外围之间国际地位的不平等，较强大发达国家统治较弱的不发达国家，导致中心与外围之间的贫富分化日益严重。第二次世界大战后，拉美经济对西方发达国家的依附尤为明显。针对如何解决这种不平等的畸形依附关系，以阿根廷劳尔·普雷维什为代表的联合国拉美经济委员会提出必须进行国际经济关系的改革。调整经济结构，发展"外围"国家的工业化，使其提高到"中心"国家水平，该理论为那一时期拉美国家实行进口替代工业化发展战略提供了理论依据，这一政策非常依赖于国家的力量，即政府对经济宏观发展的有效规划。20世纪70年代末至80年代初，拉美脆弱的经济受到国际不利形势的冲击，进口替代工业化发展战略由于国家过度干预暴露出许多弊端。该地区一度盛行的解决依附关系的发展主义理论陷入困境，而一时又未能出现替代进口、替代工业化战略的新型长期发展模式，这些条件为新自由主义的兴起与壮大培植了土壤，并最终造成华盛顿共识的实施。

玻利维亚拥有丰富的自然资源与能源，但社会经济长期贫困落后，

---

[1] 杨建民：《"新自由主义对拉美的影响"研讨会综述》，《拉丁美洲研究》2007年第6期。

被戏谑地称为"坐在金椅子上要饭的乞丐"。精英阶层对国家的垄断统治和对人民的殖民剥削导致玻利维亚经济长期依靠矿业开采和出口，结构单一，对外依附严重。

自 1985 年起，玻利维亚历届政府开始推行新自由主义经济政策。同年 8 月，玻利维亚民族主义革命运动党政府，为应对超高通胀率和政治危机，实施了严厉的结构性调整。如上文所述，新上任的总统是 1952 年玻利维亚革命的领袖维克多·帕斯·埃斯登索罗，他向公众宣布："我们的玻利维亚濒临死亡。"① 为了拯救国家，他颁布了第 21.060 号最高法令，实施了一揽子新自由主义经济措施，包括减少国家干预、财政调整、经济自由化、向外企开放、吸引外资。如同所有新自由主义政策一样，这些措施有效地抑制了通货膨胀，实现了经济的较快增长，但也引起了严重的后果，尤其是在社会方面，这一点可以从失业率、贫困率、贫富分化等一系列指标不断恶化上得到印证。事实证明，自 20 世纪 80 年代中期实施新自由主义政策后，玻利维亚经济非但未能摆脱困境，反而开始倒退。

在莫拉莱斯执政前，玻利维亚经济社会长期处于贫困落后状态，而新自由主义改革导致经济发展停滞，社会贫富差距进一步扩大，社会矛盾日益尖锐，失业率、贫困率居高不下。而国家的经济命脉受到外国跨国公司把控，政府财政拮据，执政能力低下，缺乏全局性、整体性的长远发展计划。失业率高达 25%，截至 1991 年，已失去了 8 万个就业岗位，其中包括 2.3 万个国有企业岗位②，这种"休克疗法"③ 使 1952 年的革命成果化为灰烬。

2002 年，鉴于 2001 年年底阿根廷爆发债务危机的教训，国际货币

---

① Mario Sivak, *Jefazo Retrato Íntimo de Evo Morales*, Editorial Sudamericana S.A., 2008, p. 67.

② Ibid., p. 67.

③ "休克疗法"（shock therapy）这一医学术语于 20 世纪 80 年代中期被美国经济学家杰弗里·萨克斯（Jeffrey Sachs）引入经济领域。是萨克斯被聘担任玻利维亚政府经济顾问期间所为。萨克斯根据玻利维亚经济危机问题，提出了一整套经济纲领和经济政策，主要内容是经济自由化、经济私有化、经济稳定化。实行紧缩的金融和财政政策，由于这套经济纲领和政策的实施，具有较强的冲击力，在短期内可能使社会的经济生活产生巨大的震荡，甚至导致出现"休克"状态。

基金组织要求当时的玻利维亚总统桑切斯·德洛萨达把财政赤字从 8.5% 降到 5.5%。因此，玻利维亚政府宣布提高税收 12.5%，税收起征点是最低工资，即 105 美元。① 这引起了全国范围的抗议活动，其中包括警察罢工，要求提薪。与此同时，市民抗议高额税负，袭击了政府机构大楼。当时玻利维亚政府解决不了面临的经济危机，桑切斯·德洛萨达总统请求美国方面给予援助，却吃了闭门羹。生活日益困苦的境遇使玻利维亚中下层人民，尤其是长期被边缘化的印第安原住民对政府怨声载道，这为这一群体日后进行一系列声势浩大的抗议运动埋下了愤怒的火种。

正因如此，2005 年，莫拉莱斯在进行总统竞选时，誓言终结"殖民主义和新自由主义模式"，他批判道："过去近 20 年来，玻利维亚实行新自由主义，没有得到任何好处，人均收入反而比 25 年前更低了，全国人口有 63% 生活在贫困线以下。"②

另外，随着新自由主义的深入，玻利维亚历任政府对美国、世界货币基金组织几乎到了唯命是从、卖辱求荣的地步。众所周知，玻利维亚是拉美天然气和石油生产和出口大国，尤其是天然气资源。油气问题在玻利维亚极为敏感而复杂，成为各利益集团争抢的焦点。新自由主义政策实施后，石油天然气这些战略能源被玻利维亚政府当作逢迎美欧政府与跨国企业的筹码与增加国库收入的良方，遂将其进行私有化改革，出卖给外国资本家，这些卖国行径激发了玻利维亚人民爱国主义情怀，人们纷纷高举反帝反殖民的旗帜，控诉政府恶行。因此，新自由主义政策的推行致使国家重要的经济资源、能源跨越经济领域成为政治问题，从而引发社会冲突，甚至成为政治危机的导火索。这一时期，新自由主义政策实施在玻利维亚引发的三大重大资源政治危机。

（一）古柯之战

自古以来，玻利维亚的国家主权都与古柯息息相关，因为这种作物

---

① Mario Sivak, *Jefazo Retrato Íntimo de Evo Morales*, Editorial Sudamericana S. A., 2008, p. 151.
② 赵景伦：《拉丁美洲的觉醒"粉红色浪潮"冲激美国"新自由主义模式"》，《环球视野》2006 年，http://www.globalview.cn/readnews.asp? newsid =8100，2015 年 6 月 2 日。

的种植是当地农民赖以生存的传统作物、特效药物与经济来源，早在西班牙人"发现"美洲之前，古柯叶就被印第安原住民视为与他们的土地女神"帕恰玛玛"亲密接触的，并与其宗教信仰、生活习俗息息相关的不可或缺的，富有神祇的植物。因此，古柯是印第安民族之魂，是他们的精神食粮。除了在文化信仰上的重要性，这种植物具有很高的营养与药用价值，富含蛋白质、维生素。古柯给予原住民生命的力量，原住民习惯于咀嚼古柯叶，因为这种植物既可以减轻饥饿、缓解口渴，又可以消除困意和疲乏。

然而不幸的是，古柯提纯后会产生一种名为古柯碱的物质，这就是我们所谓的可卡因，因此，这种神圣的植物被美国人作为制作毒品的原材料，受到世人唾弃。其实，这种植物的危害不在于植物本身，而在于对其滥用。美国一意孤行打着全面禁毒的旗号，认为古柯种植是毒品横行的巢穴，于是向当时的几任玻利维亚新自由主义政府施压，威逼利诱，最终促成了古柯种植禁令的颁布，把印第安古柯种植农逼上了绝路。长久以来，农民们为了争取他们唯一的生活来源坚定地进行反美斗争。值得一提的是，捍卫古柯的种植权利是莫拉莱斯从工会走向政坛最主要的目的所在。

1985年，民族主义革命运动党领导的政府颁布了第21.060号最高法令，将消除古柯种植作为工作重点。当时欧洲和美国对可卡因需求的增加导致玻利维亚古柯种植量激增，因此美国要求全面禁止古柯种植，不惜越过玻利维亚国会通过军事化行动控制了古柯种植区。当时美国总统老布什宣布了这次行动的动机："道理很简单。根除贩毒最便捷、最廉价的方法就是根除它的源头……我们必须消灭古柯种植园和加工点"。[①] 新自由主义时期，玻利维亚历届政府都对美国的施压行径忍气吞声，因为政府推行的第21.060号法令中所涉及的一系列新自由主义政策的实施需要美国的援助，而得到援助的条件就是根除古柯种植。

另一方面，新自由主义政策的实施导致大批矿工失业，他们被迫迁往古柯种植区——查帕雷地区，成了古柯种植农。这一地区人数不断壮大的古柯农与其他地区世代种植古柯的农民同伴们联合起来，成了反对新自由主义运动的主角。以古柯种植为生的农民揭竿而起，开始为反对

---

① Mario Sivak, *Jefazo Retrato Íntimo de Evo Morales*, Editorial Sudamericana S. A., 2008, p.68.

政府古柯种植禁令展开旷日持久的斗争，他们常常通过设路障、游行、绝食与安全部队武力对抗等形式进行反抗。

对于玻利维亚和整个拉美地区来讲，1997年的大选都是非同寻常的：一位20世纪70年代的独裁者凭借民选又回到了总统宝座，这是史无前例的。1971年8月乌戈·班塞尔·苏亚雷斯发动政变上台，废除了玻利维亚20世纪以来最重要的左翼纲领之一，开始了他的铁血政策。直至1978年，马塞罗·基罗加·圣克鲁斯发动诉讼，追究班塞尔腐败和盗窃国家等罪责，独裁时代宣告终结。为了逃避司法追究，班塞尔建立了自己的政党——民族主义民主行动党。1982年民主制度恢复以后，包括班塞尔的民族主义民主行动党在内的玻利维亚政坛三大主要党派达成了"协议民主"。根据这一协议，第21.060号法令所奉行的新自由主义共识以及与美国的同盟关系是政治议程的首要选项。

1997年，班塞尔脱下军装，换上礼服，通过民主的总统选举成为玻利维亚美国利益的合法代言人。班塞尔是亲美派，毕业于美国的美洲学院。当年他发动政变时，如同智利的皮诺切特一样，得到了华盛顿方面的支持和指导，在他独裁统治时期同样接受了美国的财政和军事援助。自1997年起，他积极推行美国号召的"尊严计划"，秉承彻底消灭古柯的原则。

在这种情况下，莫拉莱斯领导的工会组织并没有退却，而是宣布成立反对政府铲除古柯种植的自卫反击委员会。为此，莫拉莱斯付出了惨重的代价——遭受殴打并被非法逮捕，这一举动激起了广大人民群众的抗议。一场具有历史意义的古柯农民运动拉开帷幕，史称"为了生存、古柯和国家主权"大进军，抗议人群进行了一场从科恰班巴查帕雷地区到首都拉巴斯，全程达600公里的大游行。莫拉莱斯被释放后，便加入了大进军队伍。这次游行打响了查帕雷地区为古柯而战的全国第一枪，并为之后以莫拉莱斯为领袖的抗议运动奠定了基础。"古柯万岁！美国佬去死吧！"这句口号成为斗争中的精神支柱，同时也是莫拉莱斯在2005年12月18日晚上得知自己在大选获胜后，向世人宣告的话。

（二）水资源战争

1993年，世界银行说服了当时玻利维亚总统乌戈·班塞尔放弃修建引水工程，并建议政府将卫生工程私有化，以应对科恰班巴地区对水资源日益增加的需求。在这种情况下，图纳利水利跨国公司得到了政府的租让权，并于 2000 年年初开始哄抬水价，这引起工人、学生、失业人员和当地居民的强烈反对。他们组成捍卫水资源同盟。莫拉莱斯领导古柯农也参与其中。当时，班塞尔政府宣布全城戒严，进行残酷镇压，但是这并没能平息抗议浪潮。正如利内拉为这一"水资源战争"事件所撰写的那部专著的名称一样，这一运动代表着《玻利维亚平民社会的回归》。①

（三）天然气战争

2003 年，继水资源战争后，玻利维亚国内又爆发了一场声势浩大的社会抗议运动，当时桑切斯·德洛萨达政府一意孤行意欲推动能源计划，即将天然气以几乎免费的低价，通过智利卖给美国和墨西哥。这一计划激起了民众的民族主义情绪，更激起了反智利、反美帝的情感。各社会团体纷纷扛起捍卫国家自然资源的大旗，如同之前在科恰班巴所进行的"水资源战争"一样，人民发动了桑切斯·德洛萨达在位的最后一次资源战争：天然气战争。这是一场联合农民、司机、周边居民、学生、失业者各行各业的大型抗议活动，人们呼喊着"反对出售天然气！""反对北美自由贸易区！"等口号。各社会阶层因为政府的亲美卖国行为而空前团结。

以莫拉莱斯为首的工会、社会组织、左翼团体领袖引领了人民抗议活动，并在玻利维亚国内催生了一种思潮：在这个历史上曾惨遭洗劫的国度里，重新拿回属于本国人民自己的自然资源。一系列社会反抗运动激发了广大民众反帝、反殖、捍卫国家经济主权的民族主义精神，从而为日后莫拉莱斯执政提出反新自由主义性质的"社群社会主义"理念，大力发展自然资源国有化改革赢得了广泛的群众基础。

三 对包容性民主制度的迫切需求

自 2006 年开始，玻利维亚第一位印第安总统埃沃·莫拉莱斯上台执政，高举"社群社会主义"旗帜，旨在建立一个真正代表广大中下层人民群众利益的国家。在莫拉莱斯的带领下，玻利维亚进行了一场轰轰烈

---

① Álvaro García Linera, *El Retorno de la Bolivia Plebeya*, La Paz, Bolivia：Muela del Diablo Editores, 2000.

烈的民主文化革命。以"社群社会主义"的视角来看，民主就是协商一致，达成共识。在莫拉莱斯正在探索的以社群为基础的社会主义道路中，民主是不可缺少的重要基石。

为了更为清晰地剖析"社群社会主义"提出的民主条件，本部分分别通过制度视角与公民社会视角分析20世纪80年代以来玻利维亚的民主状况。

一方面，从民主制度方面来看，玻利维亚民主制度具有脆弱性，而基于这种缺陷，玻利维亚政坛常常引发政党的合法性危机。谈到制度问题，我们需要考虑法治国家框架下社会共存性，即制度的出台与运行需要建立在一系列系统性、被社会尊重与认可的准则上，也可以理解为，准则的合法性是制度运作的基本要素，而公民与准则之间的关系既可以构筑和巩固一项制度，也能够决定这一制度是否具有脆弱性。

另一方面，如果我们仅仅将民主这个概念理解成一个选择政府的投票行为，或是每隔四年至六年进行的一次自由竞争的周期性的选举，那就过于片面化、简单化了，我们应该全面地、动态地理解整个民主进程。不可否认，选举民主是民主制度的核心内容，包括政府的更迭、政党的交替、公民定期投票等，但是我们评估一个国家的民主制度时还应该考虑到这一制度当时所处社会历史环境，使我们以一个更加全局的视角分析这一政治制度。

将"民主"这个词放在法国大革命那时的社会经济条件下，这一制度代表自由、平等、博爱（或团结）原则。而放在如今世界全球化趋势中，民主这一概念还应包含社会凝聚或社会包容因素，乍看之下，这一要素与平等含义相似，但却有不同之处。这样看来，民主的这四大目标如同对人民的一种承诺或是来自人民群众的一种诉求，在实现这四大目标过程中，政府将会面临一系列挑战，需要在一定的社会环境、社会关系与国家制度结构框架中得到落实。

自20世纪80年代文人政府时期开始到莫拉莱斯执政前，没有任何一届政府真正对广大人民群众达成了民主这一制度承诺。首先，1982年恢复文人政府以来，由埃尔南·西莱斯·苏亚索领导的左翼党派人民民主联盟宣布开启民主化进程，但是民主制度的建设与巩固并没有被提上议事日程，而在1985年至1989年民族主义革命运动党领导人帕斯·埃斯登索罗上台,单方面地强制推行实施了"一揽子"新自由主义经济措施,将构建"福利国家"的目标抛在脑后。一方面,当玻利维亚亟待解决制度建设与发展问题时,由于新自由主义理念的蔓延,政府的作用受到猛烈的抨击与诋毁,舆论宣扬国家无用论,并主张缩小政府规模;另一方面,发展市场经济虽然能促进生产效率,但并不能保证社会公平,宪政体制尽管能够保护公民的合法权益,却不能避免利益集团对政治的操纵,政府的不作为导致当时玻利维亚公民社会参与度严重不足。不可否认,一个强大而充满活力的公民社会可以矫正市场失灵,并对政府职能进行补充,但是作为这样一个独立于政府之外,并对社会和谐与稳定起到积极作用的民主机制却没有在玻利维亚形成。

此外,值得一提的是,20世纪90年代玻利维亚政坛三党缔结"协议民主",这一事件充分暴露国家民主建设进程中的重大缺陷,当时,班塞尔的民族主义民主行动党、桑切斯·德洛萨达的革命民族主义运动党以及海梅·帕斯·萨莫拉的左翼革命运动党轮流执政,维持了一种三党平衡博弈的联盟关系,并获得了一个微妙的名字——"协议民主"。这一状态一直延续至2003年。这种有损于公平的民主协议之所以能够成功缔结归因于多重因素,如在国家社会整合方面的软弱性与短视、统治阶级的不作为与不负责任等原因,这些弊端最终使玻利维亚政党代表性危机愈演愈烈。

另外,不得不承认,这种"协议民主"形式在初期具有一定的进步性,这是因为在20世纪80年代,各种政治利益集团难以共同商讨问题,展开对话。而"协议民主"则在某一程度上为提供给各党一个共商国是的平台,从而使政党间对于建设性方案达成一致、共同对民众承诺负责等方面起到了一定的正向作用。例如,运行至今的国家选举法庭便是那时政党间在缔结"协议民主"框架下的产物。这一机构的创立为改善当时饱受质疑的选举透明性起到了重要作用。因此,国家选举法庭在人民中间获得了很高的信誉度。2005年年底,莫拉莱斯带领争取社会主义运动党在大选时取得历史性的胜利,正是由于一个独立公正的国家选举法庭的存在,才可以保证这一胜利的实现。

然而,"协议民主"带给这个国家与人民更多的是弊端和隐患,比如在构筑民主四大要素之一——平等。多年来,玻利维亚在这一方面的改进始终收效甚微。平等原则应体现在公共政策上，而制定公共政策的是实践民主制度的核心角色——政治家与公民。但是在玻利维亚短暂的民主进程中，尽管民主制度缺陷不能成为造成经济问题的直接原因，但是该制度核心角色之一政治家们制定的政策却经常置国家的经济利益与社会人民福利于不顾，他们最热衷的一件事就是利用各种媒介鼓动另一民主核心角色——公民周期性地为他们投票，使其保持在国家权力的中心地位。政治家们只关心是否赢得选举，之后便两耳不闻窗外事，将竞选承诺忘得干干净净。但这种损害民主制度的做法无疑是自掘坟墓，自毁前程。莫拉莱斯执政前的那几任总统均因此自食恶果。

构建完善民主制度应该是国家各方力量为国家利益、人民利益着想，以平等公正的姿态共同商讨问题、解决问题，做出共同承诺，并为之努力。公民与政治家的关系是民主合法性的关键因素。而玻利维亚民主合法性不断缺失，这是因为政党难以对国家经济社会整合方面发挥作用，并长期忽视与民众的互动。另外，在玻利维亚，公共言论是脆弱且缺失的，因为广大人民群众面临信息不对称、不透明的问题。玻利维亚拥有一个两极分化异常严重的社会，社会阶层之间缺乏交流沟通，一方无法聆听到另一方的诉求。例如，2002年时隔十年再次登上总统宝座的民族主义革命运动党领导人桑切斯·德洛萨达就面临着很严重的与民众沟通的问题，他对社会民众的了解几乎达到孤陋寡闻的程度，不知道当时国内蔓延着浓烈的反桑切斯潮流，以及反对力量甚至远远超过当初他所得到的赞成票数。这位总统的工作日程仅限于总统府邸、总统宫、官方飞机场三点一线。以往每届总统每年都要参加至少十次群众活动，分别是九个省的纪念日和8月6日的国庆日。但德洛萨达政府时期，总统只在国庆日和最富饶的圣克鲁斯省的纪念日时出现。他不愿与民众接触。

其实，早在20世纪90年代，各种民意调查就显示人民对政党代表性产生怀疑。但是玻利维亚政坛却对这些问题置若罔闻，也未采取任何促进民主决策的行动。面对这一形势，人民渐渐对传统政党、政治家们失去了耐心与信任感，最终激化了政党代表性危机。这一危机在1997年至2003年期间达到顶点，当时政坛分立为2002年建立的政府联盟与1997

年建立的政党大联盟①两个派系，当时对政党彻底失去信任的公民将政治表述为一个"只享受不干活"，充斥着贪污腐败与裙带关系的"温床"。政党危机逐渐演变为民主合法性危机。

莫拉莱斯从古柯农领袖向全国性领导人方向蜕变之时，基于人民对传统政党信任进入冰点，莫拉莱斯刻意与传统左翼党派保持距离，并宣布代表工会农民和八九十年代被排斥性民主边缘化的广大民众的利益。他拒绝各种官僚体系的贿赂，并在演说中强调了对现有体制的否定：反对现任政府、反对帝国主义、反对根除古柯种植计划、反对美洲自由贸易区。此外，他明白仅靠否定是不行的，因此在桑切斯就任总统后，莫拉莱斯制定了一个新战略：从表示抗议到提出建议，即通过国家的民主制度，对国家建设发展献言献策。但当时美国使馆采取压制莫拉莱斯领导的争取社会主义运动时，不仅操纵政府进行改革，力图将其粉饰得更加"民主透明"，以避免公民上街游行抗议，而且利用公众舆论，将莫拉莱斯涂抹成非法种植古柯的煽动者。

玻利维亚历届政府承诺建立公平平等的社会，却从未兑现，而政府在社会凝聚方面承担的社会职责严重缺失，人民的权利并没有在制度层面上得到保障与捍卫。国家制度的合法性与社会安定仅仅依靠统治阶级的口头承诺是难以维持的，构筑公平平等的民主承诺需要切实通过制度体系的运作去实现。在这一点上，感受最强烈的并不是身居高位的政治家们，而是身处下层的广大人民群众。因此，随着公民意识的觉醒，玻利维亚精英政府为他们的不守信用、欺骗民众的行为买了单，这一点在2000年至2005年期间，由埃沃·莫拉莱斯等左翼人民领袖所领导的多起大规模的抗议示威中得到了集中的体现。

一名公民应享有的待遇包括体面的经济条件、公正的待遇、机会均等的高质量教育、医疗与社会保障体系。但广大中下层人民大众是社会的弱势群体，因为无法获得高质量的教育与医疗保障。因此，人民迫切希望建立一个机会均等的社会，而这一目标只有通过有效的民主制度才会成为可能。国家可以看作是公民与制度运作之间的桥梁。自2000年起，

---

① 政党大联盟，西班牙语为 MEGACOALICION，包括国家民族行动党 AND、左翼革命运动党 MIR、公民团结联盟党 UCS、共和国新力量党 NFR，以及祖国观念党 CONDEPA。

玻利维亚政府撕毁民主承诺的举动愈演愈烈。根据2004年统计数字，公民对当时国家制度的信任度已经达到了前所未有的低水平，仅有3%的公民对警察和对国会持信任态度的，在信任排名中垫底。[①] 而另外，当民主制度遭到破坏与践踏时，人们充分运用言论自由与抗议自由的权利走上街头揭露政府的失信行为；另外，从公民社会的视角来看，公共言论与公众参与的缺失是玻利维亚民主进程中的重大失误，最终这种排斥性民主在莫拉莱斯执政后遭到摒弃，政治社会各角色通过召开立宪大会开始进行公开的、透明的对话，互相交流经验，互通有无，并最终达成一致，做出共同承诺，为国家的发展贡献力量。

四　社群社会主义的组织基础——争取社会主义运动的建立与发展

（一）民族身份认同促成政治工具创建

几百年来，印第安原住民一直被排除在国家政治经济发展与社会福利体系外，无论是话语权、投票权等各种政治权利，还是土地、矿产能源等经济资源所有权都遭受了无情的剥削与压迫。在印第安人的发展进程中，不同历史时期产生了不同的负面影响，殖民时期，西班牙殖民者通过教会和学校对印第安群体进行文化渗透与思想控制，资本主义发展则对他们经济生活方式的解体或转化产生了决定性影响，市场经济则为建立隐蔽性的经济剥削和政治压迫开辟了道路。

随着历史的变迁，印第安群体从这片大陆辉煌古老文明的缔造者沦落为国家现代化进程中被遗忘的弃儿。但所幸的是，捍卫民族权利的组织机构从未消失，在强权政治与霸权主义的内忧外患下，原住民机构不断重建、重生，使印第安群体在各种文明扩张面前得以逃脱种族灭绝的厄运。这些机构推动印第安民族的自我认同，成为民族之根的发现者。此外，这些机构寻求按照自己的文化传统和价值取向生活，以期实现民族自治。

军政府统治时期，由于土地问题日益严重，土著居民逐渐提高了土地所有权意识，日益认识到土著居民团结斗争的必要性。为此，他们成

---

① Mitchell A. Seligson, Daniel Moreno Morales y Vivian Schwarz Blum, *Auditoría de la democracia: Informe Bolivia 2004*. La Paz: LAPOP, 2005, p. 104.

立了玻利维亚统一农业工人工会联合会,并于20世纪70年代中期,由艾马拉族移民和土地改革论者发起了文化中心论的原住民运动,即卡塔里主义运动,这个名字是为了纪念18世纪反抗西班牙殖民统治的卡塔里游击队,卡塔里主义运动后来分裂为两个组织:革命的图帕克·卡塔里运动和印第安人的图帕克·卡塔里运动。革命的图帕克·卡塔里运动主张多样化的统一,即多元文化主义,而印第安人的图帕克·卡塔里运动则反对这一理念,主张"两个玻利维亚"的统治。① 卡塔里主义运动对2000年之后的玻利维亚印第安人的运动产生了直接影响。

值得指出的是,当时这些行动带有明显的局限性,只组织了一些规模有限的抵抗运动和地下游击队活动,并没有引起全国范围内产生深远的影响与共鸣,他们的诉求也并未得到政府的正视与关注。这种抗争只停留在地下活动与街头游行,以封堵道路、暴力对抗警察等极端形式呈现。对于政治这一领域,数百年来印第安群体鲜少涉足。由原住民组成的卡塔里主义激进派们曾强烈主张印第安部落自决的主张,拒绝一切形式的政治参与。因为他们坚持认为,国家仍然是殖民主义性质的。埃沃·莫拉莱斯早年也同样心存畏惧,一向讨厌"政治"这个词,并一直忌惮着从政这条路,他曾表示政坛就像个一旦进入便无法逃脱的牢狱,"身处政坛让我觉得就像个罪犯"。②

印第安农民运动真正走向政治化,创建自己的政治组织捍卫权利是自20世纪90年代开始的。1989年10月至1992年10月,以拉丁美洲印第安人为代表的广大农民举行了有关五百年抗争史的纪念活动,这对于印第安原住农民政治意识觉醒,走上政治舞台,创建自己的农民政治组织发挥了重要推动作用,这是因为他们更加清醒地意识到印第安人农民群体这一共同的身份认证,并开始以这样一个身份认同主体团结行动,期待在政治领域有所作为,而这一进程与当时正在觉醒的公民意识相呼应,促进印第安农民组织在政治对话与组织能力方面发展壮大。

1992年10月12日,印第安部落大会召开,会上就如何运用"政治

---

① 徐世澄:《玻利维亚的民族关系与民族政策》,《中国民族报》2011年4月。
② Mario Sivak, *Jefazo Retrato Íntimo de Evo Morales*, Editorial Sudamericana S. A., 2008, p. 124.

工具"展开了讨论，因为当时工会运动已经显现出局限性。莫拉莱斯指出在工会运动过程中，就算与政府在谈判中达成一致，签订了协定，但如果没有一个政党，这份协定就会变成一纸空文，无法保障其实施与落实。因此，他主张应把政治手段作为工会斗争的辅助工具。

两年后，在1994年举行的玻利维亚农民劳动者工会统一联合会代表大会上，莫拉莱斯提出的运用政治工具保障农民权益的主张得到了大多数人的响应，鉴于此，建立一个以印第安农民为主体的政治组织成为莫拉莱斯领导的农民工会中最亟待解决的问题。这一诉求最终在1995年3月举行的土地、领土与政治组织代表大会变成现实。当时玻利维亚农民劳动者工会统一联合会、玻利维亚垦殖者工人联合会、玻利维亚东部印第安中心等原住民组织与会出席。在这次大会上，争取社会主义党以其前身——"争取人民主权大会"宣告成立。

这次代表大会充分展示了各印第安农民团体希望筹建自己政治组织的殷切意愿。"争取人民主权大会"这一政治组织团结了大量古柯农与其他农民团体，"争取人民主权"这一名称集中表达了原住农民群体的最大诉求，并诠释了这一群体武装抗争的理由。但遗憾的是，这一名字并没有在全国选举法庭登记注册，这也是后来这一政治组织更名为"争取社会主义运动"的主要原因之一。

值得指出的是，在莫拉莱斯看来，当时成立的这一制度安排应被界定为一个政治组织，而非一个政党。一方面，这是因为印第安农民群体对"政党"这一概念有所忌惮，并心存芥蒂。他们认为，在玻利维亚民主进程里的各种选举中，政党只会起到离间分化群众，使人民产生分歧，而这与团结一致的目标是相悖的。另一方面，当时政党合法性危机已蔓延到拥有广大印第安人的农村地区，因此原住民领袖们希望组建一个有别于饱受争议的传统政党的新型政治形式。尽管后来，这一政治组织的确以政党的身份参与各种选举，与其他传统政党同台竞争，但是这一政治组织在提出伊始，领导人就有意识地将其与传统政党区别开来，由此传递给人们一个信号，这一组织不会陷入那些传统政党的合法性危机中，更不会重蹈他们的覆辙，进行排斥性民主，过滤公共言论。

（二）三足鼎立，得民心者得天下

长久以来，农民与原住民都对自己的社会地位有着明显的认知：生活在这一不平等社会中最底层的群体，长年受到不公平对待，力量薄弱，被边缘化。因此，他们比任何阶层都更看重以团结的方式作为斗争的有力武器，从而改变现状。随着这一群体的发展壮大，玻利维亚呈现出罕见的两种状态：官方的玻利维亚与印第安农民的玻利维亚，埃沃·莫拉莱斯便是后者最杰出的代表。然而，这种分裂的状况并不是印第安农民所追求的，国家的统一与融合才是他们最终的目标。

两个玻利维亚状态，很大意义上可以诠释成农村与城市的割裂，官方玻利维亚的代表人物主要是西班牙语体系的精英政府与聚居在发达城市里的白人及混血人种，这些人主要集中在国家东部，以全国首富圣克鲁斯省为傲，对玻利维亚的精英阶层来说，国家东部象征着现代化、自由企业、成功之路与世界接轨。

值得一提的是，圣克鲁斯省是1985年实施新自由主义政策以来的直接受惠者，并实现了继20世纪70年代以来的第二次经济腾飞。大力引进石油、天然气工业外资，如西班牙的雷普索尔公司、巴西石油公司，而乡镇企业的崛起，使圣克鲁斯成为当时玻利维亚经济发展的火车头，并成为国内人口迁徙的首选：30年间，省会圣克鲁斯市的人口从5万增加到120万。悉数历届玻利维亚总统，来自这个全国最繁荣省市的数量十分可观。

而印第安玻利维亚，毫无疑问指的是广大长期被边缘化的、一贫如洗的印第安原住民，包括盖丘亚族、艾马拉族等数十个部族，他们生活在广袤的农村地区，世代以种植古柯、其他农作物或放牧为生，多聚居在国家的西部。在富饶的东部人眼里，西部意味着落后、印第安人、左翼势力、与世隔绝。东部地区，以建立在高原上的首都拉巴斯市为中心，银矿、锡矿，采矿业开采是主要的经济来源。长久以来，东西部之间存在着一种强烈的对立对抗意识。

圣克鲁斯精英政府自诩为民主政府，实际上进行排斥性民主，贫富分化日益加剧；经济上，软弱政府听任美国妄为，不仅照搬新自由主义模式，更是出于美国方面的压力，坚决取缔古柯，将世代以古柯种植为生的农民的唯一生计来源切断，尤其是对于埃沃·莫拉莱斯的故乡之———科恰班巴省查帕雷地区的原住民来说，古柯禁令简直是灭顶之灾。政府的这些做法激化了城市精英阶层与农村原住民群体之间的矛盾，并成为印第安农民这一群体走上政治舞台捍卫权利的直接导火索。

政府对古柯种植者抗议运动的猛烈镇压无疑严重损害了国家的民主制度。尽管恢复文人政府以来，民主制度不断推进与深化，但是在玻利维亚境内，由于美国的"特殊照顾"，存在大量可以称为"例外"的地区，其中古柯种植区的农民便是其中典型的案例，这一事实使我们理解了为什么古柯农成为印第安农民政治组织的主力军，以捍卫国家主权而战。"对于我们印第安民族来说，只能以唯一的颜色代表我们政治组织——古柯的颜色"。① 政府严禁古柯种植的背后由美国使馆一手操控，可以说，霸权主义美国是在玻利维亚点燃这场名为古柯战争硝烟的幕后黑手。

1996年，刚建立不久的争取人民主权大会这一印第安农民政治组织面临着激烈的领导权争夺，当时处于三足鼎立之势，他们是来自热带地区6个工会联合会的艾马拉族古柯农领袖埃沃·莫拉莱斯、盖丘亚族农民领袖阿莱霍·贝利斯，以及来自图帕克·卡塔里游击队的拉巴斯艾马拉族领袖费利佩·基斯佩。

与阿莱霍·贝利斯的争夺，莫拉莱斯成了赢家，这一胜利主要是通过两次选举实现的。第一次选举是1995年，莫拉莱斯代表争取人民主权大会参加了市政选举，尽管在全国范围内，仅得到3%的支持率，但是综观这些选票的分布，可以看到主要集中在科恰班巴省查帕雷地区，在那一地区争取人民主权大会收获了10个镇长席位和49个市议员席位。这一成果归功于选举中古柯农的大力支持，这也充分证明了像争取人民主权大会这样的印第安农民政治组织，可以通过选举方式在国家既有的民主制度下攻下一席之地。这场莫拉莱斯领导的选举胜利使古柯农成为印第安农民群体运用政治工具的先锋。另一次选举是1997年，莫拉莱斯代表争取人民主权大会同意与玻利维亚统一左翼组织建立联盟，参加国会议员竞选，在查帕雷第27选区，以创纪录的70.1%的选票当选国会议员。这两次莫拉莱斯领导的选举胜利使其赢得了比阿莱霍·贝利斯更大的声望，从而奠定了其在争取人民主权大会这一全国性印第安农民政治组织

---

① Pablo Stefanoni, *El nacionalismo indígena como identidad política: la emergencia del MAS IPSP* (1995 – 2003), CLACSO, 2002, p. 44.

的领导地位。1998年,莫拉莱斯成为争取人民主权大会组织主席。1999年,该组织更名为"争取社会主义运动——争取人民主权运动政治组织",简称"争取社会主义运动"。

另外,与费利佩·基斯佩的权力角逐更为激烈,不仅表现在争夺范围延伸到玻利维亚农民劳动者工会统一联合会领导权上,而且时间旷日持久,直到2005年年底莫拉莱斯当选国家总统才见分晓。在这场权力争夺战中,莫拉莱斯的领导地位也同样是通过选举奠定的。2000年,基斯佩成立了印第安帕查库提运动党,参加了2002年大选,并在艾马拉族原住民地区获得了一席之地,但是这一胜利果实在2005年大选时面对莫拉莱斯领导的争取社会主义运动党的强烈攻势下,顷刻烟消云散,相对于竞选中发表激进言论的印第安帕查库提运动党,莫拉莱斯的争取社会主义运动党提出的相对温和的竞选方案更加收获民心,赢得了不同社会阶层的信任与支持,尤其为其争取到了大量的中间选民。①

(三)建立统一战线,扩大群众基础战略的运用

2000年,玻利维亚全国无论从宏观经济调控方面还是政党政治体制层面都爆发了严重的结构性危机。经济上,新自由主义模式造成的弊端越发显露,引起社会对国家在经济调控方面角色的重新反思;政治上,传统政党合法性危机愈演愈烈,排斥性民主制度饱受诟病。

这一系列危机从科恰班巴省蔓延至全国,甚至当时有人预测会最终演变为全面内战。导火索则是上文提到过的由水资源私有化导致水价上涨而引发多起大规模群众抗议运动。这场史称"水资源战争"的全国性社会运动开启了人民捍卫国家资源,反对政府私有化行为,与跨国公司抢夺国家经济主权运动的序幕。"水资源战争"之后接踵而至的天然气战争云集了来自农民、矿工、学生、失业人员等各阶层人民,也汇集了各个群体的呼声,而在人民群众反殖反霸的各大"战役"中,全国人民的诉求出现了契合点。

这些大规模的抗议活动及其引发的全国性危机,很大程度上,为

---

① Hervé Do Alto, "El MAS-IPSP boliviano entre la protesta callejera y la política institucional". En Monasterios, K y otros. 2007. *Reinventando la nación en Bolivia. Movimientos sociales, Estado y Poscolonialidad.* La Paz: Clacso y Plural, 2007, p. 78.

2002年与2005年大选中争取社会主义运动党的崛起积攒了群众基础。在这一过程中，这一组织不断完善机制建设，在全国范围内扩大了政治影响。

值得指出的是，莫拉莱斯率领的争取社会主义运动党并不是这些大规模抗议运动的领导者，而是组织者之一。在反殖反霸的斗争中，民众走在了他的前头，上百个基层社会民众团体主导了这些游行活动。而在这样全国规模的社会运动中，争取社会主义运动党实现了自上而下的自我建设与自我完善，并以争取社会主义运动党这一组织为依托，聆听来自不同社会阶层的声音，充分调动各社会阶层的积极性，莫拉莱斯以印第安农民政治家这一身份在国家陷入危机时，从共同利益契合点出发，与其他各社会团体建立互惠互利的合作联盟关系，这一战略有利于争取社会主义运动党自身建设发展与扩大社会基础。举例来说，2005年3月，正值当时玻利维亚梅萨政府风雨飘摇之际，莫拉莱斯带领争取社会主义运动党运用这一战略与对天然气战争起到关键作用的奥尔托市社区委员会联合会，以及天然气与生活协调会等组织签署了争取主权与国家荣誉协议，这为争取社会主义运动赢得了更加坚实的社会基础与广泛支持。而在这些社会团体协助莫拉莱斯登上总统之位后，我们可以看到内阁名单中出现了奥尔托市社区委员会联合会主席的名字——水资源部长亚伯·马玛尼。莫拉莱斯运用这一套近似于建立统一战线的战略，实现了政治力量的整合，达成了自己的政治夙愿。

此外，莫拉莱斯争取社会主义运动党的崛起与拉丁美洲"向左转"的大环境息息相关。首先古巴在美国长期封锁制裁下，数十年坚守社会主义制度，赢得了拉美乃至全世界人民的赞誉。古巴像一盏明灯，指引着拉美左翼运动的发展，而自20世纪末起，拉美政治呈现明显的左转趋势，巴西、委内瑞拉、阿根廷等地区大国左翼力量先后上台执政，在拉美地区形成了一股反对新自由主义政策、捍卫民族利益、维护国家主权、寻求自身发展、寻找适合本国国情发展道路的新浪潮。在这种背景下，玻利维亚原住民总统莫拉莱斯，顺应历史潮流，积极寻找一条适合玻利维亚特点的替代新自由主义的发展道路，最终当选该国历史上第一位印第安总统，成为拉美左翼领袖的代表人物之一。

第二节 "社群社会主义"的思想渊源与理论支持

"社群社会主义"的含义用莫拉莱斯总统自己的归纳就是,以玻利维亚农村社群为社会基础的平等、互惠、团结的社会主义。① 总体而言,这一思想融合了印第安主义、马克思主义、玻利瓦尔主义、解放神学等诸多理论。

一 印第安宇宙观与印第安主义

（一）天人和谐共存的宇宙观与对土地的膜拜

在玻利维亚原住民传统思想中,存在着天人和谐的宇宙观,他们认为宇宙与地球是一体的,人类是大自然不可分割的一部分,而人类与大自然应该和谐共存。他们认为每一样事物彼此既是不同的,也是相同的,无论是动物、植物还是人类,在全宇宙或大自然的角度看,他们都是宇宙芸芸众生中的一分子,同是大地母亲养育的,从这个意义上来讲,他们是相同的。世间万物息息相关,彼此相互依赖。正因为如此,人们之间应该像尊重自己一样尊重他人,由此及彼,因为大家都是生命孕育的组成部分。这种宇宙观集中体现在两个方面:一是原住民社会内部解决领土、资源、财产纠纷的方式,他们在传统法和部族权威的指导下,根据和谐、团结、协调的原则,有效地解决争端,实行部族成员的自我约束、自我管理。二是表现在社会经济生产方面,人类应该致力于对自然环境、自然资源的保护,尤其在对土地资源的信仰上,这是因为对于印第安原住民来说,土地是他们祖先世世代代赖以生存的地方,也是他们最宝贵的物质文化财富。几百年来,印第安人在他们社群中创造了富有特色的土地分配管理方式,并建立了自我管理的社会组织,这些措施映射出与大自然和谐相处的生存之道,比如在垦殖土地方面探索可持续发展的耕作方式。

天人和谐的宇宙观重视集体利益、共同利益,主张个人利益服从于社群利益,建立平等团结、协商一致、与自然和谐发展的社会发展模式。

---

① 苏振兴:《拉美左翼崛起与左派政府的变革》,《拉丁美洲研究》2007 年 12 月。

在社会生产与财富分配上，与西方个人主义、私人利益优先的价值观存在很大差异。正如莫拉莱斯所认为的那样，"社群社会主义就是人民生活在社群与平等之中。从根本上看，农民社群里就存在社会主义"①，这些印第安原住民的思想与后来莫拉莱斯倡导的"社群社会主义"价值观相辅相成。

正是由于对平等、公平、正义、和谐这些观念的重视，原住民对欺压他们数百年的殖民主义与霸权主义表现得极端愤懑。2004 年，哈维尔·拉霍发表长篇论文《关于西方暴力的一种印第安文化视角》中，从文化根源角度切入，指出西方社会的排他性，是通过暴力推行神权建立起来的，其本质是利己的，不会顾及他人和自然。殖民主义是体现西方文化中暴力因子的最佳诠释，而其对印第安原住民的暴行是迄今为止最惨烈的种族灭绝。② 这种价值观与印第安人民天人和谐共存的宇宙观是完全相斥的，印第安文化中宣扬的辩证的、多样性、多元化的观念与西方这种排他利己主义文化迥然不同。

"印第安民族有权自由地生存"是 2009 年年初全民公投一致通过的新宪法所倡导的理念，因为印第安民族拥有自己的文化传统、宗教信仰、习俗和宇宙观，而这些权利应该得到保护与尊重。值得指出的是，像世界上很多古老民族一样，自古以来，安第斯原住民对世代养育他们的土地有着顶礼膜拜之情。他们拥有自己的土地女神：巴恰玛玛，对于莫拉莱斯所属的艾玛族来说，他们虔诚地信奉自己的土地之神，并渴望与土地亲密接触，因此拒绝一切阻止与其接触的材料，比如水泥，甚至家具。

然而，正是这些自古对土地资源无比崇敬的安第斯人，无论在发现新大陆被西方列强殖民期间，还是 1825 年建国后一个多世纪以来，无时无刻不在忍受着赖以生存的土地被剥夺、被强抢的痛苦与屈辱。原住民几百年来的抗争是紧紧围绕土地所属权展开的。这种对土地权利的捍卫在莫拉莱斯领导印第安农民反殖反霸的古柯种植运动上表现得最为显著、

---

① Heinz Dieterich, "Evo Morales, Communitarian Socialism, and the Regional Power Block", http://mrzine.monthlyreview.org/2006/dieterich070106.html.

② Javier Lajo, "Una visión indígena de la violencia occidental", en *América Latina en movimiento*, 1 de diciembre de 2004, p. 18.

最为强烈。莫拉莱斯曾说古柯叶对于他们的意义就像献祭对于天主教徒一样神圣不可侵犯，这是一场捍卫他们的土地女神——巴恰玛玛的斗争。

在为人处世之道方面，淳朴勤勉的印第安人拥有自己的道德准则："不可以偷东西、不可以懈怠懒惰、不可以说谎"，这些理念作为埃沃·莫拉莱斯一贫如洗的童年时代来说，是最初的教育。多年来这一行为准则深深刻在了他的骨子里。而日后当他登上总统之位时，他将这一思想的精髓融入在执政理念中，并将这"三不"戒条写入新宪法，成为基本社会伦理道德准则。2010年1月21日，莫拉莱斯击败反对派赢得了连任，在原住民提瓦纳库遗址被尊为美洲印第安人民的精神领袖，并且在卡拉萨萨雅神庙大门前接受了两根权杖。在演说中，莫拉莱斯用艾马拉语、盖丘亚语进行演讲。之后，他又用西班牙语重申了政府秉承的印第安人理念：不可以偷东西、不可以懈怠懒惰、不可以说谎。"在这四年我一直是第一个起床最后一个入睡的人，有人不停地以各种罪状控诉我，但是从没有一个反对派会指责我懈怠"。①

（二）印第安主义

关于印第安主义这一名词，在学术领域并不是一个统一规范的概念，它是阐述有关印第安问题及其解决办法的学说。对于这一理论的理解，根据人们看待问题的立场视角不同，差异很大。几百年来，印第安群体长期被排除在社会经济体系之外，而政府缺乏足够的财力与意愿来推进有利于印第安居民的社会政策，致使印第安居民日趋面临不公平、不平等的境地，积怨与日俱增；另一方面，印第安人的民族觉悟与公民意识不断提高，要求捍卫民族权利的呼声在整个拉美地区日益发展壮大。

印第安主义主要分为两大分支：一是民族利己主义的印第安主义，二是一体化的印第安主义。前者顾名思义，立场较为极端，这一观点的代表人物之一是玻利维亚人塔马约，他认为印第安人是国家的主人与希望，肩负着历史赋予的重任，只有印第安人将西班牙裔居民全部驱逐，才能得到真正的民主和自由。此外，秘鲁人民党领袖德拉托雷也是这种印第安主义的捍卫者，他将印第安农民视为推动整个拉丁美洲民主革命

---

① 马丁·西瓦克：《第一位印第安总统》，芦思姮译，知识产权出版社2013年版，第239页。

的源泉；政府应该把土地分给农民，并承认和保护印第安人的传统公社组织。

玻利维亚本国民族利己主义的印第安主义发展历程中，20世纪70年代初，玻利维亚艾马拉族政治家雷纳加提出建立"印第安人党"，与白人政权抗衡。他认为，国家的一切权力应由印第安人掌控，因为玻利维亚原住民作为历史上印加帝国辉煌文明缔造者之一，其传承下来的集体劳动形式与悠久的文化传统，再加上现代科学技术是拯救垂死的西方文明，使人们摆脱剥削的理想途径。因此，他提出建立一个以古代印加人实现的"农业共产主义"为基础的社会主义的印加帝国。

但是不可否认，这一建立在利己主义基础上的印第安主义，具有很深的排外性、极端性，与主体社会完全割裂，这既不符合印第安人民人与人之间和谐共处的宇宙观，又与当前拉美地区社会经济发展趋势相悖，因此并没有受到本地区任何一个国家领导人的青睐与采纳，即使是那些原住民占多数的国家，比如玻利维亚、秘鲁。

在印第安主义中占据主导地位的是一体化的印第安主义，这由墨西哥全国印第安研究所的一批学者提出来，并被许多拉美国家所采纳。这一理论正视民族多样性，鼓励多元发展，批判强制印第安人同化，对他们的意志进行粗暴践踏等行为。政策领域，一体化的印第安主义尊重并支持原住民谋求发展进步的意愿，通过一系列政治、经济、社会措施，如改善教育质量、提高医疗卫生水平、开发土地和水源、发展原住民聚居区经济、增强这一群体的政治参与度等计划提高印第安人的文化程度、政治地位和生活水平，从而使印第安人及其文化得到延续和发展，最终成为全民文化的有机组成部分。

自20世纪70年代起，"印第安人自我管理"概念兴起，代表人物有墨西哥学者吉列尔莫·邦菲尔，他认为印第安人具有将自己置身于所在国家社会制度之外的权利，印第安人可以自己掌握自身发展的命运，并作为一个有能力独立找到出路的政治力量，能够摆脱目前所处的困境。邦菲尔的"自我管理"理论集中反映了当代印第安人的思想和要求，对拉美地区印第安人组织产生了较大影响。莫拉莱斯政府社群社会主义中涉及原住民的自决自治诉求的言论便是"自我管理"理论的有力反映。

尽管印第安主义流派众多，但是一体化的印第安主义一直占据主导地位。近年来，这一理论不断汲取其他流派的合理成分，尤其是"自我管理"观念，承认印第安人拥有参与、决定、管理自己事务的权利；承认印第安文化拥有存在和发展的自由等。值得指出的是，这一理论对文化多元主义与民族多元主义的认同是印第安民族实现自决、自管的前提条件。在莫拉莱斯政府提出的"社群社会主义"中，对原住民的定位与原住民生存问题的解决具有明显的一体化印第安主义烙印。

二 玻利瓦尔民族主义

众所周知，西蒙·玻利瓦尔是 19 世纪闻名于世的南美解放英雄，他将南美洲的委内瑞拉、秘鲁、哥伦比亚、厄瓜多尔、玻利维亚和巴拿马六国从西班牙殖民者手中解放，其中玻利维亚的国名便是为了纪念这位独立战争英雄而得来。玻利瓦尔生前最大的理想就是建立拉丁美洲国家联盟，促进拉丁美洲的团结联合与民族自决。尽管他这一抱负并未成真，但是在 200 多年的发展中，拉美涌现出众多玻利瓦尔这一政治思想的衣钵继承者与实践者，特别是委内瑞拉左翼领袖乌戈·查韦斯。

玻利瓦尔主义的中心思想是要促进拉丁美洲团结。这一理念在殖民统治下应运而生，又在霸权主义、强权政治的环境下得到了继承和发展，值得指出的是，正是因为这样的历史条件，玻利瓦尔主义具有很深的反帝反殖民的爱国主义情怀与民族主义思想，包括高举民族独立旗帜，坚决反对西班牙殖民统治；反对封建专制，主张建立中央集权制的民主共和国；坚持美洲大陆团结与一体化。[①] 玻利瓦尔的民族主义思想为拉美人民争取民族独立，推动民族进步产生了巨大的影响。因此，玻利瓦尔的民族主义对二百年来拉丁美洲人民争取独立、自由、民主和团结斗争具有重大的指导意义。随着拉美左翼思潮与实践的发展，玻利瓦尔的民族主义思想同样得到了不断充实、丰富、完善，形成了一个相对完整的民族主义思想体系。

对于玻利维亚，坚持反殖民反霸权斗争，推动印第安民族发展，实现民族自治是该国玻利瓦尔民族主义的主要表现，具体做法涉及以下几

---

① 樊英：《论西蒙·玻利瓦尔的民族主义思想》，《湘潭大学社会科学学报》1998 年第 2 期。

个方面：自然资源国有化；恢复被剥夺的社群财富，其中包括土地、原住民宗教信仰、传统习惯等；发展或创立行使主权的组织形式，推动印第安自决管理；为民族社会管理和民族文化发展提供技术、资金、知识支持；培养政治、经济、社会各方面的领导人；保存并发展土著语言，促进语言多样性等。

三 马克思主义

世界范围内，拉丁美洲是马克思主义思想传播最早的地区之一。这一理念是推动拉美社会主义运动与左翼运动的重要理论源泉。自20世纪早期俄国十月革命胜利以来，拉美主要国家受到鼓舞，社会主义和共产主义思想和活动日趋发展壮大，成立了共产党。对外，这一群体积极与苏联和共产国际建立联系，为世界范围内的共产运动献言献策；对内，拉美各国共产党与本国的社会党渊源颇深，甚至有些共产党是从社会党转变而来的，此外，各国共产党非常重视工人运动，致力于掌握本国的工人联合会，成立自己的劳工组织。

20世纪30年代中期，随着欧洲法西斯思想的不断蔓延，及其对世界和平的威胁越来越大，拉美共产主义运动响应共产国际号召，寻求建立统一的反帝反法西斯人民阵线。第二次世界大战结束以后，共产党组织已经遍布整个拉美地区，尽管美苏冷战时期的恶劣环境给共产运动造成了种种困难，60年代受到国际共运大论战的影响，拉美一些共产党更是发生了分裂，但是一些国家的共产党仍坚守阵地，号召并领导具有反外国帝国主义、反本国垄断资本主义、反殖民主义、反封建残余性质的民族解放民主阵线，与本国跨国垄断巨头、大资本家、大地主斗争到底。

这一时期发生了两件大事，古巴革命领袖菲德尔·卡斯特罗于1961年宣布古巴为社会主义国家，这标志西半球第一个社会主义国家建立，以及尼加拉瓜桑地诺民族解放阵线通过武装斗争建立了革命政权，这无疑是拉美共产主义发展中的里程碑。此外，还有一些国家左翼政党也通过武装革命斗争形式建立了左翼政府。

然而，东欧剧变对拉美共产党产生了强烈冲击，大多数拉美共产党短时间内陷入政治上被动与思想上混乱的局面，一些共产党组织分裂、分化，有的改旗易帜，有的销声匿迹，但是自1992年起，各国共产党情况趋于稳定，主要力量得到了保留。

这一时期，拉美共产党对马克思列宁主义道路进行了丰富多彩且有益的反思与理论探索。

值得指出的是，在拉美共产党探索适合本国、本地区发展的马克思主义道路之时，从20世纪最后一个十年开始活跃在拉美政坛的一批左翼政府同样在寻求这样的道路，他们根据本国经济结构、政治体制、民族特点、教育卫生、宗教信仰、语言文化等一系列实际情况制定切实有效的执政方针。

自1998年以来，委内瑞拉查韦斯上台以来，21世纪第一个十年，一股强烈的"向左转"旋风席卷拉美，巴西、阿根廷、玻利维亚、厄瓜多尔等多国左派政党或左派执政联盟纷纷通过民主选举方式上台执政，拉美地区这一政治版图的变化趋势引起了全世界的广泛关注。左翼执政国家涵盖国土面积之大，覆盖人口之多堪称拉美历史之最。迄今为止，左翼力量已经在拉美十多个国家执掌政权，而在崛起的拉美左派阵营中，一批极具传奇色彩的左翼领袖脱颖而出，他们多以选举中的绝对优势赢得执政地位，通过修改宪法或其他立法形式推动制度变革，并提出了"21世纪社会主义""社群社会主义""劳工社会主义"等代表性思想。毋庸置疑，这些理念的提出受到了拉美共产主义运动的深刻影响，我们可以认为马克思主义不仅是拉美共产党的理论基础，而且是当今拉美左翼政权坚持的思想原则。

在这股拉美变革趋势中，玻利维亚总统莫拉莱斯是其中的典型代表。他富有特色的执政理念、领导能力和个人魅力，在本国和世界舞台上均拥有众多的拥戴者和支持力量。他提出的"社群社会主义"，深刻地借鉴了马克思主义理论。莫拉莱斯作为受压迫阶级的代表，深刻体会到了新自由主义经济的本质——崇尚资本，无视劳工和弱者利益，维护既得利益集团和现行不平等的经济秩序，这与以人类解放为宗旨的马克思主义是完全对立的，因此他带领玻利维亚广大中下层民众开展革命，与殖民主义、霸权主义、新自由主义进行斗争。在莫拉莱斯的执政理念里，始终关注民生，反对贫困，不断提升平民阶级的社会地位和生活待遇，这种执政理念是其在多年的人民运动实践中积累的宝贵经验的结晶。此外，值得强调的是，马克思主义政治经济学揭露资本主义追求剩余价值的本质，而"社群社会主义"则主张完全摒弃这一弊端，崇尚追求生活的价值、和平的生活，为美好的生活而奋斗，为人道主义精神而奋斗。

四 解放神学

在莫拉莱斯的执政理念中深刻体现着反压迫、反剥削，寻求民族解放的理念，这些思想的提出与20世纪60年代拉美解放神学的兴起存在很深的渊源。

19世纪同其他拉美国家一样，玻利维亚尽管脱离了西班牙、葡萄牙的控制，获得了独立，但在封建地主、反动军阀和天主教会三座大山的压迫下，广大人民群众的权利仍旧得不到充足的保障。其中，教会的地位和影响是通过教民对其的信仰，以及从人民那里聚敛财富得来的，天主教会扮演着封建残余势力帮凶的角色。

而后，随着资本主义不断发展，天主教会经历了资产阶级化，逐渐成为资本主义制度的精神支柱，这一势力与帝国主义与本国特权统治阶级相互勾结，但是在这一进程中，教会财富被大量搜刮，其社会政治影响力日益减小，受到了限制。20世纪60年代，在拉美社会动荡不安、人民要求民族独立的浪潮下，整个地区的天主教会开始分化，"解放神学"思想便是从这种历史背景下诞生的，奉行这一思想的神学家重视拉美社会存在的关于和平、公正、贫困、发展、解放等问题，以马克思主义的社会经济分析作为解释圣经的原则，批判资本主义是暴力的制度，并站在穷人的角度，号召教会与劳苦大众同甘苦；要求神学反思世界，并改造世界；受压迫、受奴役的人民需要从经济、社会和政治的不平等地位中获得解放。莫拉莱斯的政治主张对解放神学的核心思想有集中体现。

第三节 "社群社会主义"的政策主张与实践

"社群社会主义"是一种覆盖政治、经济、社会、文化等领域，且以社群为基础的替代新自由主义的新型发展模式。这一理念主张联合具有共同愿望与诉求的社会各阶层，尤其是农民和工人群体，建立最广泛的人民阵线，使这些群体自觉自愿团结起来，以社群为基本单位，对国家旧有秩序发起挑战，并不断探索人民当家做主、协商一致的社会主义民主之路。

"社群社会主义"凝聚了埃沃·莫拉莱斯政府的智慧与心血，这一思想被副总统加西亚·利内拉和新闻宣传负责人沃特·查韦斯命名为"埃沃主义"，因为莫拉莱斯这种领袖风范是全国推动改革的动力之源。副总统利内拉曾在《埃沃主义：行动中的民族民众主义》一文中写道："埃沃主义是一种在平民社会中体现国家政治的自主表现形式……莫拉莱斯所推行的印第安主义首先是一种文化，因此它能够引起国家各个阶层的关注……埃沃主义包含印第安主义的民族主义和民众主义的成分、工团主义的成分和马克思主义的成分，埃沃·莫拉莱斯已经将争取社会主义运动党变成了能够掌控整个国家的权力体系，在此基础上在玻利维亚尝试建立一种后新自由主义性质的，可能是拉美唯一的认真严肃的发展模式"。①

2008年4月，莫拉莱斯出席了纽约召开的联合国土著问题常设论坛第七次会议，作为与会的唯一一位国家领导人，他在开幕式上提出了拯救地球、拯救生物与人类的"十诫"，这"十诫"也被看作是"争取社会主义运动"涉及国内和国际政策的纲领性原则，主要内容包括结束资本主义制度；放弃战争方式；建设一个没有帝国主义和殖民主义的世界；把享有水资源视为一项人权，视为地球上所有生命的权利；发展绿色能源，杜绝能源浪费；尊重大地母亲；享有水、电、教育、卫生、交通通讯等基础服务是人的基本权利，这些部门属于公共服务，不应成为私营的对象；反对消费主义，遏制奢侈浪费；推动文化和经济的多样性；要过好的生活。② 可以看出，这十项原则映射了印第安人的传统思想以及玻利维亚广大人民群众的根本诉求。

一 政治领域

自从玻利维亚恢复文人统治后，政治上实行代议制民主制度，但权

---

① Mario Sivak, *Jefazo Retrato Íntimo de Evo Morales*, Editorial Sudamericana S. A. 2008, pp. 312 – 313.

② Servicios de Comunicación Intercultural, "ONU: Los diez mandamientos de Evo para salvar el planeta", abril de 2008, https://www.servindi.org/actualidad/3888.

力依然集中在少数精英集团手中,广大印第安人处于边缘地位。因此,莫拉莱斯执政后致力于打破这一精英统治模式,在玻利维亚多民族、多元文化框架下,召开制宪大会,扩大民众政治参与度,促使政治社会与公民社会相辅相成、共同作用,在互相尊重、互相认同的基础上,建立社群民主制度,通过协商一致原则开启玻利维亚民主进程。他指出,人民是国家的主人,政府不再扮演统治者、支配者的角色,不再凭借威权震慑或血腥镇压等暴力手段进行干涉,而是致力于完善自身执政能力,将权力下放到社群,更好地履行公共资源分配者和管理者的责任,力争建立一个没有剥削和压迫的新社会。

在 2009 年 12 月举行的总统大选中,莫拉莱斯以 64.2% 的支持率获得连任,并赢得这个多民族国家 2/3 的议会席位,与第二名形成整整 38% 的巨大差距,这让集中火力抨击莫拉莱斯政府专制的反对派顿时偃旗息鼓,亦使美国妄想通过扶植反对派孤立莫拉莱斯的企图破产。这次大选的结果让西方政治评论家们对莫拉莱斯的看法大为改观。英国《卫报》曾将莫拉莱斯与曼德拉进行了比较:"莫拉莱斯在领导玻利维亚进行势不可当的社会变革,并取得了卓越的成就。大部分印第安人在遭受了几个世纪的歧视与偏见后争取到了自己的权利,发出了自己的声音。如同南非纪念纳尔逊·曼德拉和东欧纪念柏林墙的倒塌一般,一名放羊牧童已经在世界上最贫穷的国家之一闯出了一片天下,这不得不说是意义非凡的。"[①]

莫拉莱斯执政以来,在政治方面取得的最大成就便是新宪法的通过与颁布。新宪法的诞生是莫拉莱斯贯彻"社群社会主义"思想的核心和关键,是其政治改革的重中之重。这一事件构筑了全民和平、民主参与政治决策的桥梁,为建设以民为本,为民服务的新型国家奠定了基石。

2007 年 12 月 9 日,玻利维亚立宪大会通过了新宪法草案。2009 年 1 月 25 日,玻利维亚举行全民公决,新宪法草案最终以 61.4% 的支持率获得通过。这是玻利维亚历史上首次由立宪大会制定、经全民公决通过诞生的宪法法案。这部新宪法于当年 4 月 14 日在玻利维亚国民议会获得

---

① 马丁·西瓦克:《第一位印第安总统》,芦思姮译,社会科学文献出版社 2013 年版,第 238 页。

通过。

应当指出，此前莫拉莱斯领导的中央政府与反对派对新宪法各项条款的商谈并非一帆风顺，实际上困难重重，在政府与议会反对派进行谈判中，对《宪法》中411项条款中的100项进行了修改。不得不承认，政府方面的让步很大，特别是在土地和印第安民族权益方面：对大庄园的征税失去了追溯效力；印第安人民的自治权及其司法体系受到了限制；降低了这一群体在议会的直接代表人数。此外，东部四省（圣克鲁斯、潘多、贝尼与塔里哈）强烈要求地区自治，迫于反对派不断施压，中央政府不得不将这一内容写入宪法文本。

尽管如此，与旧宪法相比，新宪法的颁布仍具有划时代的意义，因为历史上第一次对印第安人在政治、经济、社会、文化各方面的权利保障进行如此清晰、明确、全面、详细的规定。玻利维亚广大中下层人民群众的政治、经济和社会地位获得显著提升。值得指出的是，新宪法通篇体现"社群社会主义"思想，尤其在核心领域，如国家与政府特征性质、政治体制构成、印第安人自治权、自然资源、国家安全等内容上均有反映。莫拉莱斯政府评价这份经过协商一致通过的新宪法不仅将巩固国家历史发展中前所未有的包容性事业、深化国家主义和民族主义模式发展，更重要的是，将成为今后捍卫"社群社会主义"政策方针的根基与保障。

2009年，玻利维亚更改了国名，终结了"玻利维亚共和国"的历史，开启了"多民族玻利维亚国"（El Estado Plurinacional de Bolivia）的崭新时代。这一改变强调了玻利维亚多民族国家的性质，并被写入了新宪法。此外，新宪法将玻利维亚定义为"保障多民族社群权利的、自由、独立、主权、民主、跨文化、非集中化、有自治权的社会统一的国家"，将政府形式视为"民主的、参与的、代议制的和社群的"；① 中央政府保留在国际关系、国家安全、传媒，以及自然资源和土地使用等关键领域的权力。不可否认，新宪法注重玻利维亚"多民族""社群"这些特质，很大程度上促进了国家一体化进程中民族多样性，特别是扩大了土著人民在政治、经济、司法、文化和语言上的自决权，并奠定了在这些方面多元化发展

---

① 范蕾：《玻利维亚的社群社会主义》，《拉丁美洲研究》2009年第4期，第40页。

的基础。

政治权利方面,新宪法规定印第安人可以有效地参与国家和地方的政治经济活动。国会更名为多民族立法大会;参众两院均需为印第安人保留一定数量的席位,从而深化土著民族政治参与的深度与广度;对于最受关注的焦点问题——印第安人的民族自决自治,新宪法规定原住民有权在他们居住地区成立自治政府,并保留自己原有的经济社会模式,有权使用水资源与印第安公社管理的土地,有权在传统居留地上根据民族传统选举领导人。对于自治权利的具体细则,2010年,玻利维亚国会专门通过了自治法。①

司法权力方面,莫拉莱斯认为法律应该是多元化的,应在司法上捍卫原住民的权利,印第安人有权通过当局行使司法权。对长年饱受歧视,在法律上处于被边缘地位的印第安群体来说,这是一个迟到了500年的认可。因此,采用常规司法与社群司法并行方式,社群司法面向印第安原住民、农民群体;最高选举法庭成员至少应包括两名印第安血统人员;将多民族选举机构作为第四种国家权力机构,以建立四权分立的政治体制。

经济权利方面,新宪法规定在中央政府的经济主导权基础上,承认国有、私有、社群和合作等多种经济形式并存;② 落实土地改革的成果,禁止庄园制的存在,限制家庭占有土地面积不得超过5000公顷;规定自然资源与能源属于战略物资,不可归企业或个人所有,油气和矿产资源仅在国家指导下方可开采,国家可直接开采或选择与本国及外国私有企业合作开采方式;明确安第斯原住民赖以生存的农作物古柯是自然遗产及国家资源。值得一提的是,确立古柯对印第安人民的重要价值并明文禁止美国在玻利维亚境内建造军事基地,这些条款充分显示了莫拉莱斯政府反美的决心。

社会文化权利方面,新宪法承认公民享有水、电、通信等基本生活

---

① 徐世澄:《玻利维亚的民族关系与民族政策》,《中国世界民族学会会员代表大会暨学术讨论会论文集》2010年9月。

② 王鹏:《当代拉美社会主义思想和运动新动向课题结项会暨"拉美21世纪的社会主义"思想和实践研讨会综述》,《拉丁美洲研究》2009年第3期。

服务的权利;将玻利维亚 36 个印第安民族语言置于与西班牙语同等地位,均被视为是官方语言,中央政府和省政府必须使用不少于两种的官方语言。关于捍卫印第安语言权利的原因,秘鲁安第斯思想学会学者马里奥·梅希亚·瓦曼给出了这样的回答:"我们建议,让土著语言成为给美洲哲学加封地区和大陆本色的语言……因为,其他语言——比如说古希腊语、德语、英语或法语——所表达的概念只能反映那些民族的,而不是我们自己的宇宙观和需要。我们希望这一要求成为整个第三世界人民的要求,让他们用发自内心的、自己的方式表达经济、文化和精神上的愿望,以便使他们的生存有内容,有意义,摆脱物质和精神上的依附状态。"①

二 经济领域

在莫拉莱斯执政前,玻利维亚经济长期处于贫困落后状态,而新自由主义改革导致经济发展停滞,社会贫富差距进一步加剧,社会矛盾日益尖锐,失业率、贫困率居高不下。国家经济命脉受外国跨国公司掌握,随着新自由主义改革的深入,腐朽无能的玻利维亚政府对美国、世界货币基金组织摇尾乞怜,将石油天然气等战略能源进行私有化,出卖给外国资本家,这些卖国行径激发了玻利维亚人民爱国主义情怀,也为他们日后进行各种声势浩大的抗议运动埋下了愤怒的火种。

2005 年,莫拉莱斯在总统竞选时,誓言终结"殖民主义和新自由主义模式"。尽管资本主义经济制度是维系世界经济体系的基础,但是"社群社会主义"力图根除资本家对劳动者的剥削现象;促使生产关系逐步转向集体、社群生产,以期个人能力在社群中得到自由发挥与锻炼,人与人之间在经常性的交流沟通中,形成友好、和谐、友善的生产关系;承认自然是人类生活必不可少的一部分,人们进行经济活动时应充分重视对自然的关注与保护,生产目的是为了满足人类物质和精神的需要,创造财富应以不破坏环境为前提;主张从根本上转变当前技术创新唯利是图的不良动机,使其更好地以改善民生、美化环境为目的造福于民。

---

① 转引自索萨《从"他人"到"我们"》,《天涯》2005 年第 5 期。原文参见 Mario Mejía Huamán,"Valor Filosófico del Idioma Quechua",en *Cuadernos americanos*,No. 52,p. 188。

秉承这一理念，莫拉莱斯政府力图通过对国家资源与能源战略部门进行国有化改革，来加强国家对经济命脉的掌控，改变新自由主义发展模式，捍卫经济主权，尤其是印第安人民的发展权。得益于这些经济改革的成效，近年来，玻利维亚经济发展迅猛繁荣，取得了丰硕的成果，2005年至2015年间，玻利维亚GDP总量从95亿美元攀升至330亿美元，人均GDP同一时期提高了3倍。①

众所周知，玻利维亚矿产与能源都很丰富，是重要的战略资源。玻利维亚是仅次于委内瑞拉的南美洲第二大探明天然气储量国，据玻利维亚国营石油矿业公司公布的数据，该国已探明天然气储量达11.2万亿立方英尺。②对油气部门的国有化改革一直是莫拉莱斯执政以来政府工作的重中之重。

新宪法明确规定本国一切自然资源归属人民，由国家代表集体利益进行管理。2006年5月1日，莫拉莱斯政府颁布石油和天然气国有化法。随后，又将国有化的领域推广到矿产、森林、通信、铁路、水、电力等关系国计民生的行业。

在国有化改革进程中，面对多家国外跨国巨头的施压与抵抗，莫拉莱斯政府表现得态度强硬。他希望在玻利维亚投资的巴西、西班牙等大型跨国巨头企业，如巴西石油公司、西班牙雷普索尔公司，与玻利维亚国营石油矿业公司签订在玻利维亚合作经营合同。合同中明确规定，玻利维亚方面至少占有企业51%的股份，开采石油、天然气收益的18%归外国公司，其余82%均属玻方所有。外国公司若不接受协议，就必须退出玻利维亚市场。对于拒绝合作的公司，莫拉莱斯政府甚至不惜依靠军事占领这种极端方式武力夺取。当2006年5月1日石油工业国有化法案出台时，莫拉莱斯总统提出让革命武装部队占领石油采掘井以及所有外国公司在玻利维亚的石油天然气工厂，这是因为他希望军队可以成为推动油气部门国有化进程强有力的一部分，与政府共同对抗强大的跨国寡

---

① 参见世界银行数据库：World Bank，http：//data.worldbank.org/country/bolivia。
② YPFB，"Reservas cuantificadas de gas natural en Bolivia suben a 11.2 TCF"，http：//www.ypfb.gob.bo/index.php?option=com_content&view=article&id=2712：reservas-cuantificadas-de-gas-natural-en-bolivia-suben-a-112-tcf-confirmo-villegas&catid=121：agencia-de-noticias&Itemid=196.

头垄断集团。

尽管干预形式过激,但是莫拉莱斯政府在切实履行对天然气储备国有化的承诺。他希望通过这一改革,增加政府收入,给国家带来更多的经济效益,并用以实施更多的社会政策,以缓解玻利维亚广大中下层人民,尤其是原住民的贫困状况,改善民生。国有化改革前,玻利维亚政府财政收入每年仅有约 80 亿美元,该进程启动后,每年平均增加 4.8 亿美元,不仅保持财政盈余,还提高了战略部门的生产效率,摆脱了跨国公司和国际金融寡头对玻利维亚经济的干预。[①]

总体来说,国有化进程产生了一系列积极成效。一方面,提高了政府宏观统筹国家经济的能力。近十年来,玻利维亚经济稳步增长,国内生产总值上涨近 3 倍,平均增长率高达 5%,成为拉美经济最活跃的国家之一;央行外汇储备创玻利维亚历史新高;国家财政常年赤字变为连年盈余,公共投资翻番;通货膨胀率大幅下降,得到良好调控,由执政前五年的 36.1%[②]降至 2015 年的 4.3%。[③] 我们可以想象这样的数字的达成对于一个在历史上饱受严重通货膨胀之苦的国家是多么来之不易。

另一方面,中央政府利用国有化改革带来的财政收入在玻利维亚国内建立富有生机与活力的生产链,建立了一批生产水泥、纸张、白糖和基础生活用品的国有企业。此外,从玻利维亚国情出发,政府出资进行有利于古柯种植与产业加工方面的基础设施建设。总体而言,国有化战略为政府大力推动各项社会福利政策具有深远的意义,这一点我们会在下一部分具体阐述。

三 社会领域

玻利维亚是拉美最贫困的国家之一,再加上 20 世纪 80 年代以来新自

---

① 齐萌:《玻利维亚"社群社会主义"》,《当代世界研究文选(2012 界研究文选)》,http://theory.people.com.cn/n/2013/0625/c365100 - 21967078 - 3.html,2015 年 6 月 25 日。

② 中国商务部:《玻利维亚央行预计 2012 年通胀率将低于政府预期》,http://bo.mofcom.gov.cn/article/jmxw/201212/20121208479422.shtml,2016 年 2 月 9 日。

③ CEPAL, *Balance Preliminar de las Economías de América Latina y el Caribe* 2015, Comisión Económica para América Latina y el Caribe, diciembre de 2015.

由主义政策在这个国家社会领域造成的恶劣后果，社会问题日益尖锐，不仅贫富分化程度令人担忧，而且失业率长年居高不下，其中印第安人土地问题是造成地区发展不平衡、贫困加剧、社会不平等与社会排斥等诸多问题的根源之一。

（一）土地改革

玻利维亚印第安民族问题的实质是社会经济问题，而土地问题是社会经济问题的根源。土地矛盾一直是玻利维亚尖锐的社会问题，也是国家农业发展的主要制约因素。1952年，民族主义革命运动党政府颁布土改法，并宣布消灭大庄园制，推动农村合作社，但是那次改革并不彻底，全国大部分土地仍被极少数庄园主占据。而20世纪80年代中期以来实行的新自由主义政策将1952年土地改革取得的成就彻底付之一炬。

因此，莫拉莱斯将土地改革纳入"社群社会主义"政策实践的重要内容，因为它是提高贫困人口生活水平、解决社会问题和矛盾的主要途径。改革前，玻利维亚土地所有权高度集中，全国80%的耕地集中在少数大地主手中，而几百万贫苦农民只拥有20%的土地。面对土地资源高度分配不公的问题，作为玻利维亚土地上最古老的原主人——印第安原住民代表，莫拉莱斯当选总统后所着手的一件大事便是颁布新土地法。2006年下半年起，莫拉莱斯开始进行土地改革，宣布禁止庄园制的存在；国家有权收回全国庄园主拥有的约1000万公顷的闲置土地，并按一定比例分配给原住民和农民，向原住民、农民和小农生产者出让土地产权，为所有耕种者提供司法保障；限制个人拥有土地面积的上限，规定家庭占有土地量不能超过五千公顷，并为耕种者提供司法保障。值得指出的是，新宪法的颁布进一步落实土地改革的成果。这一次土地改革比1952年更为彻底，范围更为广泛，影响更为深远，因为它不仅彻底改变了少数庄园主高度垄断土地资源的状况，而且满足了土著居民长期以来希望拥有自己土地的根本诉求，激发了农民的种田积极性，从而促进了农业生产效率的提高。2009年，玻利维亚小麦供应自给率由2005年的20%增加到40%。[①]

---

① 齐萌：《玻利维亚"社群社会主义"》，《当代世界研究文选（2012界研究文选）》，http://theory.people.com.cn/n/2013/0625/c365100-21967078-3.html，2015年6月25日。

莫拉莱斯在新土地法最终获得通过时，向全国人民宣告玻利维亚大庄园制终结，"我们的前辈为了土地而战，在被别人践踏了五百多年后，我们现在终于成为了这块宝地的主人了"。①

（二）其他社会项目

"社群社会主义"认为公社、工会和家庭是社会发展基础，政府有义务给予保护；解决人民的问题是党和政府的宗旨。因此，根据"社群社会主义"的理念，政府着重发展社团民主；建立充足的粮食供应，以及有效的医疗和教育体系，从而捍卫弱势边缘群体的社会文化权利，特别注重扶持边远落后地区的发展；鼓励民族文化多样性发展；实现印第安民族自治。

因此，政府将国有化改革带来的财政收入投到各类社会计划中，以建立完善的社会保障体系。社会救助方面，国家为弱势群体提供生活补助，莫拉莱斯创建的另一笔款项名为"尊严养老金"，向所有满60岁的退休老人发放，全国范围内，约92万老人享受到这一福利。此外，政府为60岁以上老人、怀孕妇女、2岁以下儿童的母亲和贫困地区儿童发放养老、救助和福利代金券。

近年来，玻利维亚扶贫工作取得了重大进展，鉴于拉美经委会对社会指标的数据更新只到2011年，我们将时间节点置于这一年。按照传统的贫困率计算方法，2004年至2011年期间，玻利维亚贫困人口占总人口的比重从63.9%下降到36.3%；赤贫人口占总人口比重从34.7%下降到18.7%。而根据新的贫困率计算方法②，玻利维亚贫困率从2005年的84%（居拉美首位）降至2012年的58%，下降了26个百分点。③。

医疗体系方面，政府旨在提高医疗卫生综合服务水平，全国医院数量大幅增加，并提供免费的医疗服务。教育方面，政府大力发展教育事

---

① Mario Sivak, *Jefazo Retrato Íntimo de Evo Morales*, Editorial Sudamericana S. A., 2008, p. 90.

② 这一新标准是拉美经委会（ECLAC）和牛津"贫困和人力发展倡议"（OPHI）共同设立的，旨在用货币性收入和非货币性收入、就业和社会保障权利、教育等多层面指标（multidimensional measure），来分析拉美国家的结构性贫困问题。按照这一标准，玻利维亚的多层面贫困率在拉美地区下降幅度最大。

③ 吴白乙主编：《拉丁美洲和加勒比发展报告（2015—2016）》，社会科学文献出版社2016年版，第222页。

业，利用从巴西石油公司、安第斯公司和托塔尔公司石油国有化改革中收缴的款项中成立了一项学生补助款，名叫"胡安平托"补助款，为偏远的山村地区的孩子每人补助25美元，惠及全国将近170万儿童。此外，教育扶植项目还包括向农村学校赠送电脑，制订扫盲计划，为贫困家庭发放教育代金券等措施。莫拉莱斯政府重视基层教育，积极开展扫盲计划。联合国教科文组织已经宣布玻利维亚消灭了文盲现象。

正是由于莫拉莱斯政府对社会政策的重视，2006年至2014年期间，最低工资水平翻了一番，失业率从8%[①]下降到3.5%[②]，而这个被联合国视为拉美地区最不平等的国家之一，近年来，贫富差距缩短了60倍之多：2006年莫拉莱斯执政初期，全国最富有的10%人口的收入水平是最贫穷的10%人口的96倍，而2011年，这一比例降至36倍。[③]

四 外交领域

"社群社会主义"最鲜明的特点在于捍卫国家与民族主权，反霸权主义、反帝国主义、反殖民主义，奉行独立自主的外交政策，积极发展同拉美各国及其他国家和地区的友好关系，并强调第三世界国家人民的命运紧密相连，主张团结一切为实现主权国家自由、正义、解放目标的武装力量和社会运动，以期将玻利维亚建设成为一个拥有民族尊严的主权国家。同美国等西方大国的交往中莫拉莱斯表现出不卑不亢的态度，对于美国等西方国家带有霸权主义、帝国主义与殖民主义的干涉行径，玻利维亚坚决说"不"，抵制"美洲自由贸易区"，谴责霸权国家在他国建立军事基地，倡议古柯合法化，请求联合国废除相关公约中禁止咀嚼古柯叶的条款，并拒绝遵守联合国关于统一毒品公约的决定。

总的来说，玻利维亚的外交政策分为几个层次：第一，同古巴、委内瑞拉和厄瓜多尔等拉美地区意识形态相近的国家关系密切而深远，与

---

① 参见联合国拉美经委会数据库（CEPALSTAT）：http：//interwp.cepal.org/cepalstat/Perfil_Nacional_Economico.html? pais = BOL&idioma = spanish.

② 吴白乙主编：《拉丁美洲和加勒比发展报告（2015—2016）》，社会科学文献出版社2016年版，第222页。

③ Katu Arkonada, "Proceso de cambio en Bolivia, avances y desafíos", en *Rebelión*, 2013, http：//www.rebelion.org/noticia.php? id = 165419.

这些同阵营盟友开展政治、贸易、医疗、教育等多领域的广泛合作，结成"反美联盟"，互为建设本国社会主义的有力支撑。莫拉莱斯政府积极参与委内瑞拉倡议的美洲玻利瓦尔联盟，推动安第斯地区一体化组织建设，成为拉美激进反美的主力军。第二，对拉美其他国家，"社群社会主义"是一种追求社会正义与团结的社会主义，因此莫拉莱斯政府主张继承拉美独立先驱玻利瓦尔的遗志，建立"拉美大祖国"，积极倡导拉美一体化建设，特别是扩大在经贸领域的合作与投资。第三，与美国建立富有尊严的新型玻美关系。依靠政治上的威逼利诱和经济上对多边信贷组织贷款的依赖，美国得以控制玻利维亚长达五十年之久。美玻双边关系被界定为新殖民主义关系。塞尔希奥·阿尔马拉斯在《一个共和国的安魂曲》一书中这样写道："如果说，一个国家的资产阶级成天跟着美国大使屁股后面转，并一脸谄媚摇尾乞怜地索要贷款，这是令人厌恶的话，那么，当看到一位农民为了感谢那个国家的政府开设学校或开凿井渠而献上花环的一幕时，这是令人十分痛苦的。极端贫困更有利于殖民统治：玻利维亚人是低贱的。贫困在一定程度上会使人丧失尊严：美国人认识到了这一点，并且充分利用了这一点。同阿根廷人和智利相比，玻利维亚人更低贱一些。"①

但是，莫拉莱斯的上台彻底改变了美玻之间的屈辱不平等关系。2008年，玻利维亚总统莫拉莱斯宣布将不再派军官到美国的美洲陆军学院学习。随后，玻利维亚民众包围美国驻玻大使馆，抗议美国对曾镇压2003年人民运动的玻利维亚前国防部长给予政治避难的行为。此外，莫拉莱斯以从事反民主阴谋活动，企图分裂玻利维亚为名，控诉美国驻玻利维亚大使菲利普·戈德堡，并将其驱逐。当时，莫拉莱斯在总统宫义正词严地宣布："不畏惧帝国的威胁，今日我宣布戈德堡先生为不受欢迎的人，我请求我们的外长今日将我们国民政府的决定传递给这位大使，希望其立刻打道回府。"与此同时，莫拉莱斯也驱逐了驻扎在当地的美国毒品管理局。面对美国的压力，莫拉莱斯在全国人民面前，表现出了强硬的、不向强权屈服的形象，从而树立了新主权观念，加强了政府计划中的民族主义元素。作为南美最为反美的国家之一，与美国建立的这种

---

① Mario Sivak，*Jefazo Retrato Íntimo de Evo Morales*，Editorial Sudamericana S. A. 2008，p. 264.

新型关系受到人民的推崇，玻利维亚就此成为南美大陆"向左转"趋势的典型。

此外，玻利维亚十分重视发展和地区外国家的关系，尤其注重发展与中国和伊朗的双边关系，推行务实灵活的多元化外交，积极参与国际事务，倡导南南合作与国际新秩序的建立，这些做法不仅维护了玻利维亚国家主权和利益，而且在国际舞台上捍卫了玻利维亚的国家形象与声誉。

第四节 "社群社会主义"的进步性、局限性及其未来挑战

一 "社群社会主义"的进步性

"社群社会主义"是基于玻利维亚本土印第安思想理念建立起来的一种独特的发展模式，真正根植于玻利维亚这片土地，并有效结合了本国政治经济文化特点与各社会阶层的共同诉求。在这一框架下，使玻利维亚人民重拾被这个国家精英统治阶层丢弃了数百年的印第安民族宇宙观和价值观，彻底摒弃了以往白人精英政府利己逐利的观念，以及正视原住民和谐共存传统生产生活方式的重要价值。这一模式从根本上促进了思想解放，实事求是，继承并发扬了本国优秀文化传统，实现玻利维亚广大劳苦大众数百年的夙愿。"社群社会主义"可被视为是一种取之于民、用之于民的思想理念与实践纲领，它的提出是对拉丁美洲，乃至世界社会主义道路的发展进行的一次有益探索与尝试，开创了一条具有玻利维亚特色的发展道路。

（一）思想解放之重拾天人和谐价值观与生产生活方式

长久以来，传统左翼运动一直宣扬为自由而战，追求社会正义，但是面向所有人民大众的社会正义从未真正实现过，而所谓的正义只存在于一小部分特权阶层中。然而，莫拉莱斯领导的印第安民族性质的左翼政府却倡导实现人与人之间、人与自然之间的互补共存关系，为推动和谐社会与社会正义而奋斗。认为人类作为大地母亲之子，彼此之间应是相辅相成共存亡，缺一不可的。

在"社群社会主义"的思想渊源部分中，我们提到了这一观念构筑

全新生活理念，关注人与人之间、人与自然和谐发展，并体现以人文本价值观。但历史是残酷的，五百年来原住民所遭受的剥削与压迫使这一群体比国家中任何群体受到的不公正待遇都要严苛，因此，自古信奉人类和宇宙以及一切生命形式都应被认同并能够平衡共存的印第安民族比任何民族都渴求平等与社会正义。正因如此，莫拉莱斯政府提倡"追求美好生活"理念，以期使原住民回归平等和谐的生活，构筑天人共处之路，这是在殖民主义时期被残酷剥夺，但所有人民应享有的权利。莫拉莱斯希望通过"追求美好生活"重新找寻这份广大民众遗失了几个世纪的理念。

诸如不工作懒惰、欺压他人、屈从他人、撒谎、破坏环境等都不是追求美好生活的行为。印第安人希望"生活得好"，而非"生活得更好"，这是因为后者需要一个参照对象，即"比谁生活得好"，这就意味着一些人优于另一些人。按照印第安人天下和谐大同的理念，人与人之间的生活水平存在差异会带来不平等，这种等级观念是不能容忍的。比如，依靠对大自然的无尽索取或是通过剥削压榨他人这些举动能够使人生活得更好，却不能达成人们共同追求美好生活的愿景。

在印第安人的观念中，人类是自然的一部分，与自然不可分割，在自然中，动植物都是人类的兄弟，因此人类应像对待自己的手足一样，对待自然界的动植物资源。人类的食粮皆出自于大自然；人类的生命延续依赖于自然；人类的物质与精神财富与自然密不可分，诸如印第安人对土地女神帕恰玛玛的膜拜就是一种人类对自然精神寄托的表现方式。帕恰玛玛赐予人类生命、食物与栖身之处，拯救大地母亲就是拯救人类自己。鉴于此，人类对待自然不能像对待商品一样，而是应该像回报自己的母亲一样，给予她回报———一种可持续的生产方式。通过这样的形式，人类能够与自己的土地女神建立良性的沟通与联系。捍卫粮食主权，根据社群社会主义的定义，意味着一种适合国情的可持续发展政策，即在可持续发展技术支持下的多元化生产系统中，全体人民有权生产、销售、使用健康卫生、无污染的粮食。这一理念实践摒弃破坏环境、滥垦土地、无节制开采资源能源等短视的生产方式，而以长远的眼光捍卫粮食主权，以期造福我们的子孙后代。

在印第安人集体生活视犯罪、色情、偷盗和腐败是对社会造成严重损害的行为。在他们的社群中，无人偷盗，每家每户如果横一根树枝在门上，是谓无人在家。如果在村门口两根树枝交错放置，意味不便迎客。每个社群、城市、街区将照顾所有人的生活为己任，力争使每个人在医疗、教育上接受优质的服务，人与人、人与自然关系达到和谐、友爱、统一。

值得一提的是，这种所有人相亲相爱的美好图景与我国古代孔子所描绘的理想世界——天下大同如出一辙：没有战争，人人大公无私，和睦相处，丰衣足食，安居乐业。所谓"老吾老，以及人之老"：不但孝顺自己的父母，也要孝顺他人的父母，用侍奉自己父母的心来侍奉他人父母；所谓"幼吾幼，以及人之幼"：不仅抚养教育自己的子女，也不应忘记抚养教育他人的子女，令他人的子女获得知识；"使老有所终"：建立设备完善的养老院，好好照顾老年人，令他们颐养天年；"壮有所用"：年轻力壮的人，做对社会有用的人，为民服务，尽其所能，为国家奉献，不可游手好闲，殃及国家；"鳏寡孤独废疾者，皆有所养"：使这六种世上遭受不幸的人能够安定地生活，国家设立相关机构，给予他们物质保障与精神关怀。不难看出，孔子在"礼运大同篇"里所畅想的与"社群社会主义"所憧憬的理想状态不谋而合：都勾画了一种路不拾遗，夜不闭户，风调雨顺，国泰民安，人人和乐的天下太平盛世图景。

在这种理想的引导下，莫拉莱斯提倡承认并尊重人权，主张保护边缘及弱势人群政治、经济、社会、文化方面权利，尤其是印第安群体，力图消除贫穷、苦难和歧视，倡导原住民自决自治，保障其在平等条件下行使公民权，捍卫中下层劳动者的权利诉求，激发其生产潜力；将公社、工会和家庭视作社会发展的基础，受政府制度的保护等。

另外，在经济发展方式领域，自20世纪80年代开始实行的新自由主义改革过度强调市场至上，片面追求自由化和私有化，而选择敌视、排除政府的作用，如上文所述，这造成了一系列严重的经济社会危机。国家或政府的职能曾在自由资本主义向垄断资本主义过渡时有所增强，但在自80年代以来以跨国资本扩张为特点的全球资本主义时期，国家或政府的作用又遭到削弱，"软弱的政府机构和软弱的法规阻碍经济的可持续发展，同时还减轻了选民对领导人的忠诚度。结果会进入到选民冷漠、公共机构难以为继、经济活动启动乏力、社会动荡持续不断的恶性循环"。① 因此,"社群社会主义"摒弃了新自由主义发展模式,重新重视国家在经济运行中的作用,恢复政府在政府与市场关系中的主导地位,制订国家五年发展计划。

从经济结构上看,玻利维亚社会经济由三类生产模式构成,一是寡头垄断经济,这是一种带有浓重殖民主义色彩、技术落后、以私有制为基础的资本主义生产模式,以剥削剩余价值为实现资本积累的唯一来源;二是简单商品经济模式,即小商品经济,包括那些以生产资料个体所有制和个体劳动为基础,为换取自己需要的产品而进行的商品生产和经营,以及那些非正规部门生产,这些生产形式占整个国家国民经济的80%;三是社群生产模式,主要体现在广大农村地区土地开垦与耕种上,是印第安原住民自古以来遵循天人和谐传统价值观而探索出的生产生活方式。

第三种发展模式是莫拉莱斯上台以后大力倡导的,他深谙在这种生产模式下,土地资源对于广大农民群体的重要性。因此,自执政伊始以来,便积极促成新土地改革法的颁布,以期缓解玻利维亚土地分配严重不公的社会矛盾,从而有效保护贫民和原住民的土地所有权和使用权。莫拉莱斯政府之所以如此重视社群生产模式,既出于对印第安农民群体世代沿袭的优良传统的尊重与认同,又在于他认为这种生产方式正是反对新自由主义政策,促进当今国家包容性事业发展的重中之重。

根据"社群社会主义"的诠释,这种生产生活方式充分重视国家、集体、社区这些社群单位在引导组织生产活动,满足人民包括衣、食、住、行的基本需求,以及构建美好生活的重要作用。正如印第安人祖先所遵循的那样,人民创造出来的财富归人民集体共有,国家能够自给自足,不依靠别人的"补给"。所有自然资源与能源,无论是可再生的还是不可再生的,均是大地母亲给予人类的财富,这些资源应由国家所有人民有组织、统一地进行勘探和开采活动,并遵循可持续和保护自然的原则。此外,生产活动力求增加高营养纯天然的粮食种植,尽量减少化肥和杀虫剂的使用;大力发展生态种植农业;保护自然资源,防止水土流

---

① 陈志强:《拉美新左翼——马克思主义价值取向挑战新自由主义》,人民网,2010年1月14日,http://theory.people.com.cn/GB/179412/185349/13615668.html,2015年10月9日。

失与乱砍滥伐;合理利用水资源;倡导植树造林。全体人民都在为了国家、社群、家庭共同辛勤劳作,同享丰收。

(二) 思想解放之重拾民族凝聚力

当前玻利维亚存在的主要问题仍然是殖民主义遗留下来的不平等问题——白人、混血人种凌驾于印第安原住民之上的状况:一是指基于种族或民族歧视而造成的社会分化;二是指一方对另一方在政治经济上的统治与驾驭。自1492年西班牙人"发现"这片大陆开始,殖民主义就深深嵌入了这个国家社会结构中。1825年独立战争后,白人与混血人种对这个国家的统治长达181年。但令人扼腕的是,在这近两个世纪的漫长历史中,无论从经济结构、宗教信仰、种族心理、语言文化方面,玻利维亚似乎从未真正实现过自主、自立、自强,一直被不同利益集团,殖民主义、帝国主义、霸权主义操纵、摆布,成为名不副实的被架空的民族国家。这个国家因此分裂为两大社会集团:享受特权,处于中心地位的白人和混血人种,以及长期被边缘化、排挤,处于从属地位的广大中下层民众,尤其是印第安民族。而1952年那场由统治阶级自上而下掀起的民族民主革命,按照玻利维亚副总统利内拉的话来说,只是通过统一文化、语言等举措抹去印第安民族的身份认知,从而达到建立单一文明国家的目的。

在玻利维亚,与其他社会阶层相比,印第安原住民面临的境遇更为悲惨。几个世纪以来,无论从经济权利还是政治权利,甚至语言文化权利都饱受摧残,他们的语言,如艾马拉语、盖丘亚语、瓜拉尼语等土著语言濒临灭绝。而身为原住民的埃沃·莫拉莱斯的崛起宣告了沉寂了几百年的原住民开始实践一种具有民族特色、区别于以往生存方式的全新道路——"社群社会主义"。

值得指出的是,在20世纪80年代新自由主义全球蔓延之时,应运而生的一种名为"社群主义"的理念。作为反新自由主义的主要理论力量,这一思想成为当代最有影响的西方政治思潮之一,其哲学基础是新集体主义。这种社会哲学关注公共利益与社会利益的表现形式,认为社群是理解和分析社会政治现象和政治制度的基本变量,而非新自由主义思想所宣扬的个人主义。强调国家、家庭和社区的价值,根据社群主义的主要代表迈克·桑德尔的观点,任何人不能脱离社群,个人和自我的价值是由其所在的社群决定，并在其社群中实现。因此，在价值观上，社群主义强调集体利益优于个人利益的原则。

这种观点符合玻利维亚印第安人民的思维观念，原因有三：一是对和谐一致的肯定，社群主义者认为社群参与者为共同目标或共同责任而奋斗，并认同社群秩序的规则与政策，认为这些规范均出于合理的需求，人们自觉自愿遵守，而非被迫接受，基于这种一致认同的社会秩序会达到和谐。

对于印第安民族自治来说，他们应该根据自己的法律实现自我管理，推动价值观、原则、规范的传播与普及，以期社群成员之间相互教化引导。早在几百年前，社群就是这样实现内部管理的，当时他们遵从的法则并不是基于领导人的肆意妄为，也不是出于某位智者的"运筹帷幄"，而是秉承经过世代繁衍原住民所形成的观念——美好的生活需要用双手劳动创造，不劳动者不得食。

如今，这种理念充分反映在莫拉莱斯通过全民协商一致方式颁布的新宪法上。该宪法主张建立以尊重、认同为基础的参与式民主和共识民主，旨在切实维护了印第安公民的生存和发展权利。利内拉强调国家从资本主义到"社群社会主义"的过渡应是民主的过程，各社会团体、社会运动组织都需对这一进程表示认同，并力争在其中发挥重要的作用。

二是看重共同文化传统即社群价值的重要性，这也构成社群主义对新自由主义批判的主要论点之一。桑德尔认为自我的价值与目的先于个体本身，而这些价值和目的是由社会历史文化所赋予的。因此，认识了解个人目的和价值，必须将个体融入其所在的社会文化背景环境中去，而新自由主义片面强调个人权利，恰恰忽略这种集体价值传统的共同性。在玻利维亚，近年来，这种思想很大程度上促进了广大人民群众对其公民意识与权利的觉醒，尤其是占人口多数的印第安原住民对其自身民族身份的认同。在社群中，每个社群都具有共同的信仰与文化，这是区别于其他社群的根本所在，而社群在政治上享有自主性。民族与国家，作为最常见的社群形式，应与公民资格相辅相成。

要理解民族与公民之间的关系，首先应对公民概念进行阐述，一般意义上，人们理解的"公民"和"国民"是一个概念，即在法律上，具有一个国家的国籍，并依照宪法或法律的规定享有权利和承担义务的人。

但是如果从政治角度考虑"公民",他不仅是一个自然人,而且拥有国家法律赋予或保障的各种政治权利。如果一个人没有享受到应有的政治权利,或是其权利的获得不能得到法律的保护,那他就仅仅是一个拥有国籍的国民,而非公民。

对这一概念的理解对反思拉美印第安原住民运动很有意义,因为尽管实际上,在拥有健全民主制度的社会中,这一问题不应存在,所有国民都应成为各种政治权利被国家法律赋予并受到保障的"公民",在这个意义上,"公民"与"国民"应成为同一概念,但是在拉美各国,长期处于社会边缘的印第安群体,无法获得应有的法律保障,无论是投票权这样的政治权利,还是受教育权、就医权这样的社会权利。1940年,在帕斯夸罗第一届美洲国家印第安主义会议上,具有印第安血统、时任墨西哥总统的拉萨罗·卡德纳斯指出:"任何希望实行真正民主的制度,都应当重视利用印第安种族的优点,都应当消除压迫制度强加给他们的恶习和弊端,以此作为实现集体进步的一个重要步骤。在大量印第安人被剥夺了大部分土地、被剥夺了做人的权利和公民权利的情况下,在依然把印第安人当作牲口和机器的情况下,美洲就不能被认为是一个平等和正义的地方。"①

没有公民权利与资格,民族就不能为实现社群中成员的共同理想与诉求服务;反之,如果人民对自身的民族身份没有充分认同,那么行使公民权利就不再具有意义,因为公民没有理由凝聚在一起,从而为建设本民族更好的未来奋斗。莫拉莱斯政府将全国人民纳入建设国家、民族社群的参与者,而公民资格是作为参与者的基本条件,这种资格不仅表现在享有权利方面,也代表着拥有统一社群思想文化的认知度与认同感上。

民族给人们以共同的认同,从而使人们有可能设想去一道改变现实世界。公民资格给他们以改变世界的实际手段……只有拥有公民资格,社群成员才能感觉到自己在决定其社会前途方面起着重要作用,担负着

---

① 恩里克·巴伦西亚:《印第安主义与民族发展》,朱伦译,《印第安主义年鉴》1984年卷,美洲国家印第安研究所出版。

集体决策的责任,并作为社群的一员而投身于共同利益。①

三是对美好生活的追求。这一点与上述两点,即达成共识的社群规范和切实落实公民权方面密切相关。"社群社会主义"积极倡导公民受教育权、工作权、保健权、休假权、接受社会救济权等,认为社群自身具有"内在善"的属性,这源于社群参与者对社群文化传统的继承以及对未来美好生活的共同向往。而基于这种"善",国家对于公民这些权利的实现负有不可推卸的责任,因此在社群环境中,个人享有的权利比单独行动获得利要大。人们认同这种"内在善"衍生出来的共同价值与目标,并通过履行公民权实践这些价值,改善自己的生活,为共同目标努力奋斗,这逐渐形成一种集体凝聚力与社群归属感,从而推动共善社会的构建。莫拉莱斯政府充分发挥国家在引导社群"内在善"的作用,实施了一系列团结互助、扶贫扫盲的改革措施,完善社会正义与社会凝聚,旨在使玻利维亚成为具有民族凝聚力的共善国家。

二 "社群社会主义"的局限性及其未来挑战

任何一种进步的思潮在形成和实施过程中都难免会遇到这样或那样的困难、阻力和问题,都需要有一个探索的过程,拉美的进步思潮也不例外。②

古巴革命领导人卡斯特罗曾经对刚刚就任的莫拉莱斯语重心长地说道:"印第安人民善于推翻政府,但是现在他们应该学习如何进行自我管理"。③ 事实验证了这句话,身为印第安人领袖的莫拉莱斯在实施其"社群社会主义"政策时,遇到了一系列严峻挑战。玻利维亚正处于建设"社群社会主义"的初始阶段,面对经济全球化浪潮,是否能够趋利避害,制定出符合本国国情的社会经济发展道路仍是一个未知数,需要漫长的探索过程。

---

① 俞可平:《从权利政治学到公益政治学:新自由主义之后的社群主义》,共识网,2010年1月20日,访问时间:2015年5月20日。

② 徐世澄:《当代拉美政治思潮的基础、影响及实施前景》,《国外理论动态》2008年第2期。

③ Mario Sivak, *Jefazo Retrato Íntimo de Evo Morales*, Editorial Sudamericana S. A. 2008, p. 161.

当前,"社群社会主义"模式在实践过程中逐渐暴露出一定的局限性。基于此,随着国内外发展环境的变化,莫拉莱斯政府需要在未来着手应对一系列困难与挑战。就内部因素来讲,过重的民众主义政治传统不仅可能导致国家和民众之间的制度性联系薄弱,从而对社会经济稳定性产生负面影响,也易于造成处理对外关系中国家民族主义泛滥,进而造成对外政策中政府非理性、盲目的行为反馈。

民众主义是 20 世纪拉美政治史上最为突出的政治现象。尽管各国的表现程度有所差异,但这一思想对整个地区维度的各个层面影响深远。政治学家库尔特·韦兰德视其为一种政治策略——"一个个人化的领导人以这种策略争取和行使政府权力。该权力的基础是来自大量的、无组织的追随者的直接的、没有任何中介的、非制度化的支持"。[1]

这种思想在 21 世纪拉美多国进入"向左转"时代表现得尤为显著。这里我们来讨论玻利维亚莫拉莱斯政府以民众主义为基础构建的政治制度在可持续运行方面存在的两大隐患:

一是民众主义传统削弱政府与民众的制度性联系。在这一思想的作用下,国家和社会倾向于推举出一位卡里斯玛式领袖。不可否认,玻利维亚莫拉莱斯是 21 世纪以来拉美地区最为典型的民众主义领导人之一。从上文已知,他高举"社群社会主义"大旗,大力提倡建设以广大人民群众为核心的"参与式民主",以代替或对抗以传统精英政治为主导的"代议制民主",旨在代表被长期排除在国家政治经济体制之外的,处于边缘化的下层群体。莫拉莱斯自上台伊始,不惜触犯既得利益集团推动油气资源国有化进程,力图将油气收入实现社会福祉,其初衷是为了彰显自身作为"人民领袖"的身份和立场。

然而,尽管基于这种理念框架,领导人和民众之间的联系更为紧密,人民的呼声更易被倾听,因此不会重蹈传统精英政客长期绝缘于人民的覆辙,但是领袖与人民之间往往缺乏制度化的连接纽带,绝大多数支持

---

[1] Kurt Weyland:"Clarifying a Contested Concept: Populism in the Study of Latin America", en *Comparative Politics*, Vol. 34, No. 1, 2001, p. 14.

者的追随是盲目的、短视的①，他们表达需求的方式往往是无组织性的——诉诸街头巷尾的游行，而非在健全民主制度下所构建的那种政治沟通渠道——政治信息输入，经过政治系统的处理，最终信息被反馈。而民众主义的制度性联系薄弱特征易于产生社会经济的不稳定性。

自莫拉莱斯上台，玻利维亚经历了一个长达 10 年的福利输出周期，基于此，该国贫困率大幅改善，人民生活水平显著提高。然而，社会冲突并未减少，这不仅有来自反对党的抗议与敌对，更不乏政府所依靠的核心政治基础——原住民的不满呼声，社会结构的新变化导致获得新的社会身份的群体对享受更高水平的利益保障和公共服务提出了更多的诉求。随着社会基础变得日益复杂化和多样化，莫拉莱斯政府短时期内显然还未做好充足的准备，也未积累足够的经验来应对，因此这些缺乏合理路径且过于激烈的表达诉求的行为往往引起社会层面的动荡。鉴于在民众主义框架下，政治诉求渠道的制度性缺失为整个社会经济的正常运行注入了不安定因素。

民众主义所催生的第二大制度隐患表现在对外关系上。基于民众主义传统将领袖视为将人民从危机、威胁和敌对中拯救出来的存在，因此，这种思想常常带有"民族主义"色彩，且往往在国家政治经济动荡或处于某种危机时发挥类似"英雄"的作用。经历了数百年殖民统治，且至今仍未完全摆脱霸权主义阴影的拉美诸国，似乎对"民众主义"有着独特的情结。

以玻利维亚为例，从上文可以看出，"社群社会主义"框架下，在处理对外关系问题上，政府的反美立场鲜明而坚定，莫拉莱斯在不同国际场合都对帝国主义和霸权主义进行了严厉声讨。此外，玻利维亚还将与邻国智利的"主权出海口争端"视为最优先的外交事务。不惜诉之于海牙国际法庭，以"归还主权"名义扩大这一争端的国际影响力。这些表现都使莫拉莱斯领导下的玻利维亚显现出浓重的民族主义色彩。

然而，这种民族主义情结往往会导致政府非理性的情况反馈机制，如当经济增长和社会稳定出现问题时，政府无视自身的结构痼疾，将矛

---

① 这种支持是建立在个人现时的社会经济权益是否实现的基础上，如工资是否提高、补贴是否增加等。

头直指外部因素。玻利维亚政府也不乏利用对美国霸权的抗议或对主权出海口的索要，来转移国内群众对本国事务注意力的实例。此外，这种民族主义行为往往使政府变得盲目，在对外政策中忽视现实国家发展利益，而过度夸大政治意识形态因素，举例来说，在智利表明愿意就提供出海口问题上与莫拉莱斯进行协商的立场下，玻利维亚政府不顾本国经济对出海口的迫切需求，将出海口问题上升至"主权"维度，从而将矛盾激化，最终使这一问题陷入僵局。

第二，尊重印第安民族自决权与实现国家长远发展利益之间难以取舍权衡。"社群社会主义"将有效落实印第安农民自决自治权作为重中之重。长久以来，玻利维亚社会运动如火如荼，其频率也远超过其他拉美国家。而莫拉莱斯便是这一运动的直接受益者，凭借其领导的社会运动，先后推翻了两任总统，并最终于2006年执起了国家的最高权杖。这位艾马拉族出身的古柯种植农领袖执政后，一直试图在全国范围内建立起广泛的政治联盟，将左派工会主义者和印第安原住民联合起来。但事实证明，这一努力并未得偿所愿，这个联盟日益分裂，近两年来，莫拉莱斯的核心政治基础——工人阶级、土著居民和农民发生分化，这一新趋势使这位印第安民族领袖在推进国家发展与保障原住民权益问题之间陷入两难。

2011年，印第安当地居民发起示威，抗议在莫拉莱斯支持下的一条新路的建设，政府认为这条公路对长期被边缘化的地区的经济发展非常有利，建设项目也得到了当地古柯种植者与工会成员的支持。但是，与此同时，遭到了一部分当地原住民的反对，他们认为公路将导致难以控制的非法定居、古柯种植、森林砍伐和动物捕杀。他们援引2009年颁布的新宪法中关于"遇到任何对热带雨林保护区的重大发展项目，土著居民有优先商议权"条款，控诉政府没有认真同他们商议，而是早早将这个项目承包给了巴西一家建设公司，这对原住民的权益造成了损害。最终，迫于压力，莫拉莱斯下令暂时中止了这条道路的修建，并许诺给予当地原住居民在此问题上更大的公民投票权。

近两年来，在铁路和公路等基础设施建设过程中屡屡出现的征地、社区和环境破坏等问题，不断导致政府与土著居民、农民、环保人士和其他公民社会组织之间产生激烈的分歧和冲突，这已经构成玻利维亚社会不安定的主要因素之一。其中，2015 年，围绕 TIPNIS 公路的修建问题，玻利维亚政府和当地民众之间发生了激烈的社会冲突，这一旨在改善交通基础设施状况的举措因穿越原住民保护地国家公园而遭到土著居民抗议，从而最终演化为莫拉莱斯执政以来最为激烈的一次抗议活动。

这些事件给莫拉莱斯政府敲响了警钟，政府从推动印第安人发展的良好愿望出发，主张各印第安民族按照自己的方式保持和发展自己的特点，但它忽略了印第安人所处的周围环境与他们民族传统特点之间的兼容性。为了避免印第安人与周围社会之间的文化冲突加剧，政府应该不断寻求中央和偏远地区之间的利益契合点，深化印第安人自决自治进程，并加强与这一群体的对话、协商、沟通，构建双边磋商机制，让这一群体切实感觉到政府代表了广大中下层民众的利益，亲民务实，只有这样，才能真正意义上促进多民族的和谐平等发展。

正如副总统利内拉曾经指出的那样，玻利维亚当前的挑战是在资本主义与"社群社会主义"之间建立一个包容性国家，为迈向"社群社会主义"，实现"社群社会主义"服务，这一目标体现在新宪法的出台，以及构建一个自治的、法治的、社群的多民族国家的良好意愿上。总之，"社群社会主义"是最终目标，但玻利维亚尚在实现这一目标的道路上。所有玻利维亚人需要为了这一愿景不断努力奋斗。"社群社会主义"的提出是玻利维亚多民族国家人民为全世界人民争取公平、正义、平等斗争做出的有益探索与贡献。①

从外部环境来看，不景气的国际经济环境与日渐式微的拉美地区左翼力量产生了负面的外部溢出效应，这使玻利维亚莫拉莱斯政府在继续推进"社群社会主义"进程中承受空前压力。

自 2012 年以来，全球大宗商品逐步退出"超级周期"，拉美地区，尤其是南美诸国在享受了近十年的商品繁荣后，经济增长陷入低迷。经济层面遭受冲击，激化了一些国家原有的社会政治矛盾，从而使其陷入政局混乱、经济衰退、社会不安定的局面。其中，委内瑞拉和巴西便是典型代表。

---

① Álvaro García Linera, *El socialismo comunitario. Un horizonte de época*, Vicepresidencia de Estado, Presidencia de la Asamblea Legislativa Plurinacional, 2015.

与整个地区低迷的经济形势相悖的是，玻利维亚近两年来保持较高的增长，根据拉美经委会报告①，2014 年增速为 5.5%，位居拉美首位，2015 年为 4.5%，排名拉美第四位，但仍在南美地区拔得头筹。这种活跃的增长态势得益于政府扩大公共开支，同时大力吸引外来投资，举借外债，着力发展能源和基础设施，并实行扩张的货币政策；家庭消费水平稳定；通货膨胀率保持低位等因素。尽管玻利维亚近两年来经济情况在地区比较中表现突出，但是可以看出，较之 2014 年，2015 年经济已出现轻微下浮，这是因为鉴于碳氢产品出口占玻利维亚总出口水平的 4/5 以上，油气资源国际价格的迅猛下跌以及外部需求的下降严重影响了玻利维亚碳氢工业部门的出口收入。

在不景气的国际环境下，自 2015 年起，拉美地区多个重要的左翼政权陷入政治危机，或是在总统大选中落败，主要包括巴西政坛因总统罗塞夫弹劾案持续动荡；委内瑞拉经济瘫痪引发各党派矛盾激化以及执政党在议会选举中失利；阿根廷大选终结左翼政党长达 12 年的统治，右翼资本家马克里上台。

拉美左翼势头出现反转充分显示了当前左翼势力日渐式微的现状，及其对经济形势尚好的玻利维亚政坛的"传染效应"。2016 年 2 月，玻利维亚总统莫拉莱斯谋求第四个任期的宪法修正案在公投中支持率未能超过半数，这一结果使莫拉莱斯基本上丧失了在 2019 年大选再度谋求连任的可能性。然而，同年 12 月，争取社会主义运动召开九大，会议一致支持莫拉莱斯再次参加下届大选，这一新动向为这位原住民领袖执政生涯的延续增添了可能性。

在拉美，玻利维亚并非第一个通过修宪谋求领导人更长任期的国家。委内瑞拉政府在查韦斯时代曾多次发起公投，旨在延长总统任期并取消总统任期限制等，最终获得了积极的成果；而尼加拉瓜和厄瓜多尔此前也对宪法进行了相关修改并获得通过。而莫拉莱斯的这次公投失利，尽管从内部因素看，是由于公投前反对派有目的地对莫拉莱斯散布丑闻传言，从而对总统本人形象产生不利影响，但这却并不是主因，总体而言，

---

① CEPAL, *Balance Preliminar de las Economías de América Latina y el Caribe* 2015, Comisión Económica para América Latina y el Caribe, diciembre de 2015.

玻利维亚当前经济形势在南美地区"一枝独秀",且莫拉莱斯持续保持较高的民意支持率和领袖魅力,在这种向好的内因条件下,公投结果理应是积极的。但实际上,这次修宪遭遇与外部政治环境变化存在很大关系。巴西、委内瑞拉、阿根廷这些地区重要国家左翼势力的退潮所释放出的负面外溢效应,不可避免地对玻利维亚政坛有所波及。

第 五 章

印第安传统文化中"Buen Vivir"（美好生活）政治理念及其在拉美地区的实践

近几十年以来，拉美地区印第安政治文化运动蓬勃发展，印第安人逐步获得了应有的社会地位，并逐渐拥有了一定的政治话语权，在法律上获得了政治、经济、文化和社会等基本人权。被埋没了几个世纪的印第安文化，也逐渐走入人们的视野，关于如何从现代化的视角理解传统理念的学术著作也日渐增多。在国际政治研究中，关于民主与政治发展道路的讨论呈多元化发展态势，以西方价值观、理念为主导的分析路径不再是唯一方法。

印第安理念"美好生活"（Buen Vivir），从理论角度对西方"让生活更美好"（Vivir mejor）发展道路提出质疑。西方基督教哲学与印第安哲学间的博弈更体现了发展观的差异性，但人们对实现"美好生活"的追求则是共同的。印第安人总统（玻利维亚总统莫拉莱斯）提出了"生活得美好"（Vivir Bien），正是对当今日益严峻的生态环境危机以及可持续发展道路问题的积极回应与探索。

厄瓜多尔和玻利维亚政府均支持这一理念，厄瓜多尔执政党主权祖国联盟将"美好生活社会主义"纳入新通过的党章，厄瓜多尔政府制定了"美好生活4年计划（2009—2013年、2013—2017年）"。同时，两国还将"美好生活"入宪，从法律层面保护该理念。由此可见，将印第安理念纳入国家政治体系的行为，并非是对印第安文化的过分宣扬或左翼政府的短期政治谋略。在历史上，拉美及其他地区的相关政治实践都曾产生了较大影响（秘鲁贝朗德政府时期、安第斯地区殖民时期等）。

"美好生活"理念的研究目前已在安第斯各国学者中间获得了较高关注，相关研究成果对理论的探讨不断深入。在此基础上，关于"美好生活"的可实践性分析也日益受到重视。此外，其他拉美地区学者、国际社会已给予了该理念一定关注，从比较研究以及外部视角对其基本哲学思想、理论内容进行分析。中国学者也对该问题有一定关注，作为印第安问题以及拉美政治民主化进程以及社会凝聚发展，由于各种原因，相关研究资料丰富，目前关于"美好生活"印第安历史来源及其与现代社会的相互关系研究，仍有推进的余地。

本书在已有研究成果的基础上，利用中外文文献，对"美好生活"理论及政治经济实践进行较系统论析。

第一节 缘何在当代重新提出印第安传统文化中"美好生活"理念

一 拉美地区现代化发展之路的困境与思考

狭义经济学把发展视为国民生产总值（GNP）增长、个人收入提高、工业化、技术进步、社会现代化等，这不仅片面，而且会掩盖一系列因追求狭义发展所带来的恶果。阿玛蒂亚·森在其《以自由看待发展》一书中指出："发展是人的发展，经济学应该关注现实的人"，具体说是现实人的自由发展。此外，他在本书导论中即首先指明：发展的目标是"扩展人们享有的真实自由的一个过程"。[①] 这一观点更关注人类在发展中的真实自由，主张以社会上所有人福利的状态为判定发展的价值标准。有位西班牙学者也曾提出：在当今这个世界经济危机日益深刻影响人们生活的时代，经济危机的各种影响已逐步延伸至现代社会的各个领域，产生的结果是喜忧参半的，也促使人们寻求更多的替代方法用以解决当

---

① 参见阿玛蒂亚·森《以自由看待发展》，中国人民大学出版社2002年版。

代发展困境。①

关于拉美地区的发展问题，在《拉丁美洲通史》② 一书中有这样的描述："本地区发展问题的症结在于疏通发展渠道。"土生白人的意识由于其所具有的双面性而带有结构性的不完整。他们一方面渴望融入欧美发达国家世界，这体现在他们追求赴发达国家留学及其在政治、经济等领域广泛地采纳西方理论与体制；另外，土生白人又希望获得作为拉美人的独立性，这体现在他们积极参与拉美独立战争及独立后国家建设200年的所作所为中。与欧洲人的同源性使其具有先天的两面性；因而，拉美地区白人处于统治地位的社会特点就决定了拉美近代以来发展道路的迷茫。

与此相反，印第安社会虽然历经了不同历史时期，却拥有相对的整体性。印第安原住民在各族群间存在差异的同时，拥有近似的历史、共同体社会制度及社会发展观。我们不应以哥伦布到达美洲作为分隔其历史进程的标志，更不应将其视为土生白人社会发展进程的一个补充。③ 在一定意义上，拉美地区发展的关键在于印第安人社会是否能成为发展进程的有机构成。

曾昭耀研究员在《拉美发展问题论纲——拉美民族200年崛起失败原因之研究》一书中指出：

> 拉美发展的失败，并不是说拉美没有发展，而是说拉美的发展始终处于一种困境之中，或像拉美经济学界所判断的那样，始终处于一种未完成的"半发展状态"④，始终未能实现其发达目标。也就是说，拉美的失败主要表现在独立200年拉美现代化"零成功率"

---

① 参见 Eduardo Gudynas, "Buen Vivir, Germinando Alternatives al Desarrollo", *América Latina en Movimiento*, http://www.globalizacion.org/analisis/GudynasBuenVivirGerminandoALAI11.pdf, pp. 1–2.
② 参见马丁等《拉丁美洲通史》，海南出版社2007年版。
③ 曾昭耀：《拉美发展问题论纲——拉美民族200年崛起失败原因之研究》，当代世界出版社2011年版，第232页。
④ 参见苏振兴主编《拉美国家社会转型期的困惑》，中国社会科学出版社2010年版，第25页。

的事实。①

近年来,拉美各国举办了多场庆祝拉美地区独立200周年的学术活动,在相关讨论中,有位学者这样讲述拉美地区的发展:同邻国美国相比,在仅仅200年(1750—1950年)中,原本处于同一起点的拉美与美国,今天在财富水平与社会发展等方面却有着天壤之别。② 对这一现象的解释因历史观、方法论不同而各异。同其他战后发展中国家一样,拉美地区今天所遇到的发展困境并不能简单化地通过西方现代化理论进行解析;随后出现的"后现代主义""新现代化理论"等,也往往是从西方视角出发,对拉美发展问题并未做到庖丁解牛。相反,拉美地区学者对拉美出现的"资源诅咒",通过"中间—外围"关系以及"依附"地位的评析,则更能体现拉美问题的症结所在。

二 在历史进程中,(安第斯)印第安文化缘何逐渐被置于"外围"

生活在美洲大陆的原住民,之所以成为今天的"印第安人",源自于1492年哥伦布登陆美洲时的理解错误,这位伟大的航海家误将美洲视为了印度;也因此,为拉美地区的原住民定下了错误的名字。③

15世纪末,当哥伦布抵达美洲大陆后,在漫长的殖民历史中,拉美社会最底层的印第安人经历了惨烈的屠杀和劳役,大批原住民因屠杀、疾病、繁重劳动死去。许多人因为无法忍受殖民者的虐待而以自杀表达不满和对美好生活的精神追求,其人口数量减了九成或更多。他们——这片大陆原来的主人,沦为了现代社会中的弱势群体。当年,这群被边缘化的群体。或者说,被称为"幸存者"的印第安后人迫于生存威胁,不得不逃到偏远的内地山区谋生,成为今天被世人所认为的生活在条件艰苦地区的野蛮人。对于他们的描述常常只是出于民俗文化需要,甚至

---

① 曾昭耀:《拉美发展问题论纲——拉美民族200年崛起失败原因之研究》,当代世界出版社2011年版,第40页。

② Gurus Hucky, "¿Por qué Latinoamerica es más pobre que los EEUU?" Gurusblog el 15 de mayo, 2009, http: //gurusblog. com/archives/% c2% bf.

③ 参见刘承军《当影子登上历史舞台——拉丁美洲印第安人的觉醒》,《香港传真》2006年第60期。

是从异文化角度对其进行失实的歪曲。他们的文化曾经是拉美大陆价值体系的本源，这片受到"资源诅咒"①的大陆仅仅是因为在全球经济发展中被置于了"中心—外围"体系中的"外围"。

安第斯印第安人"美好生活"理念源自安第斯山脉，贯穿整个拉美大陆（从委内瑞拉到阿根廷火地岛，好似拉美脊梁）的自然创造，形成了天然屏障山区地势特点，较好地保护了印第安人独立的共同体生活；而在广大沿海和平原地区，优越土地上的印第安人在殖民主义绵长的历史中，逐渐被削弱、被融合于混血人文化，甚至大范围消失。今天，当我们在讨论拉美社会问题时，往往将印第安人及其所生活地区称为被边缘化的人群及地区，但恰恰是这些社会学上的边缘，留存了传统印第安理念。因此，在漫长的殖民地时期，"美好生活"传统理念存活了下来。我们不应将存活下来的印第安文化从拉美整体文化中割裂出来或将仅仅视其为多元文化中的补充。

印第安文化呈现多线性的发展趋势：平原及沿海地区的印第安文化因地理的优越（对印第安人来说何其悲哀），而最先与欧洲人相遇，他们也随着殖民主义的发展而最早被同化或湮灭。天主教会与随着检审制建立的殖民总督辖区，飞快地传播着欧洲文明。处于山区和与平原交界地带的印第安人情况则复杂得多，一部分居民逃往了山区，远离了殖民统治中心，利用山林等地理优势保留了村社共同体制的政治、经济与价值体系，而另一部分印第安人则因为被殖民者滥用的明卡（minka）制度，被迫走进了白人城市，从此失去了本来的肤色与信仰，离开了"帕恰妈

---

① 资源诅咒（Resource Curse）：一个经济学的理论，多指与矿业资源相关的经济社会问题。丰富的自然资源可能是经济发展的诅咒而不是祝福，大多数自然资源丰富的国家比那些资源稀缺的国家增长得更慢。经济学家将原因归结为贸易条件的恶化，"荷兰病"或人力资本的投资不足等，主要由对某种相对丰富的资源的过分依赖导致。所谓"资源诅咒"是指从长期的增长状况来看，那些自然资源丰裕、经济中资源性产品占据主导地位的发展中国家反而要比那些资源贫乏国家的增长要低许多；尽管资源丰裕国家可能会由于资源品价格的上涨而实现短期的经济增长，但最终又会陷入停滞状态，丰裕的自然资源最终成为"赢者的诅咒"（winner's curse）。转引自 http：//wiki. mbalib. com/wiki/% E8% B5% 84% E6% BA% 90% E8% AF% 85% E5% 92% 92。

妈"（Pachamama）① 中的"美好生活"。同时，原本生活在山区等地理条件复杂地区的印第安人加之逃到此地的印第安人一起，依照印第安祖先的古老启示，继续在人与人相对和谐、与大自然共处中繁衍生息。今天，曾一度衰落的印第安文化重新回归平原时，人们重新认识了安第斯山脉——那里蕴藏的不仅仅是矿产，还有"美好生活"。

也就是说，殖民时期以来安第斯山区不仅是印第安人赖以存在的主要地区之一，对山区环境以及殖民制度的忽视也客观上保护了印第安共同体及其生活观念。延续至今的共同体社会蕴含着"美好生活"的理念，脆弱的山区环境世代以来在安第斯传统理念下相对和谐发展，没有像其他拉美地区——尤其是西班牙殖民主义体系充分覆盖的平原与沿海地区——几乎完全丧失了传统的社会组织形式。总之，山区的地理优势恰恰使印第安社会经济组织、文化及支撑它们的传统观念在一定程度上得以保留。

---

① 在很多译文与理解中，Pacha-Mama 被解释为"大地母亲"，但实际上帕恰妈妈不仅是"大地母亲"。它来自于印卡文化，在克丘亚（Quechua）语中 pacha-mama 意为"自然母亲"。这个由两个单词组成的词汇代表了我们是土地的子孙，信者们相信她是神明的恩赐。mama 一词如果从语言学的角度来看是最早且最容易习得的单词，在中文、英文、法文、德文以及克丘亚语中发音惊人地相似。在 Runasimi 语中，mama 是母亲的意思，这一点没有疑义，但在表示我们脚下的土地、种植的田地的意思时，代替 Pacha 的却是"Hallp`a"一词。因此在 Runasimi 语中，为世人所熟悉的"大地母亲"应写为"Hallp`amama"。

帕恰妈妈在印第安文化中起着核心作用，赋予了印第安人对自然的感恩与敬爱。神话中，印第安人所尊崇的太阳神通过他的光芒使他的妻子帕恰妈妈孕育了果实，被太阳照耀的大地肥沃富饶，把丰收带给人们。因此，在南美洲安第斯中部地区，帕恰妈妈成为印第安人的伟大神明。

印第安人认为帕恰妈妈，这位自然母亲并非定居在特定地区，而是广泛存在于日常生活中，具有宇宙性。"帕恰妈妈"这一词汇中的 Pacha 有着超越土地的内涵，它具有时间—空间的双重含义。没人能脱离这一时空及这一现实。也就是说，没有人置身于 Pacha 之外。

基于如上认识，今天的人们进一步发展了该观念。太阳能带来的热能与光能维持着我们的生活，土地中的果实供我们繁衍。因此，Pacha 这一具有时间—空间意义的传统单词实际意味着一种近乎妈妈的角色，为人们带来物质、能量与精神食粮，因此称之为：Pacha-Mama（宇宙母亲或者说是时空妈妈）。——转引自韩晗《从电影〈观鸟者〉看全球化进程中的拉美印第安文化》。

三 印第安人政治文化运动的兴起，是"美好生活"理念得到重视与弘扬的重要因素

根据不同统计数据表明：美洲印第安人口为 3300 万—3500 万，分属 400 个不同的语群（Bello，2002），占拉丁美洲总人口数量的 10%，占农村人口数量的 40% 左右（Plant-hvalkof，2002）。估计在整个安第斯地区，他们占据总人口的 55%，其中 90% 的人居住在以下三个主要国家：玻利维亚、秘鲁（印第安人口绝对数量最多的拉美国家）、厄瓜多尔。在这三个国家，印第安人口比例分别高达 81%、40% 和 35%。拉美地区农业人口中，很多人自我认同为印第安裔，这并非个别现象，在拉美总人口中，具有这一认同观念的人口约占总人口 24%。①

从以上数据我们看到，拉美人口中的印第安人并非少数，因此印第安问题并不仅仅是文化问题或少数人问题。拉美地区原住民对国家的诉求体现在厄瓜多尔、玻利维亚的一系列政治思想中，比如他们使用了"多民族国家"，以取代原来的民族国家一词，因为民族国家中含有单一文化的意味，具有同化性质的含义，不能包容原住民文化。因此，多民族国家的提法意味着制度性的改革被提上了日程，长期困扰拉美地区国家的问题有了新对策：承认"另类"的多元化、消除不平等、让非主流理念融入具有导向作用的主流观念中等。这些融入印第安思维方式的政治发展，还有利于减少对自然及人类生活环境的破坏。②

> 在今天的拉丁美洲，印第安人打破了白人和混血统治国家的传统。有了更多政治代表。在印第安人口众多的安第斯山国家里，出现了艾马拉血统的玻利维亚总统、印第安人出身的厄瓜多尔议会议长、厄瓜多尔女外长（古铁雷斯政府时期外长尼娜·帕卡里 Nina Pacari）等。

---

① Henry Chiroque Solano & Valeria Muteberría Lazarini：*Procesos de construcción de otras alternativas：desarrollo y planteamiento de la Economía Social Comunitaria en América Latina*，revista de economía pública，social y cooperativa，edición electrónica：1989 – 6816. España，2009，pp. 149 – 155.

② See Henry Chiroque Solano & Valeria Muteberría Lazarini：*Procesos de construcción de otras alternativas：desarrollo y planteamiento de la Economía Social Comunitaria en América Latina*，revista de economía pública，social y cooperativa，edición electrónica：1989 – 6816. España，2009，p. 151.

此外,近十几年以来在学术领域,一大改变是印第安学者的出现。印第安血统的哲学家、律师、历史学家、人类学家参与到相关学术讨论中,具有语言文化优势的他们为印第安文化的传播与发展带来了巨大贡献。2004 年 4 月美国《迈阿密先驱报》记者安德列斯·奥本海默(Andrés Oppenheimer)主持了一场"拉丁美洲将出现印第安民众起义吗?"专题讨论,拉丁美洲成千上万收视者在屏幕上看到了危地马拉的胡安·莱昂(Juan León)、厄瓜多尔的萨尔瓦多·基斯佩(Salvador Quishpe)、墨西哥恰帕斯州印第安律师迭戈·卡德纳斯(Diego Cadenas)等印第安运动领导人,直接聆听了他们对"自我"的阐述、对挑衅的回击。他们的学术水平使人们刮目相看。①

"哥伦布登上新大陆"之日——10 月 12 日,曾经是拉美大陆重要的纪念日。但曾几何时,"印第安人改写了世界历史,庆典在整个拉丁美洲变成了抗议,历史书上的'发现'新大陆字眼被暧昧的文明'相遇'、文绉绉的文明'碰撞'或直截了当的'入侵'取代"。② 随后,由于拉丁美洲在政治经济领域新自由主义改革的失败,印第安人运动开始产生日益广泛影响力,运动中提出了尤为值得关注的口号——"反思拉丁美洲"(repensar América Latina),表达了地区人民希望重新审视西方思想影响的内在声音。

有关于印第安人的讨论,不再一味使用"他们"这个称谓,越来越多的印第安学者以"我们",从第一人称来解析印第安人哲学。印第安人不再只是社会问题,他们渐渐提出了自己的议案与危机解决办法。"印第安基金会"与印第安人组织于 2004 年 5—7 月联合举办了"安第斯山地区印第安领导人国际培训班"。资助方中竟然有"世界银行研究所"(Instituto del Banco Mundial),这一现象进一步印证了印第安人问题正在受到各界各层次的关注。昔日的"边缘人"终获得了权利,参与解决拉丁美

---

① 参见刘承军《当影子登上历史舞台——拉丁美洲印第安人的觉醒》,《香港传真》2006 年第 60 期。
② 参见刘承军《拉丁美洲印第安运动的崛起》,《拉丁美洲研究》2005 年第 5 期。

洲日益严峻的"执政能力"问题,而世界也终于意识到,要解决本地区问题,离不开印第安人的参与。①

四　当代社会面临困境的新选择——"美好生活"的重新提出

历史,是当前理论研究所不可忽视的前提:1492 年以来的殖民史;随着拉美地区的独立运动;民族国家的建立结束了政治、军事领域的殖民史,然而经济与文化殖民并未远去。早期拉美大陆经历了西班牙、葡萄牙两国的殖民统治;19 世纪初期,圣·马丁和玻利瓦尔领导下的独立战争让拉美大陆拥有了自己的独立国家,但政治上的"独立"并未带来完全的经济独立。英国通过"强迫市场开放"这一非直接的殖民主义方式,成功进入拉丁美洲经济。② 随着"门罗主义"的提出,美国又取代英国成为拉美市场的新主人。此外,文化殖民主义的深远影响也不容忽视。一些现当代发展中国家学者意识到了文化领域的殖民主义与西方中心主义影响,提出了"知识(领域)去殖民化"的概念。③ 因为,土生白人留下的不仅仅是血统,更具影响力的是宗主国在意识形态的主导,伴随独立后的拉美历史进程持续影响着本地区发展。

同时,很多拉美学者提出了不同于西方的学术观点。"我们的美洲""解放神学"④ 等思想的提出向世界展示了拉美的思想独立性。在今天,一直处于政治、社会、经济边缘的原住民兴起了新一轮思想独立浪潮。随着"棕色皮肤"总统(玻利维亚艾马拉裔总统艾沃·莫拉莱斯)的上台,"sumak kawsay"或称"suma qamaña",这一源于安第斯共同体的思想也随之走入人们视野。除了克丘亚语和艾马拉语(aymara),瓜拉尼语中也有近似表达:称为"Teko Kavi"。

"Sumak Kawsay""Suma Qamaña"在安第斯地区,哲学内涵在不同国

---

① 参见刘承军《拉丁美洲印第安运动的崛起》,《拉丁美洲研究》2005 年第 5 期。
② 乌戈·马太、劳拉·纳德:《西方的掠夺——当法治非法时》,苟海莹译,社会科学文献出版社 2012 年版,第 79 页。
③ 参见 Ramón Grosfoguel: "La Descolonización del Conocimiento: Diálogo Crítico entre la Visión Descolonial de Frantz Fanón y la Sociología Descolonial de Boaventura de Sousa Santos", http://www.iepala.es/IMG/pdf/Analisis-Ramon_Grosfoguel_sobre_Boaventura_y_Fanon.pdf。
④ 参见胡安·卡洛斯·斯坎诺内、叶建辉、梅谦立《拉丁美洲的解放神学与解放哲学》,《现代哲学》2009 年第 5 期。

家的精神实践中，因不同印第安民族的语言文化环境，含义并不完全相同。在当代国家厄瓜多尔和玻利维亚，分别将之译为西班牙语"Buen Vivir"和"Vivir Bien"，这仅应被视为一种转述，不能完全反映印第安各民族语言中的本义。这些概念勉为其难能汉文翻译为"美好生活"又称"生活得美好"。

综观印第安人哲学，"美好生活"不仅仅是生活信条，更是一种政治理念，一种哲学思想，一条安第斯"可持续发展"的制度构建。这值得每一个现代人反思，越来越多的欧美学者也开始了对印第安文化内涵的分析与研究。安第斯地区的"美好生活"理念日益成为学界的新课题。目前，有关讨论多集中在思想、概念领域美好生活，因政治家、学者的社会身份差异、多个原住民民族文化背景而相异。同时，对"美好生活"思想内涵与历史实践，印第安文化的内部视角及其他地区的"他者"视角分析也值得我们关注。如何转变为在不同社会中的政策调整是这一理念在当代实践的挑战。

第二节　印第安文化中"美好生活"传统理念的思想内涵

西方主流价值观讲求生活得更好，享受更好的生活质量，尤其注重财富积累速度，追求个人与部分人的资产数额，却鲜少提及精神生活，将幸福观念等同于物质上的满足感，这一标准是片面的。现有生活模式，质量评价标准包括：人均收入、国内生产总值等。然而，对于印第安原住民来说，生活的评判标准并不仅仅关注经济发展水平，而是从自身价值观出发的一种"美好生活"哲学思维，注重个人、个体之间、整个共同体、人类与自然的多重和谐、均衡。

在人类历史上，认知体系的真正发展并不完全基于自身文化的进步，吸收对"他者"知识的理解也是取得发展的一个重要来源。印第安人对"美好生活"哲学内涵的阐释，建立在各印第安民族价值观与不同人类学认知方式基础上。同时，欲求认知的扩展，就不能仅仅关注新理念与既有知识的差异性，而应找出新认知与既有认知的近似之处，同时尊重并接受差异性。因此，对新理念的尊重是知识内涵发展的关键。就如同人们间的往来，若失了彼此的信任，就无从谈起从他人身上获得帮助。认知领域也如此，人们不可能从那些自身拒绝认同的体系中获得裨益。① 因此，当渐成体系的西方哲学获得广泛认同时，如何理解异于自身的认知，是值得深思的问题。面对印第安哲学中的"美好生活"理念，我们又如何认识其与西方认知的近似性与差异性呢？

在尊重"美好生活"理念基础上，为更好理解还应探讨的问题是认识方式。认真分析"他者"的视角，注意安第斯学者对自己文化的分析，认识才能更全面。此外，通过与西方哲学的对比，也可以加深了解印第安哲学内涵。因为，认知体系的发展不仅仅是自身文化的提高，更重要的是建立对自我和他人的理解。从哲学角度讲，存在本身同时需要认知和自我认知，唯有如此才能获得全面发展的生活。

一 "美好生活"在不同安第斯民族语言中的语言学含义

"美好生活"作为"焕发青春"的安第斯"活"文化遗产，在其本民族的语言中，究竟是什么含义呢？

"美好生活"这一概念在艾马拉语中的原词为"Suma Qamaña"，在克丘亚语中是"Sumak Kawsay"。在玻利维亚和厄瓜多尔，它们被用印第安语言直接写入宪法，成为宪法精神的本土化新理念及政治实践的指导思想。但这一翻译并不全面，其具体深意将在本文第三部分中详述。在此，仅从艾马拉文化和克丘亚语文化词源角度，认识这一理念的内涵。

在印第安原住民宇宙观中，居于首位的就是平衡与和谐的生活理念。艾马拉语中"Qamaña"原意指"知道生活的人"。现在，"Suma Qamaña"翻译成西班牙语中的"生活得美好"（Vivir Bien），显然不能完全反映其内涵。从原语言出发，"Suma Qamaña"有着更深广的内涵。从艾马拉宇宙观出发，参照艾马拉语中另两个词"jaya mara aru"② 或"jaqiaru"③ 的

---

① Coordinadores Ivonne Farah H. & Luciano Vasapollo: *Vivir bien: ¿Paradigma no capitalista?*, CIDES-Plural editores, Bolivia, febrero de 2011, p. 94.
② Jaya mara aru 为艾马拉语，意为"原初时刻的语音或单词"。
③ Jaqiaru 为艾马拉语，意为"人们的语音、单词"。

含义,"Suma Qamaña"应作如下翻译:

"Suma":类似于西班牙语中的"plenitud, sublime, excelente, magnífico, hermoso",汉文可以翻译为"完整,崇高的,出色的,极好的,美妙的"。

"Qamaña":类似于西班牙语中的"vida, vivir, convivir, estar siendo",汉文可以翻译为"生活、生存、共存、以本质的方式存在"。

因此,"Suma Qamaña"译为"完整的生活",更为贴切。

在克丘亚语(Kichwa、Quechua;或称如纳西米语①)中,应译为:

"Sumak":类似于西班牙语中的"plenitud, sublime, excelente, magnífico, hermoso (a), superior",汉文可以译为"完整,崇高的,出色的,极好的,高级的"。

"Kawsay":类似于西班牙语中的"vida, ser estando",汉文可以译为"生活,以存在体现本质"。②

以下通过表格形式简要介绍艾马拉语中相关词语的原意,通过语义学的方式尽量还原安第斯哲学中"美好生活"的内涵:③

表 5—1　　　　　艾马拉语"美好生活"的近义词对照

Qema	Qema-sa	Qama-wi	Qama-ña
地点,(专属)位置,存在	存在的能量、我们存在的地方	生存的地方、生存和共同—存在空间—时间	存在的地方、外延:艾柳中共同体舒适—富裕的和谐空间—时间

---

① 如纳西米语(Runa simi):克丘亚语中,对自己语言的称呼,Runa Simi。其中,Runa 意为"人",Simi 意为"语"。可理解为:人的语言。是今天印第安克丘亚语的前身,属印第安语中古老的一支,其历史可以追溯到 4500 年前。参见 http://www.concept-global.net/es/andinologia/importancia_runasimi.html。

② Fernando Huanacuni: "Vivir Bien/Buen Vivir, Filosofía, Políticas, Estrategias y Experiencias Regionales", TRANSICIONES HACIA EL VIVIR BIEN o la construcción de un nuevo proyecto político en el Estado. Plurinacional de Bolivia, Publicado por el Ministro de Culturas del Estado Plurinacional de Bolivia, p. 129.

③ Javier Medina: "Acerca del Suma Qamaña", ¿Vivir bien: Paradigma no capitalista?, Plural editores, Bolivia, 2011, p. 46.

续表

Jaka	Jaka-sa	Jaka-wi	Jaka-ña
生活 成为生活情境的组成者	我们的生活 我们的生活能力	生活的地点 生灵共存的空间—时间 愉快的地方	日常生活的地点 内向性：生命产生的空间—时间
Jiwa	Jiwa-sa	Jiwa-wa	Jiwa-ña
死亡：向美好的愉快转化	我们的愉悦 死亡和出生是相互转化的一个连续过程	死亡的地方	死去的地方 美好的地方

从表5—1我们可以看到，安第斯人对于生活以及美好生活质量的思考与反思是深刻且细致的。对美好生活理念的信仰，是建立在理解对"何谓死亡"哲学命题的反思基础上的，安第斯哲学对死亡的意义有深刻的理解。"死亡"一词在安第斯地区被称为"Ji-wa"，其中"Ji"意为一起，"wa"具有土地、来源、基础等意思。因此"Jiwa"其实表达了"与土地在一起"的意思，意为回归到土地，回归到原初。马里奥·托莱斯（Mario Torrez）指出，"Ji-wa"表明一种"转化"，从此一生活、生命转化到彼一具有美好、愉悦和宁静的生活、生命形式，安第斯人对生死充满希望，"因为生命在繁衍"；对生死尊重，"因为其存在是如此温和与美妙"。综上所述，安第斯人并不惧怕死亡，对他们来说死亡并不意味着终结而是一次转化。[①]

因此，"美好生活"在艾马拉以及其他安第斯文化中，是"Qama-Jaka-Jiwa"（存在—生活—死亡）有机链条中的一部分，是维系与传承的核心思想，也是笛卡尔（Descartes）所主张的一种社会契约精神。"Qama-sa"，表示"一个新生命"。同时，拉美学者通过研究还指出，在安第斯思想中，死亡与当代人们所想象的完全不同，它并不是一种忍受或一个遭遇，也不是一个（生命）高潮或终结。在其哲学理念中，死亡是一个

---

① Javier Medina: "Acerca del Suma Qamaña", *¿Vivir bien: Paradigma no capitalista?*, Plural editores, Bolivia, 2011, p. 46.

转化、一个旅途、一座通向一个美丽、优美又愉悦空间的桥梁。

　　印第安人尊崇"美好生活",因为生命的最重要特征是其与死亡的关联性。两者密不可分;具有内在的联系,"生命与死亡共存"。更进一步说:"Jiwa"("死亡")是一个生命离去的状态。同时也可以说,生命以外的其他对立事物,都归结为"Jiwa"。这一逻辑表达也印证了印第安文化中承认对立的存在,并且认为两者是具有相互补充作用的思想。

　　通过上述有关生与死论题的安第斯哲学视角的介绍,我们不难理解艾马拉文化中,追求的"生活得美好"的哲学内涵,是实现同所有人、所有事物的和谐共存。在共存中,我们为所有人担心,关注所有我们周围的一切。最重要的是既不仅仅是人类本身也不是钱财,而是完整的生命过程。生活得美好,立足于一个简约的生活,力求减少额外消费,在不毁坏环境的前提下维持一种均衡生产。

　　从艾马拉哲学上看,生活得美好,是一种手足之情间的共同体生活,更是一种互补性的生活,这种共同体的生活,和谐又自足。生活得美好意味着人们之间的互补与分享,而非竞争。人们之间的生活是和谐的,同时与自然的关系也是可持续性的。作为一种前提,保护自然是生活本身的基础,也是所有生灵的准则。

　　总之,"Suma Qamaña"或"Sumak Kawsay"代表了完整的生命进程,是一种物质与精神平衡的生活。它通过共同体中内部与外部的多种平衡,通过和谐来实现安第斯人向往的圆满(la magnificencia)、美好的生活。

　　从共同体的道路与视角来看,欲达到"Suma Qamaña"或"Sumak Kawsay",首先要求个体懂得生活以及共存的内涵。这种意义上的生活有两层含义:一是了解如何获得自身在(与自然相处、在社会集体中)生活中的和谐,尤其强调精神世界的满足;二是懂得如何实现所在共同体社会的和谐发展。在此基础上,才能了解人与万物间的关联、共生意义。[1]

---

[1] Fernando Huanacuni: "Vivir Bien/Buen Vivir, Filosofía, Políticas, Estrategias y Experiencias Regionales", *TRANSICIONES HACIA EL VIVIR BIEN o la construcción de un nuevo proyecto político en el Estado Plurinacional de Bolivia*, Publicado por el Ministro de Culturas del Estado Plurinacional de Bolivia, p. 129.

通过印第安不同民族哲学、语言学角度对"美好生活"的分析说明，这一概念不仅存在于一个国家或单一民族中，更不仅仅局限于一种思想和一个历史阶段。它的内涵可以被视作一个多种因素的集合。它不仅在印第安共同体的历史上影响深远，也与今天多个安第斯国家政治发展进程息息相关。厄瓜多尔、玻利维亚将其写入宪法，在国家政治发展纲要中将其列为战略目标，这些内容都将在第三章分国别加以介绍，在此不再赘述。本章将集中在有关"美好生活"本身的内涵分析。

二 "美好生活"理念在政治、社会、经济层面的含义

由于其自身语言、部落习惯以及与原有土地的关系、与自然资源的关系，印第安原住民经常被各国政府视为制定政策过程中的复杂问题。由于历史上长期处于社会不公正的地位，加之价值观的差异，以及印第安哲学长期受到忽视，也让印第安文化披上了神秘的外衣。但在今天，印第安人逐步走进了原来由白人主导的政治、经济、外交甚至学术等领域，不但有更多外部学者尝试从西方视角解读他们，更有来自印第安人内部的学术分析。在实践领域，土生白人社会旧有的两面性矛盾（对西方文化的遵从与希望形成本土发展道路）由此得以缓解，地区发展道路有了新选择，即不奢求"更好"，但追寻和谐的"美好生活"理念。

"美好生活"是一种相异于当代西方主流发展观的替代性理念，它发端于古代安第斯文明却由当代印第安人提出。这一理念不仅具有深刻的哲学内涵，更具实践意义。

从当代政治、社会领域来看，在以"美好生活"理念为中心的安第斯群体中，影响深远的共同体组织形式是社会的基本组成单位。在印第安社会中，存在着各种社会组织方法，为社会发展提供了必要的机制性保障。更关键的是，在这些社会机制中，人们实现着以愉快劳作、生活为方向的"美好生活"社会目标。这些"美好生活"的保障机制有如下几种：①

艾柳（ayllu），印卡语，指印卡帝国的一个氏族，因同一血统或

---

① 参见马里亚特吉《关于秘鲁国情的七篇论文》，白凤森译，商务印书馆1987年版，第38页译注。

图腾而联合在一起，在合作基础上形成的一个经济和社会单位。随着时间的推移，该词又有了共同占有和耕种的土地的含义，指根据财富共同使用和共同分配的原则，按比例分配土地和劳动的制度，此种制度至今仍流行于秘鲁印第安人中间。①

艾柳被学者誉为"国家的细胞"，如同细胞在生物学中的内涵，是一个有机组成部分，具有政治性的含义。细胞的称谓只是便于理解，应该从其政治、社会特性方面理解它。艾柳近似于政治学研究中的公众参与式社区，但其政治权利更大。夏维尔·阿尔伯（Xavier Albó）② 在20世纪70年代时提出，艾柳具有国家性质，指管理人口、土地和本共同体自身的政治机关。艾柳其实代表了艾马拉人的政治自治理想。对此，学者们有两派观点：一派观点认为安第斯社会关系网中，存在磋商机制以及实现联邦制理想的可能性；包括艾柳、艾尼（Ayni）与明加（Minga）③，他们具有现代西方民主制度的联邦制模式特点，在这一社会中存在一个"深层次生态"（"deep ecology"）软件，当需要群众舆论时，将会形成一个"宪法性"体制，规范后工业化社会中出现的复杂新情况。另一派观点则把以"艾柳"为代表的印第安共同体组织纳入现代性的模子，以生硬的方式低估了它的价值（vacían la visión aymara en los moldes reduccionistas y mecanicistas de la modernidad.）。④

艾尼与明加，指安第斯社会中"美好生活"的社会经济组织形式，

---

① 参见马里亚特吉《关于秘鲁国情的七篇论文》，白凤森译，商务印书馆1987年版。
② 夏维尔·阿尔伯：1934年出生于西班牙加泰罗尼亚，1951年成为耶稣公司成员，1952年移民玻利维亚并加入玻利维亚籍。1955年厄瓜多尔天主教大学哲学博士，1966年博士毕业于美国纽约康奈尔大学人类语言学专业。在1952年、1953年分别在科洽班巴及厄瓜多尔基多天主教大学从事人类学研究。1976年建立农民研究与促进中心并担任首任负责人。1995年曾担任印第安地区耶稣会拉美协调员及玻利维亚教士历史学院委员。他对拉美地区尤其是玻利维亚的农村、农民及印第安人有较为深入的研究。玻利维亚有一个以其名字命名的基金会（Fundación Xavier Albó），是对其研究工作的肯定。参见http://www.fxa.org.bo/institucional/articulo/14。
③ "明加"（minga）：指秘鲁、智利一带，劳动者无偿地互相帮助来完成某项临时工作，如盖房、耕地、收割等，主人以酒饭招待，竣工时往往庆祝一番。参见马里亚特吉《关于秘鲁国情的七篇论文》，白凤森译，商务印书馆1987年版，第59页。
④ 参见Javier Medina："Acerca del Suma Qamaña",¿Vivir bien: Para digma no capitalista?, Plural editores, Bolivia, 2011, p. 51。

也是在美好生活的概念范围中，同一个概念在近似文化中的不同表达形式。

源自艾马拉语的艾尼，是一种艾柳成员中家庭互助工作体系，工作内容包括农业劳动和住宅建设。是在家庭成员中的劳动互助，当他们需要帮助时，他们以相同的方式提供或请求帮助。最简单的表述为："今天你做，明天由我来。"① 在工作期间，请求帮助的人或家庭，为前来帮忙的人提供食物和水作为回报。这种工作形式不仅传承于很多农村共同体中，也存在于厄瓜多尔、玻利维亚、秘鲁、智利和巴拉圭的混血人口社会群体中。现代社会中，艾尼制度的互助工作内容包括做饭、放牧以及建住宅等。在秘鲁和厄瓜多尔北部的克丘亚语地区，艾尼被称为明卡（minka）或者明加（mink'a）。

在克丘亚人当中，明加的出现，体现了他们对社会共有方式以及集体制的一种追求与遵从。这一社会组织形式或者说社会习惯的形成非常有助于共同体的社会集体劳动以及经济建设发展。作为前殖民地时期的共同体或集体志愿劳动传统，明卡实现了对社会力量的合理利用，同时带有相互性的特点。在共同体中，人们相互帮助的领域包括：公共建筑物的修建或某个家庭房屋的搭建，帮助他人收获土豆或其他农产品等。在这种社会关系中，没有任何政府强制力或具体文件规定，实现的基础是共同的社会信念以及人们之间的相互帮助意愿。它主要存在于哥伦比亚、秘鲁、厄瓜多尔、玻利维亚、智利和巴拉圭。此外，在瓜拉尼语中，近似的组织形式被称为"amingáta nendive"。②

通过对如上三种不同共同体组织形式的简述可知：艾柳本身，不仅是对政治和社会制度的规制；更应用于经济领域，有学者直接将其称为印第安经济组织形式，因为，它们的存在对地区经济发展以及经济交换实现了自上而下的管理。因此，"美好生活"的内涵不仅仅是政治上的，它还强调经济共同体拥有土地、集体劳动（力），在共同体运行过程中逐渐成为生产生活方式的原则及制度。

---

① 参见 http://www.historiacultural.com/2009/04/economia-inca-ayni-minka-ayni.html。

② 参见 Diccionario Guaraní, http://www.portalguarani.com/obras_autores_detalles.php?id_obras=13583。

关于共同体经济产生的理由，解释各异。流传于各安第斯民族间的"美好生活"理念，毫无疑问是其理论与哲学来源。建立到发展过程中，共同体经济一直在促进机制内人民与土地的关系，影响渗透至社会、经济、政治与文化关系中。参与者在生产、分配、消费商品与服务的过程中相互影响，这种进程具有民主主义与参与式特点。

共同体经济的目标是集体"生活得美好"，通过集体工作和共同所有制，强调平等、尊重大自然等精神，追求对生命的尊重。

虽然安第斯印第安人所生活的社会同彼时其他地区一样，存在明显的社会等级。但不能否认他们社会的先进性：

>……人们把印加共产主义——不能因为它是在印加王族的专制制度下发展起来的而加以否定和贬低——称为农业共产主义。塞萨尔十分慎重地大致说明了我国进程的特征。据他看来，印加经济的基本特征是：尽管土地分成个人所有、不得转让的小块，但可耕地为"艾柳"或一些有亲属关系的家庭组成的集团集体所有；水源、补偿和森林为"马尔卡"（marca）或部落（即在同一个村子周围建立的若干个"艾柳"的联盟）集体所有；劳动中共同合作；收获和果实为个人所有。[①]

基于美好生活中所提倡的相互、对等原则，在共同体中，一些商品、服务和礼品的交换，有时是没有货币、没有市场的。这种在有些地区被称为明加的轮流、交替性的社区工作是为与艾柳、太阳神（el Sol）有关的社会工程建设提供劳力。在殖民地时期，此外共同体工作形式被殖民者滥用，名为"米塔"（mita）。

"米塔"这一单词，代表了共同体组织形式，更代表着对印第安人的血泪剥削史。这一制度的设立，是以为当时的国家统治机构提供劳役为目的。这一体系将劳力运输到规定的地点，对参与者具有强制性，劳役内容包括修公路、修灌溉水渠等。有资料表明这一制度主要集中于农业、

[①] 马里亚特吉：《关于秘鲁国情的七篇论文》，白凤森译，商务印书馆1987年版，第38页。

金矿、银矿等采矿业。当时殖民者为印第安人提供的开采工具非常有限，有时甚至让他们徒手开采，因此留下了这样的说法："没有米塔，开不出矿来"。① 这一制度被殖民当局作为剥削印第安部落的手段，殖民政府通过统一规定的工资为印第安人提供所谓的"报偿"。"米塔"除了反映印第安人的苦难史外，更体现了集体经济劳作制度在各阶段历史上的巨大影响。②

在历史上的共同体经济中，作为美洲主要人口印第安原住民、农民是土地所有者，他们具有社会集体认同感，同时也是实现个人与集体权利的主体。在当代，他们在传承了共同体身份基础上；还多了一个新的身份——推动印第安斗争与运动的主体。今天，印第安人获得了更多政策关注及法律权利保障，如国家政治纲领、发展计划、农业改革，以及有关印第安人及其权益的法律、国际条约（如1989年169号国际劳工组织条约、2007年原住民权利联合国宣言）等。

在现行共同体经济实践中，印第安人、农民、农业户在融入国家经济进程的作用逐渐显现。一方面，共同体经济保证了农村人口与社会的稳定，保障了农业发展基础。另一方面，同各国社会发展一样的农村人口向城市流动的现象，也为安第斯国家带来社会、文化、经济与政治新变化。其间，传统印第安文化中的一些原则、思想、哲学观与精神内涵得以发展与保留，如艾尼关系在现代社会的发展、明加制度对社会劳动效率的提高作用等。工作中，共同体道德观带来了作坊、商业以及社区体系中的共治。娱乐、文化空间中，人们因"美好生活"理念而相互帮助。同时，服务与商品贸易领域的合作，也遵循共同体原则。在他们的共同体社会中，人们共同建设住宅，共享医疗健康保障等。

三 "美好生活"蕴含的多重哲学内涵

从哲学角度分析"美好生活"思想，它包含了宇宙观、幸福观、伦

---

① 参见"La Mita Indigena", http://www.buenastareas.com/ensayos/La-Mita-Indigena/185484.html。

② Henry Chiroque Solano & Valeria Muteberría Lazarini："Procesos de construcción de otras alternativas：desarrollo y planteamiento de la Economía Social Comunitaria en América Latina", *revista de economía pública, social y cooperativa*, edición electrónica：1989 - 6816. España, 2009, pp. 155 - 163.

理观，集体即"共同体"等观念：

各国的真正发展离不开对多样性文化的保护。这种文化多样性的含义并非单纯的民俗概念或旅游业中的概念，而是真实存在于社会生活中的精神文化传统。在安第斯国家，维系社会发展的"美好生活"具有尤为重要的根基作用。不同印第安人间在语言、习俗等方面存在差异，但在宇宙观方面有较高的相似性。他们在社会组织、处理与自然环境关系等方面都存在着广泛共识。在具有共性的广义文化思想领域，这些印第安人的基本原则包括：

第一，人类不是万物之主而是自然界的组成部分；

第二，集体利益优于个人利益；

第三，在相互关系与再分配原则中注重财富与资源的积累；

第四，在处理与自然界及群体关系时注重伦理道德与精神价值。

从以上叙述我们看到"美好生活"理念蕴含的哲学与价值观，其本质是一种在艾马拉语中名为"Suma Qamaña"，克丘亚语中叫作"Sumaq Kausay"，瓜拉尼语中称为"Teko Kavi"的宇宙观。在其他语境中，被理解为生活美好、美好生活以及和谐生活。它们所阐发的内涵是自然（"帕恰妈妈"）与人类之间的强烈关系，帕恰（Pacha）与人类、人类与帕恰间的关系是一个看不见的有机整体，这里"jaqi"（艾马拉语里的"人"）和"runa"（克丘亚语里的"人"）是同"帕恰"共生的，不存在资本主义体系中的个人土地所有关系。这其中也没有商品的概念，更多的是与生活本身、与周围自然、社会环境融合有关的生产关系。①

在安第斯地区，"美好生活"理念体现在多重关系中，包括人与自然的关系（pacha）、人与土地的关系、人与人的关系等。在对不同关系的解释中，也是印第安哲学存在的内核。然而，在殖民时期，安第斯理念曾经有过一段失落的历史。16世纪是美洲历史中的结构大变革和破产的起始点。正如马里亚特吉在其《关于秘鲁国情的七篇论文》一书中说到的那样："大发现"让安第斯社会与欧洲殖民者相遇，美洲发展并建立起

---

① Henry Chiroque Solano & Valeria Muteberría Lazarini: *Procesos de construcción de otras alternativas: desarrollo y planteamiento de la Economía Social Comunitaria en América Latina*, revista de economía pública, social y cooperativa, edición electrónica: 1989 – 6816. España, 2009, pp. 155 – 160.

了两个文化间、两个人民间、两种不同经济间的统治—从属关系。这一切导致了印第安文化被边缘化，但仍然保留了精神，保存了大量实践以及共同体的组织原则，在历史的长河中，这些理念继续存在，并在他们自己的生活中得到传承。①

今天，我们对"美好生活"宇宙观的分析，具有重要历史作用。跨越几个世纪的忽视与偏见，残存的与这一理念中最密切相关的思想因素或许是：人所获得的利益、好处是大自然的惠泽，是大地、太阳的赐予。在印第安文化的认知中，人们生活的环境以自然为基础，同时包括超自然的宇宙。被奉为神灵的一系列超越自然的实体，分管一个领域的职能并居住在特别的地方，养护万物生灵。它们与人类的关系是稳固的。这一世界逻辑体系被看作生活的全部。它也是一种受到神圣原则指引的道德价值体系。

"美好观念"在发展观念与价值体系，所强调的是不比其他人生活得更好。它其实表达了印第安人自己对发展道路与财富积累的观念。他们不希望在自身经济发展中挤占他人财富；同时，出于与自然的和谐一体观念，也不希望以资源为代价谋求发展。因此，有学者提出，现代人应从中受到的启发是：减少或放弃与友邻的攀比与竞争。因为"美好生活"中追求的不仅是人均收入水平的提高，更是对"共同体"文化的认同，对"我们"共同进步的认同以及与"我们的地球母亲"的共存。在"美好生活"体制中，资本主义应被重新审视或摒弃，因为我们今天所面临的经济危机，很大程度上是由于发展主义所追求的无限发展与地球有限资源间的矛盾造成的。②

印第安人提出了解决办法——"美好生活"，是追求各领域平衡为目标的理念。"Buen Vivir"本身就是一种社会生活哲学。本意指个体在集体中，拥有物质、精神上的满足并具有延续性的感受。简要回顾这一单词的使用，其含义与相关的近义词（"buena vida"好的生活，生活得好

---

① Henry Chiroque Solano & Valeria Muteberría Lazarini: *Procesos de construcción de otras alternativas: desarrollo y planteamiento de la Economía Social Comunitaria en América Latina*, revista de economía pública, social y cooperativa, edición electrónica: 1989 - 6816. España, 2009, pp. 151 - 160.

② Coordinadores Ivonne Farah H. & Luciano Vasapollo: Vivir bien: ¿Paradigma no capitalista? CIDES-Plural editores Bolivia febrero de 2011, p. 12.

"vivir bien")一致。西语美洲国家通用语言（西班牙语）对它的翻译，从语言学角度考察，是有歧义的，甚至在今天的西班牙语中产生了一定混淆。而近期在西班牙出现的被异化了的"好的生活"（"buen vivir"）几乎被解释成了"吃、喝、睡觉"。真正意义的好生活，原本来自厄瓜多尔和玻利维亚的传统印第安文化。厄瓜多尔克丘亚语为"Sumak Kawsay"，指的是一个不更好，不比其他人生活好，不持续渴望更好，而仅仅最简约的好生活。玻利维亚艾马拉语中为"suma qamaña"，具有共同体含义，或许更确切地应译为良性共存（"buen convivir"），好的社会是为所有人的社会，内部包含了充分的和谐①。

可见，殖民语言与白人后裔虽然在几个世纪以来一直在拉美地区保持着绝对的统治优势乃至理论上的领先，但在哲学理论分析中，却仍未能理解拥有自己语言的各印第安部落的历史悠久的理念。时代发展的两个结果——现代化与新殖民主义，汇集成为一种新变化。但对印第安人的偏见与误解，仍未完全解开。究其原因，离不开殖民主义者对自身制度、文化的优越心理，同时也有不同哲学体系带来的逻辑差异所造成的障碍。

四 "美好生活"所赖以存在的印第安哲学与西方基督教哲学中"发展"内涵的区别

关于"Suma Qamaña"的含义，以及其他如克丘亚语中的近似表达（"suma Kawsay"或"Allin Kawsay"），并没有真正的西班牙语翻译。美好生活"Vivir Bien"这一表达方式，仅是苍白的比喻，是从部分人群的现有经验及既定价值标准解释其内涵，降低了它原生寓言中的宇宙观含义。更好的西语翻译或许是"化育生活"（"Criar la Vida"）。②

艾马拉语中的"Suma Qamaña"日益成为争论热点，成为西方观念中的"发展"与安第斯人发展观的理论博弈。在玻利维亚产生的学术讨论

---

① 参见 José María Tortosa："Sumak Kawsay, Suma Qamaña, Buen Vivir", agosto de 2009, Universidad de Alicante, www.fundacioncarolina.es/es-ES/.../NPTortosa0908.pdf, p.8。

② Javier Medina："Acerca del Suma Qamaña", *¿Vivir bien：Para digma no capitalista?*, Plural editores, Bolivia, 2011, p.40。

中,"发展"一词代表了解释"美好生活"的西方意识,而"Suma Qamaña"才更接近美洲印第安同胞的道路。这一争论焦点,随后演变成为关于西方文明与印第安原住民、农民和非洲裔玻利维亚人所代表的东方文明差异的讨论。因此,从认识论的角度首先认识文明间的差异,是对比和理解各自文化特性的前提。学者普遍认同当前对"Suma Qamaña"不做翻译而直接引用原印第安语的处理。

对跨文化词义的理解,首先要明确这些词汇在艾马拉、瓜拉尼、塔卡纳语(Tacana)① 之间的关系,随后再进行另一种跨文化理解,即西班牙—白人文化与印第安文化间的跨文化。因此,关于美好生活的讨论更确切地说是文明间的对话。

在观察一种文化内涵时,人们不可避免地受到个人主观倾向的影响,会带有偏见……16 世纪以来,印第安世界观经历了深刻的演变,印第安人称之为"帕恰库提克"("Pachakutik",即"变革")。② 但在西方人看来,印第安文化仍是一种与 16 世纪以来宗教文化完全"迥异的世界"。③

人们通过比较研究发现,印第安哲学与基督教西方文化存在很大的差异。西方观念从理性出发,理论基础为不相矛盾原则("no-contradicción"):即不存在同一意义上的真实和虚假两种属性……不相矛盾原则引导出以下两个原则:④

(一)认同原则

任何个体必然认同自己(甲即甲),强调与任何不同事物的区别,这

---

① 塔卡纳语:玻利维亚约有塔卡纳人使用该语言,塔卡纳民族人口共计 5000 人左右,主要居住在贝尼河及马德雷德迪奥斯河森林地区。参见 http://en.wikipedia.org/wiki/Tacana_language。

② Pachakutik:克丘亚语,意为改变、重生、转变以及新纪元的到来。参见 http://www.pachakutik.com/。在厄瓜多尔,一个政治运动组织以 Pachakutik 命名。该组织成立于 1995 年,全名帕恰库提克多民族联合运动,主要目标为追寻社会平等,与其他印第安政治组织多有合作,曾有 8 名成员进入 1998 年厄瓜多尔国会。参见 http://es.wikipedia.org/wiki/Pachakutik。帕恰库提克的历史解释见第五部分注。

③ Javier Medina:"Acerca del Suma Qamaña",*¿Vivir bien: Para digma no capitalista?*, Plural editores, Bolivia, 2011, p. 40.

④ Ibid., p. 42.

个原则与 17 世纪德国哲学家戈特弗里德·威廉·莱布尼茨（Leibniz）①所遵从的个人主义原则是一致的，并构成西方代议制民主框架下的法治国家的现代个人中心论的逻辑基石。

（二）否认第三者的排他原则

认为一项主张要么是真的，要么是假的，不存在第三种可能性。这一原则确立了（"真—伪"）逻辑价值观的相互排除。以上是塑造基于二元逻辑的西方精神的主要逻辑原则，即一种排他的理性。它只承认逻辑性价值，并选择其一反对其二。那么，美洲印第安文明的精神原则是否一样呢？

从 21 世纪发展的角度来看，不断变化的印第安哲学遵从如下原则：

（1）对立的互补性原则。在相互形成对立关系的元素间，具有互补作用。这一哲学观点甚至可以被物理学找到某种近似性。尼尔斯·玻尔（Niels Bohr）的量子力学基本原理：互补原理（"complementariedad onda-partícula"，波和粒子在同一时刻是互斥的，但它们在更高层次上统一），与路易·维克多·德布罗意（Louis de Broglie）的波动方程，很好地阐述了印第安哲学中的对立互补性原则。二者皆为量子力学的重要力量，互补原理及波动方程亦被得到广泛认同。这一观点包含两个过程：一方面是对立向同质性发展的过程，称为"表达统一"（"Palabra de Unión"）；另一方面是向特殊性过渡的发展，是走向相异状态的（非持续性的、特

---

① 戈特弗里德·威廉·莱布尼茨（Gottfried Wilhelm Leibniz, 1646 年 7 月 1 日—1716 年 11 月 14 日），德意志哲学家、数学家。他的著书约四成为拉丁文、三成为法文、一成五为德文。莱布尼茨是历史上少见的通才，被誉为 17 世纪的亚里士多德。他和笛卡尔、巴鲁赫·斯宾诺莎被认为是 17 世纪三位最伟大的理性主义哲学家。他本人是一名律师，经常往返于各大城镇，他许多的公式都是在颠簸的马车上完成的。莱布尼茨在数学史和哲学史上都占有重要地位，对物理学和技术的发展也做出了重大贡献。在数学上，他和牛顿先后独立发明了微积分。发明了微积分中使用的数学符号，牛顿使用的符号被普遍认为比莱布尼茨的差。莱布尼茨还对二进制的发展做出了贡献。在哲学上，莱布尼茨的乐观主义最为著名，例如他认为，"我们的宇宙，在某种意义上是上帝所创造的最好的一个。"莱布尼茨在哲学方面的工作在预见了现代逻辑学和分析哲学诞生的同时，也显然深受经院哲学传统的影响，更多地应用第一性原理或先验定义，而不是实验证据来推导以得到结论。此外，他的影响学科包括生物学、医学、地质学、概率论、心理学、语言学和信息科学——的概念。莱布尼茨在政治学、法学、伦理学、神学、哲学、历史学、语言学等方面也都留下了著作。参见 http://zh.wikipedia.org/wiki/%E6%88%88%E7%89%B9%E5%BC%97%E9%87%8C%E5%BE%B7%C2%B7%E5%A8%81%E5%BB%89%C2%B7%E8%8E%B1%E5%B8%83%E5%B0%BC%E8%8C%A8。

殊的状态),称之为"对立"("Palabra de Oposición")。①

(2) 包含第三极的原则。是指在对立的两者关系中存在第三种可能,它恰恰是互补的关系,能阐发出平衡的、具有共存可能性的特殊状态。这种特殊状态,存在于相互对立却两极共存的环境中,是同时具有非对立及包容性的第三种状态。②

从上述理论角度,美洲印第安文化中的相互性理论并非孤立或缺少逻辑的。所有西方与印第安文明的对立,体现在今天二者对不同理想的追求——"发展"与"Suma Qamaña"中。而两者的理论博弈,在托马斯·德阿奇诺（Tomás de Aquino）教授看来,是由于西方基督教文化认为：在同一领域中,对同一事物的理解只存在一个真理,其他则为对立物,即谬论。而对信仰"变革"（"Pachakutik"）存在的万物有灵论者印第安人,或者持非西方"科学"思维方式的人来说,真理恰恰是多元的,在同一个环境中,对同一个问题可能存在近似甚至观点不同的多种"真理",印第安人会尊重所有出现的"真理"。③

(3) 相互作用原则。这是一种必然与源于西方文明认知所不相容的观念。因为西方文明本身是单极发展文明,相互关系被理解为具有唯一方向。上帝是一个具有最高权威的君主,无所不能且无所不知。对他的信仰是他宽容、仁慈的结果,是他自由、恩赐的结果。从本质上看,神是积极存在的；体现在经济上,就是人们通过劳动、科技开发,而土地是无生命的,被人的主观能动转变为产品和财富。

在印第安理念"Suma Qamaña"中则相反,美洲印第安人的神存在于仪式中,出现在人们需要它时,并抽象地存在于宇宙中。恰如物理学中的"量子"一般,通过特殊途径才能看见或感知。在印第安哲学中,神的作用无处不在,神显现在特定仪式中。人们因受到无处不在的众神灵庇护,而获得"美好生活"的物质基础。所以,尊重万物就是印第安人对自身哲学观念的实践,这一传统哲学对解决当今资本主义社会、环境

---

① Javier Medina："Acerca del Suma Qamaña"¿Vivir bien: Para digma no capitalista?, Plural editores, Bolivia, 2011, p. 42.
② Ibid., pp. 42-43.
③ Ibid., p. 43.

危机有着积极意义。在经济领域，印第安哲学阐释的"美好生活"基本内涵是：劳作为了创造生活。

从上述对比中不难发现，印第安哲学与西方基督教哲学间的差异性与对立性。对"美好生活"的理论认识离不开对印第安哲学的理解以及与西方哲学的对比研究。① 同时，更为重要的是如何理解当代这一哲学理念的政治实践。

第三节 "美好生活"作为政治理论在安第斯国家的实践

同北美国家相比，拉丁美洲的政治发展轨迹被学者定义为一种相对落后的状态，认为拉美在现代化及制度建设等方面的表现差强人意。对于这种政治领域的相对落后性，很多学者将其归咎为拉美大陆的政治现代化进程与印第安传统文化间具有过多的冲突性。这种观点正在经历着变化，20世纪末以来，关于民族国家发展、少数人权益的保护与国家政治现代化进程的分析与讨论日益热烈，其焦点之一就是"美好生活"理念的政治实践。

在这一讨论中有两点值得人们注意：印第安文化思想的发展离不开经济和社会制度的进步；对印第安理念的认识也不应仅限于哲学、思想领域。早在几十年以前，秘鲁社会主义学者马里亚特吉就曾明确了这一观点：

> 长期以来，一帮自觉或不自觉地与大庄园主阶级的利益相一致的律师和文人，终将土著人问题神秘化。现在已不允许再把这个问题神秘化了。土著种族精神上和物质上的贫苦，最清楚不过纯粹是几个世纪来压在他们身上的经济和社会制度造成的。这种继承了殖民地封建性的制度就是酋长统治制（gamonalismo）。在这个制度统治下根本就谈不上印第安人真正得救。②

---

① Javier Medina： "Acerca del Suma Qamaña"，¿Vivir bien：Para digma no capitalista？，Plural editores，Bolivia，2011，p. 43.

② 何塞·卡洛斯·马里亚特吉：《关于秘鲁国情的七篇论文》，白凤森译，商务印书馆1987年版，第31页。

土著居民恢复权利的要求，只要停留在哲学或文化范围，就不会有历史性的结果。而要取得这种结果，即使之成为现实和有型的东西，这种要求必须成为恢复经济和政治权利的要求。①

有学者认为：近几十年拉丁美洲政治、社会、经济与文化的新进程，在某种程度上是20世纪80年代新自由主义经济政策负面效应刺激的结果：贫困率上升、社会排斥、社会不平等、失业、工作条件的恶化以及自然领域的水土流失等。很多国家选择了另样的社会经济理念（共同体的、民众的和倡导团结的经济）以解决国内经济。关于拉美国家社会经济道路的选择，学界有着不同认识：有观点认为这是一种结构性改革，另有观点认为这是一种优化再分配的改革。今天，西方政治思想已不再是拉美追寻的唯一道路，本土化进程加之印第安影响力的提升带来了安第斯国家的政治—经济—社会的新政治实践。

尤为值得关注的，是厄瓜多尔和玻利维亚两国当前的变革，"美好生活"作为新的政治理念、社会治理方法和经济原则渐入人们的视野。两国的经济形式为"多元化共同体经济"（"Economía Plural y Comunitaria"）② 和"社会化团结经济"（"Economía social y solidaria"或"团结的人民经济""Economía popular y solidaria"）。③ 经济模式的转变与政治实践密切相关。"美好生活"的政治实践并非在今天突然诞生的，在安第斯山区的前哥伦布时期，乃至殖民时期，以及近代国家成立后的历史上，地区发展进程中都有印第安"美好生活"理念的影子及与其相关的制度实践。

在两国的社会变革中，值得注意的一个前提是：印第安文化并非一个有机统一体，正如上文所述，印第安哲学观认为矛盾对立的事物可以同时存在，并相互作用。安第斯国家的政治思想与印第安理念，因来源

---

① 何塞·卡洛斯·马里亚特吉：《关于秘鲁国情的七篇论文》，白凤森译，商务印书馆1987年版，第31页。

② 参见 http：//www.economiayfinanzas.gob.bo/index.php？opcion = com_contenido&ver = contenido&id = 2093&id_item = 650&seccion = 269&categoria = 1532。

③ 参见 José Luis Coraggio："La economía popular solidaria en el Ecuador" http：//www.coraggioeconomia.org/jlc/archivos%20para%20descargar/La_economia_popular_solidaria_en_el_Ecuador.pdf, p. 3。

于不同民族,其语言与内涵有相当近似性,但又有区别。这一理念在玻利维亚和厄瓜多尔不同印第安语中分别被称为"Sumaq Qemaña"("Vivir bien"生活得美好)和"Sumaq Kawsay"("Buen vivir"美好生活),两个词阐发的意义有所区别,更远远超越了西班牙语中的"美好生活"简单的词组含义。其中包含了如多民族、自治、集体形式和共同体所有土地、对共同体经济原则和历史制度的承认等概念在内的多重内涵。共同体经济的特点是集体认同的观念这种。这种团结的、集体的劳动尊重自然,与大自然达成平衡、和谐相处。目前,共同体和社会经济的目标在于推进社会向民主和提高生产力方面发展,力图在不影响一体化发展同时使人民具有更多的自决权。①

一 厄瓜多尔关于"美好生活"的政治实践

20世纪90年代以来,厄瓜多尔由于同秘鲁战争,寡头政府的镇压以及自身的腐败问题,以及新自由主义经济,本国社会中的弱势群体(特别是印第安人)的社会地位每况愈下。诚如巴布罗·达瓦罗斯(Pablo Dávalos)② 所说,此时的印第安人运动可以说是资本主义新自由阶段危机的受害者提出社会诉求并进行斗争的行为,他们寻求建立反对这一理论的观念。许多社会其他团体也开始关注生态体系遭受的破坏。所有这些社会现象激发了传统文化的复苏,随即,"美好生活"作为具有代表性的综合理念,提出了更高层次的可持续发展方向。何塞·桑切斯·巴勒卡(José Sánchez Parga)③ 指出,美好生活("alli kausay"④,西语中的"vida

---

① Henry Chiroque Solano & Valeria Muteberría Lazarini: *Procesos de construcción de otras alternativas: desarrollo y planteamiento de la Economía Social Comunitaria en América Latina*, Revista de Economía Pública, Social y Cooperativa, edición electrónica: 1989 – 6816. España, 2009, p. 147 Resumen.

② 巴布罗·达瓦罗斯(Pablo Dávalos):经济学家,厄瓜多尔大学教授。发表过多篇关于厄瓜多尔、玻利维亚等安第斯国家改革以及拉美经济发展文章,参见 http://alainet.org/active/25617&lang=es。

③ 何塞·桑切斯·帕尔加(José Sánchez Parga):哲学与人类学家。厄瓜多尔 Debate 杂志首任主任。厄瓜多尔天主教大学教授,拉丁美洲研究中心主任(Director del Centro de Estudios Latinoamericanos (CELA) de la Universidad Católica del Ecuador, Quito, CELA), CELA 创始人。

④ Alli Kawsay, 克丘亚语,指一个可能的、自身的、可以实现的乌托邦。不仅是现实的行为指引,而且是一种人们在共同体及自然中的行为准则。参见 http://aynintercultural.org/4.html。

buena")并非是对传统毫无根据的臆想,而是来自印第安人历史。在厄瓜多尔,对"美好生活"的实践,目前的实施机制包括厄瓜多尔宪法和国家发展计划,施政过程中重视工业化进程对农村美好生活建设的支持,追求公平前提下的国民经济稳定发展。

宪法是一个国家法律的灵魂,宪法的内容也体现着国家政治生活的目标与追求。2008 年,《厄瓜多尔宪法》("Constitución de la República del Ecuador")修正案获得通过并实施。这部宪法将克丘亚语"Kawsay"("Buen vivir"美好生活)写入宪法文本,这一尝试不仅是具有立法意义,更具法律实效性。① 随后公布的"2009—2013 年、2013—2017 年两项美好生活国家发展计划",为其作为国家政策,提供了战略性操作指南。《厄瓜多尔新宪法》的颁布以及"美好生活国家战略"的实施是厄瓜多尔"美好生活"理念的政治性尝试,涵盖国家法律、经济、政治等诸多领域的改变。以下仅就《厄瓜多尔新宪法》与"2009—2013 年、2013—2017 年国家计划"有关"美好生活"的内涵进行简要分析,解析其中该理念的政策与实施。

《厄瓜多尔新宪法》最大的特点是确立了一系列"大自然的权利"("los Derechos de la Naturaleza"),重点突出大自然的独立性、自在性,区别于人类对它的使用权。在宪法文本这一体现国家目标的宣言书中,将大自然的权利放在了与人权一样的地位,具有相当的象征意味。

此外,实现将"Sumak Kawsay"的印第安原文写入了西班牙语宪法,意味着对原住民语言与文化权利的尊重,以宪法文本本身表现了对宪法所规范权利的实现(《厄瓜多尔宪法》第 71 条,根据音译,又有学者将其译为"Sumak Kawsay")。

在宪法文本中,"美好生活"理念入宪的主要内容为两部分:《厄瓜多尔新宪法》第六章,发展的制度("Título VI-Régimen del Desarrollo")以及第七章"美好生活"制度("Título VII-Régimen del Buen Vivir")。前者是对实现后者的具体规定与保障。在这两部分中,厄瓜多尔确立了另类发展道路,包括生活质量、公正法律体系、民众参与和恢复与保护环

---

① François Houtart:"El concepto de sumak kawsai (buen vivir) y su correspondencia con el bien común de la humanidad",América Latina en Movimiento, p. 26.

境等内容的目标，是这部分的核心精神。此外，从法律角度，可将新宪法中规制的权利内容作如下归纳，分为两类：一部分为肯定的权利范畴：如"美好生活"权（其中包括食品、健康环境、水、交流、教育、居住、健康权等）这些内容同传统权利内容基本相同。另一部分为否定的范畴：例如拒绝新自由主义、反对出口导向型资源开采发展模式（"la oposición al modelo extractivo-exportador"）。此外，在厄瓜多尔实际中这些真正的指导性原则与法律条文，并非不具实效性；相反，在现实生活中有充分的可操作性。通过具体的国家计划，2009—2013年厄瓜多尔积极实践着"美好生活"理念。

"2009—2013年厄瓜多尔美好生活国家计划"作为实现宪法思想与目标的途径，有着积极作用。其制定者，首先考虑的是承认在历史上被排斥的群体、接受他们生活中的生产与再生产方式。这种生活方式不同于市场逻辑，承认不同人民（文化间）的差异性。在市场主导的西方经济中，人类是中心，经济为人服务。这一内涵，是资本主义实现积累的理论源动力。资本积累理论，也被视为实现扩大再生产的基础。

与此不同，生活是人与自然关联的媒介或者说环境，是无形的、不能用数据评估，保护自然是"美好生活"的基础。因此，厄瓜多尔将"大自然的权利"写入宪法，"大自然"并非"自然资源"，而是"生活赖以存在的空间"。因此，大自然拥有"整体上存在、延续以及再生的'权利'，大自然的生命周期、结构、功能以及演变过程都受到保护"（参见《宪法》第71、72条）。[1]

这些原则需要具体的实施，宪法内涵才能得到保障，而该计划就是其具体措施。"2009—2013年美好生活国家计划"是"2007—2010年厄瓜多尔国家发展计划（公民革命计划）"的延续。[2] 由玻利维亚国家规划与发展部主持，通过与部委间的合作共同制定，制定过程具有公民参与的民主特性，获得了厄瓜多尔的公众参与及支持。该计划制订后获得了

---

[1] *Plan Nacional de Desarrollo de la República del Ecuador: Plan Nacional para el Buen Vivir* 2009 - 2013, El Ecuador, 2009, http://plan.senplades.gov.ec, pp.6-9.

[2] 近日（2013年5月8日），厄瓜多尔政府又进一步提出更为具体与广泛的"2013—2017年美好生活国家计划"（*El nuevo Plan Nacional para el Buen Vivir, período de gobierno* 2013 - 2017）。

国家计划委员会的通过，是宪法实施与增强参与式民主的关键。该计划延续了有关公民革命的革命路线，并提出通过如下革命实现宪法新的社会影响，包括：①宪法与民主革命；②伦理、道德革命；③经济、生产与农业革命；④社会革命；⑤拉丁美洲范式、主权和一体化革命。强调五个领域的道德指引：社会与经济公正、民主与参与公正、代际间和人们间的公正、国际交往间的公正和不偏不倚的公正。

同时，计划写明了今后的具体努力方向：①建立一个承认集体中有差异的社会；②人们希望生活在这个社会；③推动社会平等、和谐作为共同生活的出发点；④保护宇宙的权利，保护人类生存环境；⑤建立社会、经济与自然和谐共处的关系；⑥创建团结、合作的共存；⑦加强劳动者与其他群体的关系；⑧重建公共关系；⑨深化代议制、参与式和协商制民主建设；⑩增强国家民主、多民族和世俗社会（"laico"）建设。① 计划对美好生活的实现，还做了如下具体保障标准，国家计划中提出了以下具体目标：在多样化的前期下承认平等、社会和国家的凝聚力和一体化；提高公民权的实效性；提高人民生活质量；保障大自然的权利，促进环境健康、可持续发展；保障主权与和平，参与国际及拉美地区的战略合作；在承认形式多样化的前提下保障稳定、公平的工作（地位）；加强公共空间、多文化交流场所及各种会晤的公共场所的建设（Construir y fortalecer espacios públicos, interculturales y de encuentro común.）；确定和建立国家对差异性的认同、多民族性的认同以及文化间关系认同；保障权利与公正的有效性；保障公众参与和政治参与的途径；建立社会、团结和可持续的经济体系；建设美好生活民主国家。②

值得一提的是，这一国家计划的公布在文化领域也做了有益政治实践。文件以舒阿拉语（shuar）③、克丘亚语、西班牙语等多语言公布，并将厄瓜多尔重点保护的两种印第安语言置于首位。体现了对少数人文化

---

① Plan Nacional de Desarrollo de la República del Ecuador: Plan Nacional para el Buen Vivir 2009 - 2013, El Ecuador, 2009, http://plan.senplades.gov.ec, p.7.
② Ibid.
③ 舒阿拉：（Shuar）亚马孙雨林地区的印第安民族。厄瓜多尔多语言国家计划各版本参见 http://www.planificacion.gob.ec/wp-content/uploads/downloads/2012/08/versi%C3%B3n-resumida-en-shuar.pdf。

权利的保护。此外该计划还提出了 12 项战略，用以明确财富的管理新模式以及在后石油时代实现"美好生活"的再分配原则。用以保障国家生态中心主义等宪法权利的实现。

作为政治纲领，"美好生活国家计划"是厄政府寻求同华盛顿共识理论决裂的体现，力求远离发展理念中的有害观点，并提出了如粮食主权等值得关注的内容。最后需要强调的是，拉美历史上存在很多法律实效性不高的案例，多是由于法律制定过程过于依赖西方法律体系构建，却未能完全适应拉美社会发展进程所致。今天，当宪法中写入了印第安不同民族文字，反映了其理念时，法律实效性或许将有望增强。

在此基础上，随后提出的 2013—2017 年国家计划，也在第二部分，专门论述"美好生活社会主义"，具体的国家计划是建立具有多样性、和谐性、团结性以及与自然协调共存的公民社会。同时，明确美好生活的具体标准时：生产模式的多样化与国家经济安全、人民享有的社会福利（具体包括医疗、教育、受尊重的劳动、良好的居住环境与房屋）。同时，建设公正、公众参与、文化多样、可持续发展的社会。

二 玻利维亚当前的政治实践

有人称玻利维亚为"坐在金椅上的乞丐"，因其拥有丰富资源却没能将其转化为迈向发达国家的资本。有人将其原因归咎于"资源诅咒"，认为同拉美地区很多国家一样，玻利维亚经济政策发展是不够成功的。诚然政府政策与资源储量都是影响国家发展水平的因素，但长久以来，由于外部因素影响，玻利维亚并未获得真正的资源自主权。

在玻利维亚的政治生活实践中，权力机构只是共同体的公仆，而不是一个利用共同体或从中谋利的角色，因为在本国印第安人眼中，"美好生活"的思想基础并不是把自身利益凌驾于社会全体利益之上的国家官僚，而是下至人民及共同体本身。

基于此，印第安人提出了自己的诉求：捍卫自己的土地和水，保护生活必需的传统作物，以及民主权利。2010 年上映的西班牙电影《雨水危机》（*También la lluvia*），反映了该国印第安运动的力量和斗争。玻利维亚于 1999 年实现了科恰班巴市供水系统的私有化，在世界银行的推动下，政府与跨国巨头柏克德工程公司签署了协议。次年初，以印第安人为主的科恰班巴市市民走上街头,要求该公司撤出玻利维亚,原因是他们开出的水费价格大大超出了老百姓的经济承受能力,由于军警的介入,游行转化为暴力冲突,此次事件被媒体称为"水战争"。最终,市民们的抗议行动成功促使玻利维亚的政局发生了变化。影片中通过两条叙事线,同时讲述了500多年前美洲被殖民的真实历史:西班牙人登陆美洲大陆,奴役当地土著人为其寻找黄金,对奋起反抗的原住民进行杀戮,两位怀有良知的西班牙神职人员站出来谴责同胞的暴行。[①] 现实与历史明暗交错,虽穿越时空却衔接自然,叙述手法令人赞叹的同时,更让人震撼的是影片中印第安人的诉求,竟仅仅是生命赖以维持的动力——水。

水作为公共资源,居民对它的诉求本不该如此强烈。但当印第安人面临的资源危机得不到政府保护引发社会问题时,已不能用单纯的"印第安问题"作为解释。稳定的社会是政治发展的前提,拉美地区政府同其他地方一样,通过社会政策寻求国家民主进步。在玻利维亚,左翼政府选择了新的发展道路。莫拉莱斯总统提出的"共同体社会主义"(即印第安社会主义,又译为"社群社会主义"),在其执政期间被不断完善理论和实践。

玻利维亚副外长乌戈·费尔南德斯(Hugo Fernández)认为:玻利维亚正在发生的历史并非偶然,而是印第安群体恢复社会地位的自然进程。他从与印第安共同体接触的丰富经历看出:印第安思想的崛起、印第安人走上政治舞台是今天玻利维亚提出的"美好生活"政治理念的基础。这一进程可以追溯到1982年玻利维亚民主的恢复。随后在2005年,莫拉莱斯于总统选举中获得53.7%的选票,成功当选玻利维亚总统,加速了这一进程的发展。对于费尔南德斯来说,现在的玻利维亚总统正在领导一场这个国家从未经历过的"民主与文化的革命",尽管这一复杂的现实并没有通过大众传播媒体完整地展现给世人。"这次革命是有渊源的。在1950年,印第安人不允许进入穆里略('Murillo')广场,那个广场位于拉巴斯市中心,同时也是政府所在地。1952年爆发了革命。1953年,玻利维亚经历了农业改革,印第安人这时才获准进入这一范围,但仍没能

---

① 参见张伟劼《水的故事》,http://www.eeo.com.cn/2011/1209/217783.shtml。

进入总统府。现在，印第安人进入了（总统）府邸，还在那里住了下来"。①

印第安理念融入政治、法律生活的重要体现，就是上文讲到的"美好生活"写入新宪法并获通过。在费尔南德斯部长看来，重要的是将"美好生活"视为"一种执政理念"。

《玻利维亚宪法》的哲学内涵与厄瓜多尔宪法间有着相似之处。玻利维亚将"Suma Qamaña"或称"生活得美好"（"Vivir Bien"）作为宪法基础，玻利维亚的经济模式是多元的、其发展目标是提升生活质量，改善印第安人生活（宪法第306条）。将"Suma Qamaña"作为本国多元社会的道德—精神原则。不同于厄瓜多尔的是，玻利维亚并未在宪法当中加入"大自然的权利"这一内容。而是采用了以联合国《国际人权宣言》为代表的第三代人权体系作为宪法基础。同时，很好地保留了与印第安传统、理念的联系，通过宪法文本确立了印第安理念在本国的根本地位。

确立"生活得美好"理念在政治生活中的根本地位，离不开对印第安人政治、经济、社会、文化权利的法律保障。因此，2009年颁布的新宪法中增加了保障印第安人的条款。其中与"生活得美好"相关法条包括：

《玻利维亚宪法》第1条：玻利维亚是共同体、多民族权利社会的统一国家，是自由、独立、拥有主权、民主、跨文化、非集中化且拥有自主权的国家。在国家一体化进程中，玻利维亚以多样性，和政治、经济、司法、文化和语言的多元化为基础。②

此外，新宪法的多个章节，专门规定了多项印第安人的权利（第30

---

① 参见 Otto Colpari: "El Discurso del Sumak Kawsay y el Gran Salto Industrial en Bolivia, Breve análisis del desarrollo rural del programa nacional de gobierno (2010 – 2015)", Revista Crítica de Ciencias Sociales y Jurídicas, Núm. Especial: América Latina (2011), http://dx.doi.org/10.5209/rev_NOMA.2011.37934.

② 宪法原文参见 http://transparencialegislativa.org/wp-content/uploads/2013/04/Constitucio%CC%81n-Bolivia.pdf。中译本参考《世界各国宪法》编辑委员会《世界各国宪法》，美洲大洋洲卷，中国检察出版社2012年版，第237—271页。

条至第 32 条），规定印第安民族有权自由地生存，拥有自己的文化、宗教信仰、习俗和宇宙观，保护传统的医学、语言、习惯、服饰，有权建立自己体制、媒体和通信手段，接受多种文化和语言的教育，享受免费的医疗，有权实施政治、法律和经济制度，分享他们所居住地自然资源开发的利益；濒临灭绝的印第安民族应得到保护和尊重；非裔玻利维亚民族享有与印第安民族同等的经济、社会、政治和文化的权利。在第 190 条至第 192 条规定了印第安人的司法权。此外，《宪法》第 289 条至第 296 条规定了印第安人的自治权，规定印第安人有权在他们居住的地区建立自治政府。随后，玻利维亚国会于 2010 年 7 月 17 日通过了《自治法》。

在保障印第安社会文化权利方面，"美好生活"以印第安语言形式入宪，表达了玻利维亚对本国民族文化权利的尊重。同时，新宪法文本中规定了玻利维亚 36 个印第安民族及其语言受到法律保护，并将本国所有民族语言均规定为官方语言，并对其使用进行了具体化。新《宪法》第 5 条规定，西班牙语和 36 个印第安民族的语言均为官方语言，中央政府和省政府至少要使用两种官方语言。

新宪法还在规定印第安人政治、经济权利的条款中，体现了对"生活得美好"理念中，平等、包容内涵，最大限度使用并保留了"共同体"精神。新宪法规定：建立一个四权分立的国家体制，增加了多民族选举机构作为第四种国家权力机构；修改行政区划，实行符合宪法的自治制度，将原"农村发展和土地部"改为"自治部"，利用安第斯先民的政治、社会组织结构，实现印第安人在当代政治体制下实现有效地参与国家和地方的政治经济活动目标。①

在充分尊重集体生活形式的基础上，为各项权利的实现提供了丰富途径。如社会产品的管理、对财富的公平再分配、防止自然资源工业化进程中的双重标准（第 313 条）等。

---

① 徐世澄：《玻利维亚的民族关系与民族政策》（中），《中国民族报》2011 年 4 月 5 日，参见 http://www.mzzjw.cn/zgmzb/html/2011-04/15/content_76662.htm。

同时，在国家层面为保护"生活得美好"印第安人理念，提高印第安人的国家地位及本国的多民族特性，玻利维亚修改了国家名称。经玻利维亚议会决定，2009年3月，"玻利维亚共和国"正式更名为"玻利维亚多民族国"（"El Estado Plurinacional de Bolivia"）。

莫拉莱斯及其执政党还提出了有关"生活得美好"的国家计划。政府致力于建设一个公正、多样、包容、平等、与自然和谐共生的世界，让人民"生活得美好"。

在政策实效性方面，目前玻利维亚农村的地区，以"生活得美好"为目标的具体实践已初见成效。根据国家统计局数据，玻利维亚农村赤贫人口由2005年的62.9%下降到2008年的49.2%。这一明显好转与2010—2015年玻利维亚以"生活得更好"为目标的政府计划相关。计划提出了国家"工业大跃进"（"Gran Salto Industrial"）① 以及农村发展两项内容。

玻利维亚政府计划中，主要基础为两种经济模式：其一是基于新生产模式的工业化：即"工业大跃进"；其二是发展多种经济模式（国有、混合与私有），以便使国家生产部门作为一个整体发展更具活力。这一规划的提出，代表了玻利维亚希望从出口初级产品的外围国家、从自由主义与新自由主义占主导的发展模式，转变为"另一种以推进自然资源（加工）工业化进程、增加附加值为特点的经济模式"（"MAS-IPSP"，2009）。可以说，玻利维亚的发展进程，与那些30年代经济发展随初级产品价格波动的拉美国家不同。60年代，拉美经委会提出的结构主义理论基础，即通过经济规划与工业化寻求发展，并提出进口替代工业化的观点。玻利维亚今天的工业化政策与之有着某种继承关系，以石油、矿业、粮食、制药业、纺织以及其他可实现高附加值的领域为重点。

"工业大跃进"并不意味着玻利维亚脱离了"美好生活"理念，或将其止于理论讨论。这种远离现代化昂贵生活、不盲目追求经济增长的概

---

① Otto Colpari："El Discurso del Sumak Kawsay y el Gran Salto Industrial en Bolivia, Breve análisis del desarrollo rural del programa nacional de gobierno (2010 – 2015)", Revista Crítica de Ciencias Sociales y Jurídicas, Núm. Especial：América Latina (2011), http：//dx. doi. org/10. 5209/rev_NOMA. 2011. 37934, p. 3.

念是玻利维亚有别于历史经验之处。玻利维亚将"Sumak Qamaña"融入了拉美经委会结构主义理论的发展规划战略中，置于现代化理论内。在克里斯托弗·凯（Cristobal Kay）看来，玻利维亚政府现在提出的发展战略是结构主义理论，具有改良主义、技术官僚（"tecnocrática"）反封建、反垄断等特点。这一结构主义进程，伴随着政府在推动发展方面支出的增长；但也有学者认为政府更多关注的是经济、社会和政治改革。

政治新实践总是伴随着各种意见。对此，玻利维亚政府有如下解释：实施这一新生产模式是一种在体制内对"生活得美好"理念的政策具体化，强调具体战略目标：扩大国家的职能作用；发展具有可持续性、环保、提升自然资源附加值的生产部门；多种所有制的经济（如国有、私人、共同体与合作等形式）有机参与生产环节；实现首先满足国内市场而后用于出口的生产；努力做到对财富的公平再分配，减少不平等。① （"MAS-IPSP"）。

鉴于社会财富来自工业化及对科技的合理利用，玻利维亚寻求使资本、科学和技术有助于社会发展，将美好生活理念融入现代化计划。发展社会学强调"第三世界国家应该继续遵循与资本主义国家相同的发展路径，认为富裕的发达国家在南方贫困国家中有传播知识、能力、技术、组织、机构设置、企业文化与创新精神等作用"。（"Kay"，2007：52）但今天玻利维亚的"工业大跃进"是几十年甚至几个世纪以来的一直被推迟的"美好生活"道路的实践，并没有一味遵从西方倡导的这一发展观。

因此，工业化成为玻利维亚发展的支柱，成为农村地区"发展"的保护伞。这里所说的"发展"是有别于西方的"Sumak Qamaña"理念，这也带来经济学家的一系列讨论。

在进行以"美好生活"为目标的农业改革中，玻利维亚实现了一定的减贫与提高社会平等性。在政府计划中，玻利维亚提出了一系列具体

---

① Otto Colpari: "El Discurso del Sumak Kawsay y el Gran Salto Industrial en Bolivia, Breve análisis del desarrollo rural del programa nacional de gobierno (2010 – 2015)", *Revista Crítica de Ciencias Sociales y Jurídicas*, Núm. Especial: *América Latina* (2011), http://dx.doi.org/10.5209/rev_NOMA.2011.37934, pp. 4 – 5.

措施与可行性机制，用以实现农村地区"生活得美好"目标。包括：减少生产风险，农业产品商品化……将农业保险扩大到全国65万大、中、小规模的生产单位，覆盖2046335公顷农业用地面积。

另外，在土地分配过程中，财政土地划拨政策"已经惠及了全国4682个家庭。在三年半的政府计划执行过程中，政府比往届政府多分配了958064公顷土地"。到2013年，全国将实现集体和农民——印第安人共同体计划的划拨。①

世界正在经历着一个历史变革时期，在人类历史上城市人口首次超过农村人口。这一进程也发生在玻利维亚的国土上。1825年玻利维亚独立时，全国拥有约1.1万在册的共同体。一个世纪后，人口的增长与国家各产业的发展，并未给玻利维亚农村社会带来发展，全国共同体数量下降到3783个。共同体减少主要受到白人推行的联邦庄园主税收制度的影响。在今天的玻利维亚，城市化进程呈现增长趋势，农村人口在全国人口统计数据中所占的比重逐年下降，2009年这一数据约为34%。

对于玻利维亚正在经历的改革学界有不同的看法。有学者称之为"新农村主义"进程，也有一些持怀疑观点的人认为，政策制定者以及非政府组织负责人，只将政策重心置于农村发展的传统"生产主义"（"Productivismo"）②，过分关注农业、牧业以及林业生产活动，而忽视了客观现实以及新的农业、农民以及农业工作者面临的新挑战。③（"Kay"，2009：621）

此外还有学者提出，玻利维亚今天的工业化道路同时为农村地区带

---

① Otto Colpari："El Discurso del Sumak Kawsay y el Gran Salto Industrial en Bolivia, Breve análisis del desarrollo rural del programa nacional de gobierno (2010 – 2015)"，Revista Crítica de Ciencias Sociales y Jurídicas, Núm. Especial：América Latina (2011)，http：//dx. doi. org/10. 5209/rev_NOMA. 2011. 37934，p. 9.

② 参见 https：//www. google. com. hk/#newwindow = 1&safe = strict&q = productivismo&oq = productivismo & gs _ l = serp. 12. . 0i13j0i13l3j0l4j0i30j0i13l3j0l2j0i30j0i13j0i13j0. 160753. 164119. 10. 170352. 13. 10. 0. 2. 2. 0. 289. 1098. 4j2j2. 8. 0···0. 0···1c. 4. 12. serp. J3RmH5 _ EBPI&bav = on. 2，or. &bvm = bv. 46471029，d. dGI&fp = b1b59a044b63dabd&biw = 1280&bih = 645。

③ Otto Colpari："El Discurso del Sumak Kawsay y el Gran Salto Industrial en Bolivia, Breve análisis del desarrollo rural del programa nacional de gobierno (2010 – 2015)"，Revista Crítica de Ciencias Sociales y Jurídicas, Núm. Especial：América Latina (2011)，http：//dx. doi. org/10. 5209/rev_NOMA. 2011. 37934，p. 8.

来了农村人口减少以及城乡发展等综合性问题，且其工业化道路的长期发展规划并不能解决该问题。批评观点还指出：在这一过程中，玻利维亚逐渐远离了本国"生活得美好"理念，实际的经济发展失去了原本的理论初衷。最终，可能会导致倒退，西方的意识形态与发展道路可能会重新影响该国发展。同时，一系列的发展都会造成对矿产等资源的过度开采与对原始村落共同体制度存在环境的破坏，必然引发对共同体农村经济的破坏，使农村地区安第斯历史观念的传承产生新问题，"帕恰妈妈"和谐发展的追求将难以实现。①

三 拉美其他地区、其他时期对美好生活的政治制度实践

在安第斯地区其他国家的今天和历史上，"美好生活"存在的共同体制度也曾深刻地作用于不同国家和社会、种族。比如，在近现代的智利奇洛埃（"Chiloé"）地区，"明加"（"minga"）制度存在于小地产主与庄园主中间。他们缺少货币资本，却需要从事农业劳动的可用劳动力。因此，"明加"为解决这一资金、劳动力间的矛盾问题提供了解决办法。印第安人所向往的"美好生活"不再仅仅是一种文化呼声，它在经济与社会发展中得到了很好的实践，并超越了印第安各民族群体，走进了拉美混血社会。

这一制度还为邻里间增进了互助中形成的友谊。以经济为目的建立的"明加"制度，同时带来了缓解社会矛盾以及增强社会凝聚的作用。他们依据历史办法，受助人依旧会为提供劳动帮助的人提供食物和水，同时也会将今后需要返还的劳动在文书上写明。

一个反向的历史事实，也说明了传统印第安社会经济组织形式的强大。早在殖民时期，这一印第安集体理念就被殖民者转化为政治手段奴役印第安人。"米塔"（"Mita"），是殖民时期美洲安第斯地区的社会性劳动的运转体系，是集体劳作的组织形式，同时也是一个内部劳动市场，

---

① Otto Colpari: "El Discurso del Sumak Kawsay y el Gran Salto Industrial en Bolivia, Breve análisis del desarrollo rural del programa nacional de gobierno (2010 – 2015)", Revista Crítica de Ciencias Sociales y Jurídicas, Núm. Especial: América Latina (2011), http://dx.doi.org/10.5209/rev_NOMA.2011.37934, p. 6.

具有内向型特点。具体内容为安第斯原住民向当时的西班牙殖民者提供市场产品与服务。在这一体系中，每个印第安群体在一年中的几个月为皇室提供一定数量的劳动。这些劳动力根据需要被送到指定的地方，远离其居住地，参与各类工作。作为一种劳役，是统治者强加于原住民部落的一种剥削方式，为委托监护人提供服务，或为土地、庄园所有者提供劳作。而最后依这种形式提供劳作的印第安人，仅能按统治当局所控制的"规定"，获取所谓的"报偿"。[①] 这种形式上"合法"的共同体劳作形式对印第安部落的人口与经济、社会发展造成了极大伤害，每年10个月的矿业劳动，且全部落人口参与劳作人口不得少于总人口1/3 的规定。

尽管如此滥用印第安集体观念是消极的；但从根源上解释，可以说印第安共同体的理念在其社会中具有广泛深刻的影响力。因殖民者运用"米塔"对殖民地底层社会的剥削，安第斯地区"共同体"制度几近消失。过度的劳役以及对部落的强行要求，加之天主教信仰在委托责任制地区的强制推行，对安第斯原住民的政治、经济、文化与社会权利的践踏，造成了当地无数人口因肉体、精神的折磨而死去。在矿区，比如波托西这一现象比比皆是。大量殖民史文献中记载的印第安人口急剧下降甚至在某些国家消失，在整个拉美地区，印第安社会的主流社会组织形式——共同体遭受严重破坏。

简言之，当代安第斯国家选择"美好生活"理念并非一种对古老文化的鼓吹或单纯的政治秀，更非突兀或毫无根据的另类理念，"美好生活"一直存续在不同时期的拉美印第安人社会，以"共同体"制度为基础的拉美社会发展，也在遵循着原住民的这一理念。以上历史维度的考察以及地区内部的横向比较，是"美好生活"理念在安第斯国家内部进行政治实践的前提与环境，将会对地区内部有一定影响。同时，其作用也不仅限于一个民族和一个国家，它已成为一个受到国际社会关注的内容。

---

① 参见 http://es.wikipedia.org/wiki/Mita。

第四节 "美好生活"传统印第安理论的
发展及其在国际社会的影响

以种族主义为中心的制度结构和信仰体系创造了一套服务于欧美的强大法制意识形态,不论是英国、法国、美国、比利时、荷兰、西班牙、葡萄牙、德国,还是意大利殖民者的殖民实践,这套意识形态都是殖民主义和帝国主义行为的关键。因此,我们有理由认为,不管是过去还是现在,对法治的帝国主义式的运用都隐藏在目前远非理想的公平分配实践下。这些运用确实是值得理论界关注的文化课题,因为它们从结构上阻碍了使用法律去解释世界财富分配不公的可能。①

今天,安第斯"美好生活"正在尝试打破这一不公正的发展方式。逐步获得独立话语权的印第安人,为当今世界社会发展提供了不同以往的新路径。许多印第安人对美洲大陆的称谓并未使用殖民时期留下的亚美利加"America"一词,而沿用了祖先留下的阿布亚·亚拉("Abya Yala")一词。因为早在哥伦布及其他欧洲人到达美洲以前,巴拿马和哥伦比亚的库纳人("Kuna")就将这片土地称为阿布亚·亚拉,意指完全成熟的土地及充满活力的土地,这一称谓不仅体现了印第安文化思想,同时表达了他们以自然为依托希望实现良性发展的积极态度。②

玻利维亚在国际环境问题的讨论中,获得了一定话语权并获得了世界性认可。莫拉莱斯总统提出的基于"美好生活"的环境观,走在了很多发达国家的前面。玻利维亚这一仍在寻求发展与经济进步的高原国家,不仅仅将"美好生活"视为政治目标或宪法条文,更多地将其视为国家行为准则,并努力推向国际社会。2010年4月,在玻利维亚科恰班巴,

---

① 乌戈·马太、劳拉·纳德:《西方的掠夺——当法治非法时》,苟海莹译,社会科学文献出版社2012年版,第1—2页。

② 参见http://es.wikipedia.org/wiki/Abya_yala。

召开了关于地球母亲权利的国际会议——第一届地球气候变化人民峰会，在国际社会表现了发展中国家对环境的深切责任感。100多个国家的公民社会组织，近两万人参加了会议。这次会议的议题远远超过了玻利维亚本国的问题。一段关于环境问题的反思体现了玻利维亚"美好生活"对环境的关爱：玻利维亚及其他安第斯原住民称地球为帕恰妈妈（"Pachamama"，更确切地说是宇宙母亲，具有时间、空间的多维概念；泛指人类恒久共同生存的地方。又有人将其译为"地球母亲""大地母亲"等，详见第一部分注释）。今天我们的地球母亲正在受伤，人类的未来也正处在危险之中。资本主义工业革命的车轮日益提速，而人类和大自然环境却日益衰败，甚至难以为继。竞争、发展和无限增长，这些西方主流社会追求，的确带来了生产模式和消费水准的迅速发展，也确实实现了无限积累资金的价值追求。但是这一价值体系对环境的认识，是将地球母亲视为实现价值的资本，生产和消费等一切经济活动，都依赖对自然资本越来越多的开发与掠夺。渐渐地，西方"发达"社会的个人价值体系形成了这样的环境观：根据地球有什么，而非它是什么来评定地球的价值。

玻利维亚前任驻华大使路易斯·费尔南多·罗德里格斯·乌雷尼亚（Luis Fernando Rodriguiz Ureña），不仅是位外交官，同时更是一位对安第斯地区印第安思想有深刻研究的学者。在任期间，曾在中国社科院拉美所、"乌有之乡"书店等不同机构向我国介绍玻利维亚的社群社会主义及其与"美好生活"理念的内涵与实践，可谓是最早将这一理念引入中国的学者。下文中，将进一步介绍对"美好生活"不同学术观点。

一 "美好生活"逐渐成为拉美学者关注的问题

在拉丁美洲，不同时期以来经济、认知与文化的发展，皆离不开西方政治思想，拉丁美洲也一直被视为殖民统治和权力结构的边缘部分，文化领域也不例外。国际社会以及各国家内部的政治构成也大都追随西方政治发展理论。在现代拉美社会中，随着农村地区发展，一批农民（贫民和小地产主），继承了安第斯人口的文化遗产。

秘鲁社会学家阿尼瓦尔·基哈诺（Aníbal Quijano）在分析现代

性观念产生的根源时认为：由于在形成统一的新世界时，世界正处于几个历史时代，不同文化表现交织的复杂期，因此殖民政权为寻求合法性的机制，便将西方文明作为实现所谓"进步"的唯一途径并强加于人。①

在殖民地时期以及随后的独立国家建设过程中，那些处于西方观点和社会组织形式之外的所有东西都无一例外地被视为非现代性的或落后的。但在今天，出现了更多研究印第安问题的学者，他们对原住民思想的超越性重塑，也是目前学界探讨的焦点之一。因为时至今日，印第安文化依旧被视为与西方当代政治思想乃至其他领域发展进程相左的"落后因素"。

其中，有关"美好生活"的讨论日益增多，一些学术观点值得我们注意。印第安学者路易斯·马卡斯（Luis Macas，原厄瓜多尔印第安民族联合会主席）提出：与自然的互助、共存，社会责任、共识等概念存在于共同体生活中，这就是"美好生活"。乌贝尔托·乔兰戈（Humberto Cholango，该机构 2011 年主席候选人），将"Sumak Kawsay"理解为（相对于西方观念）的新生活模式。它不仅存在于印第安人中间，也适用于世界上所有人。这一观念包含与大地母亲的和谐关系以及对环境体系的保护。它最终意味着实现所有族群（包括印第安人）的美好目标。曼努埃尔·卡斯特罗（Manuel Castro）来自厄瓜多尔克丘亚（"kichwas"）印第安人组织，他给出的解释是这一理念具有共同体共存、社会平等、公平、团结、公正、和平并具有相互性。人类与大地母亲之间的和谐关系建设，离不开先民历法和宇宙观的实践，更离不开太阳之父与月亮母亲。他认为这一文化价值，包含先民的科学智慧。在此基础上约瑟夫·埃斯特曼（Josef Esterman）和爱德华多·古蒂纳斯（Eduardo Gudynas）将其称为"宇宙道德观"（"ética cósmica"）。②

---

① 莫妮卡·布鲁克曼：《文明与现代性：拉丁美洲的印第安人运动》，《拉美研究》2009 年第 5 期。

② 参见 François Houtart："El concepto de sumak kawsai（buen vivir）y su correspondencia con el bien común de la humanidad"，*América Latina en Movimiento*。

非印第安学者，例如左翼经济学家阿尔贝托·阿科斯塔（Alberto Acosta），他首先在厄瓜多尔提出"Sumak Kawsay"是一种政治思想，将其定义为打开民主社会建设大门的关键，采纳人民和印第安民族的建议。"Sumak Kawsay"中蕴含了一系列权利及社会、经济与环境保障的内涵，下文还将具体介绍他的主要思想。此外，马格达莱纳·莱昂（Magdalena León）从女性主义视角，将"Sumak Kawsay"引入"人文情怀经济"命题（"economía del cuidado humano"）研究中。这一观点主张让生活重回思想体系中心，并应将其纳入经济主要目标。对于巴布罗·达瓦罗斯（Pablo Dávalos）来说，这一理念意味着历史性的人与大自然重新一体化，大自然与人类社会的协调。①

因此，豪尔赫·加西亚（Jorge García）将这种新的生活定义为"生活的艺术"（"arte de vida"）。爱德华多·古蒂纳斯作为该理念方面著述颇丰的学者，对此作了进一步分析。他的理论是明确的，美好生活概念是对当前发展模式的批判，以及对生活质量建设的呼唤，这一建设不仅包含人而且包含自然。②

此外，美洲的学者并未将研究止于理念本身，还将其纳入发展领域的研究。生于哥伦比亚的学者阿图罗·埃斯科沃（Arturo Escobar）在其一篇有关后发展问题（"postdesarrollo"）的文章③中指出，我们需要超越现有"现代化"及其对实现现代化所规定的必经发展阶段，现有的发展理论、第三世界理论已经不符合现实需要。玻利维亚改变了有关西方发展讨论的理论范式与定义，至少"争取社会主义运动"党（"MAS-IP-SP"）一直在呼吁改变经济增长为先的理念，认为应以（物质和精神）生活质量的提升作为标准。与此同时，玻利维亚政府政策也具有包容性，现行政策与世界银行 2008 年发布的报告就具有某种一致性。该报告提出

---

① 参见 François Houtart："El concepto de sumak kawsai（buen vivir）y su correspondencia con el bien común de la humanidad"，*América Latina en Movimiento*。

② François Houtart："El concepto de sumak kawsai（buen vivir）y su correspondencia con el bien común de la humanidad"，*América Latina en Movimiento*，p. 26。

③ 参见 Arturo Escobar："El 'postdesarrollo' como concepto y práctica social"，http://cedum. umanizales. edu. co/mds/ch4/dsh/unidad1/pdf/El% 20postdesarrollo% 20como% 20concepto. pdf。

了替代性解决方案。其中指出,农业国家分为三类:农业国家、过渡进程中的国家以及城市化国家,玻利维亚与其他拉美国家应归于最后一类中,对于这些国家世界银行提出的建议是让本国的小农业者融入粮食市场,带动农村地区有薪酬岗位的就业。[①]

还有两位学者值得我们格外注意。他们对"美好生活"的论述较为深入,他们也是推动"美好生活"在安第斯国家实践的关键。

第一位是上文提到的阿尔贝托·阿科斯塔,他曾任厄瓜多尔议会议长、厄瓜多尔能源与矿业部部长,他同时是一位任职拉美社科院的教授、学者。这位厄瓜多尔经济学家是美好生活理念的主要推动者之一,他认为"美好生活"理念应被视为一个"机遇",一种国家建设的"选择"。阿科斯塔教授认为"美好生活"不应被简化理解为"西方的富裕",而是印第安人宇宙观范畴内的思想,应将其纳入改造社会的过程中。他还指出,物质福利不是唯一的决定性因素,还应该包括其他价值观成分,如知识、社会与文化方面的认可、道德指引规则以及与社会和自然关系中的精神、人类价值观、对未来的看法等。他对"美好生活"的态度是包容性的,并不排斥其他观点:阿科斯塔认为合理的国家建设方向不仅来源于印第安社会,也来自西方文化内部。西方内部日渐高涨的呼声,在某种程度上与这种印第安视角具有近似性。

另一位是玻利维亚外长艾马拉学者大卫·乔盖万卡(David Choquehuanca),甚至有人称他为与地球母亲间关系部部长("Ministerio de Relaciones con la Madre Tierra")。他认为"'生活得美好'意味着回归我们人民的生活方式,找回生活的哲学与恢复和谐生活的方法,人们相互尊重、与自然母亲、帕恰妈妈和谐共生、一切都是生活、我们都是 uywas(人类)、自然和宇宙的产物"。他还认为我们都是自然的一部分,而且这种关系是密切联系、不可分割的,人与人之间亲密如兄弟,"从植物到大山都是我们的亲人"。

[①] Otto Colpari: "El Discurso del Sumak Kawsay y el Gran Salto Industrial en Bolivia, Breve análisis del desarrollo rural del programa nacional de gobierno (2010 – 2015)", Revista Crítica de Ciencias Sociales y Jurídicas, Núm. Especial: América Latina (2011), http://dx.doi.org/10.5209/rev_NOMA.2011.37934, p. 12.

以上两位学者的观点都强调"美好生活"是对当前社会有关发展普遍性观点的有力质疑,尤其是西方主导发展观中有关经济增长与对目前发展模式无力解决贫困问题的反思。他们都认为,目前发展观的实践对于社会及环境造成难以磨灭的消极影响,这一发展观造就的历史对印第安人民欠债累累。

此外,对艾马拉语及安第斯哲学有深刻理解的马里奥·托莱斯教授就"美好生活"的哲学辩证关系同西方哲学进行了比较。他指出:西方对死亡的观点就如同对美好生活的亵渎。因为他们分裂了如同硬币两面的生与死的关系。印第安人认为这两个共存的概念是不可分割的,安第斯山区印第安人的生活中有一个目标:"为了生活而理解死亡"("aprender a morir para vivir")。西方的发展观点也是对死亡的一种误解。它分裂了原本一体的生活—死亡关系。而由此阐发的发展主义观点确立了一个交换的原则("el principio de intercambio")却忽视了互补原则("el principio de reciprocidad"),承认了代表性原则("el principio representativo")却否认了参与原则("el principio participativo"),这是印第安哲学对西方哲学观的评价。①

"美好生活"这一拉美本土传统观念,也对今天西方法律体系拉美的本土化进程产生着深远影响。如在20世纪80年代,拉丁美洲社会科学院厄瓜多尔分院一些有觉悟的研究人员与环境保护组织、全国性印第安组织一起,利用新法律提供的余地,对几个有代表性的印第安人村落进行了调查研究。② 在这一研究过程中,学者分析了印第安人社会中对领土资源、财产争端、仇杀、酗酒等不同类别犯罪案件的解决过程。经研究发现,在安第斯地区的印第安人社会,其实存在一种以和谐、团结为解决目标的传统习惯法准则。学者的这一结论并非简单的访问或资料整理,而是实地观察部落居民如何解决争端,实行自我管理。研究者指出,在印第安部族内部案件的解决依赖权威力量以及一种近似传统法的指导,

---

① Javier Medina:"Acerca del Suma Qamaña",*¿Vivir bien: Para digma no capitalista?*, Plural editores, Bolivia, 2011, p. 50.

② Gina Chávez V. Y Fernando García: *El Derecho a Ser: Diversidad, Identidad y Cambio (Etnografía Jurídica Indígena y Afroecuatoriana)*, FLACSO Sede Ecuador-Petroecuador, Quito, Ecuador, 2004, p. 12.

其法律文化的内涵则是"美好生活"所追寻的天人合一的宇宙观。因此不同于强调个人主义的现代社会,安第斯社会优先考量的并非私人利益,而是共同体、村社、艾柳等集体下的共同利益以及集体幸福感。依赖部族法律解决争端的思想,源自"美好生活"理念所带来的共同体思想。在多个安第斯国家现代法律体系中,日益发挥着更加重要的作用。而学者也在探讨:如何将其纳入理论分析框架丰富未来拉美地区法律制度,让其更具有实效性。

然而印第安人运动与思想并未得到拉美知识分子的一致认可。诺贝尔文学奖得主,拉美著名作家巴尔加斯·略萨就曾撰文指出,莫拉莱斯只是个狡猾的政客,欲以新的"印第安人对抗白人"的种族主义取代旧的"白人对抗印第安人"的种族主义,把种族转化成意识形态,升华成民族主义加以利用,是新的"野蛮"抗拒"文明"之举。①

这才是一种 21 世纪的"野蛮"观点,这类观点的出现与存在说明,"美好生活"的道路并不平坦,而是阻力重重。

二 "美好生活"获得其他地区学者认同

近半个世纪以来,印第安传统思想的振兴与现代印第安政治运动的兴起,让印第安文化成为一支重要的力量,日益走向国际政治舞台,影响力迅速扩大。在那些至今还有着千百万原住民后裔的国度里(墨西哥、危地马拉、厄瓜多尔、秘鲁、玻利维亚等),这种作用非常明显,即使在原住民血统极少的那些国家,作为思维和行动方式的印第安文化也在经常地发挥着作用。② 那么在拉美地区以外,对印第安"美好生活"的关注提出了何种分析路径呢?

---

① 刘承军:《印第安文化与印第安政治运动的新崛起》,《拉丁美洲研究》2006 年第 28 卷第 5 期。
② 韩琦、史建华:《论拉美古代印第安文明及遗产》,《聊城大学学报》(社会科学版) 2003 年第 4 期。

国际社会对印第安人运动的研究转向对其兴起原因的讨论。有学者认为外部和内部的原因带来了今天印第安理念获得重视：一方面，由于益发严重的政治、经济危机，国际反资本主义全球化运动风起云涌，在欧洲，民主势力大都对拉美印第安人理念持支持态度；另一方面，拉美本身也有进步运动上升的趋势。以上两个内外因素，无疑为今天"美好生活"这一源自安第斯山脉的理念带来了机遇。

比利时神父、学者弗朗索瓦·浩达（François Houtart）教授提出，"美好生活"2008年以"Sumak Kawsay"形式，已被引入厄瓜多尔宪法；随后，作为印第安"美好生活"理念，也被写入2009—2013年的国家计划。这一做法表明厄瓜多尔政府将"美好生活"作为政治生活的发展重心。浩达教授对玻利维亚外交部部长乔盖万卡的观点表示了肯定："我们在恢复我们的人民的生活经验。"只有了解并理解美好生活的内涵，才能分析美好生活的外延内容，才能将美好生活与人类共同福祉的关系及其在联合国框架内的发展与在国际社会的推广进行研究。这一内涵的提出与当前由于资本主义体系引发的危机有着深刻关系。①

欧洲学者在现代社会体系下，研究这一理念的演进后认为："美好生活"具有双重功能。一方面，它对当前经济社会现状提出批评；另一方面，重建文化、社会与政治。浩达教授根据"美好生活"，提出了对资本主义生产生活方式的批判。不好的发展可能带来坏生活。深层次的原因来源与西方的本体论（"ontología"），及其关于历史的科技直线发展观。这种观点把大自然看成一系列相互分裂的因素（即自然"资源"），并把一种（实用主义的）人类中心发展观强加于世人。② 在某种意义上，资本主义已经远远不只是一种单纯的经济现实，它也内含着既定的"宇宙观"和社会组织形式。对于印第安人民来说，资本主义在历史上是以殖民主义的形式、带着殖民主义在物质与文化层面的全面影响出现的。今天，

---

① François Houtart: "El concepto de sumak kawsai (buen vivir) y su correspondencia con el bien común de la humanidad", América Latina en Movimiento, 2011 – 06 – 02, http://alainet.org/active/47004&lang = es.

② 参见 François Houtart: "El concepto de sumak kawsai (buen vivir) y su correspondencia con el bien común de la humanidad", América Latina en Movimiento, 2011 – 06 – 02, http://alainet.org/active/47004&lang = es。

体制通过（资源）开采以及以工业为目的囤积农村土地的方式日益威胁着古老的土地。

同时，有位欧洲学者还看到了美好生活与社会主义的关系及其复杂性。葡萄牙社会学家博阿文图拉·德索萨·桑托斯（Boaventura de Souza Santos）提出了这一社会模式建设是"美好生活社会主义"（El Socialismo del Buen Vivir），较好地体现了该理念的当代观点。

此外，"美好生活"的理念也随着世界性国际交往被传到中国。徐世澄教授曾在2009年通过《玻利维亚的民族关系与民族政策》一文中，全面介绍了玻利维亚多民族国家政策的发展，并着重介绍了该国宪法改革中有关于印第安人的权利保护以及"美好生活"入宪等内容。2010年，中国上海举办了第41届世界博览会中，8月13日为玻利维亚国家馆日，主持人这样介绍道："假如没有印第安人我们会怎么样？吃不到玉米、土豆、辣椒、西红柿、西瓜、豇豆、扁豆。玻利维亚矿产、石油等自然资源丰富，但政府并未急于开发这些能源。①在玻利维亚馆中，放置了带有深意却不起眼的一块石头，馆长如是解释道：石头代表了地球，是我们借来的地球，现在我把（石头）放在你手上，是请你照顾好借来的地球。我们应该做到能不消费的，尽量不消费，同时尽量选择当地产品。②因为遥远的路途需要耗费燃料能源，很多石化能源是不可再生的，同时还将产生更多的碳排放。从经济学角度来看，价值流通环节更长，产品价格一定会高于本地产品，相对人们购买来的生产价值更低。在当今社会飞速发展的今天，人们享受着科技进步带来的便捷生活，如何继续现代化似乎成了发展中和发达国家共同的课题。毫无疑问，时代的脚步必将继续前行，而何谓更好的方式，古老文明提出了更睿智的答案。

三 印第安思想获得国际社会的尊重与认可

关于美好生活的讨论并不仅限于理论家的学术范畴，在今天拉美安第斯国家，美好生活已经分别写入了其中两个国家的宪法——厄瓜多尔和玻利维亚。在莫拉莱斯和科雷亚领导的安第斯国家，美好生活入宪的

---

① 参见 http://v.youku.com/v_show/id_XMTQ4MzE3OTc2.html。

② 同上。

意义，并不限于其本国社会，更是对国际上有关于发展问题开放性讨论的丰富。同时，美好生活入宪，在不同学术领域获得了更多国际关注，客观上有助于印第安共同体的内向与外向的发展理念，这也是当今社会欠下的历史性债务。

今天的艾马拉人成为现代国家民选总统，执政党的环境观念获得世人认可，总统本人莫拉莱斯代表所有印第安人民接受"保卫（地球）母亲的世界英雄"称号。在1554年出版的《印第安通史》第17章中，弗朗西斯科·洛佩慈·德戈马拉（Francisco López de Gómara）这样描述道："克里斯托弗·哥伦布，第一次从几年后被命名为美洲的大陆返回西班牙时，他从南部的帕洛斯（Palos，哥伦布西航港口之一）来到北方的巴塞罗那，并在那里见到了天主教皇。他对教皇说：'尽管路途遥远，船上载货量巨大。但很荣幸给您带来了巨大的财富和新相貌、肤色和衣着的人，将他们从另一个世界、从这条新的路途带来呈现给您'"。① 从他们（印第安人）当中来到（欧洲大陆）的人，仅有6位幸存者，他们对于旧欧洲来说无疑是奇怪的，这一幕发生在1493年3月。六位印第安人接受了洗礼，国王、王后和胡安王子作为教父、保护人，主持了他们的洗礼仪式，从此有了最初的"印第安"和新世界的天主教徒。类似的一幕发生在516年后的西班牙，2009年9月15日，来自"新大陆"的印第安人不再沉默，玻利维亚的艾马拉裔总统艾沃·莫拉莱斯代表国家和更多的印第安人在马德里的工业区接受奖章并发表演讲。

这一天，联合国大会主席、作为神父兼传教士（"El Sacerdote Misionero"）的马利诺·米格尔·德斯科托（Maryknoll Miguel D'Escoto）代表联合国所有成员国，将一枚奖章和奖盘交给玻利维亚多民族国家主席莫拉莱斯总统并授予他"保卫地球母亲的英雄"之称号。米格尔·德斯科托认为："面对当今人类社会面临的多重共同危机，面对业已开始危及人类生存环境可持续性以及地球上生命延续的现象，我们今天应当反对个人主义贪婪，以及社会责任与环境责任感的缺失。后者恰恰是长期以来资本主义所推动的精神与实践内涵。"世界应该以团结的精神和实践为基础，推动自身的发展。这些精神当中理应包括的内容是博爱，是对地球

---

① 参见http://www.ecoportal.net/content/view/full/88495。

母亲的尊重。莫拉莱斯毫无疑问是当今社会最为支持与推动热爱地球母亲的一位总统。作为一位艾马拉后裔印第安总统，他是玻利维亚多民族新国家的建设者，也是真正民主与和平的斗士。他在国际社会的呼吁与努力也获得了联合国大会大多数成员国家的承认与肯定。他不仅仅在玻利维亚或安第斯地区国家间推动对大地母亲的尊重，同时也在国际社会呼吁，建立联合国地球母亲日。"他教给世人的是一种精神，我们所有人都属于地球母亲，而并非地球母亲属于我们，因此，我们不应买卖她"。[①] 今天，我们比任何时候都更需要改变，改变价值观，回到古老的价值观中去。

联合国授予埃沃·莫拉莱斯总统"保卫（地球）母亲的世界英雄"称号，516 年以来印第安人又一次来到宗主国——西班牙皇室面前。但这一次不再是无声地接受洗礼，而是以摆脱新旧殖民主义的独立国家总统身份接受荣誉称号。这位拥有艾马拉血统的玻利维亚印第安总统，在前殖民地宗主国面前，代表着所有曾受欧洲伤害并仍在遭受伤害的同胞。在五千位几乎包括拉丁美洲所有国家人民代表以及大量西班牙人面前，这位艾马拉人关于帕恰妈妈以及生活得美好的演讲赢得了热烈掌声。

"美好生活"理念与联合国"人类共同福祉"（"Bien Común de la Humanidad"）有着理论联系。"美好生活"理念不仅得到了国际学界的认同，也被比利时学者浩达引入联合国的人类发展理念中。2008—2009 年联合国大会期间，作为新的理念，同时更是制度导向，"人类共同福祉"概念成为解决影响人类及地球多重危机的办法。它不仅批判资本主义体系的不合理性，同时也对严重破坏生态并造成深刻社会不平等的财富创造方式提出替代方案。

> "人类共同福祉"意味着生命的生产与再生产，它是人类社会组织以及人与大自然关系的基本参照点。在这里，"福祉"系（表示生命的）"是"而不是（物化的）"有"，也即，"福祉"意味着"生活"。与此相反，资本主义的逻辑将人，将人类与大自然引向死亡。因此，"人类共同福祉"的意义比"共同福利"的含义更宽广；后者对于满足集体生活和个人生活需要来说是必不可少的，也遭到了新

---

① 参见 http://www.ecoportal.net/content/view/full/88495。

自由主义的严重忽略。"人类共同福祉"一词的含义超越了与"个人福利"抗衡的"共同福利",它被经济自由主义下的个人主义极大削弱。"人类共同福祉"在概念上和具体体现上都包含着"人类"和"福祉"这两个含义。"人类共同福祉"是一种目标,一种理想,一种引导行动的积极意义上的乌托邦。①

正如鲁道夫·柏克普·柯罗松（Rodolfo Pocop Coroxon）代表印第安人所说的:"我们阿布亚·亚拉（美洲）人民,不是神话,也不是传说,我们是一种文明,我们是众多的民族国家。""美好生活"并不仅仅属于安第斯地区,这个印第安理念更有着与"人类共同福祉"的相似之处以及广泛的世界认同。

面对印第安人的声音,学者们不再把"印第安"简单地视为社会问题。长期受到极端不公正待遇,他们理应获得关注。在今天学者们眼中,"印第安人运动逐渐发展成当仁不让的历史主角";他们不仅建立了政治组织,"出了自己的政治家",而且涌现了印第安人知识分子,让印第安人的理念成为世界发展观的一部分。

第五节 对"美好生活"传统印第安理论现实影响的分析与评价

关于任何问题的研究,都有自身的发展过程,但往往总有两种视角,它们的差异甚至对立几乎可以贯穿于学术研究的始末——内部视角和外部视角,也就是文化人类学研究过程中的"我们"与"他们"。从西方文化人类学的角度,研究者根据已知的和自身所处的文化、用异文化的眼光研究和阐释印第安思想。印第安人走上政治舞台后,为安第斯地区印第安思想的恢复与回归发出了自己的声音,带来了更多直接解释的可能。

---

① François Houtart: "El concepto de sumak kawsai (buen vivir) y su correspondencia con el bien común de la humanidad", *América Latina en Movimiento*, 2011 – 06 – 02, http: //alainet.org/active/47004&lang = es, *El "Bien Común de la Humanidad" se presenta como una meta, un ideal, una utopía, en el sentido positivo del término, destinado a orientar la acción.*

"美好生活"在政治、社会经济抑或是文化领域的实践,是拉美地区正在进行的不同于资本主义发展的替代模式。对"美好生活"的认识无论基于哪种理论或视角,都应考虑到长期以来的殖民文化残余偏见的影响,承认顽强存活了 500 多年的印第安思想作为拉美社会内生性凝聚力与社会认同的基本作用,这也是该地区发展的未来动力之一。

两个拉美国家新宪法,包含了权利新内涵及其所代表的另类发展观念。[①] 美好生活理念具有新的理论基础及象征意义:首先,它将自然作为权利的内容而提出,可谓是对西方传统法律习惯的改造。"赋予大自然权利,这样就破除了旧的思想传统或西方经济学观点中将自然视为资源的观点。这一观点已成为一个基本常识,主导着发展。政府从忽视经济发展模式对环境的影响和'外化'('externalidades')的原有模式中走出来,将'Vivir bien'的理念转化为一种意识,更加注意如何建立一种不带来上述消极影响的经济模式。"因此,可以说结果并不只是乌托邦式的。这位学者指出,现在同时也是"开始可行性乌托邦思考"的时候。他认为,这种乌托邦,必须关注"人、人类,不仅关注个体的人,同时,关注生活在共同体中的个体之间的社会关系,以及与之有着直接联系的生物物理环境中的周边共同体之间的关系"。[②]

对于今天的印第安人来说,"后殖民"影响依然存在,而新自由主义所倡导的文明、理性、发展、现代化……又深刻影响着拉美地区乃至其他发展中国家。"五百年前,欧洲'发现'了美洲,全球化进程由此开始,五百年后,新自由主义以另一种形式的'全球化'为名,继续着掠夺的步伐"。[③]

一 印第安"美好生活"包括政治生活,原住民参与促进民主化进程

在当代社会里,政治现代化进程大都主要以民主的发展为重要

---

① 由厄瓜多尔 Cuenca 大学维护地区发展与人口项目(Programa de Población y Desarrollo Local Sustentable, de la Universidad de Cuenca)负责人亚历杭德罗·纪廉(Alejandro Guillén)提出。

② 参见 Maribel Hernández:"Sumak Kawsay y Suma Qamaña, el reto de aprender del Sur. Reflaxiones en torno al Buen Vivir", *Revista Obets*, 4, 2009, pp. 55 – 65。

③ 参见刘承军《当影子登上历史舞台》,《香港传真》2006 年 7 月 21 日。

衡量标准。随着各地区间经贸文化关系的不断深入，西方的国际政治理论得到了更为广泛的认同。500多年前欧洲与美洲的相遇加之随后深刻的殖民进程，为拉丁美洲的政治发展带来了源自外部，更确切地说来自西方的政治理论思想。不论历史真相或当前形势如何，西方国家已经发展出了一种强烈的法治认同。这种认同感通常是通过与"他人"的对比而得来的，而这些"他人"几乎无一例外被描述成"确实"法治。①

拉丁美洲印第安人民所提出的"美好生活"理念，仅仅是印第安各种语言中近似含义词汇的一个替代，但却是打破现有权力模式的选择方案。随着公共空间私有化速度加快，无论是生产进程抑或是国家政治发展进程中，权力日益被集中在少数人手中。由此产生的社会反抗不仅仅是为了摆脱贫困而进行的呼喊，而是关于如何解决在各领域改善生存环境的问题。而其实，一直被视为问题的拉美原住民，早在几百年前已提出了一种可谓"现代化"的政治理念。

"美好生活"宪法保护下的共同体社会主义，是为集体谋利益，而非为少数有权人谋特权。它顾及共同利益而非个人所得。它为经济、社会和文化等人权而战，同时将自然和多样性内涵融入其中。它不再遵循单一的发展主义的模式，不再不惜一切代价实行工业化。我们不相信毫无节制的发展，而是主张人与人、人与地球母亲之间的平衡与互补。追求印第安人民的平等公正，依靠人民来推翻殖民体制和新自由主义，政府以"共同体社会主义"理念为先，提供玻利维亚社会的整体服务。②

"Sumak Kawsay"和"Suma Qamaña"理念，分别被命名为"美好生

---

① 乌戈·马太、劳拉·纳德：《西方的掠夺——当法治非法时》，苟海莹译，社会科学文献出版社2012年版，第18页。
② 路易斯·费尔南多·罗德里格斯·乌雷尼亚：《社群社会主义：对极端自由主义的回应》，袁琳译，《拉丁美洲研究》2008年第6期。

活"和"生活得美好"的概念,相应的印第安文字直接写入宪法厄瓜多尔宪法第 14、71 条以及玻利维亚宪法第 8 条。其政治作用在于如下三点。① 首先,作为重要的政治观点,它已被写入厄瓜多尔和玻利维亚的宪法文本以及《厄瓜多尔美好生活国家计划》中。说明这一政治实践获得了国家最高纲领——安第斯两个国家的宪法改革的法律支持。其次,两国所进行的改革都坚持该理念的深刻内涵以及各种可能的实现形式。也就是说,理念得到了大量学者所关注,同时"美好生活"的发展也源自于他们大量的研究结果。最后,更为具有进步和象征意义选用原文入宪体现了对少数人政治、文化权利的保护。

在墨西哥著名学者莱奥波尔多·塞亚的文中,他曾明确指出:在冷战结束以后,世界出现了一个新趋势,即原本处于边缘地位的群体正在逐渐崛起。②

克丘亚人和艾马拉人提出的这种古老思想,并非欧洲人偏执理念中所认为的不求发展和停滞不前甚至是甘于落后的印第安观点,土著人的简单信条恰恰印证了一种和谐发展的政治思想,即维持可持续的相对平衡的博弈状态、不以牺牲他人/国的利益为前提来盲目谋取强大。在政治发展进程中,注重与经济、社会等方面的均衡性,努力构建一种真正民主,创建旨在为大多数人利益的社会政治稳定环境,而非精英民主或阶级合作主义,也不是军政府式的"跛脚统治",施行相对平稳的民主政治。同时,这种观念的提出以简练的单词表达,以近乎所有人可以接受的方式传承至今,客观上可以说是一种实现最广泛民主的基础,扩大了政治内涵的受众面,为提升参议式民主、公众参与程度提供了极大可能。

值得注意的是,当本土化思想作为解决政治发展进退维谷的新型政治选择或仅仅还只是个理论议题时,有些西方学者便开始反驳,他们提出一种观点,认为支持原住民思想的人们是盲目夸大"古老文化"内涵的意义,几百年前的观点如何能有与时俱进的政治理论内涵成了新的探

---

① François Houtart: "El Concepto de Sumak Kawsay (Buen vivir) y su Correspondencia con el Bien Común de la Humanidad", Bruselas, http://flacsoandes.org/dspace/handle/10469/3523 #.UZO5arKcFvY, p. 27.

② 刘承军:《当影子登上历史舞台》,《香港传真》2006 年 7 月 2 日。

讨话题。

刘承军曾在《当影子登上历史舞台》一文中指出，"印第安人问题的本质不是种族问题，而是政治和社会问题。它的核心指向殖民主义和现代资本主义的性质"。① 无论以何种理论或宗教外衣来粉饰，新老殖民主义从未在拉美完全消失，掠夺行为的本质并没有发生太大变化，而安第斯地区印第安文化的恢复与发展则代表了新的民主政治内涵与真正意义上的社会公正。

二 "美好生活"理念对转变政府经济发展政策的积极作用

关于经济增长问题的讨论，首先论增长的内涵，经济增长不等同于发展。1997 年诺贝尔经济奖获得者阿玛蒂亚·森拓展了发展的视野，指出过去经济学家只重狭义经济增长的片面性观点。②

同时，追寻经济增长不应该成为优先且唯一的国家发展道路。综观世界，增长的概念基于对自然资源的竭力开发，依赖一个有能力消费所有产出的市场，这些都未必带来发展。正如欧洲社会学家何塞·玛利亚·托勒多萨（José María Tortosa）指出的，"不良发展"（"mal desarrollo"）主导着世界，尤其是那些被视为发达国家当中。③

在《西方的掠夺——当法治非法时》一书中，作者指出，当今社会使不正当的利益博弈更加便利、以牺牲人民为代价的被外国强加的私有化法律实际上是不合法的掠夺工具。与此类似的是如今在全球范围内被所谓的华盛顿共识强行施加的公司化和开放市场的政策。西方银行和商业界将其大肆用在拉美地区，借爱德华多·加莱亚诺（Eduardo Galeano）的比喻，它成为通向拉美大陆"被割（切）开的血管"的主要工具，这使殖民时代和后殖民时代之间的延续性仍无法被割裂。④

---

① 刘承军:《当影子登上历史舞台》,《香港传真》2006 年 7 月 2 日。
② Coordinadores Ivonne Farah H. & Luciano Vasapollo: "Vivir bien: ¿Paradigma no capitalista?", *CIDES-Plural editores*, Bolivia, febrero de 2011, pp. 110 – 111.
③ Alberto Acosta: "El buen vivir, una utopía por (re) construir", *la revista CASA de las Américas*, n₀ 257, La Habana, oct-dic. 2009, p. 6.
④ 乌戈·马太、劳拉·纳德:《西方的掠夺——当法治非法时》,苟海莹译,社会科学文献出版社 2012 年版,第 5 页。

法国经济学家拉图什认为在同西方接触以前，很多文明（不是所有的文明）并没有发展理念。也就是说，发展始于西方历史密切相连的，"发展建立了虚伪的概念，随着它在世界范围内的传播；随即带来实践的虚伪。"发展作为长期以来的西方信仰命题，一直受到不同领域的质疑，无论是学界或政界，在不同的生态运动中、在"左翼"的政府政策里等。特别是在拉美政府有关反对资本主义发展的发言中。这其中尤为值得注意的是玻利维亚和厄瓜多尔，两个因其发展及国家组织形式，历史上首次走入"公众讨论"视野的国家，以其加入了"美好生活"的安第斯理念，新宪法（2007年玻利维亚及2008年厄瓜多尔宪法）作为对西方发展理论的反对，不仅仅停留在对既有发展模式的批判与诟病，而是提出了替代性发展道路。

经济领域秉承"美好生活"的共同体努力维护其本质、原则与制度，强调每个成员参与生产，并在组织和决策选择时发挥作用。他们不过分强调共同体内部的差异，一片土地或同一空间中不同共同体间的差异。不同成员组成小群体、家庭团组［在克丘亚和艾马拉语称为艾柳，在瓜拉尼语中名为莫迪罗（motiro）］。这种家庭、团组的形式，寻求对社会剩余财富的平均再分配。经济和政治管理、工作方式与自然资源的管理，都属于公社和/或集体。共同体的成员建立一个类似议会一样的组织，集中所有在这片土地上生活的人们的意见。

相比旧式狭隘发展观，这种经济发展观涵盖的信息基础更广、包容性更强，为全面评判社会发展开创了一条新思路，同时，也为执政者提供了一个经济发展道路的多样化思路。玻利维亚农民研究与促进中心的共同创始人、主任（"Centro de Investigación y Promoción del Campesinado, CIPCA"）夏维尔·阿勒伯（Xavier Albó）指出，"美好生活"有关于社会经济生活的影响在于：生活得美好并不意味着部分人或个人生活得"更好"。"艾马拉人讲的生活得美好，并不是指生活得更好，而是我们所有人生活得美好，因为，在他们看来，'更好'意味着其他人生活得不好，但美好生活有共享的含义，在所有人当中，每个人都享有"。费尔南德斯教授还就此指出，印第安人需要的不是生活得更好，"他们更想说的是生活得美好，和谐生活。也就是说，尊重并承担差异的同时，形成相互补充的状态。他们不理解西方语境下的一致、相同的含义。印第安人认为不可能有完全的一致，多样化是永远存在的，因此他们讲求和谐"。①

今天，人们普遍认为经济学是"社会科学的女王"。它是唯一正式认可为"真正的科学"的学科，因为在所谓的社会科学领域，诺贝尔奖只授予经济学。自由主义大师卡尔·波普尔（Karl Popper）认为，经济学是一门科学，但却否认社会学、法学、人类学或心理学有这样的地位。毫不奇怪，在新自由主义事业中，经济学家在政策制定，提供"中立性""科学知识"和"客观性"，以及最终为禁止社会财富再分配提供有力的智力辩护方面发挥了越来越大的影响力。② 因此，可以说"美好生活"为当前的经济学发展以及现实经济带来了新希望。

三 社会观念的发展与社会进步离不开"美好生活"

多数人与少数人的不平等与排斥问题一直萦绕在拉美大陆。③

根据世界银行与拉美经委会的统计数据表明，目前拉丁美洲及加勒比地区生活在贫困线以下人口达 1.94 亿人，7100 万印第安人生活贫困，④即他们不能满足自身最低食品需求。由于社会排斥以及贫困问题，导致印第安人生活条件以及工作条件的每况愈下。此外，原住民团体还受区别待遇（包括无法享受社会保险、失业救济、公平教育机会等）、机会不平等和社会排斥等问题困扰。但恶劣的社会生活环境并未阻止原住民恪守的哲学传统，他们今天依旧遵循可循环生产方式、共同体观念以及与自然和谐共生思想。

---

① Maribel Hernández: "Sumak Kawsay y Suma Qamaña, el reto de aprender del Sur. Reflaxiones en torno al Buen Vivir", *Revista Obets*, 4, 2009, pp. 55 – 65.

② 乌戈·马太、劳拉·纳德：《西方的掠夺——当法治非法时》，苟海莹译，社会科学文献出版社 2012 年版，第 103 页。

③ Henry Chiroque Solano & Valeria Muteberría Lazarini: *Procesos de construcción de otras alternativas: desarrollo y planteamiento de la Economía Social Comunitaria en América Latina*, revista de economía pública, social y cooperativa, edición electrónica: 1989 – 6816. España, 2009, pp. 149 – 155.

④ 参见 Henry Chiroque Solano & Valeria Muteberría Lazarini: *Procesos de construcción de otras alternativas: desarrollo y planteamiento de la Economía Social Comunitaria en América Latina*, revista de economía pública, social y cooperativa, edición electrónica: 1989 – 6816. España, 2009, pp. 149 – 155.

（一）"美好生活"促进有益的社会价值观形成

"美好生活"是印第安共同体哲学，包含社会责任感和自然价值观，是世界哲学的一部分。它不仅符合现代社会非个人主义、非利己主义的发展趋势，也是解决环境问题、经济危机及社会贫富差距、国家民族不平等的根本。而集体责任感理念更代表了印第安共同体的价值内核。

"生活得美好"不仅指个体生活得好，更包含负责的生活方式。在这一社会结构中，关系并非制度性的存在，还蕴含了个人行为责任感的精神内涵及行为结果对集体影响的思维方式。这一制度关系中还存在"过程—结果"的理性行为逻辑，人们尊崇它，并基于该逻辑关系在共同体中生活、劳作。①

仍处在发展期的安第斯"美好生活"理念随着印第安人在社会各领域中"少数人"权利、地位恢复的而逐渐发展。这一进程代表着当代拉美社会的积极发展。

（二）印第安社会经济观念，安第斯"美好生活"转变西方社会对"生活得更好"的盲从

生活得美好与生活得更美好本质上是不同的，生活得更美好是以其他人为代价的。生活得更好带有利己主义观念，是一种缺乏对其他人关怀、个人主义为中心的思想，其核心是考量利润。因为，为了生活得更美好，面对他人，唯一需要做的就是开发，这就产生了深刻的竞争关系，最终使财富集中在少数人的手里。

在欧美富裕国家中，在大都市，人们购买一件衣服，穿一次即扔入垃圾箱。这种对其他人和事务缺少关心的态度，带来寡头（垄断）、贵族与精英阶层，他们一味追求生活得更美好，不断剥削着其他人。他们不关注其他人的生活，只关心自己，自己的家人。

在生活得美好理念中，严厉反对奢侈、垄断和挥霍浪费，反对消费主义观念。不工作、欺诈、偷盗、征服和剥削他人，意图反对自然，而让我们能生活得更美好，这些都不是生活得好，不是人类间的和谐生活

---

① Coordinadores Ivonne Farah H. & Luciano Vasapollo: "Vivir bien: ¿Paradigma no capitalista?" *CIDES-Plural editores*, Bolivia, febrero de 2011, p. 111.

也不是与自然平衡发展。印第安人共同体不需要生活得更美好，因为生活得更美好意味着存在这样一种不和谐的现象，即一些人生活得更好了，却因为另一群人，也就是大多数人生活得不好了，这不是生活得美好。印第安理念追求的是所有的人能够生活得美好，在所有人民之间能够获得和谐关系。

四 "美好生活"为环境问题带来转机

"美好生活"不仅是拉美的哲学内涵或政治实践，早已是全球化的环境问题，让远在拉美"西方"的古老东方古国城市受雾霾困扰，污染与饮食安全问题也日益影响国家经济发展，今天的中国城市居民更渴望的不再是"生活更美好"，而是"美好生活"的基本环境。

关于环境问题的反思，我们应关注"发展"理论的博弈，对现有国家战略规划的质疑日益急迫。[①] 对规划所提出的各类质询，代表了对西方文明本身的质疑，"美好生活"代表着这类观点。其中的先锋性论证让人们认识到："可持续发展""绿色资本主义"理念陷阱的有力回应。[②] 因为这些理念并没有从本质上重塑资本价值观。同时，"美好生活"也让人们意识到一直以来过分相信科学的风险。因此，这些思想家对积累和内涵不明的传统发展观提出质疑，是为了超越这些内容，提出围绕生活本身的"新"组织形式。

玻利维亚莫拉莱斯总统曾在获得地球母亲的保护者与英雄的称号后发表演讲。他告诉世界：今天地球母亲最大的敌人是人类生活（模式），是资本主义。他提出"美好生活"理念给世人，并公开反对资本主义体系。他认为，当人民反对资本主义时，跨国的政策计划掠夺并将自然资源据为己有，积累更多的资本。因此，玻利维亚政府向浪费等破坏环境的问题宣战。

---

① 包括 Ernest F. Schumacher, Nicholas Georgescu-Roegen, Iván Illich, Arnes Naess, Herman Daly, Vandana Shiva, José Manuel Naredo, Joan Martínez Allier, Roberto Guimaraes, Eduardo Gudynas, 等等。

② Coordinadores Ivonne Farah H. & Luciano Vasapollo: " Vivir bien: ¿Paradigma no capitalista?" *CIDES-Plural editores*, Bolivia, febrero de 2011, pp. 110 – 111.

厄瓜多尔在宪法中提出了大自然的权利，这与"生态中心主义"[①]及建设"生态旅游中具有生命活力城市"（"biópolis ecoturística"）的观点近似。生态中心主义的观点不同于传统宪法学以保障人权为首要精神的价值观。厄瓜多尔提出大自然作为权利主体，这一主题不是法律上的自然人，而是人们生存的环境，既不是所有物也不是一种具体权利。这种法学上的创新仍有待研判，但其中所强调的理念值得肯定。即自然作为一个实体，具有和人一样重要的法律地位，应受到宪法保护，这增强了法律层面的环境保护力度，加之传统哲学思维所树立的环境观，更有助于提升实际生活中的环保法律实效性。

中国面临的环境问题同样严峻。《宪法》第 9 条规定："国家保障自然资源的合理利用，保护珍贵的动物和植物。禁止任何组织或个人用任何手段侵占或者破坏自然资源。"第 26 条规定："国家保护和改善生活环境和生态环境，防止污染和其他公害。"上述两条都在总纲中，在最高位

---

① 生态中心主义（Ecocentrism）：是环境伦理学的一种研究视角。它提出环境伦理学的中心问题应该是生态系统或生物共同体本身或它的亚系统，而不是它所包括的个体成员。生态中心论的根据是，生态学揭示了人类和自然的其他成员既有历时性（时间过程）也有共时性（同一时间）的关系，他们共同是生命系统的一部分。因此，我们应该考虑整个生态系统，而不是把个体其中的母体与个体分隔开。多数现代的道德理论，把注意力集中于个体的权利或利益，与此不同，生态中心主义是一种整体论的或总体主义的方法。它依据对环境的影响判断人类行为的道德价值。因此，当其他方法力图把传统的西方道德规范扩展至关于动物和环境问题时，生态中心主义力图建立一种新的伦理模式。"土地伦理学"和"深层生态学"是这种倾向的最重要的代表。生态中心主义者所面临的主要问题是如何把环境的利益与人类个体的权利与利益相协调。生态中心主义主要观点：第一，利奥波德的大地伦理。《沙乡年鉴》第三部分，利奥波德生命共同体、道义论和伦理进化思想的三个概念。生命共同体就是生态体系，大于个体利益；道义论就是生态良知，强调对生命本身而不是对人类的利益的尊重，强调人对生命共同体的义务；伦理进化思想是进化论的升华，把进化论延伸至伦理的范畴。第二，罗尔斯顿的自然价值论。自然价值是开放性的概念，没有完整定义，不依赖于人。所有生物都有评价角度，人对价值只是一种翻译，不是投射。自然的价值是创造性，人不可能完全把握。生态系统包括很多个体，是个体赖以发展的基础，所以价值高于个体。第三，奈斯的深层生态学。深层生态学全面地从文化价值上根除了人类中心论，探讨环境问题的深层原因，反对人类中心论、机械论和盲目经济开发。参见《环境伦理学》，https：//www.google.com.hk/#newwindow = 1&safe = strict&q = % E7% 94% 9F% E6% 80%81% E4% B8% AD% E5% BF% 83% E4% B8% BB% E4% B9% 89% EF% BC% 88Ecocentrism% EF% BC% 89&oq = % E7% 94% 9F% E6% 80% 81% E4% B8% AD% E5% BF% 83% E4% B8% BB% E4% B9％ 89％ EF％ BC％ 88Ecocentrism％ EF％ BC％ 89&gs _ l = serp. 3... 2271357. 2272274. 21. 2272689. 3. 2. 1. 0. 0. 0. 255. 338. 1j0j1. 2. 0... 0. 0... 1c. 1j4. 12. serp. 4e-gcn _ RxLE&bav = on. 2, or. &bvm = bv. 46471029，d. dGI&fp = b1b59a044b63dabd&biw = 1154&bih = 374。

阶的法律中明确规定了国家的生态责任和环境保护义务。因此，作为公民权利客体的生态环境，属宪法已确认的公民权利范畴。

基于上述判断，可以说：当下各国的生态治理不仅依赖环境权入宪的制度性构建。综观安第斯经验，其关键在于摒弃 GDP 中心主义。而"美好生活"价值观恰恰是安第斯人民给世人的一个解决办法，社会发展应该有更多衡量标准，如环境标准、对社会共同理念的尊重以及所有社会成员的物质、精神生活状态等，即"美好生活"。同时不应忽视的是，经济发展与自然资源开发进程始终伴随着诸多与环境保护的博弈，而作为发展地区的安第斯地区，"美好生活"应该是衡量的最好标准。①

> 一位巴西酋长对世人说："我们曾以为，我们的海岸、我们的大陆正在受到来客的访问……哥伦布和他的部下可能感到很光荣，他们在自己的国王和其他征服者面前感到无比自豪，因为他们先于其他人踏上了印第安人的土地。但是，他们根本……无法发现他们的丰功伟绩只是一场大屠杀的开始——一场历史性的社会、文化、精神大屠杀……仅仅因为他们的生活方式与来者不同，因为他们热爱生活，互相尊重，……相亲相爱，因为他们与大地母亲和睦相处……500 年之后，我们却发现这个置我们于毁灭的'文明'世界是一个生了病的世界。看到他们对自己的问题束手无策，我们没有多大心思复仇了。我们相信，在这漫长的 500 年之后，白人只有一条路可走，那就是与印第安人建立一种新型的关系。我们多么希望现代人能够理解，在我们的舞蹈的背后，在我们的手工艺品的图案中，在我们对大自然的尊重里，有我们对伟大的造物主的理智的崇拜，有一个从来没有被外人理解的生命体系，正是这一切使我们活到了今天。这不是什么单纯的民俗或神话，这是抵抗。"②

---

① Alberto Acosta: "El buen vivir, una utopía por (re) construer", http：//www.fuhem.es/media/ecosocial/file/Boletin%20ECOS/Boletin%2011/Buen%20vivir_A.%20ACOSTA_edit.pdf.

② 作者系巴西特雷纳印第安部落领导人，"500 年抵抗——部落联合委员会"及"92 年里约土著民族世界大会"总协调员，原文刊登于委内瑞拉《新社会》(Nueva Sociedad) 杂志。

五 "美好生活"是一种新发展观

上述印第安人的呼声以及环境危机不仅是"热门"或"时髦",环境危机已非"耸人听闻",诸多事实让世人触目惊心。当西方道路陷入困境时,印第安哲学对多种存在的肯定与尊重态度尤为重要。新发展道路的选择更需要这种开放态度。

法国经济学家拉图什认为:在同西方接触前,很多文明(不是所有文明)并没有发展理念。他认为发展与西方历史密切相连,"发展建立了一种概念上的虚伪,随着它在世界范围的传播;随即带来实践的虚伪"。发展作为长期以来的西方信仰命题,一直受到学界或政界等不同领域的质疑,在不同生态运动中、"左翼"政府政策里等,特别是在拉美政府有关反对资本主义发展的发言中。其中尤为值得注意的是玻利维亚和厄瓜多尔,两国首次因政治发展模式的选择,走入"公众讨论"视野。在法律领域,"美好生活"安第斯理念入宪(2007年玻利维亚及2008年厄瓜多尔宪法)作为对西方发展理论的制度性调整,发展中国家不仅对旧有发展模式提出质疑,更迈出了探索替代性发展道路的第一步。

本书开篇即初步探讨了有关"发展"一词在今天所遇到的问题,通过对安第斯"美好生活"无限接近式探索,上文所述的"美好生活"并非一个简单的哲学观念,当很多学者扼腕叹息印第安文化发展距离文字只有一步之遥时,人们似乎忽视了绵延千年文化的生命力。对传承方式的分析不能涵盖对整个印第安文化的现代化研究。曾经在几个世纪以来贬损、忽视拉美原住民文化的西方,今天也提高了对"未开化"文化的关注与认可。印第安理念符合生态环境的需要,他们无论发展进程走得快或慢,却不曾忘记大自然是一切财富承载的母体,离开帕恰妈妈,人类不可能走得更高更远。这样的认知与理解未被载入长篇累牍的史书,却在千年后以无声却平和的方式让当代人惊叹或不解。在政治领域,一些西方学者不能理解委内瑞拉、玻利维亚等国家的经济发展与政治民主进程间的不协调,认为这些国家选择了不可持续的"不事生产"道路,但从印第安哲学看:平等比物质积累增加更重要;这一选择是对集体"美好生活"的追求,而非损人利己的"更好生活"。平等对待不同观念让印第安人平和地看待过度发展的资本主义道路,但至今仍持无知偏见的世人却并未真正认识印第安人哲学与理念。

　　印第安文化与现代化进程间存在理论上的辩证关系,西方发展观与印第安"美好生活"的博弈深刻印证了这一关系。拉美大陆正在经历着的西方现代化与印第安传统间的现实博弈,也具有积极的实践意义。当工业化社会面临诸如环境、资源等"瓶颈"时,印第安文化为其提供了已被历史证实的正确发展道路。

　　在名为《印第安神学》的书中,一位原住民作者如此描述自己的文化:"我们不是问题,我们是解决的办法。"艾马拉人总统莫拉莱斯在获得地球母亲保护者与英雄称号后给了世界一个回答:"这个奖不是对埃沃·莫拉莱斯的肯定,我接受它因为这是对印第安原住人民发展观念的肯定。对他们尊重地球母亲、人民共同体的褒奖。"他们将这种生活方式统称为"美好生活",并将这一精神带给世人。他呼吁其他人民同所有玻利维亚社会组织一起订立规划,协调人与地球和"Pacha Kuty"① 的关系。根据塞尔赫·拉图什(Serge Latouche)的研究,如果世界继续按照西方路径发展,今后将需6个地球,满足所有人的西方生活,所有人的"Sumak Kawsay"都将不复存在。今天以"美好生活"为名的新发展观,不仅服务于印第安人(拉美原住民),而是为了所有玻利维亚人民,世人都在聚焦玻利维亚作为范例如何继续。我们不想做不负责任的联合国成员国,玻利维亚在为世界提供一种生活范例。我们每个人都有责任,力所能及地保护我们的地球母亲——已满身伤痕的母亲,我们应重新将生活观转向生态主义。只有通过新生态文化、同宇宙共同体及其所有组成部分共存,我们才能在实现自治的政治理想同时,转变当代人的不可持续生态行为。②

　　任何理念的提出,从理论设计角度来说都是对完美逻辑体系的无限

---

　　① Pachacuty,或Pachacuti:帕恰酷蒂,译为"改变世界",印卡人崛起于12世纪末,历经13代印卡王统治,绵延三百多年。1438年,勇武的印卡王印卡·尤潘基方的文化兼收并蓄,雄心勃勃地建立新帝国——"塔万廷苏约"(Tahuantinsuyo),即"四方之国"。他在自己的名字上添加了一个词——帕恰库蒂(Pachacuti),意为改变世界。对于印卡人来说,地震、自然变异、大变革都是"帕恰库蒂"。今天在厄瓜多尔等国,那些名为"帕恰库蒂"的印第安政治运动,就是取这位国王名字中"颠倒乾坤"的含义。——参见索飒《把我的心染棕——潜入美洲》,青海人民出版社2009年版,第67页。

　　② 参见http://www.ecoportal.net/content/view/full/88495。

接近。时至今日,不同理论体系的实践由于历史、外部、内部等诸多原因,从未能完美诠释理论初衷。在近代国家出现后,各国政府依旧寻求发展道路与国情的无限契合。如其他政治理论一样,拉美传统印第安理念为解决发展危机与经济困境提出了初步理论建构,部分学者也承认了它的积极作用。拉美国家对"美好生活"的实践,也是在现有资本主义模式下的有益政治探索,应被我们纳入新发展理论的实践研究范畴。在长期受传统基督教主导的西方哲学中,认同多种相异观点存在的安第斯哲学不仅丰富了本领域的思辨,更丰富了人们对今天"美好生活"选择的方式,单一道路也许并不如多理念的共存,传统政治理念的发展与实践仍有待现代视角的进一步研究。

目前,有关"美好生活"的研究,获得了各界、各地区的关注,相关著作颇丰。尤其近几年随着厄瓜多尔及玻利维亚新宪法修订及"美好生活国家计划"的实施获得更多的关注。从地区角度看,拉美地区内及其他地区学者都有对"美好生活"的分析,比利时神父、学者弗朗索瓦·浩达(François Houtart)将"美好生活"与联合国提出的"人类共同福祉"进行了比较分析。马里奥·托莱斯教授从印第安哲学出发阐释其内涵,哥伦比亚的学者阿图罗·埃斯科沃(Arturo Escobar)则将其纳入发展问题("Postdesarrollo")领域。因此,该理念并不仅是哲学理论问题,更是一个跨学科的研究方向,"美好生活"包含一系列权利及社会、经济与环境保障的内涵,马格达莱纳·莱昂(Magdalena León)将"Sumak Kawsay"引入"人文情怀经济"的命题("Economía del Cuidado Humano)。关于"美好生活"的讨论也不仅限于学界,政界及民众也积极参与其中,玻利维亚外长大卫·乔盖万卡(David Choquehuanca)、厄瓜多尔议长阿尔贝托·阿科斯塔(Alberto Acosta)都是这一观念政治实践的积极推动者,将其从哲学理念转化为国家行为。从人类学内部、外部视角看:印第安学者代表已对此有较深的第一视角研究,他们当中的路易斯·马卡斯(Luis Macas)提出:将"Sumak Kawsay"理解为:新生活模式(相对于西方观念),并适用于世界上所有人。厄瓜多尔克丘亚(Kichwas)印第安人组织领导人,曼努埃尔·卡斯特罗(Manuel Castro)代表了公民社会群体,他将"美好生活"定义为共同体共存。此外,非印第安学者,如阿尔贝托·阿科斯塔(Alberto Acosta)则首先在厄瓜多尔提出"Sumak Kawsay"是一种政治思想,将其定义为打开民主社会建设大门的关键。近年来,中国学者也对此问题有了一定关注。徐世澄教授在《玻利维亚的民族关系与民族政策》一文中,就"美好生活"入宪等问题进行了分析。"美好生活"这一印第安理念的重新提出,代表了安第斯地区印第安思想的振兴。"美好生活"或"生活得美好",是一种有别于当代发展观的替代性理念,发端于古代安第斯文明却由当代印第安人重新提出,它作为一种不同于西方的发展观走进人们视野。在近年的学术、政治讨论与实践中,这一理念显现出更多的现代性,并为更多世人所认同。

主要参考文献

一 中文文献

1. ［比］弗朗索瓦·浩达:《作物能源与资本主义危机》,黄钰书、黄君艳等译,社会科学文献出版社2011年版。
2. ［美］艾尔弗雷德·W.克罗斯比:《哥伦布大交换——1492年以后的生物影响和文化冲击》,郑明萱译,中国环境科学出版社2010年版。
3. 阿玛蒂亚·森:《以自由看待发展》,中国人民大学出版社2002年版。
4. 爱德华·霍尔:《超越文化》,何道宽译,北京大学出版社2010年版。
5. 曾昭耀:《拉美发展问题论纲——拉美民族200年崛起失败原因之研究》,当代世界出版社2011年版。
6. 陈志强:《拉美新左翼——马克思主义价值取向挑战新自由主义》,人民网,http://theory.people.com.cn/GB/179412/185349/13615668.html,2010年1月14日。
7. 恩里克·巴伦西亚:《印第安主义与民族发展》,朱伦译,载《印第安主义年鉴》1984年卷,美洲国家印第安研究所出版。
8. 樊英:《论西蒙·玻利瓦尔的民族主义思想》,《湘潭大学社会科学学报》1998年第2期。
9. 范蕾:《玻利维亚的社群社会主义》,《拉丁美洲研究》2009年第4期。
10. 韩琦、史建华:《论拉美古代印第安文明及遗产》,《聊城大学学报》(社会科学版)2003年第4期。
11. 何塞·卡洛斯·马里亚特吉:《关于秘鲁国情的七篇论文》,白凤森译,商务印书馆1987年版。
12. 贺钦:《古巴革命的历史特点与意义》,《重庆邮电大学学报》(社会科学版）2009 年第 6 期。

13. 贺钦：《古巴经济模式的更新：延续与断裂》（译文），载《国际共运研究专题文辑》（第 1 辑），安徽人民出版社 2013 年版。

14. 贺钦：《古巴经济模式更新的理想与现实》，《东方早报·上海经济评论》2013 年 11 月 5 日。

15. 贺钦：《古巴社会主义 50 年的变迁》（译文），《国外理论动态》2009 年第 10 期。

16. 贺钦：《古巴社会主义研究》，载《亚太与拉美社会主义研究》，中国社会科学出版社 2013 年版。

17. 贺钦：《近年来古巴马克思主义研究动态》，《马克思主义研究》2007 年第 10 期。

18. 贺钦：《浅析古巴可持续发展的基本经验》，《拉丁美洲研究》2007 年第 3 期。

19. 贺钦：《社会主义在向前走，绝对不会变——访古巴驻华大使佩雷拉》，《中国社会科学院院报》2010 年 6 月 3 日。

20. 刘承军：《把我的心染棕》，青海人民出版社 2009 年版。

21. 刘承军：《当影子登上历史舞台——拉丁美洲印第安人的觉醒》，《香港传真》2006 年第 60 期。

22. 刘承军：《丰饶的苦难：拉丁美洲笔记》，云南人民出版社 1998 年版。

23. 刘承军：《拉丁美洲思想史述略》，云南人民出版社 2003 年版。

24. 刘承军：《拉丁美洲印第安运动的崛起》，《拉丁美洲研究》2005 年第 5 期。

25. 马丁·西瓦克：《第一位印第安总统》，芦思姮译，知识产权出版社 2013 年版。

26. 马丁等：《拉丁美洲史》，海南出版社 2007 年版。

27. 毛相麟：《古巴社会主义研究》，社会科学文献出版社 2005 年版。

28. 莫妮卡·布鲁克曼：《文明与现代性：拉丁美洲的印第安人运动》，《拉美研究》2009 年第 5 期。

29. 齐萌：《玻利维亚"社群社会主义"》，《当代世界研究文选（2012 届研究文选）》，http://theory.people.com.cn/n/2013/0625/c365100-21967078-3.html。

30. 生安锋：《霍米·巴巴的后殖民理论研究》，北京大学出版社 2011 年版。
31. 苏振兴：《拉美左翼崛起与左派政府的变革》，《拉丁美洲研究》2007 年第 6 期。
32. 苏振兴主编：《拉美国家社会转型期的困惑》，中国社会科学出版社 2010 年版。
33. 索萨：《从"他人"到"我们"》，《天涯》2005 年第 5 期。
34. 王鹏：《当代拉美社会主义思想和运动新动向课题结项会暨"拉美 21 世纪的社会主义"思想和实践研讨会综述》，《拉丁美洲研究》2009 年第 3 期。
35. 乌戈·马太、劳拉·纳德：《西方的掠夺——当法治非法时》，苟海莹译，社会科学文献出版社 2012 年版。
36. 吴白乙主编：《拉丁美洲和加勒比发展报告（2015—2016）》，社会科学文献出版社 2016 年版。
37. 徐世澄：《古巴模式的"更新"与拉美左派的崛起》，中国社会科学出版社 2013 年版。
38. 徐世澄：《玻利维亚的民族关系与民族政策》，《中国民族报》2011 年 4 月。
39. 徐世澄：《玻利维亚的民族关系与民族政策》，《中国世界民族学会会员代表大会暨学术讨论会论文集》2010 年 9 月。
40. 徐世澄：《玻利维亚的民族关系与民族政策》，《世界民族》2012 年第 6 期。
41. 徐世澄：《当代拉丁美洲的社会主义思潮与实践》，社会科学文献出版社 2012 年版。
42. 徐世澄：《当代拉美政治思潮的基础、影响及实施前景》，《国外理论动态》2008 年第 2 期。
43. 徐世澄：《古巴社会主义的文化理论和实践》，《拉丁美洲研究》2013 年第 3 期。
44. 徐世澄：《列国志·古巴》，社会科学文献出版社 2003 年版。
45. 杨建民：《"新自由主义对拉美的影响"研讨会综述》，《拉丁美洲研究》2007 年第 6 期。

46. 杨建民：《古共"六大"与古巴改革的主要特点和前景分析》，《拉丁美洲研究》2011 年第 6 期。
47. 俞可平：《从权利政治学到公益政治学：新自由主义之后的社群主义》，共识网，2010 年 1 月 20 日。
48. 袁东振：《古巴的社会保障制度：发展、挑战与改革》，《拉丁美洲研究》2009 年第 2 期。
49. 张凡：《当代拉丁美洲政治研究》，当代世界出版社 2009 年版。
50. 张颖、宋晓平：《厄瓜多尔》，社会科学文献出版社 2007 年版。
51. 赵景伦：《拉丁美洲的觉醒 "粉红色浪潮" 冲激美国 "新自由主义模式》，《环球视野》2006 年，http：//www. globalview. cn/readnews. asp? newsid = 8100。
52. 中国商务部：《玻利维亚央行预计 2012 年通胀率将低于政府预期》，http：//bo. mofcom. gov. cn/article/jmxw/201212/20121208479422. shtml。
53. 中国外交部：《玻利维亚国家概况》，http：//www. fmprc. gov. cn/web/gjhdq_676201/gj_676203/nmz_680924/1206_681022/1206x0_681024/。

二　外文文献

1. Acosta A. y Martínez E., *El Buen Vivir-Una vía para el desarrollo*, Quito, Abya Yala, 2009.
2. Aguiar Alvarado N., *Debate del Buen Vivir*, Coordinadora andina de organizaciones indígenas（CAOI）.
3. Arkonada, K., "Proceso de cambio en Bolivia, avances y desafíos", En *Rebelión*, 2013, http：//www. rebelion. org/noticia. php? id = 165419.
4. Bolivian Foreign Minister. "Communitarian Socialism Will Refound Bolivia, Bolivia Rising", http：//boliviarinsing. blogspot. com/2009/05/bolivian-foreign-minister-communitarian. html.
5. Bresser Pereira, L., Estado y Mercado en el nuevo desarrollismo. Revista Nueva Sociedad, 2007.
6. Calderón, G. (2011). Ecuador：*La izquierda de Montecristi.* Portal América Economía.

7. CEPAL. *Balance Preliminar de las Economías de América Latina y el Caribe* 2015, Comisión Económica para América Latina y el Caribe, diciembre de 2015.
8. CEPALSTAT. http: //interwp. cepal. org/cepalstat/Perfil_Nacional_Economico. html? pais = BOL&idioma = spanish.
9. Chávez, G. y F. García. *El Derecho a Ser, Diversidad, Identidad y Cambio (Etnografía Jurídica Indígena y Afroecuatoriana)*, FLACSO Sede Ecuador-Petroecuador, Quito, Ecuador, 2004.
10. Constitución 2008 de Ecuador, Ministerio de Coordinación de la política Económica.
11. Davalos P. , "El sumak kawsai (Buen Vivir) y las cesuras del desarrollo", *América en Movimiento*, 2008.
12. Diego Bustamante, El Socialismo del siglo XXI en Ecuador.
13. Dieterich, H. "Evo Morales, Communitarian Socialism, and the Regional Power Block", http: //mrzine. monthlyreview. org/2006/dieterich070106. html.
14. Do Alto, H. , "El MAS-IPSP boliviano entre la protesta callejera y la política institucional", En Monasterios, K y otros. 2007. *Reinventando la nación en Bolivia. Movimientos sociales*, Estado y Poscolonialidad. La Paz: Clacsoy Plural, 2007.
15. Echeverría B. , "Las Ilusiones de la Modernidad", Trama social, Quito, 2001.
16. François Houtart, "El concepto de sumak kawsai (buen vivir) y su correspondencia con el bien común de la humanidad", América Latina en Movimiento.
17. Gina Chávez V. Y Fernando García, *El Derecho a Ser: Diversidad, Identidad y Cambio (Etnografía Jurídica Indígena y Afroecuatoriana)*, FLACSO Sede Ecuador-Petroecuador, Quito, Ecuador, 2004.
18. Gudynas E, "El mandato ecológico-derechos de la Naturaleza y políticas ambientales en la nueva Constitución", Quito, Abya Yala, 2009.
19. Gurus Hucky, "Por qué Latinoamerica es más pobre que los EEUU?", *Gu-*

rusblog, el 15 de mayo, 2009.

20. Hans Horkhermer: "Alimentación y Obtención de Alimentos en el Perú Prehispánico", Publicación del Instituto Nacional de Cultura del Perú, 2004.

21. Henry Chiroque Solano & Valeria Muteberría Lazarini, "Procesos de constru-cción de otras alternativas: desarrollo y planteamiento de la Economía Social Comunitaria en América Latina", *Revista de Economía Pública, Social y Cooperativa*, edición electrónica: 1989 – 6816. España, 2009.

22. Huamán, M. M., "Filosófico del Idioma Quechua", En *Cuadernos americanos*, No. 52. Instituto Nacional de Estadística (INE).

23. "Proyección de la Población total e indicadores demográficos", http://www.ine.gob.bo/indice/visualizador.aspx? ah = PC20104. HTM.

24. Javier Medina, "Acerca del Suma Qamaña", *¿Vivir bien: Para digma no capitalista?*, Plural editores, Bolivia, 2011.

25. José María Tortosa, Sumak Kawsay, Suma Qamaña, Buen Vivir´, agosto de 2009, Universidad de Alicante.

26. Lajo, J., "Una visión indígena de la violencia occidental", En *América Latina en movimiento*, 1 de diciembre de 2004.

27. Linera, A. G., *El Retorno de la Bolivia Plebeya*. La Paz, Bolivia: Muela del Diablo Editores, 2000.

28. Linera, A. G., *El socialismo comunitario. Un horizonte de época*, Vicepresidencia de Estado, Presidencia de la Asamblea Legislativa Plurinacional, 2015.

29. Linera, A. G., *Las condiciones de la revolución socialista en Bolivia. A propósito de obreros, aymaras y Lenin*. La Paz: Ediciones Ofensiva Roja, 1988.

30. Maribel Hernández, "Sumak Kawsay y Suma Qamaña, elreto de aprender del Sur. Reflaxiones en torno al Buen Vivir", Revista Obets No. 4, 2009.

31. Mauricio Jaramillo-Jassir, *La revolución democrática de Rafael Correa*, Bogotá, D. C. 2008.

32. Pablo Dávalos, *Reflexiones sobre el sumak kawsay (el buen vivir) y las teorías del desarrollo*, el 26 de noviembre de 2009.

33. Pablo Ospina Peralta, *El proyecto político de la Revolución Ciudadana*:

líneas maestras, Quito, noviembre 2009.

34. Partido Comunista de Cuba, *Lineamientos de la Política Económica y social del Partido y la Revolución*. 4 de Abril de 2010.

35. *Plan Nacional de Desarrollo de la República del Ecuador*, *Plan Nacional para el Buen Vivir* 2009 – 2013, El Ecuador, 2009.

36. *Programa de Gobierno* 2013 – 2017, Movimiento Alianza PAIS.

37. Rafael Correa, *Discurso presidencial huésped Ilústre en Chile*, el 10 de marzo de 2008.

38. Rafael Correa, *Discurso en el Encuentro de partidos políticos de izquierda en CIESPAL*, el 12 de noviembre de 2010.

39. Rafael Correa, *Discurso en el IV encuentro nacional de movimientos y organizaciones sociales*, el 24 de noviembre de 2012.

40. Rafael Correa, *Discurso en el Quinto Aniversario de la Revolución Ciudadana*, el 14 de febrero de 2012.

41. Rafael Correa, *Discurso en la 37ma. Conferencia de la UNESCO*, el 7 de noviembre de 2013.

42. Rafael Correa, *Discurso en la conferencia en la ONU*, el 25 de junio de 2009.

43. Rafael Correa, *Discurso en la conferencia en la Sede de la CEPAL*, el 14 de mayo de 2014.

44. Rafael Correa, *Discurso en la Conferencia en la Universidad de los Pueblos*, el 30 de Octubre de 2013.

45. Rafael Correa, *Discurso en la conferencia en la Universidad de Yale*, el 10 de abril de 2014.

46. Rafael Correa, *Discurso en la conferencia en la Universidad Harvard*, el 9 de abril de 2014.

47. Rafael Correa, *Discurso en la Conferencia magistral del Presidente Correa en la Universidad de Costa Rica*, San José, el 8 de mayo 2014.

48. Rafael Correa, *Discurso en la conferencia magistral en la Universidad de Chile*, el 14 de mayo de 2014.

49. Rafael Correa, *Discurso en la conferencia magistral en la Universidad la Sor-*

bonne, 6 de noviembre de 2013.

50. Rafael Correa, *Discurso en la conferencia magistral en la Universidad Técnica de Berlín*, el 16 de abril de 2013.

51. Rafael Correa, *Discurso en la conferencia magistral en la Universidad de Buenos Aires*, el 3 de diciembre de 2010.

52. Rafael Correa, *Discurso en la conferencia sobre el socialismo del siglo XXI en Irán*, diciembre de 2008.

53. Rafael Correa, *Discurso en la conferencia sobre el socialismo del Siglo XXI en México*, el 11 de abril de 2008.

54. Rafael Correa, *Discurso en la Conmemoración del Día de los Trabajadores*, Esmeraldas, el 1 de mayo de 2013.

55. Rafael Correa, *Discurso en la Fiesta de las Nacionalidades*, el 22 de marzo de 2014.

56. Rafael Correa, *Discurso en la Inauguración del Colegio de República Mejía*, el 3 de abril de 2013.

57. Rafael Correa, *Discurso en la IX conferencia internacional sobre la responsabilidad social de la empresa*, el 21 de mayo de 2012.

58. Rafael Correa, *Discurso en la Universidad Central del Ecuador*, el 18 de marzo de 2010.

59. Rafael Correa, *Discurso en la Universidad de Ankara*, el 15 de marzo de 2012.

60. Rafael Correa, *Discurso en la Universidad de Montevideo*, el 1 de marzo de 2010.

61. Rafael Correa, *Discurso en la Universidad de Urbana Champaign*, el 8 de abril de 2010.

62. Rafael Correa, *Discurso en la Universidad Nacional de Asunción, socialismo del siglo XXI*, Asunción, el 23 de marzo de 2009.

63. Rafael Correa, *Discurso en New School of Social Reseach*, el 23 de septiembre de 2011.

64. Rafael Correa, *Discurso en Oxford Union Society, Experiencia como un cristiano de izquierda en un mundo secular*, el 26 de octubre de 2009.

65. RafaelCorrea, *Ecuador: de Banana Repuclic a la No República*, Debate, El Ecuador.
66. Rafael Correa, Informe a la Nación, 2012.
67. Rafael Correa, Informe a la Nación, el 10 de agosto de 2011.
68. Rafael Correa, Informe a la Nación, el 24 de mayo de 2014.
69. Rafael Correa, Intervención en el acto masivo de celebración del séptimo aniversario de la Revolución Ciudadana, el 18 de enero de 2014.
70. Rafael Correa, Intervención en la VI Cumbre del Brics, el 16 de julio de 2014.
71. Rafael Correa, Intervención en la XXII Cumbre Iberoamericana, el 16 de noviembre de 2012.
72. Rafael Correa, Ley de Economía popular y solidaria, Quito, el 17 de marzo de 2011.
73. Rafael Correa, Ponencia en el Primer Congreso Cietífico Internacional de Economía y Finanzas, el 18 de mayo de 2009.
74. Rafael Correa, Visita del Presidente de Honduras, Juan Orlando Hernandez Alvarado Quito, el 13 de marzo de 2014.
75. Ramirez, F., & Minteguiaga, A., *El nuevo tiempo del Estado. La política posneoliberal del correísmo*. OSAL-CLACSO, 2007.
76. Ramón Grosfoguel, "La Descolonización del Conocimiento: Diálogo Crítico entre la Visión Descolonial de Frantz Fanón y la Sociología Descolonial de Boaventura de Sousa Santos".
77. Raúl Castro, Informe Centralal VI Congreso Del Partido Comunista De Cuba, Clausura Del Ix Congreso De La Unión De Jóvenes Comunistas, 2011.
78. Reforma Democrática del Estado, Secretaría Nacional de Planificación y Desarrollo.
79. Seligson, M. A., D. M. Morales y V. S. Blum., *Auditoría de la democracia: Informe Bolivia* 2004. La Paz: LAPOP, 2005.
80. Servicios de Comunicación Intercultural, "ONU: Los diez mandamientos de Evo para salvar el planeta", abril de 2008, https://www.servindi.org/actualidad/3888.

81. Sivak, M., *Jefazo Retrato Íntimo de Evo Morales*. Editorial Sudamericana S. A., 2008.
82. Stefanoni, P., *El nacionalismo indígena como identidad política: la emergencia del MAS IPSP* (1995 – 2003). CLACSO, 2002.
83. Walsh C., "Estado pluricultural e Interculturalidad: complementaridad y complicidad hacia el 'buen vivir'", Quito, Universidad Andina, Simón Bolivar, 2008.
84. Weyland, K., "Clarifying a Contested Concept: Populism in the Study of Latin America", En *Comparative Politics*, Vol. 34, No. 1, 2001.
85. World Bank. http://data.worldbank.org/country/bolivia.
86. YPFB, "Reservas cuantificadas de gas natural en Bolivia suben a 11.2", http://www.ypfb.gob.bo/index.php?option=com_content&view=article&id=2712:reservas-cuantificadas-de-gas-natural-en-bolivia-suben-a-112-tcf-confirmo-villegas&catid=121:agencia-de-noticias&Itemid=196.

后　　记

　　2012年，为了进一步推动马克思主义基础理论研究，经中国社会科学院"马工程"领导小组研究决定，在原有"马克思主义经典作家专题摘编"的基础上开展"马克思主义基础理论研究"。为此，中国社会科学院拉丁美洲研究所"马克思主义拉丁美洲问题理论研究：拉丁美洲社会主义思潮"项目于当年由当时的马克思主义与拉美综合理论研究室完成立项申报和写作启动工作。

　　之后，项目虽历经拉丁美洲研究所研究室人员调整、作者成员变化等，但经过课题组的一致努力，最终完成了此项研究。《回望拉丁美洲左翼思潮的理论与实践》一书即为此项目的最终成果。本书力图根据拉丁美洲研究的具体情况，梳理和分析拉丁美洲社会主义思潮，包括共产主义（科学社会主义）和各种形式的民族社会主义思潮。

　　本书的五位作者来自中国社会科学院拉丁美洲研究所和马克思主义研究院。他们长期在各自的专业研究中应用马克思主义理论指导和分析有关问题，不仅政治理论素养高、专业基础好，而且曾参与"马克思主义经典作家论拉丁美洲摘编"等工作。具体写作分工为：第一章，宋晓平研究员；第二章，宋霞副研究员；第三章，贺钦副研究员；第四章，芦思姮助理研究员；第五章，韩晗博士。

　　在项目立项、写作和出版过程中，中国社会科学院拉丁美洲研究所党委书记、副所长王立峰，时任所长吴白乙研究员，副所长袁东振研究员给予了全程指导和大力支持。在此，向他们表示衷心感谢！

　　与此同时，要特别感谢中国社会科学院荣誉学部委员徐世澄研究员。他在百忙之中，不仅两次仔细阅读全部书稿，提出了许多中肯的修改意见和建议，而且欣然为本书撰写了前言。还要感谢中国社会科学院拉丁美洲研究所袁东振研究员和张凡研究员在项目结项评审中给予的宝贵建议和大力帮助。特别需要说明的是，尽管课题结项于我担任马克思主义与拉美综合理论研究室主任任内，但立项工作始于张凡研究员担任该研究室主任期间。

本书之所以能够顺利出版，还得益于中国社会科学院创新工程的大力资助。经过申请和评审，2017年项目研究成果获"中国社会科学院哲学社会科学创新工程学术出版资助"。在此向中国社会科学院科研局国际研究学部学术秘书金香女士对申报给予的耐心指导表示感谢！

此外，中国社会科学院拉丁美洲研究所科研处负责人刘东山在项目结项、资助申请和出版对接工作上给予了大力协助。拉丁美洲研究所芦思姮助理研究员和韩晗博士先后承担了大量烦琐的协调、校稿和联络工作。在多年的合作中，中国社会科学出版社国际问题出版中心张林编审以一贯的敬业精神为本书的出版付出了心血与汗水。在此，谨向上述各位致以真诚的感谢！

本书的写作或许还存在不足和遗憾之处，在此恳请学界同仁和读者不吝批评指正。

杨志敏

2018年5月3日

《拉美研究丛书》已出书目

《拉美研究：追寻历史的轨迹》	中国社会科学院拉丁美洲研究所集体著
《拉丁美洲的科学技术》	李明德　宋霞　高静著
《新自由主义的兴起与衰落》	陈平著
《墨西哥革命制度党的兴衰》	徐世澄著
《阿根廷危机的回顾与思考》	沈安著
《当代拉丁美洲政治研究》	张凡著
《全球金融危机：挑战与选择》	吴国平主编
《社会凝聚：拉丁美洲的启示》	郑秉文主编
《中拉关系60年：回顾与思考》	苏振兴主编，宋晓平、高川副主编
《拉丁美洲现代思潮》	徐世澄著
《拉美国家可治理性问题研究》	袁东振著
《拉美劳动力流动与就业研究》	张勇著
《"资源诅咒"与拉美国家初级产品出口型发展模式》	赵丽红著
《全球拉美研究智库概览》	拉丁美洲研究所编
《拉丁美洲城市化：经验与教训》	郑秉文著
《拉丁美洲发展问题论纲》	曾昭耀著
《中等收入陷阱：来自拉丁美洲的案例研究》	郑秉文主编
《拉美国家现代化进程及其启示》	苏振兴主编　刘维广副主编
《国际变局中的拉美：形势与对策》	苏振兴主编　刘维广副主编